O

爱因斯坦百科
AN EINSTEIN ENCYCLOPEDIA

Alice Calaprice　Daniel Kennefick　Robert Schulmann

[美]爱丽丝·卡拉普里斯　[美]丹尼尔·肯尼菲克　[美]罗伯特·舒尔曼　著

方在庆　等译

（方在庆　雷煜　孙贺　黄尚永　何钧　译　方在庆　校）

CBK 湖南科学技术出版社
·长沙·

纪念瓦尔特·洪茨克(Walter Hunziker, 1935—2012)

数学物理学家、爱因斯坦研究的坚定支持者, 始终不渝的老朋友

目　录

爱因斯坦百科

中文版序言

今年是爱因斯坦访问中国100周年，我们非常高兴能借《爱因斯坦百科》中译本的出版来一道庆祝。自20世纪初以来，爱因斯坦及其工作已为全世界所熟知，他在包括中国在内的现代物理学的发展中发挥了重要作用。关于他和他的理论、观点虽然已经做了很多说明，也有大量著作出版，但仍常常被有关他的评论所误导。因此，我们这本书的目的是向全世界尽可能多的人提供一个关于他的生平的易懂且可靠的说明。本书中译本的出版将有效地推进这个目标。

我们在本书中没有详细谈论爱因斯坦1922年对中国的访问，但我们从他的旅行日记中得知，他期待着访问这个国家及其人民。当时前往远东国家的旅行需要花费很长的时间，旅途也异常艰辛，在此之前爱因斯坦对这些国家及其文化没有亲身体会。他在上海短暂逗留期间，主要拜访了居住在那里的欧洲人，但也见到了许多中国人，有富人也有穷人。他对那些为生计而挣扎的农民和城镇劳工特别同情，尽管他居住的德国本土正进入经济萧条期。他很难接受大规模贫困的现实，正如他在旅行日记中所记载的，他内心的想法有时会很严苛。如果他现在访问中国，那么，中国在技术和经济方面实现的巨大转变，中国社会的积极影响，以及中国对世界做出的贡献肯定会给他留下深刻印象。

爱因斯坦曾希望在1923年年初亚洲之行的回程中访问中国，停留更长时间。然而，由于他与邀请方北京大学之间令人很遗憾的沟通不畅，再加上当时中国艰难的政治局势，使他不得不放弃他的愿望。虽然爱因斯坦没有访问中国，但他的科学思想在中国仍然具有影响力。事实上，在中国讨论将"西方"科学纳入中国学术体系的道路时，爱因斯坦的理论有时会成为讨论的焦点。

爱因斯坦将科学视为一项普遍的事业。这或许是中国的五四运动将他视为一个值得效仿和研究的对象的重要原因。他的观点是反帝国主义的，这使他在中国的形象更加光彩。此外，在20世纪20年代，虽然许多国家在接受爱因斯坦的相对论时不乏争议，但在研究这个问题的数学家魏嗣銮看来，中国对相对论的接受避免了通常对时间相对性产生的争论和争议，因为中国学者不受牛顿的绝对时间等概念的制约。魏嗣銮认为，中国的物理学家在理解爱因斯坦的思想方面有可能比西方的物理学家取得更快的进展。事实上，中国人对相对论的印象非常正面，以至于中国第一代伟大的理论物理学家中最著名的人物都把自己的研究重点放在广义相对论上。

例如，1936年至1937年，年轻的周培源在普林斯顿大学待了一年（爱因斯坦从1933年起就一直住在美国新泽西州的普林斯顿）。此时，爱因斯坦正在研究他自己的引力理论的应用，而同样在这一领域工作的周培源，很快与爱因斯坦熟络起来。他们谈到了十多年前爱因斯坦对中国的短暂访问。爱因斯坦的谦虚和蔼以及他对中国人民的真诚同情给周培源留下了深刻印象。

周培源回到中国时，正值日本人入侵中国的重要地区。事实上，他在1937年7月7日卢沟桥事件发生的当天回到了北京。一年后，他写信给爱因斯坦，描述了他在战争期间的感受和经历，显然他把爱因斯坦看成一个可能同情中国事业的人。爱因斯坦似乎一直关注着中国事态的发展，并对五四运动一代对他的钦佩做了回应。例如，1932年他曾在一些外国学者向蒋介石发出的呼吁中加上自己的名字，该呼吁要求蒋介石从监狱中释放著名的社会主义领导人陈独秀。

令人瞩目的是，中国物理学家很快就开始在国际上对爱因斯坦的理论做出自己的贡献。例如，这一趋势在周培源的学生胡宁的工作中表现得非常明显。他对引力波发射导致的双星系统衰变进行了最早的计算，这在当时是一个非常新的物理学课题，现在已经具有重大的天体物理学意义。另一个例子是束星北，他在20世纪30年代研究统一场理论，当时该理论也是爱因斯坦的主要研究重点。像这两位中国物理学家这样的先驱者，对于中国物理学在第二次世界大战后的繁荣局面产生了非常大的影响。

最后，我们非常感谢本书的主译者方在庆教授，感谢他对这个项目的辛勤付出和奉献，并感谢所有为本书的出版做出贡献的人。

爱丽丝·卡拉普里斯（Alice Calaprice）

丹尼尔·肯尼菲克（Daniel Kennefick）

罗伯特·舒尔曼（Robert Schulmann）

2022年1月

序言

　　为了纪念爱因斯坦的最伟大成就——广义相对论诞生 100 周年，我们推出了一部参考书，介绍他的生活和工作的方方面面：个人、科学、精神、道德、智力以及社会政治等。这些入选的内容反映了我们基于集体知识和经验的个人观点，另外我们还想包括那些不仅让科学家而且也让公众感兴趣的主题。

本书的结构

　　爱因斯坦在不同的领域做出了不可磨灭的贡献——在物理学领域，他是一流的巨人；在人类领域，他是道德和人道主义的象征。因此，我们这本书将分为三个部分，每个部分将追溯他生活的不同方面。

　　本书不是为逐页阅读而设计的，而是要方便读者依据兴趣查阅和浏览。它是一个指南，我们希望它能为读者提供许多有助于定义爱因斯坦的主题。我们从爱因斯坦的生平和重大成就的年表开始，随后是他 1930 年人到中年时写的信条："我的信念"，他在其中总结了自己看待世界的方式，自己的世界观（Weltanschauung）。本书三篇内容如下：第一篇讲述爱因斯坦的个人和家庭生活；第二篇是他的科学成就和相关材料；第三篇是他的科学之外的活动，包括他的犹太身份。在这三个主要部分的每一部分中，我们以字母顺序安排了许多主题。不过一些历史事件，如出生和死亡信息以及第三部分，是按时间顺序排列的。子条目尽可能按字母顺序排列，必要时按时间顺序排列，后一种排列通常用于历史主题。如果我们在极少数情况下，找不到一个明确的词条处置方案，违反了一般规则，我们希望读者可以忽略这些小失误。附录中列出了不完全符合这三大类的补充信息。目录、索引以及许多参见项，为阅读本书提供指引。

资料来源

本书中的大量信息来自爱因斯坦档案馆和现已出版的《阿耳伯特·爱因斯坦全集》(第1至14卷)[1]。我们从耶路撒冷希伯来大学爱因斯坦档案馆信息主管芭芭拉·沃尔夫(Barbara Wolff)那里获得了其他有价值的家庭信息。我们每个人也利用自己在处理这些文件(加起来将近80年)的工作中获得的经验和记忆，为本书提供素材。对于爱因斯坦的文献，我们不仅为直接引语提供了资料来源，而且还经常为具体信息提供档案和其他文件，以便读者查阅原始材料。如果只给出了作者的姓氏和其作品的简短标题，读者可以参考本书后面的参考文献，获取完整的原始信息。

附录A讨论了我们在自己的工作中经常使用或拒绝使用的关于爱因斯坦的书籍。附录B讨论与爱因斯坦作品相关的复杂版权问题。附录C提供了带有简短注释的爱因斯坦出版物清单，列出了爱因斯坦感兴趣的各个领域中我们认为最重要和最具代表性的出版物。

致谢

我们感谢耶路撒冷希伯来大学爱因斯坦档案馆的芭芭拉·沃尔夫纠正了我们的一些错误，并提供有价值的补充信息和见解。安道尔·卡里乌斯(Andor Carius)、约瑟夫·伊力 (József Illy)、米歇尔·扬森 (Michel Janssen)、奥西克·摩西(Osik Moses)、于尔根·雷恩(Jürgen Renn)、泽夫·罗森克兰茨(Ze'ev

---

1 本书出版于2015年，当时只有14卷。第15卷已于2018年出版，第16卷也在2021年6月出版了。——译者注

Rosenkranz)、蒂尔曼·绍尔(Tilman Sauer)、约翰·施塔切尔(John Stachel)和耶罗恩·范东恩（Jeroen van Dongen）帮助澄清了一些含糊不清的问题和观点，或就这里涉及的许多主题提出了建议，我们对他们的贡献表示感谢。我们也非常感谢托马斯·雷克曼（Thomas Ryckman）同意撰写有关爱因斯坦科学哲学的章节。普林斯顿大学出版社的编辑安妮·萨瓦雷斯（Anne Savarese）看好我们的项目，提供了宝贵的建议，并确保我们的手稿最终成书，我们的文字编辑凯伦·佛得（Karen Verde）指出了我们的不足和错误。萨拉·勒纳（Sara Lerner）愉快而熟练地指导了全书的出版过程。我们感谢出版社的诸多读者给我们提出意见以期改进本书的组织结构，并花费宝贵的时间就某些主题向我们提出质疑。我们还要感谢黛安娜·布赫瓦尔德（Diana Buchwald）和"爱因斯坦文稿项目"的工作人员，特别是前编辑奥西克·摩西(Osik Moses)，他们帮助解决具体问题并引导我们选择照片和文件；爱因斯坦档案馆的芭芭拉·沃尔夫提供了证书复印件（facsimile certificate）；普林斯顿大学出版社和耶路撒冷希伯来大学允许使用受版权保护的材料。

　　　　　　　　　　　　　　　　　　　　爱因斯坦百科

年表

1879年　3月14日，阿耳伯特·爱因斯坦出生在位于德国乌尔姆的父母家中，其父亲名为赫尔曼·爱因斯坦，母亲名为保利娜·科赫·爱因斯坦。

1880年　爱因斯坦一家迁至慕尼黑。

1881年　11月18日，爱因斯坦的妹妹玛雅出生。

1884年　爱因斯坦的父亲给他看了一个指南针，这件仪器给这个五岁的孩子留下了深刻的印象，他意识到在这个世界上存在着看不见的力量，环绕在他周围。

1885年　秋季，进入彼得学校——一所天主教小学就读，他是班里唯一的犹太人。在私下里接受犹太宗教教育，并对宗教感到好奇；这种好奇心在他12岁时便终止了。开始学习小提琴。

1888年　进入慕尼黑的卢伊特波尔德高级文法中学就读。

1889—1905年　对物理、数学和哲学产生兴趣。

1894年　家人迁至意大利米兰，但阿耳伯特留在慕尼黑完成学业。15岁时从卢伊特波尔德高级文法中学退学，前往米兰与家人一起生活。

1895年　秋季，16岁的阿耳伯特·爱因斯坦想早于正常入学年龄提前进入位于苏黎世的瑞士联邦理工学校(简称"Poly"；1911年改名为"联邦理工学院"，以其德文名称缩写ETH而为人所知)，尽管在入学考试中科学与数学科目的成绩很好，但还是没有通过考试。进入瑞士阿劳的阿尔高州立中学学习，寄宿在这所学校的一位老师的家中。

1896年　放弃符腾堡王国(德国)公民身份。秋季，从位于阿劳的学校毕业，这使得他能够提前一年进入瑞士联邦理工学校。在10月底迁至苏黎世。

1899年　在20岁时申请瑞士公民身份。

1900年　从瑞士联邦理工学校毕业，并获得了数学与物理学师范专业文凭。未能获得联邦理工学校的秋季学期的助教职务。夏季，告诉母亲他打算与同学米列娃·马里奇结婚，他的母亲对此持反对意见。年底，他将第一篇科学论文投稿至德国顶尖物理学期刊《物理学纪事》(Annalen der Physik)。

1901年　成为瑞士公民。找工作。3月，在《物理学纪事》发表了他的第一篇科学论文《从毛细现象所得的推论》。夏季，在温特图尔技术中学担任代课教师，并于秋季在沙夫豪森的一所私立寄宿学校担任临时辅导教师。继续与米列娃保持恋人关系。开始写作关于气体中分子力的博士论文，并于11月将其提交给了苏黎世大学。12月，申请位于伯尔尼的瑞士联邦专利局的一个职位。

1902年　大概在1月底的时候，米列娃在她家人的居住地、今天的塞尔维亚产下了私生女"丽瑟尔"。从苏黎世大学撤回了他的博士论文。6月，开始在位于伯尔尼的专利局担任临时性的"三级技术员"。10月，父亲在米兰去世。

1903年　1月6日，与米列娃在伯尔尼结婚，并定居于此。9月，爱因斯坦问米列娃"丽瑟尔"是否进行了户籍登记，据推测是在塞尔维亚进行登记；然而人们从未发现关于"丽瑟尔"登记的证据。大约在这个时候，米列娃再次怀孕。

1904年　5月14日，儿子汉斯·阿耳伯特在伯尔尼出生。9月，在专利局的临时性工作变为固定工作。

1905年　爱因斯坦的"奇迹年"，在这一年，他发表了五篇开创性的科学论文。

1906年　1月15日，正式获得苏黎世大学的博士学位。3月10日，晋升为专利局二级技术员。

1907年　虽然仍任职于专利局，但是着手寻找额外的工作，包括在苏黎世州立中学和伯尔尼大学谋求工作。开始与他的朋友哈比希特兄弟一起研究一种用于测量少量电能的小型感应电机（即所谓的"小机器"[Machinchen]）。2月，成为伯尔尼大学的无薪讲师（Privatdozent）。妹妹玛雅从同一所大学获得罗曼语博士学位。

1909年　5月7日，被任命为苏黎世大学理论物理学副教授（Ausserordentlicher），任命自10月15日起生效。从专利局和伯尔尼大学辞职。30岁时获得由日内瓦大学颁发的人生中第一个荣誉博士学位。参加于萨尔茨堡举行的德国自然科学家和医生协会（Gesellschaft Deutscher Naturforscher und Ärzte）会议，他在那里提出了波粒二象性的早期形式。

1910年　3月，妹妹玛雅嫁给了爱因斯坦在阿劳的房东的儿子保罗·温特勒，他是爱因斯坦的第一个女友玛丽的兄长。7月28日，第二个儿子，爱德华（"泰特"，"泰迪"）出生。10月，完成了一篇关于临界乳光和天空蓝色的论文，这是他最近在经典统计物理学方面的一项重要研究。

1911年　接受布拉格德语大学的理论物理学教授与理论物理研究所所长的职位任命，自4月1日起生效，并从苏黎世大学辞职。将家人迁至布拉格。10月29日，参加于布鲁塞尔举行的第一届索尔维会议。

1912年　重新结识已离婚的表姐爱尔莎·勒文塔尔（娘家姓爱因斯坦），并在他自己的婚姻状况恶化时开始与爱尔莎进行含有爱意的通信。接受位于苏黎世的母校瑞士联邦理工学院的理论物理学教授职位的任命，任命自10月起效，并辞去他在布拉格的职位。

1913年　9月，儿子汉斯·阿耳伯特和爱德华在他们母亲的家乡、匈牙利的诺维萨德（今属塞尔维亚）的一个塞尔维亚东正教教堂受洗。11月，当选普鲁士科学院院士，并在柏林接受了一份工作邀请，这座城市正是爱尔莎·勒文塔尔（娘家姓爱因斯坦）居住之地。这份邀请包括柏林大学的研究教授职位，没有教学义务，以及尚未成立的威廉皇帝物理研究所所长一职。从瑞士联邦理工学院辞职。

1914年　4月，抵达柏林担任新职位。米列娃和孩子们跟随他前往柏林，但由于持续的婚姻问题，他们在7月末返回苏黎世。8月，第一次世界大战爆发。参与签署支持欧洲文化的《告欧洲人书》（"Manifesto to the Europeans"），这可能是他第一次公开发表政治声明。

1915年　11月，完成了他的广义相对论研究工作。

1916年　在《物理学纪事》发表了"广义相对论的基础"（后来成为他的第一本书）。还发表了三篇关于量子理论的论文。5月，成为德国物理学会会长。

1917年　2月，他写了第一篇关于宇宙学的论文。10月1日，开始担任威廉皇帝物理研究所所长。从圣诞节前后开始因病卧床数月。

1918年　11月9日，德国皇帝退位。爱因斯坦说服革命学生释放被他们软禁的柏林大学的校长和教授们。

1919年　2月14日，与米列娃离婚。库尔特·布卢门菲尔德通过努力，让爱因斯坦对犹太复国主义事业产生兴趣。5月29日，在日食期间，亚瑟·爱丁顿爵士通过实验测量了光的偏折，并证实了关于广义相对论的两个预测；随着媒体在当年晚些时候将这一新闻传播开来，爱因斯坦作为公众人物的名声开始树立。6月2日，与爱尔莎结婚。

1920年　2月20日，他的母亲在柏林去世。即使爱因斯坦保持着他对德国的忠诚[1]，反犹太主义和对相对论的煽动性攻击却在德国变得更加普遍。越来越多地参与非科学事务。

1921年　4月至5月，首次访问美国，陪同犹太复国主义领导人进行筹款活动，支持在耶路撒冷建立希伯来大学。在普林斯顿大学做了四场关于相对论的演讲，后经整理出版成书。

1922年　完成了他的第一篇关于统一场论的论文。10月，开始为期6个月的日本之旅，并在远东的许多地区作短暂停留。患上消化系统的疾病。11月，得知他获得了1921年度诺贝尔物理学奖。

1923年　在返程中访问巴勒斯坦和西班牙。

1924年　继女伊尔莎与鲁道夫·凯泽结婚，后者是一名记者和未来的爱因斯坦传记作者。

1925年　前往南美洲。为了声援甘地，签署了一项反对强制服兵役的宣言。成为一个热心的 xvii 和平主义者。获得科普利奖章。担任希伯来大学理事会理事直至1928年。

1926年　英国皇家天文学会授予其金质奖章。

1927年　不顾双方父母的反对，汉斯·阿耳伯特与弗里达·克内希特在这一年结婚。

1928年　因心脏问题而再次患病。卧病在床数月，身体虚弱持续达一年之久。4月，海伦·杜卡斯(Helen Dukas)被聘任为他的秘书；她陪伴在爱因斯坦身边，担任其秘书，后来又担任他的管家直至爱因斯坦去世。

1929年　与比利时伊丽莎白王后开始了终生的友谊。6月，获得德国普朗克奖章。

1930年　第一个孙子、汉斯·阿耳伯特和弗里达的儿子伯恩哈德出生。继女玛戈特与德米特里·马里亚诺夫结婚。爱因斯坦在柏林西南部卡普特的消夏小屋度过了几个月。签署世界裁军宣言。12月，访问纽约和古巴，并在帕萨迪纳的加州理工学院(Caltech)停留（直到1931年3月）。

1931年　5月访问牛津，在"罗德讲座"(Rhodes Lectures)作了讲演，并获得荣誉博士学位。12月，再次前往帕萨迪纳。

1932年　1月至3月，再次访问加州理工学院。返回柏林。后来，同意接受位于新泽西州普林斯顿的仍处于规划阶段的高等研究院教授职位任命。12月，再次访问美国。

1933年　1月30日，纳粹党开始掌握德国政权。辞去普鲁士科学院院士身份，再未返回德国。暂居比利时，随后访问牛津，在"斯宾塞讲座"演讲。移民美国，于10月17日抵达纽约。

---

1 尽管用对德国的忠诚(loyalty)来形容爱因斯坦与德国的关系并不完全准确，但他对德国科学共同体的忠诚是无可置疑的。"第一次世界大战"后德国科学（家）被国际科学共同体孤立在外，通过他和其他有识之士的不懈努力，德国科学和科学家终于得以重返国际科学共同体。在反犹主义极其猖獗的情况下，他都没有离开德国，原因就是舍不得他的那些科学同事。但1933年，普鲁士科学院绝大部分院士以爱因斯坦"不爱国"为由，将他开除，这让爱因斯坦非常伤心。——译者注

1934年　被剥夺德国公民身份(仍然是瑞士公民)。7月10日，伊尔莎因肠结核于巴黎去世，年仅37岁。爱尔莎变得抑郁。玛戈特未在丈夫的陪伴下前往普林斯顿。因伊尔莎的去世而成为鳏夫的鲁道夫则暂时留在欧洲。

1935年　秋天，搬到普林斯顿的默瑟街112号的一所房子。爱因斯坦、爱尔莎、玛戈特和海伦·杜卡斯将在这所房子里度过他们的余生。在费城接受富兰克林奖章。

1936年　12月20日，爱尔莎去世，死因是因心脏疾病发作而加重的突眼性甲状腺肿和肺炎。

1937年　玛戈特与德米特里离婚。

1939年　玛雅·温特勒-爱因斯坦迁至她的哥哥家中，并与他一起生活。8月2日，签署了著名的致罗斯福总统的关于原子能的军事意义的信件。第二次世界大战在欧洲爆发。

1940年　与玛戈特·爱因斯坦、海伦·杜卡斯一同获得美国公民身份。

1941年　12月，美国在日本轰炸珍珠港后加入第二次世界大战。

1943年　担任美国海军军械局炸药与军火处的顾问。

1944年　由他新近手抄的1905年狭义相对论的原始论文副本经过拍卖筹集了600万美元；为结束战争而努力。

1945年　第二次世界大战结束。正式从高等研究院退休；领取与他在高等研究院的薪水数额相同的退休金。

1946年　玛雅中风并卧床不起。担任原子能科学家紧急委员会主席。呼吁联合国组建一个世界政府以控制军备，坚持主张这是实现世界和平的唯一途径。

1948年　8月4日，米列娃在苏黎世去世。12月，经诊断，爱因斯坦被发现腹部主动脉有一个大的动脉瘤。

1950年　3月18日，签署了他的最后遗嘱，指定他的朋友奥托·内森为遗嘱执行人，奥托·内森和海伦·杜卡斯为其文字遗产的共同受托人。

1951年　6月，妹妹玛雅去世。

1952年　拒绝让其担任以色列总统的提议。

1954年　患上溶血性贫血症。

1955年　4月11日，给伯特兰·罗素写了最后一封签有他的名字的信件，同意签署一份呼吁所有国家放弃核武器的联合宣言。4月13日，动脉瘤破裂。4月15日，开始在普林斯顿医院住院。4月18日，阿耳伯特·爱因斯坦于凌晨1点15分去世。

1965年　爱德华·爱因斯坦在瑞士去世。

1973年　汉斯·阿耳伯特·爱因斯坦在马萨诸塞州伍兹霍尔去世。

1982年　2月9日，海伦·杜卡斯在普林斯顿去世。

1986年　7月8日，玛戈特·爱因斯坦在普林斯顿去世。

信条：“我的信念”

爱因斯坦在很多场合都将政治和道德联系在一起，但最深刻的展现莫过于"我的信念"一文。这篇文章作为《论坛和世纪》（*Forum and Century*）杂志的"活生生的哲学"（Living Philosophies）系列中的一篇，于1930年首次发表。因为这是用爱因斯坦自己的话来描述他的信仰，所以我们在这里提供完整的原始文本，与经过编辑的爱因斯坦文集《思想和观点》中出现的版本有很大不同。

我的信念

人生在世的境况很奇妙。我们每个人来到世间只做短暂的停留，不明所以，可有时似乎又能参透一些意义。

然而，从日常生活的角度看，有一点我们是清楚的：人存在的目的是为了其他人——首先是为那些亲近的人，他们的欢笑与健康决定了我们自身的幸福；也为无数的陌生人，他们的命运通过同情的纽带与我们相连。每天我都会很多次地意识到，自己内在和外在的生活是多么依赖其他人的劳动，包括所有在世和不在世的人，并且自己是多么渴望有所作为，以尽量回报自己的所得。由于感到自己借助太多他人的工作，常常使我的内心不安。

我认为在哲学意义上，我们根本没有什么自由可言，因为我们的行为不仅受制于外界的压力，还受限于内在的必然。叔本华说过——"人当然能凭意志行事，但他不能决定自己的意志"——这句话给年少时的我留下了很深的印象，每当目睹或遭遇人生艰辛时它都能给我以慰藉。这样的信念总能带来宽容，因为它不让我们把自己或他人看得太重；要有一定的幽默感。

客观地讲，追究自我存在的理由或是人生的意义在我看来大多愚蠢至极。但是每个人都会坚持某些理想，这些理想指引着他的奋斗目标和他的判断。一直在我的面前闪耀，并使我充满生命的欣喜的，是真、善、美的理想。安逸或享乐的目标从未吸引过我；若以此为基础建立道德体系，只能满足一群畜生的需要。

如果不能与志同道合的人在追求艺术与科研的永无止境的道路上一起合作，我的生命将失去意义。从幼时起我就很排斥那些庸俗的人类抱负。占有的财富、外在的成功、公众的关注、奢侈的享受——这些在我看来向来不值一提。我认为简单而有度的生活方式适合于每个人，对身心都有益。

始终与我对社会正义和社会责任的热切关注形成奇怪反差的，是我明显无意于和男人女人们有直接的联系。我是一个不折不扣的"独行者"[1]，不适合二人协同或团队合作。我从来没有全心全意地属于某个国家或地区、我的朋友圈，甚至是我自己的家庭。这些关系总伴着一种说不清的疏离，随着年岁渐长，我想退回个人世界的愿望也愈发强烈。

这样的孤立有时是苦涩的，但我不后悔失去他人的理解和同情。我肯定会为此失去一些东西，但也因此得到了补偿，可以独立于习俗、舆论和旁人的偏见之外；我也不想将自己内心的平静建立在这种不稳定的基础之上。

我的政治理想是民主。每个人都要被视作独立个体受到尊重，但不应有人被封为偶像。造化弄人，让我领受了过多不想要和不应得的赞美与尊敬。这些吹捧也许是因为大众希望理解我以绵薄之力提出

---

1 此处英文为，I am a horse for single harness，来源于德文，Ich bin ein richtiger "Einspänner"。无论 single harness，还是 Einspänner，都是"单驾马车"之意，引申为"喜欢独居者"。——译者注

的一些想法，但却未能如愿的缘故。

我深知，为了实现任何既定的目标，势必要有一个人负责思考和指挥，并承担起大部分的责任。但是那些被领导者不应该受到驱使，他们应该有权力选择他们的领导人。在我看来用以划分社会阶层的区别都是假的；归根到底他们依靠的是武力。我相信，每个暴力独裁的制度都会带来堕落，因为暴力必然招致道德低下。时间已经证明，大名鼎鼎的暴君的继任者都是恶棍。

出于这样的原因，我一直都强烈反对当前俄国和意大利的这类政权。败坏欧式民主政治的并不是因为民主的基本理论本身像有人说的那样是错误的，而是我们政治领导的不稳定性以及政党政治与个人无关特性。

我认为你们在美国已经找到了正确的办法。你们选出有合理任期的总统，授予他足够的权力，使他得以恰当地履行其职责。另一方面，对于德国政府，我更喜欢的是在人们生病或失业时，国家对个体更大程度的关照。我想说，在我们生命的喧嚣里，真正有价值的不是国家，而是富有创造力和感受力的个体，是独特的人格——是这些人创造了卓越与崇高的事物，而芸芸众生则总是思想贫乏，感情迟钝。

这个话题让我想到了群体意识最为卑劣的产物——可恶的军国心态。对于一个和着音乐洋洋自得地行进于列队中的人，我都不屑于鄙视他；这种人不配有大脑——脊髓就完全够用了。这种听命于人的蛮勇和无知的暴行，以及令人憎恶的爱国高调——都令我深恶痛绝！战争既下作又卑劣，我宁可粉身碎骨[原文如此]也不愿参与其中。

必须立即清除这一人性的污点。我相信人性本善，所以我认为如果不是因为学校和媒体出于商业和政治目的系统性地泯灭各国国民的常识，污点早该被清除了。

我们所能体会到的最迷人的事物莫过于神秘的未知。它是一切真正的艺术与科学的源泉。如果有人不能领会这种情感，不再能停下脚步产生好奇，也无法凝神伫足，心生敬畏，那就不过是徒有形骸：他已闭上了双眼。这种对生命奥秘的洞见，尽管伴随着恐惧，也同样孕育了宗教。认识到确实存在让我们费解的事物，它自身表现为最高的智慧和最耀眼的美，以我们的愚钝之才只可感知其最基本的轮廓——这种认识与感触，是真正的宗教情怀的核心。从这种意义上讲，也只有在这种意义上，我隶属于虔诚的具有宗教情怀的人之列。

我无法想象一个上帝，他会奖励或惩戒自己所造之物，他的意图是依据我们人类自己的意图构想的——简而言之，这样的上帝不过是人类脆弱性的映像。我也不认为人在肉体死亡后还能继续存活，尽管软弱的灵魂出于恐惧或是荒谬的唯我论接受此类想法。只要能思索智慧生命永恒的奥秘，考察现存世界的神奇的结构，窥见它的一鳞半爪，并谦卑地努力去领悟在自然界中显示出来的那个理性的一部分，即使只是其极小的一部分，我也就心满意足了。

资料来源：最初发表于《论坛和世纪》（*Forum and Century*）84 卷，4 期（1930 年 10 月）：193—194。转载于罗与舒尔曼，《爱因斯坦论政治》（Rowe and Schulmann, *Einstein on Politics*），pp.226—230。承蒙以色列耶路撒冷希伯来大学阿耳伯特·爱因斯坦档案馆惠允转载。

　　　　　　　　　　　　　　　　　　　　　爱因斯坦百科

第一篇

个人与家庭关系圈

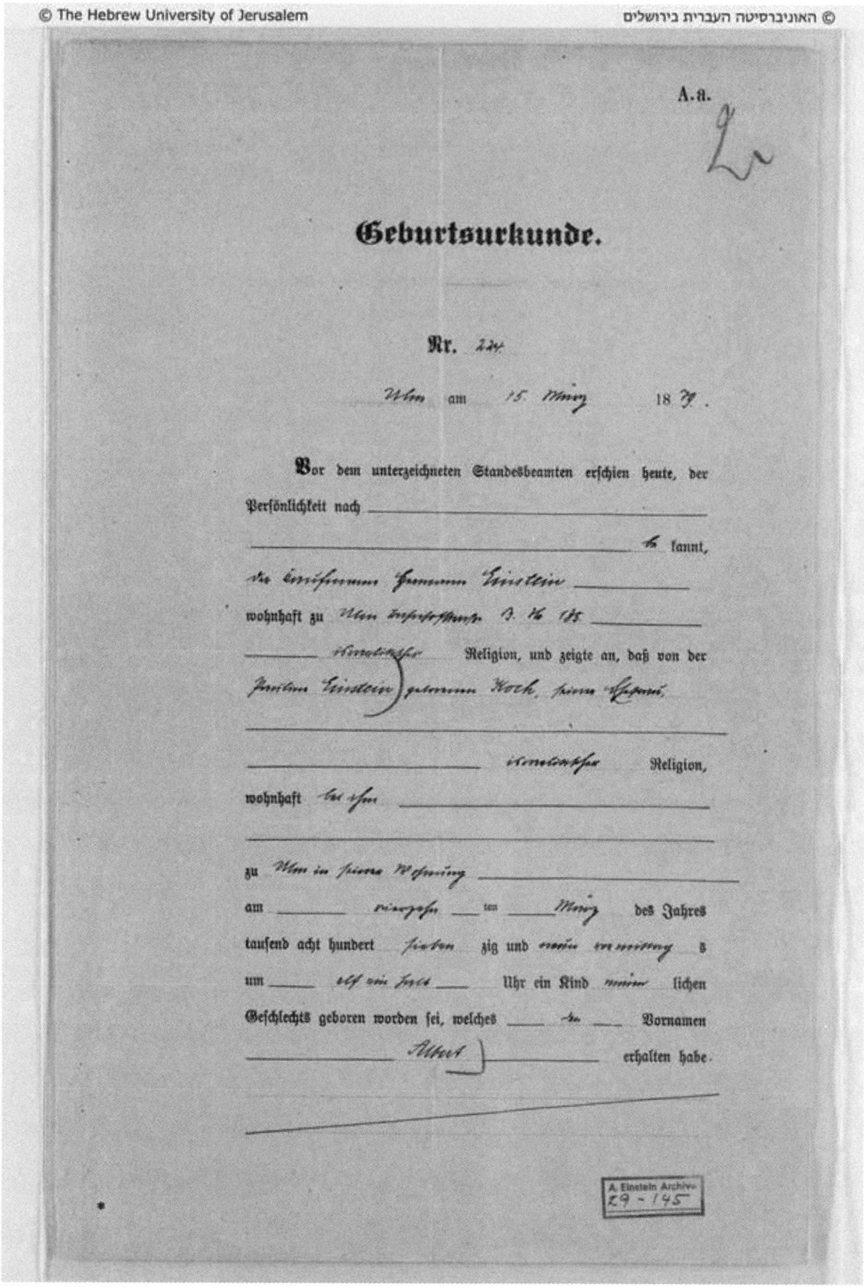

A.a.

2

Geburtsurkunde.

Nr. 224

Ulm am 15. März 1879.

Vor dem unterzeichneten Standesbeamten erschien heute, der Persönlichkeit nach bekannt,

der Kaufmann Hermann Einstein

wohnhaft zu Ulm Bahnhofstraße B. No 135

israelitischer Religion, und zeigte an, daß von der

Pauline Einstein geborene Koch, seiner Ehefrau,

israelitischer Religion,

wohnhaft bei ihm

zu Ulm in seiner Wohnung

am vierzehnten März des Jahres

tausend acht hundert siebenzig und neun Vormittags

um elf ein halb Uhr ein Kind männlichen Geschlechts geboren worden sei, welches den Vornamen

Albert erhalten habe.

图1 （本页及下页）出生证。（承蒙以色列耶路撒冷希伯来大学阿耳伯特·爱因斯坦档案馆惠允）

³ 生平信息：证件复印件

下面我们将呈现几份现存的关于爱因斯坦生平的文件复印件。文字的翻译与进一步的信息可以参考提到的相关对照章节。

出生证

亦见下面的"出生信息"与"家庭"。

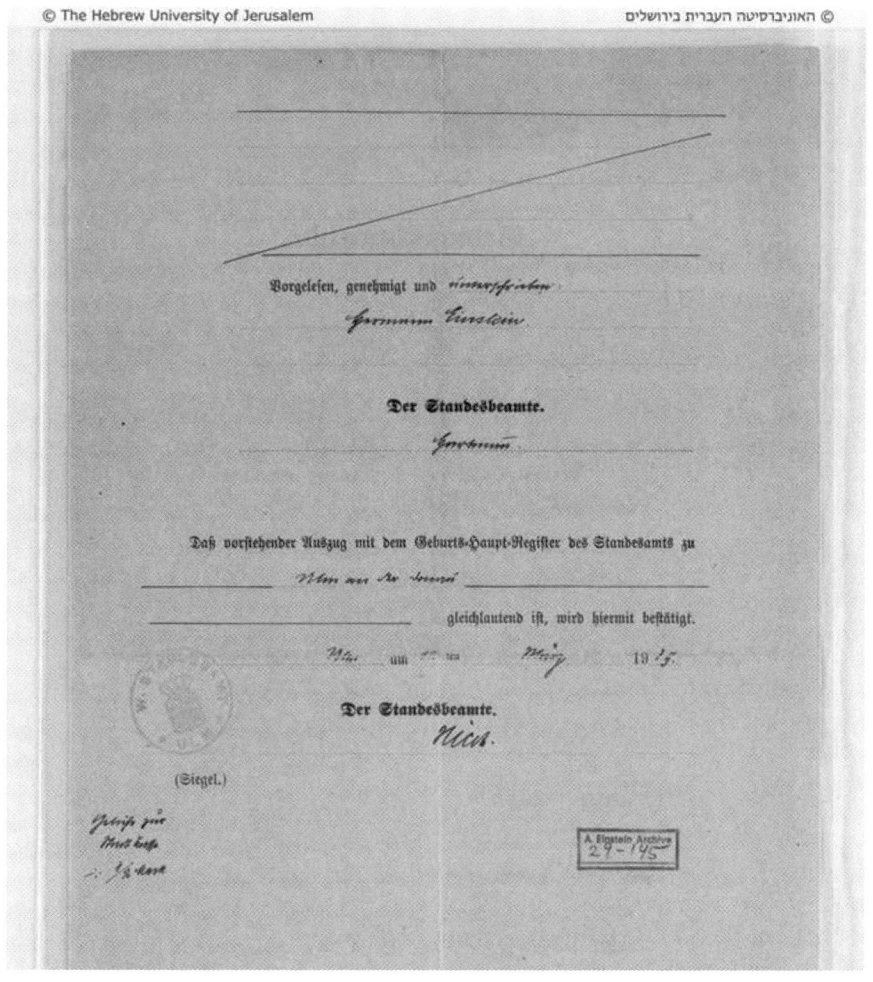

（亦见后文中的"所受的教育与就读的学校"一节。）

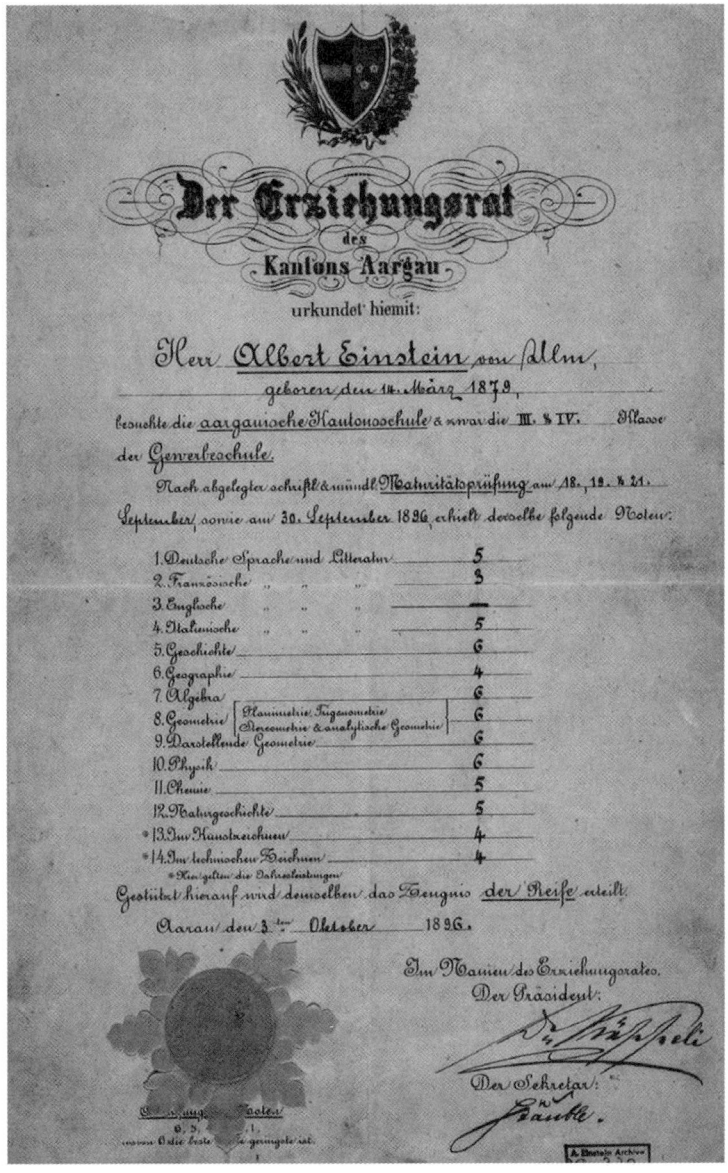

图2　成绩单。（承蒙以色列耶路撒冷希伯来大学阿耳伯特·爱因斯坦档案馆惠允）

5 博士学位证书

（亦见第二篇的"博士论文"一节。）

图3　博士学位证书。（承蒙以色列耶路撒冷希伯来大学阿耳伯特·爱因斯坦档案馆惠允）

（亦见第二篇的"诺贝尔奖"一节。）

图4 （本页及下页）诺贝尔奖证书。（承蒙以色列耶路撒冷希伯来大学阿耳伯特·爱因斯坦档案馆惠允）

美国入籍证书 8

（亦见后文中的“公民身份与移民美国”一节。）

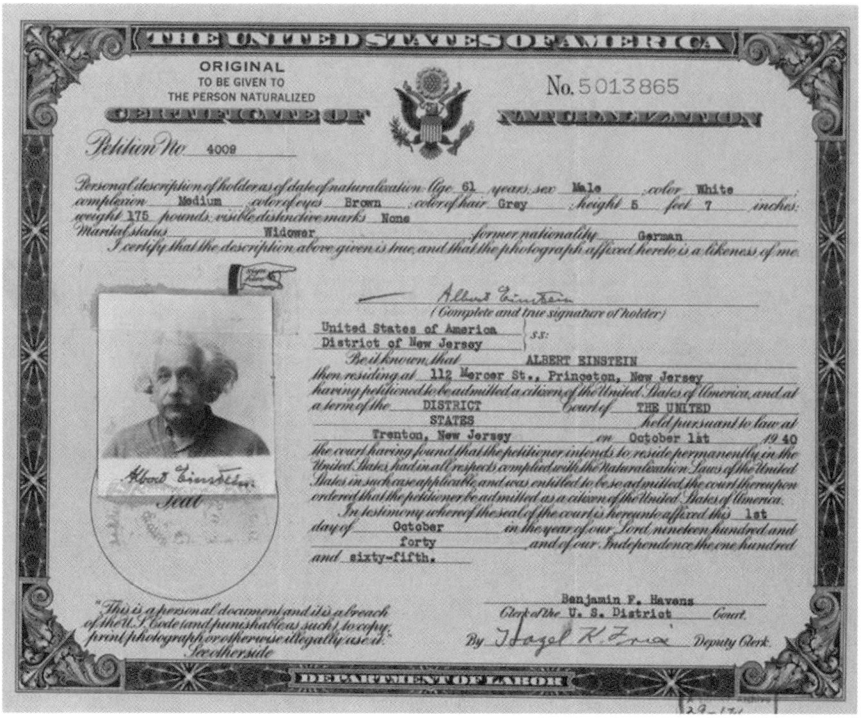

THE UNITED STATES OF AMERICA

ORIGINAL
TO BE GIVEN TO
THE PERSON NATURALIZED

No. 5013865

CERTIFICATE OF NATURALIZATION

Petition No. 4009

Personal description of holder as of date of naturalization Age 61 years; sex Male; color White; complexion Medium; color of eyes Brown; color of hair Grey; height 5 feet 7 inches; weight 175 pounds; visible distinctive marks None
Marital status Widower; former nationality German
I certify that the description above given is true, and that the photograph affixed hereto is a likeness of me.

Albert Einstein
(Complete and true signature of holder)

United States of America
District of New Jersey } SS:

Be it known, that ALBERT EINSTEIN
then residing at 112 Mercer St., Princeton, New Jersey
having petitioned to be admitted a citizen of the United States of America, and at a term of the DISTRICT Court of THE UNITED STATES held pursuant to law at Trenton, New Jersey on October 1st 1940
the court having found that the petitioner intends to reside permanently in the United States, had in all respects complied with the Naturalization Laws of the United States in such case applicable, and was entitled to be so admitted, the court thereupon ordered that the petitioner be admitted as a citizen of the United States of America.
In testimony whereof the seal of the court is hereunto affixed this 1st day of October in the year of our Lord nineteen hundred and forty and of our Independence the one hundred and sixty-fifth.

Seal

"This is a personal document and it is a breach of the U.S. Code (and punishable as such) to copy, print, photograph or otherwise illegally use it."
See other side

Benjamin F. Havens
Clerk of the U. S. District Court.
By Hazel K. Fric Deputy Clerk.

DEPARTMENT OF LABOR

图5　美国入籍证书。（承蒙以色列耶路撒冷希伯来大学阿耳伯特·爱因斯坦档案馆惠允）

₉ 死亡证明

（亦见后文中的"死亡"一节。）

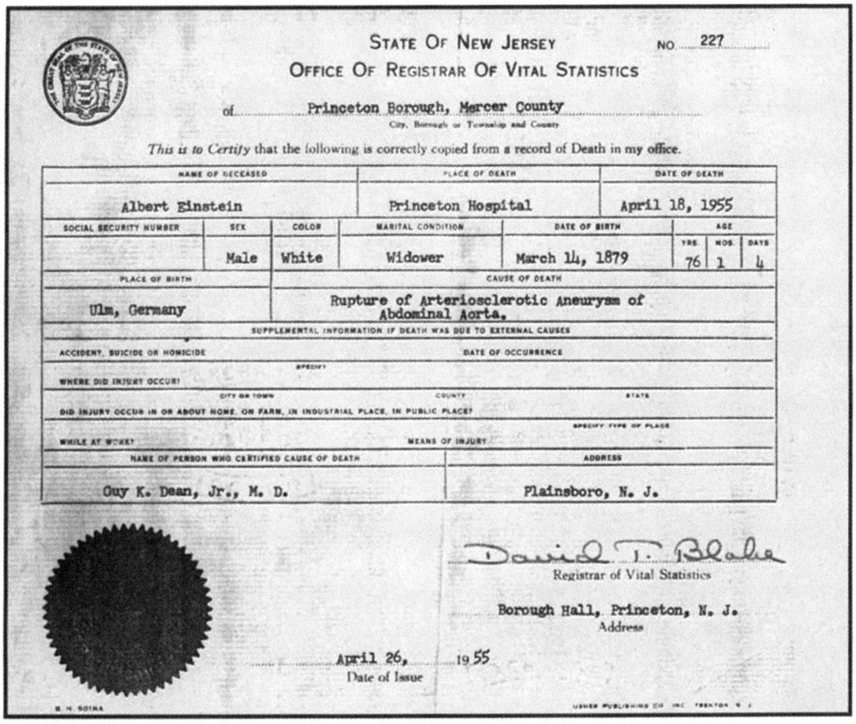

图6　死亡证明。（承蒙新泽西州默瑟县法院惠允）

出生信息

（如上文图1：出生证明所给出的内容）

出生日期：1879年3月14日，上午11点30分，一个男婴，名为阿耳伯特

出生地点：[德国] 符腾堡州乌尔姆市，火车站大街135号乙，其父母的公寓内

新生儿父母：母亲保利娜·娘家姓科赫（Pauline née Koch），家庭主妇；父亲赫尔曼·爱因斯坦（Hermann Einstein），商人

父母所信仰宗教：犹太教

签名：赫尔曼·爱因斯坦

档案

（亦见后文中的"爱因斯坦文稿项目"与《爱因斯坦全集》）

时值1933年3月，爱因斯坦在纳粹党掌权之后就再也没有回到德国，他的继女伊尔莎（Ilse）在丈夫鲁道夫·凯泽（Rudolf Kayser）以及妹妹玛戈特（Margot）的帮助下，将放置于爱因斯坦在柏林居所的文件与一些家具和其他物品进行了整理打包。鲁道夫将爱因斯坦在卡普特的消夏小屋内的一些文件也进行了打包整理。凭借与法国驻德国大使安德烈·弗朗索瓦-蓬塞（André François-Poncet）的关系，凯泽夫妇得以将爱因斯坦这一部分文献财产通过密封的外交邮袋的方式转移至法国。从法国启程，这些论文资料由船运送至新泽西州普林斯顿的高等研究院，而普林斯顿正是爱因斯坦自1933年秋季开始定居之地（参见弗尔辛（Fölsing）：《阿耳伯特·爱因斯坦》（*Albert Einstein*），p.666）。这些文件与卷宗成为后来建立的爱因斯坦档案的雏形。

依据爱因斯坦的"最后遗嘱"（参见后文的"死亡"一节），他的文献遗产被遗赠予耶路撒冷希伯来大学（HUJI）。最后遗嘱规定这些文献资料在玛戈特·爱因斯坦与海伦·杜卡斯（Helen Dukas）逝世后，由普林斯顿高等研究院转交耶路撒冷希伯来大学（参见《最后遗嘱》的第十三款第E项）。其他的原始文件、

复印件、抄本也被收录进来，丰富了这批文件的内容，使之成为爱因斯坦档案的基础。

爱因斯坦于1955年逝世之后，海伦·杜卡斯开始对爱因斯坦的文献遗产进行系统性整理，之后这项工作得到了来自哈佛大学的杰拉尔德·霍尔顿（Gerald Holton）的帮助。与此同时，处理爱因斯坦遗产的执行人奥托·内森（Otto Nathan）发起了一项旨在为爱因斯坦档案馆收集新材料的活动，并且也得到了海伦·杜卡斯与杰拉尔德·霍尔顿的帮助。他们所开展的这一项目的目标之一，即对通信、著作、文件等进行准备整理，以使普林斯顿大学出版社能够最终出版《爱因斯坦全集》。普林斯顿大学出版社在20世纪70年代组建了一个顾问委员会来开启这一宏大的项目。

海伦·杜卡斯于1982年年初逝世后，原始文件的档案收藏便在同年年末转移至耶路撒冷。海伦·杜卡斯在爱因斯坦生前长期担任他的秘书，爱因斯坦去世后，她既担任了文献受托管理人的角色，又成为了爱因斯坦文献的首任档案保管员。自文献转移至耶路撒冷后，第一任档案保管员、图书馆长是曼弗雷德·瓦泽曼（Manfred Waserman，1988—1989），继任者依次是泽夫·罗森克兰茨（Ze'ev Rosenkranz，1989—2003）与罗尼·格罗斯（Roni Grosz，2004年至今）。爱因斯坦档案从普林斯顿启程，经船运至以色列犹太国家与大学图书馆，在行政上图书馆由耶路撒冷希伯来大学协助管理。这些档案现在由耶路撒冷希伯来大学的图书馆管理部门直接管理。

如今爱因斯坦档案包含了大约8万件文件资料，相较于1978年的估算1万件与1980年的估算4.2万件文件资料，可以说是经历了快速而显著的数量增长。这8万件档案资料不仅包括爱因斯坦的通信、著作与文件，而且也包含了复印件、抄写本、翻译本以及第三方的文件，这些资料在提供历史事件的背景以及准备注解的工作等方面具有非常重要的价值。这些文件的数量也反映出人们对新材料孜孜不倦与坚持不懈的寻找。正如《爱因斯坦全集》的创立编辑约翰·施塔切尔在他为如今存放于加州理工学院的复制版爱因斯坦档案所撰写的1980年版阅览指导中所强调的那样，"爱因斯坦档案本身就是一个不断变化的事物。人们会将文件添加到这份档案收藏中，也会将文件从一个地方转移至另一个地方。人们也会对注释进行添加，修改以及移除。"爱因斯坦的日记、相片、奖章、荣誉证书、收藏的音乐作品，以及来自于他的私人图书馆的书也保存于耶路撒冷，这使得爱因斯坦档案的丰富程度在科学类档案里首屈一指。

供学者参阅的复制版档案已经存放在波士顿大学、帕萨迪纳的加州理工学院、苏黎世联邦理工学院以及新泽西州的普林斯顿大学等院校的图书馆中。人们可以在多所学院、大学与国立档案馆中阅览到规模较小的爱因斯坦档案藏品，其中包含了私人捐赠的含有爱因斯坦通信与相片的私人文件。这些机构包括布兰戴斯大学（阿耳伯特·爱因斯坦收藏）；纽约市的利奥·贝克学会（Leo Baeck Institute），它所收藏的相片资料对了解爱因斯坦尤其有用；纽约州波基普西镇（Poughkeepsie）的瓦萨学院（奥托·内森收藏的文献）；以及柏林的普鲁士国家图书馆。华盛顿特区的国会图书馆也藏有与爱因斯坦相关的文件与相片。

因为海伦·杜卡斯与奥托·内森在建立爱因斯坦档案这一工作中发挥了主要作用，所以我们将他们的传记资料置于这一节中。

海伦·杜卡斯

海伦妮·杜卡斯（Helene Dukas），后来又被称为海伦（Helen）或海伦娜·杜卡斯（Helena Dukas），1896年10月17日出生在德国弗莱堡，父亲名为利奥波德·杜卡斯（Leopold Dukas），母亲名为汉杏·杜卡斯（Hannchen Dukas）。她的父母一共生育了7个孩子。在其母亲于1909年早逝后，海伦·杜卡斯便从中学辍学来照顾她的兄弟姐妹。后来她曾在慕尼黑从事幼儿园教师工作，并于1923年前往柏林一家出版社担任秘书职位。5年后这家小规模的出版社因破产而进行了清算，海伦·杜卡斯又开始寻找另一份工作。她的姐姐罗莎·杜卡斯[1]是爱尔莎·爱因斯坦（Elsa Einstein）的朋友，她听说爱因斯坦需要一位新私人秘书，原因是爱因斯坦的第一任全职秘书——伊尔莎·爱因斯坦——已经与鲁道夫·凯泽结婚，决定不再为自己的继父工作。罗莎告诉海伦·杜卡斯有这样一个空缺的职位。在爱因斯坦聘用过包括齐格弗里德·雅各比（Siegfried Jacoby）与埃德温·斯克拉兹（Edwin Sicradz）在内的几位临时的秘书之后，海伦·杜卡

---

1 海伦的姐姐（Rosa Dukas, 1889-1967）。——译者注

斯于1928年4月开始担任爱因斯坦的秘书一职，一直到这位物理学家去世。

海伦·杜卡斯并不是爱因斯坦一家的亲属，但是所有人都像对待家庭成员那样来对待她。她成为爱因斯坦的生活中非常重要的一个人，并且，在爱因斯坦移民至美国后，她与爱因斯坦一家的成员们居住在爱因斯坦的居所内，甚至在爱因斯坦逝世后，她在这所房子里度过了余下的生命时光。她从未结婚。

海伦·杜卡斯跟随爱因斯坦与他的第二任妻子爱尔莎于1933年10月抵达普林斯顿。在爱尔莎于1936年末去世后，海伦·杜卡斯除了履行秘书一职的责任，她还担任爱因斯坦在默瑟街的居所的管家。1940年10月1日，她与爱因斯坦以及爱因斯坦的继女玛戈特·爱因斯坦在邻近的新泽西州特伦顿市宣誓加入美国国籍。

海伦·杜卡斯为人所知的特点包括聪慧、谦虚、腼腆，以及对爱因斯坦的忠心耿耿。她甚至比爱因斯坦本人更热衷于保护他的隐私。海伦·杜卡斯的这一特点使得爱因斯坦给她取了一个昵称，"我的刻耳柏洛斯"（Cerberus），这个名字来源于希腊与罗马神话中守卫冥界入口处的凶犬。久而久之，这种警惕性与保护欲也在一定程度上导致产生了许多关于爱因斯坦的传言，但是没有证据表明这两人曾经有过浪漫的关系。仿佛是为了避免任何的流言蜚语，在爱因斯坦生前她始终尊敬地称呼他为"教授先生"，在爱因斯坦逝世，则称呼他为"教授"，从未直呼过"阿耳伯特"——至少在公开场合与书面中是这样的。在爱因斯坦于1950年立下的最后遗嘱中，他指定海伦·杜卡斯与他的朋友奥托·内森作为他的文献遗产的共同受托人。这份遗嘱也规定了他的个人财产与很大一部分金融资产留给海伦·杜卡斯。（参见"死亡"一节中"最后遗嘱"条目。）

在爱因斯坦于1955年逝世后，海伦·杜卡斯与玛戈特·爱因斯坦一起继续居住在位于默瑟街的那座房子里。她全身心地投入工作，将爱因斯坦的大量著作与通信整理成一份正式档案。起初，海伦·杜卡斯进行这项工作的地点是在普林斯顿高等研究院富尔德楼（Fuld Hall）的地下室内的一间办公室，之后又搬至第三层的一间小办公室。她忠实而勤勉地对待这项整理文件的工作，并为许多自己归档的文件加上了简短注释与相互参照。而且，海伦·杜卡斯打印出数以千计的文件的副本，绝大多数都是爱因斯坦撰写的信件。此外，她与曾经担任过爱因斯坦助理，后来在纽约市立大学皇后学院担任数学教授的班内希·霍夫曼合作出版了两本书，分别是《阿耳伯特·爱因斯坦：创造者与叛逆者》（*Albert Einstein，Creator* and Rebel）与《爱因斯坦：人性的一面》（*Einstein, the Human Side*）。[1]

海伦·杜卡斯一直保持着每周几次乘研究院的通勤车前往办公室的习惯，直到她在1982年2月9日因胃溃疡去世，享年85岁。2月12日在普林斯顿犹太人中心为她举行的追悼会上，与她相识了48年，并在她生命的最后27年保持着密切关系的奥托·内森含泪宣读了这样的悼词："当海伦·杜卡斯在三天前最后一次合上双眼的时候，爱因斯坦经历了又一次死亡。没有人比她更加接近爱因斯坦，也没有人比她对爱因斯坦奉献得更多。她一生的目标就是服务于爱因斯坦……爱因斯坦档案收到的每个新文件资料都让她感到兴奋，仿佛爱因斯坦本人的某一部分回到这个世界……没有哪位卓越的科学家可以完成她所做的这份工作。"（选自爱丽丝·卡拉普里斯［Alice Calaprice］关于这场追悼会的记录；另请参见《纽约时报》［*New York Times*］刊登的讣告。）她将自己的各项财产主要留给了她的姐妹们与外甥女们，留予了耶路撒冷希伯来大学，也留予了玛戈特·爱因斯坦。她指定奥托·内森作为她遗产的遗嘱执行人，并送给他一张带有银质相框的爱因斯坦签名相片。（参见爱因斯坦档案编号74—628的海伦·杜卡斯遗嘱的复制版。）

奥托·内森

奥托·内森1893年7月15日出生于德国的宾根（Bingen）。他是一位经济学家，1920年至1933年在魏玛共和国时期的普鲁士政府担任顾问一职，并在希特勒掌权之后离开德国。在移民至美国后，他在东海岸地区的数所大学内任教，包括普林斯顿大学、瓦萨学院以及霍华德大学，并且发表了两本关于纳粹经济学的书。他与海因茨·诺登（Heinz Norden）合著了《爱因斯坦论和平》（*Einstein on Peace*）（1960）。

爱因斯坦与奥托·内森两人在20世纪30年代中期于普林斯顿定居后不久便相遇相识。他们很快就发展了彼此信任的友谊，这份友谊一直持续至爱因斯

---

1 有两个中译本。《爱因斯坦谈人生》，高志凯译，刘蘅芳校，世界知识出版社，1984年；《爱因斯坦谈人生》，李宏昀译，复旦大学出版社，2013年。——译者注

坦的逝世。爱因斯坦指定他的这位老朋友担任自己遗产的唯一执行人，以及受托人之一。在海伦·杜卡斯的帮助下，奥托·内森专注地致力于维护爱因斯坦在后人眼中的世俗圣人形象。多年来，研究者们曾试图构建一个真实的爱因斯坦的形象，却因为海伦·杜卡斯与奥托·内森极力避免泄漏可能会损害爱因斯坦名声的信息而无法如愿。奥托·内森在海伦·杜卡斯去世5年后的1987年1月27日于纽约市去世，享年93岁。他将他收藏的文献赠与了瓦萨学院与耶路撒冷希伯来大学。

从外国学术团体获得的各种奖项、荣誉学位和荣誉会员资格

海伦·杜卡斯曾为爱因斯坦档案制定了一份并不完整的奖项与荣誉清单（爱因斯坦档案编号30—105；另请参考档案中的第65号卷宗）。她指出荣誉证书原件都被遗留在了德国，所以她所做的汇编工作可能是不完整的。但是，爱因斯坦档案后来有了更新，并且我们可以向授予荣誉学位的院校机构或者利用档案中的证书来核实所有列出的荣誉学位，从而得以将许多遗漏的条目添加到海伦·杜卡斯原来较短的清单中。（括号中的数字为档案编号；*CAPE* 代表 *The Collected Papers of Albert Einstein*［《爱因斯坦全集》］。）

奖状、奖章与其他荣誉

1918 年　瓦赫布鲁赫奖（Vahlbruch Prize），格丁根大学［《爱因斯坦全集》第八卷：第 699 页，注释 13］

1918 年　米勒基金会荣誉奖（Müller Foundation honorary prize）（德国）［30—115］

1920 年　哥伦比亚大学巴纳德奖章（Barnard Medal）[1]，到 1919 年 7 月 17 日为止的 5 年中的贡献（USA）［30—129，65—012］

1921 年　纽约市荣誉市民，与纽约州荣誉居民［92—117］；康涅狄格州纽黑文市荣誉市民［《爱因斯坦全集》第十二卷:453］——这些是爱因斯坦在他第一次访问美国时被授予的

1921 年　诺贝尔物理学奖（1922 年授予）［65—020.3，85—125］

1921 年　当选英国皇家学会会员，伦敦［76—427］

1　该奖章每5年颁发一次，这一次表彰获奖者在到1919年7月17日为止的5年中的贡献。——译者注

1921 年　意大利科学学会马泰乌奇金奖（Matteucci Gold Medal），〔30—157，158〕

1922 年　犹太国家基金会犹太金典证书（Diploma of the Golden Book），耶路撒冷〔65—022〕

1923 年　特拉维夫市（巴勒斯坦）首位"荣誉市民"称号获得者〔30—170〕

1923 年　科学与艺术功勋勋章（Order Pour le Mérite for Science and the Arts）（和平类）（德国）〔65—075〕。爱因斯坦在 1933 年宣布放弃这项荣誉

1924 年　爱因斯坦塔——一座观测太阳的天文台——在柏林附近的波茨坦建成

1925 年　英国皇家学会科普利奖章（Copley Medal）（英国）〔121—326〕

1925 年　布宜诺斯艾利斯犹太—拉丁裔联合会所授予的奖章（Jewish-Hispanic Congregation of Buenos Aires）〔65—077〕

1926 年　英国皇家天文学会金质奖章，伦敦〔30—214，79—385〕。1919 年亦曾当选，但是未得到学会会员的批准（参见第二篇，同事，"亚瑟·斯坦利·爱丁顿"）〔87—397〕

1926 年　雅典科学院金质奖章（希腊）〔65—080〕。爱因斯坦接受函的日期是 1933 年

1929 年　普朗克奖章(德国)。这是普朗克奖章的首次颁发，爱因斯坦与马克斯·普朗克共同获奖。〔19—341〕

1930 年　在爱因斯坦第二次访问纽约市时，获得纽约市的城市钥匙〔《纽约时报》，1930 年，12月 4 日，第 1 页〕

1931 年　法国保护知识分子委员会所颁发的奖章〔65—087〕

1931 年　法国天文学会的让森奖章（Janssen Medal），巴黎〔65—085，30—255〕

1933 年　纽约社区教会所颁发的表彰做出杰出宗教工作的奖章〔65—089，69—614〕

1935 年　富兰克林学会（Franklin Institute）富兰克林奖章（Franklin Medal），费城〔65—056，88—841（相片）〕

1940 年　Phi Epsilon Pi 国家服务奖〔88—218〕

1947 年　外国记者奖（Foreign Press Award[1]）〔28—782，65—113〕

1947 年　美国纽约，犹太退伍军人会，荣誉证书〔65—067〕

1947 年　世界联邦主义者新闻奖（World Federalist News Award）〔见内森与诺登所著《爱因斯坦论和平》，第 404 页〕

1948 年　"一个世界奖"（One World Award）〔88—623〕

1950 年　教师联合会奖，表彰爱因斯坦在教育事业中所做的杰出贡献〔87—458〕

1953 年　律师十诫协会，优秀奖〔88—518〕

1953 年　耶路撒冷希伯来大学荣誉校长职位〔76—487〕

1955 年　因"知识方面的大胆探索"而获得"洛德与泰勒奖"（Lord and Taylor Award），该奖授予的对象是"拥有富于创造力的以及非传统的生活方式"的人们〔28—979，72—978，90—074〕

1955 年　第 99 号化学元素被命名为"镄（einsteinium）"（图 7）

1979 年　在位于华盛顿特区的美国国家科学院举行了爱因斯坦纪念铜像的揭幕仪式

1990 年　爱因斯坦的名字被列入坐落于巴伐利亚州雷根斯堡附近的、用于纪念"值得赞扬的杰出德国人"的瓦尔哈拉纪念馆（德国）

1999 年　当选《时代》杂志的"世纪之人"（"Person of the Century"）

2008 年　与托马斯·爱迪生和克拉拉·巴顿（Clara Barton）一起，首批进入新泽西州名人堂（New Jersey Hall of Fame）

1　外国记者奖是由"美国外国记者协会"（Foreign Press Association of United States）颁发的。——译者注

图7 锿元素。锿是原子序数为99的人造元素。原子序数小于锿，且以人名命名的元素只有锔元素，锔（Curium）的名字来源于玛丽·居里（Marie Curie）。锿元素首次发现于一次核爆的残余物中。锿元素具有很强的放射性，以至于，紧贴它的容器的石英晶体也具有了放射性（如图所示），并发出明亮的光。从宏观量来看，锿元素是现存的最重的元素之一。（橡树岭国家实验室与维基共享资源）

荣誉学位（荣誉博士学位）

1909 年　日内瓦大学（瑞士）［30—106 至 30—109］
1919 年　罗斯托克大学（德国），名誉医学博士［65—008］
1921 年　曼彻斯特大学（英格兰）［32—628］
1921 年　普林斯顿大学（美国）［65—015，84—957］
1922 年　布宜诺斯艾利斯大学（阿根廷）［30—165，65—019］
1923 年　马德里大学（马德里中央大学）（西班牙）［65—023.1］
1925 年　巴西共和国，哲学学院［65—038］
1925 年　蒙得维的亚乌拉圭大学"名誉教授"［65—036］
1929 年　巴黎大学（索邦）［65—049，120—194］
1930 年　剑桥大学（英格兰）［9—299，30—247］
1930 年　苏黎世联邦理工学院（瑞士）［einstein—website.de］
1931 年　牛津大学（英格兰）［120—221］
1933 年　布鲁塞尔自由大学理学院（比利时）［于 2011 年 6 月 24 日得到理学院确认］
1933 年　格拉斯哥大学（苏格兰）［122—538］
1933 年　宾夕法尼亚大学（美国）［91—776］
1934 年　叶史瓦学院（现在名为叶史瓦大学）（美国）［28—287，93—637］
1935 年　哈佛大学（美国）［82—484］
1936 年　纽约州立大学校董（regents）［于 2011 年 6 月 30 日得到董事会确认］
1936 年　伦敦大学（英格兰）［65—060］
1946 年　林肯大学（美国）［65—066］
1949 年　耶路撒冷希伯来大学（以色列）［28—855，65—058］
1951 年　圣马尔科斯大学（秘鲁）［30—308，60—415］
1954 年　以色列理工学院，海法（以色列）［28—1058，69—714］

15

从外国科学院和学术团体获得的荣誉会员资格（爱因斯坦当时并没有居住在相关城市或国家）

1913 年　普鲁士科学院（正式院士），爱因斯坦当时还在瑞士

1914 年　德国物理学会（正式会员），当时爱因斯坦尚未迁居柏林

1915 年　格丁根皇家学会，通讯院士 [65—005]

1920 年　丹麦皇家科学院，哥本哈根 [30—126，65—011]

1920 年　荷兰皇家科学院，通讯院士，编外成员（extraordinary fellow） [30—127]

1921 年　西班牙工程师与建筑师协会，名誉会员 [30—176]

1921 年　博洛尼亚科学院（意大利），通讯院士 [9—229，65—013]

1921 年　古滕堡科学与艺术学会，瑞典 [65—016]

1922 年　阿根廷—德国协会（Institución Argentino—Germana）[《爱因斯坦全集》，第十三卷，年表]

1922 年　日本帝国学士院 [《爱因斯坦全集》，第十三卷，年表]

1922 年　国家科学院（美国），外籍院士 [30—147，65—017]

1922 年　皇家科学学会，乌普萨拉，瑞典 [65—018]

1922 年　俄罗斯科学院 [30—183，65—020.2] 令人奇怪的是，爱因斯坦的通知书日期写的是 1926 年 [80—020]。亦见下面 1927 年关于苏联科学院的条目。

1923 年　萨拉戈萨精密科学、物理／化学与自然科学学院（西班牙），通讯院士 [65—024]

1923 年　工程师与建筑师协会，"以色列之地"（Erez Israel），该协会宣称爱因斯坦是"我们民族的荣耀" [65—021]

1923 年　布拉格德国医学科学学会，名誉会员 [65—025]

1923 年　格丁根科学院（德国），通讯院士 [65—026]

1923 年　伦敦数学学会 [65—028]

1923 年　皇家精密科学、物理与自然科学学院（西班牙马德里），通讯院士 [65—023]

1923 年　皇家科学与艺术学院，巴塞罗那（西班牙），通讯院士 [121—122]

1924 年　美国艺术与科学学院（美国，波士顿） [65—029]

1924 年　雅典物理研究学会（希腊） [65—030]

1925 年　布宜诺斯艾利斯精密科学、物理与自然科学院（阿根廷） [65—033]

1925 年　里约热内卢科学院（巴西） [65—037]

1925 年　布宜诺斯艾利斯阿根廷科学学会物理—数学—自然科学部 [65—033]

1925 年　布宜诺斯艾利斯以斯拉希医院，名誉会员 [65—031]

1925 年　拉普拉塔国立大学，阿根廷 [65—034]

1925 年　乌拉圭理工学院协会（Polytechnic Association of Uruguay） [65—039]

1926 年　格拉斯哥皇家哲学学会 [65—041.1]

1927 年　苏联科学院，列宁格勒 [30—221，120—602]

1928 年　爱尔兰皇家学会 [30—230，65—045]

1928 年　瑞典皇家科学院 [65—046]

1930 年　美国哲学学会，费城 [65—051]

1931 年　美国物理学会 [30—254]

1931 年　比利时皇家科学与艺术学院理学部 [65—053]

1933 年　法国科学院，巴黎［未能证实］

1933 年　雅典科学院［122—531］

我们未能找到爱因斯坦在移民美国后被授予的外国会员资格的记录。

职业生涯

受雇年月、职务头衔和雇主一览表

1900 年　爱因斯坦从位于苏黎世的瑞士联邦理工学校毕业

1901 年　夏季在瑞士温特图尔镇的一所技术学校（中学）担任代课教师

1901 年　9 月在瑞士沙夫豪森的一所私立寄宿学校担任临时辅导教师；开始撰写用于申请苏黎世大学博士学位的论文

1902 年　在位于伯尔尼的瑞士联邦专利局担任"三级技术员"，工作是审查专利

1906 年　获得了苏黎世大学授予的博士学位，并在专利局开始担任"二级技术员"

1908 年　在向伯尔尼大学递交一篇"教授资格论文"（Habilitationsschrift, 博士后研究论文）后，爱因斯坦在伯尔尼大学担任无薪讲师；在瑞士的弗里堡大学与阿耳伯特·戈克尔（Albert Gockel）进行实验室工作

1909 年　担任苏黎世大学的物理学副教授

1911 年　担任布拉格德语大学理论物理学教授与物理研究所所长

1912 年　担任瑞士联邦理工学院（即原先的瑞士联邦理工学校，后更名为此）的物理学教授

1914 年　正式成为普鲁士科学院院士；担任柏林大学物理学教授

1917—1933 年　担任位于柏林的威廉皇帝物理研究所所长，同时依然在柏林大学执教；偶尔也会在苏黎世大学进行系列演讲。马克斯·冯·劳厄在 1922 年担任威廉皇帝物理研究所副所长，并且接管爱因斯坦的行政职责

1920—1930 年　担任莱顿大学的物理学特聘教授（bijzonder hoogleraar）；在这段时间爱因斯坦定期地从柏林前往这里讲学

1933—1945 年　在位于新泽西州普林斯顿的高等研究院数学学院担任物理学教授

18

工作经历

　　1896 年，爱因斯坦进入位于苏黎世的瑞士联邦理工学校就读，他打算以后做一名中学数学与物理学教师。1900 年毕业，成绩良好（但算不上特别突出）。由于未能得到长期任教合同，他在位于伯尔尼的瑞士联邦专利局找了一份工作。从 1907 年开始，他在伯尔尼大学担任无薪讲师开设讲座课程，但是听者寥寥。两年之后，爱因斯坦被苏黎世大学任命为编外教授（ausserordentlicher, 类

似于副教授），在学术事业上取得突破。当爱因斯坦接受布拉格德语大学所提供的正教授职位时，一些苏黎世的大学生们在1910年6月23日写了一份请愿书反对他离开苏黎世大学，并称赞他能以清晰易懂的方式讲解理论物理学中最困难的问题（"学生请愿书"，1910年6月23日，《爱因斯坦全集》，第五卷，文件210；爱因斯坦档案编号70—159）。几乎就在爱因斯坦抵达布拉格之时，他的母校恳请他回到苏黎世。他的一位同事在评估爱因斯坦在瑞士联邦理工学院的教职候选资格时，提及了他的教学能力，强调说虽然对那些懒散的听课学生，爱因斯坦并不是一位好的教师，但是他有能力让他的听众不得不跟随他一起进行思考（海因里希·赞格尔［Heinrich Zangger］致路德维希·佛里尔［Ludwig Forrer］，1911年10月9日，《爱因斯坦全集》，第五卷，文件291；爱因斯坦档案编号80—044）。爱因斯坦于1912年秋回到了瑞士联邦理工学院。

之后不到两年，爱因斯坦就被任命为柏林的普鲁士科学院院士。他的工作并不包括教学，不过还是觉得自己应该在柏林大学教一些课程，并确实定期上课。1933年爱因斯坦被普鲁士科学院开除，也就终结了自己的教学事业，尽管在高等研究院的早年，他还偶尔在普林斯顿大学讲过课。

工作地点
伯尔尼专利局

年轻的爱因斯坦的第一份"真正的"工作得来实属不易，这从他父亲致威廉·奥斯特瓦尔德（Wilhelm Ostwald）——莱比锡大学的物理化学家，未来的诺贝尔奖得主——的下面这封信的关切之情中也能看出来。该信于1901年4月13日从米兰寄出：[1]

尊敬的教授，请原谅一位为了儿子的利益而冒昧给你写信的

---

1 这封信的翻译参考了《爱因斯坦全集》中译本第一卷，赵中立主译，湖南科学技术出版社，1999年版中的译文。

父亲。

　　我先陈述一下，我儿子阿耳伯特·爱因斯坦，22岁，曾在苏黎世瑞士联邦理工学校攻读了四年，去年夏天以优异的成绩通过了数学和物理专业的毕业考试。——自那时起他一直未能找到一个助理位置使自己有可能在理论物理和实验物理方面继续深造。所有了解他才能的人都称赞他，无论如何我可以保证他非常勤奋认真，热爱他的科学。

　　我儿子对于自己目前的失业状态深感不快，越发担心自己脱离事业发展轨道，会变得生疏。此外他还忧心自己成了我们的累赘，而我们并非富贵之家。

　　尊敬的教授先生，正因为在当今所有正在工作的物理学者之中，我儿子最仰慕您，我才冒昧地写信给您，恭请您阅读他发表在《物理学纪事》的论文，也许还能寄给他几行鼓励的话，让他重新获得生活和创造的喜悦。

　　此外，您若能为他谋求一个目前的或今年秋季的助手职位，我则感激不尽。

　　我再次请您原谅我冒昧给您写去此信，我儿子对于我这种异乎寻常的做法毫无所知。［爱因斯坦档案编号71—549］

　　不巧的是——显然爱因斯坦的父亲并不知晓——爱因斯坦自己在四个星期前就已经致信过威廉·奥斯特瓦尔德。并没有证据显示威廉·奥斯特瓦尔德曾回复过父子中的任何一人。但是，就在不到一年的时间内，位于伯尔尼的瑞士联邦专利局中出现了一个初级专利审查员职位空缺。对爱因斯坦而言，幸运的是，他的朋友马塞尔·格罗斯曼（Marcel Grossmann）的父亲认识联邦专利局的局长弗里德里希·哈勒（Friedrich Haller）。马塞尔·格罗斯曼的父亲为爱因斯坦向弗里德里希·哈勒写了一封推荐信。1902年6月，这位年轻的物理学家被临时任命为三级技术员。1906年初，他又被提升为二级技术员。根据瑞士的专利法，这一职务对他的要求是检查与评估所申请专利的效能而不是新颖性。这种工作显然给了他充分的时间来思考其他自己更感兴趣的问题；至于他是在工作时间还是业余时间从事自己的研究，这一点我们并不清楚。在专利局任职期间，爱因斯坦发表了除了后来的广义相对论的相关研究之外最为著名的论文。他在专利局任职直到1909年10月，在此期间，他同时在当地的大学内担任兼职讲师。

伯尔尼大学

1907年6月，爱因斯坦向伯尔尼大学提交了博士学位论文以及其他17篇论文以申请一个教学职位，这些论文里包括了"奇迹年"（annus mirabilis）论文。伯尔尼大学的学院方面拒绝了爱因斯坦的请求，因为他未能提交一份"专门研究"。在第二年的1月初，爱因斯坦克服了这一迂腐的反对意见，提交了一篇关于黑体辐射的"教授资格论文"（类似于博士后论文），这篇论文在同年2月底被接受。之后爱因斯坦立即被要求发表就职演讲，他选定的演讲题目为"关于经典热力学有效性的局限"，并在2月27日向学术界人士发表了这个演讲。这篇 ²⁰ "教授资格论文"与这个演讲为确立爱因斯坦在1909年获得苏黎世大学的教授资格发挥了重要的作用。爱因斯坦在4月份开始教授第一门课程，内容是关于热的分子理论。同时他还继续在专利局工作，并在位于弗里堡（Fribourg）的阿耳伯特·戈克尔的实验室里干了两个月，建造了一个小型感应电机（被称作"小机器"）。1909年，爱因斯坦接受了苏黎世大学所提供的副教授职位，离开了自己在专利局与伯尔尼大学的工作。

苏黎世大学

1909年2月，苏黎世大学设立了第二个物理学的教学职位。爱因斯坦在苏黎世大学就读时期的博士生导师阿尔弗雷德·克莱纳（Alfred Kleiner）推荐爱因斯坦来担任这个职位。阿尔弗雷德·克莱纳很可能花了一段时间来为爱因斯坦担任这个职位铺平道路，并同时等待着必要的资金（参见《爱因斯坦全集》，第五卷，文件78与文件80，1908年1月28日与1908年2月8日阿尔弗雷德·克莱纳来信；爱因斯坦档案编号29—249与29—252。亦请见舒尔曼，"爱因斯坦在专利局工作的日子"［Einstein at the Patent Office］。这个职位从1909年的冬季学期，也就是10月开始。在之前的7月，爱因斯坦获得了他人生中第一个荣誉博士学位，是由日内瓦大学授予的。在同年10月，原先在1901年的时候显然没有理睬爱因斯坦向莱比锡大学发出的谋职请求的威廉·奥斯特瓦尔德，提名爱因斯坦为诺贝尔奖候选人。在爱因斯坦获得1921年度的诺贝尔奖之前（参见第二篇的"诺贝尔奖"一节），他还数次被提名为这个奖项的候选人。他在苏黎世一直生活到1911年1月，才辞去在苏黎世大学的职务，前往布拉格任职。

布拉格德语大学

1911年1月6日，奥匈帝国的弗朗茨·约瑟夫皇帝任命爱因斯坦为布拉格德语大学——也被称为查理大学（Charles University）——的物理学讲席教授。爱因斯坦辞去了他在苏黎世大学的工作，在4月份举家迁至布拉格，并同时成为布拉格德语大学理论物理研究所所长。到了这一年的秋季，荷兰乌德勒支大学与苏黎世联邦理工学院已经向他发出工作邀请。爱因斯坦接受了后者的邀请并在1912年7月离开布拉格。

苏黎世联邦理工学院（ETH）

当爱因斯坦以学生身份在这所学校就读的时候，它的名字还是瑞士联邦理工学校。1911年，它改名为苏黎世联邦理工学院（Eidgenössische Technische Hochschule）。1912年1月末，很大程度上通过他的朋友海因里希·赞格尔的努力，爱因斯坦获得并接受了苏黎世联邦理工学院的理论物理学教授职位的任命，这时他32岁，距离从这所学校本科毕业有将近12年的时光。因为爱因斯坦在布拉格德语大学还有教学任务，所以直到这一年的10月他才在苏黎世联邦理工学院开始执教。除了通常的教学与研究工作之外，他还承担了各种行政职责，例如担任数学专业学生的考官。爱因斯坦在苏黎世联邦理工学院任职到21 1914年。

普鲁士科学院、柏林大学与威廉皇帝物理研究所

1913年7月中旬，两位杰出的普鲁士科学院院士——马克斯·普朗克与瓦尔特·能斯特（Walther Nernst）来苏黎世拜访了爱因斯坦，并探询他是否愿意成为普鲁士科学院的特别院士。与每年只能获得一份年薪的普通院士不同，爱因斯坦这个位置薪水可观。按照德国的双轨制度，科学院主要做研究，而大学主要教学，爱因斯坦的职位主要强调研究，不过他也可以自由地在柏林大学授课。马克斯·普朗克、瓦尔特·能斯特还与爱因斯坦谈到了威廉皇帝学会要在柏林建立的一个物理研究所，并请他来做这个研究所的所长。11月份的时候，爱因斯坦被批准成为普鲁士科学院院士，于是他辞去了在苏黎世联邦理工学院的职务，正式接受了柏林的职位。他在1914年春季搬去柏林，而他的妻子米列娃（Mileva）以及他们的两个儿子虽然短暂地陪伴了他一段时间，但是很快因为夫妇俩的婚姻问题而返回了苏黎世。

威廉皇帝物理研究所是由德国银行家与企业家利奥波德·科佩尔（Leopold Koppel）所提供的私人资金赞助成立的；由于第一次世界大战的爆发，它的建立被推迟了3年，到1917年10月才正式建立。根据爱因斯坦在1923年4月1日寄给柏林大众报纸《福斯日报》（Vossische Zeitung）的一份说明，威廉皇帝物理研究所实质上是一个为理论物理学与实验物理学领域的科学研究提供资金的机构，并没有办公楼或实验室等实体设施。直到1938年威廉皇帝物理研究所才搬迁至真正属于它自己的建筑，而这时距离爱因斯坦离开德国前往美国已经过去5年了。爱因斯坦作为所长的工作是征集研究项目的申请，之后研究所会对这些申请进行审核，从而决定是否给予资金支持。爱因斯坦在成为这个新建立的研究所所长前后，都自愿在柏林大学进行授课，尽管合同上并没有规定应当这样做。他在威廉皇帝物理研究所担任所长直至1933年希特勒开始掌权，随即从普鲁士科学院与威廉皇帝物理研究所辞职。

虽然爱因斯坦主要在柏林工作，但是也接受了莱顿大学提供给他的客座讲师（visiting lectureship）的职位，因而自1920年开始，连续几年他都会定期前往荷兰。爱因斯坦在荷兰的亲密同事们：保罗·埃伦费斯特（Paul Ehrenfest）、H.A.洛伦兹（H.A.Lorentz）与海克·卡末林·昂内斯（Heike Kamerlingh Onnes）都坚定

促成此事。实际上，爱因斯坦曾被选中来接替退休的洛伦兹担任理论物理学教授，但是他没有接受。直至1930年4月，在邀请爱因斯坦担任客座讲师这一事情上起到了重要作用的保罗·埃伦费斯特，最终接替了洛伦兹的职位。

资料来源：《爱因斯坦全集》，第8—14卷；与莱顿的卡罗·毕那克尔（Carlo Beenakker）私人通信；德克·范代尔福特（Dirk van Delft）："爱因斯坦在莱顿"（Albert Einstein in Leiden），《今日物理》（*Physics Today*），2006年4月，第57—72页。

美国新泽西州普林斯顿高等研究院

自1930年正式建立之时起，普林斯顿高等研究院的目标一直就是延揽世界上最优秀的学者，并使得他们能在由国际知名的研究者们所组成的群体中和谐共事，而且不需要给本科生授课，同时享有优厚的薪水。

1933年至1940年，高等研究院被暂时安置在普林斯顿大学校园里老数学楼法恩楼（Fine Hall）里（现在已更名为琼斯楼［Jones Hall］）。由于初期与普林斯顿大学的这一借住关系，在许多外界人士的印象中，普林斯顿高等研究院是普林斯顿大学这座常春藤学府的一部分。1940年[1]，包括爱因斯坦在内的高等研究院这一小群的全部研究者们搬至普林斯顿一个800英亩大小的新建园区里，这个园区位于普林斯顿一个树木茂密的乡村。爱因斯坦于1945年从高等研究院退休，但继续在他位于主楼富尔德楼的办公室里工作，直至他十年后去世。

公民身份与移民美国

爱因斯坦出生在德国的符腾堡，其父母亲的家族都在当地世居，因而爱因斯坦生来是符腾堡（德国）公民。1896年，爱因斯坦在瑞士的阿劳中学读书，他的家人住在意大利，在征得其父亲的同意后，他决定放弃符腾堡公民身份。他这样做似乎是为了在年满17岁后可以避免在德国军队服义务兵役。

---

1 其他资料显示搬迁的年份是1939年，并不是1940年。——译者注

为了将这个决定付诸实施，爱因斯坦在1896年1月末请求官方解除自己的德国国籍。爱因斯坦在州立中学（阿劳中学）读书时，寄宿在约斯特·温特勒（Jost Winteler）的家中，在他申请解除德国国籍的这一过程中，他也得到了约斯特·温特勒的鼓励，因为后者对德国的"力量崇拜"（religion of might）持公开鄙夷的态度。

1899年，爱因斯坦开始攒钱申请瑞士国籍，如果申请成功的话，他就可以在瑞士的公务员系统找到一份工作，包括教师职位。瑞士当地的警察局发布了证明他"品行端正"的报告后，爱因斯坦在面试中通过了入籍专员的审查。1901年2月21日，在他22岁生日之前三周，也就是缴纳入籍费用的一周后，阿耳伯特·爱因斯坦被宣布符合成为苏黎世市与苏黎世州公民的条件，因而自动成为瑞士联邦的公民。

1914年爱因斯坦返回德国，接受普鲁士科学院院士、柏林大学物理学教授以及新成立的威廉皇帝物理研究所所长等职位。由于这些都属于公务员职位，按照法律规定，爱因斯坦需要拥有普鲁士（德国）籍身份，在他还在瑞士的时候就已经被告知此事。他对接受这些职位所提出的唯一一个条件就是保留他的瑞士国籍（参见《爱因斯坦全集》，第十三卷，文件454，"致海因里希·吕德斯[Heinrich Lüders]"，1923年3月24日；爱因斯坦档案编号79—362），这个请求也被批准了。实际上，普鲁士科学院急于授予爱因斯坦院士身份，以至于无视对他的国籍要求（参见格伦德曼[Grundmann]，《爱因斯坦档案》[The Einstein Dossiers]，第168—174页）。在第一次世界大战期间以及结束之后，爱因斯坦始终持瑞士护照进行旅行。

当爱因斯坦于1922年成为1921年度诺贝尔物理学奖得主时，普鲁士科学院的观点发生了改变。虽然这个奖项是授予个人的，但是公众与官方都将其看作一个国家荣誉。国家利益（Raison d'état）要求爱因斯坦以及他的名望要与这个普鲁士国家紧密地联系在一起。在德国驻瑞典大使鲁道夫·纳多尔尼(Rudolf Nadolny)代替缺席的爱因斯坦出席在瑞典举行的颁奖典礼之后，这位外交官请求德国政府对爱因斯坦可能的瑞士国籍这一事件做出澄清。普鲁士科学院回应道：无论在之前发生过什么，爱因斯坦已经分别在1920年7月与1921年3月宣誓效忠德国与普鲁士，因而明确地成为了一名德国公民。爱因斯坦被告知过这一信息，并且保证他的瑞士国籍将不会受到影响（参见《爱因斯坦全集》，第十三卷，文件431，"海因里希·吕德斯的来信"，1923年2月15日；爱因斯坦档案编号29—179.06）。爱因斯坦被要求尽快彻底解决这个问题，于是他与一位部长代表见了面，之后爱因斯坦发表了如下声明："普鲁士科学院有人提出这样一个问题，即我除了拥有瑞士国籍外，是否拥有普鲁士国籍。应普鲁士科学院要求，我与文化部的［奥托］·冯·罗滕堡（von Rottenburg）先生就这件事进行了一次谈话。他坚持认为我在普鲁士科学院的职务是与获得普鲁士籍联系在一起的，而在资料记录中也不存在可以反对这个事实的理由根据。我对他的这个观点没有异议。"（"关于普鲁士国籍的说明"，《爱因斯坦全集》，第十四卷，文件209，1924年2月7日；爱因斯坦档案编号79—370）无论爱因斯坦多么不情愿，他还是正式承认了自己的普鲁士国籍。1933年1月希特勒被选举为德国总理后，爱因斯坦的双重国籍再次成为了一个问题。一个月之后，当爱因斯坦刚刚结束他的第三次美国加利福尼亚州帕萨迪纳之旅，返回欧洲之时，他宣布自己再也不会踏上德国的领土，并且要辞去在普鲁士科学院的职务。在爱因斯坦于比利时下船上岸的数天前，新成立的德国政府宣布了在全国范围内抵制犹太人商业，一家著名的右翼报纸还发表了一幅诋毁爱因斯坦的讽刺漫画，将爱因斯坦描述为一个以普鲁士人自居的妄想症患者。在比利时的奥斯坦德（Ostend），爱因斯坦与爱尔莎给德国外交部写信，请求解除他们的德国国籍。

爱因斯坦在普鲁士科学院的前同事对他辞职一事的态度，让他深感心酸失望。普鲁士科学院在官方声明中宣称，爱因斯坦在国外散布歪曲新政权的描述而导致他自己遭到排斥。除了马克斯·冯·劳厄（Max von Laue）之外，其他的普鲁士科学院院士都没有发言反对这份声明。正式解除爱因斯坦的德国国籍的过程比通常更为复杂，耗时也更为漫长，因为爱因斯坦的事件成为了德国政府部门间权力斗争的一枚棋子。德国外交部认为爱因斯坦通过从普鲁士科学院辞职的方式来要求解决国籍问题，因而他的德国国籍是可以被终止的。德国内政部在这个问题上采取了更加强硬的态度，主张爱因斯坦必须被驱逐出境，因为他在国外发表了关于纳粹政权的不实言论。10个月之后，内政部得胜了。1934年3月，几乎是爱因斯坦第一次请求解除德国国籍的一年之后，他又变成只拥有瑞士国籍了。想必爱因斯坦会觉得很讽刺，1922年在他获得诺贝尔奖时，普鲁士政府曾不遗余力地确证他为一名德国公民；然而现在，也就是10年之后，德国政府又野蛮地剥夺了他的德国国籍。此外，1933年5月10日，就在纳粹分子焚烧包括犹太人作者的著作在内的"非德意志"（un-German）著作的当天，盖世太保通知爱因斯坦夫妇，他们在德国的金融资产已经被没收。之后不久，爱因斯坦在卡普特的消夏小屋与小帆船也被没收。

自1933年3月从美国返回欧洲后，爱因斯坦夫妇就决定永远不再到德国生活。于是他们在比利时的德汉（Coq sur Mer）海滨住下，而爱因斯坦则在权衡考虑"普林斯顿、马德里、巴黎、牛津"等地所提供给他的一些职位（参见"致保罗·朗之万"，1933年6月4日；爱因斯坦档案编号15—397）。与此同时，伊尔莎与鲁道夫·凯泽已经安排了将爱因斯坦在柏林的公寓以及在卡普特家中的文件以外交邮袋的方式运送至法国的安全地点保存。

在这一年的9月份，爱因斯坦接受了普林斯顿提供给他的职位。在比利时遭到死亡威胁之后，爱因斯坦夫妇在欧洲的最后一个月，住在英国海军指挥官兼政治家奥利弗·洛克-兰普森（Oliver Locker-Lampson）位于英格兰诺福克郡克罗默的家附近，受到他的保护与款待。日后将要整理成的档案文献也随着从爱因斯坦柏林公寓内取回的其他物品一起，经由船运运至美国（亦见"档案"一节）。爱因斯坦夫妇与海伦·杜卡斯、瓦尔特·迈尔（Walther Mayer）在南安普敦登上蒸汽轮船威斯特摩兰号（SS Westmoreland），开始了另一段漫长的美国之行，并最终在美国度过余生。他们于10月17日抵达纽约港，并从那里启程前往新泽西州的普林斯顿。在此之前，爱因斯坦接受了普林斯顿高等研究院的联合创始人之一路易斯·班伯格（Louis Bamberger）所提供的工作职位。伊尔莎与玛戈特以及她们各自的丈夫则留在了欧洲。伊尔莎已患病，爱尔莎返回欧洲，在女儿的病榻旁陪伴照料；1934年，伊尔莎在法国去世。爱尔莎再次乘船前往美国，这一次陪伴她的是其小女儿玛戈特。失去妻子的鲁道夫·凯泽在一年之后移民美国。玛戈特各自的丈夫德米特里最终也去了美国。（亦见"家庭"一节）

爱因斯坦在1933年是持旅行签证进入美国的。按照美国当时的移民法，只有通过美国驻外领事才能得到成为美国公民的许可。但是，在1933年年末，美国众议员舒梅克（F.H.Shoemaker）致信美国总统富兰克林·罗斯福，建议总统以颁布行政命令的方式给予爱因斯坦美国国籍（1933年12月1日；爱因斯坦档案编号33—128）。第二年，有人提议通过一项国会法案授予爱因斯坦公民身份，但是爱因斯坦本人拒绝了这项提议。相反，他与他的家人，以及海伦·杜卡斯于1935年5月前往百慕大去申请公民身份（图8）。

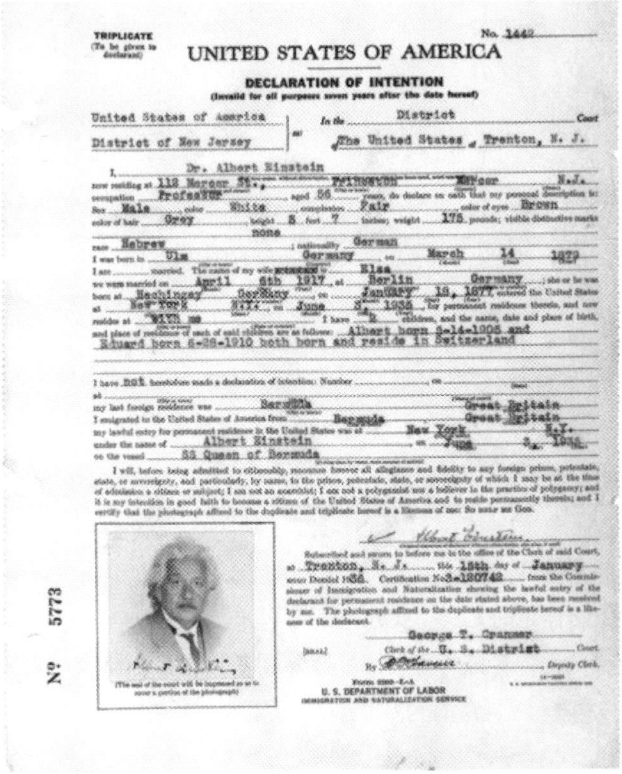

　　驻百慕大岛的美国领事为爱因斯坦举办了一场欢庆晚宴，并给予他的客人以永久居民身份进入美国的法律许可。1937年，人们策划了另一个旨在通过一项国会法案来加快授予爱因斯坦公民身份的活动（参见1937年2月20日的报纸报道内容；爱因斯坦档案编号93—220）。在3年之后的1940年，爱因斯坦、玛戈特·爱因斯坦、海伦·杜卡斯结束了规定的5年等待期，在新泽西州的特伦顿市宣誓入籍（图9），从而终于通过正规程序成为了美国公民。爱尔莎于1936年12月去世，因而未能有机会成为一名美国公民。

图8　美国国籍申请表，"归化声明"（Declaration of Intention）。根据当时的移民法律，爱因斯坦一家需要从美国之外的一个国家重新进入美国，于是他们在1935年6月选择了百慕大，一处英国海外领土。5年后才获得美国国籍。（维基共享资源）

图9　1940年10月1日，爱因斯坦在新泽西州特伦顿市宣誓成为美国公民后，接受菲利普・福曼（Phillip Forman）法官的祝贺。

住所

1879—1880年，乌尔姆

1880—1894年，慕尼黑

1895年，米兰

1895—1896年，瑞士阿尔高州阿劳镇

1896—1902年，苏黎世

1902—1909年，伯尔尼

1909—1911年，苏黎世

1911—1912年，布拉格

1912—1914年，苏黎世

1914—1933年，柏林；1929—1932年在卡普特的消夏小屋中居住；1930—1933年，在冬季的时候前往帕萨迪纳。

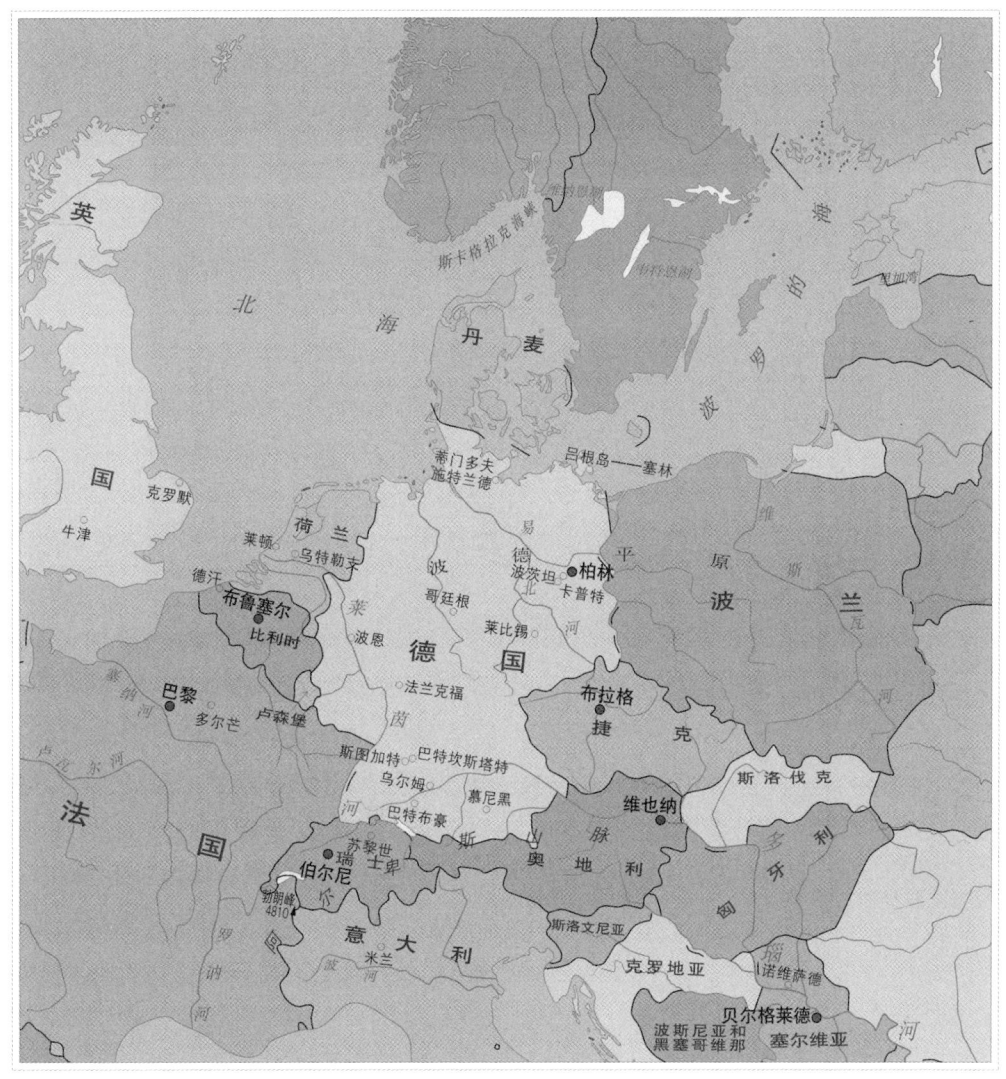

地图1 本书中提到的一些欧洲小镇与城市，有些是爱因斯坦与他的家人居住过的地方，有些则是他为了工作、会议、消遣游玩而前往的地方。本图标注了少许中心城市以作为参考点。[审图号GS（2022）3624号]

1933年，比利时德汉海滨，在爱因斯坦逃离希特勒统治并且移民美国之前。

1933年10月—1955年4月，普林斯顿，新泽西州（图10）；这段时期的夏季在纽约长岛的亨廷顿度过；纽约州长岛上的佩科尼克（Peconic）；纽约州萨拉纳克湖（Saranac Lake）；罗德岛州沃奇希尔（Watch Hill）；康涅狄格州旧莱姆（Old Lyme）；马里兰州迪普克里克湖（Deep Creek Lake）。

图10 爱因斯坦位于新泽西州普林斯顿默瑟街的家。(由德玛迪奥［Dmadeo］拍摄，来源于维基共享资源)

所受的教育与就读的学校

(亦见本书第三篇，"爱因斯坦关于教育的观点")

教育背景

在慕尼黑上小学的时候，爱因斯坦很抵触学校课程中的死记硬背。相反，他如饥似渴地阅读能吸引他的兴趣的书籍，例如阿伦·伯恩斯坦（Aaron Bernstein）的多卷本简编《自然科学大众读本》(*Naturwissenschaftliche Volksbücher*)。他对权威缺乏尊重的态度，显然导致了他在慕尼黑文法中学的纪律问题。尽管一名老师称赞过爱因斯坦的数学能力，但是在1894年15岁的时候，他在学期的中间便离开了这所中学(参见鲁道夫·凯泽所著《阿耳伯特·爱因斯坦：一部传记性描述》[*Albert Einstein: A Biographical Portrait*]，第42—43页)。爱因斯坦的中学教育是在瑞士阿劳镇的阿尔高州立中学完成的。15岁的 ²⁹

爱因斯坦是班里年龄最小的学生，他觉得这里的课程作业与老师的态度更加有助于激发学生们的独立思考，而后者正是爱因斯坦所看重的(图11)。学校的成绩记录显示了爱因斯坦在这所学校学习感觉不错：他的成绩一直都很优秀，尽管一直有个传说，说青少年时期的爱因斯坦是一个成绩糟糕的学生。(参见"错误看法与误解"一节。)

图11　瑞士阿劳阿尔高州立中学。在爱因斯坦进入瑞士联邦理工学校就读之前，他于1895年至1896年就读于这所中学，在这里度过了中学时代的最后一年。(版权属于苏黎世联邦理工学院)

1895年，16岁的爱因斯坦试图进入苏黎世的瑞士联邦理工学校（后来的联邦理工学院）就读，尽管他当时比正常的入学年龄低两岁。虽然在入学考试中他的物理与数学成绩较高，但还是没有通过。苏黎世的瑞士联邦理工学校的校长在一封信中写道，爱因斯坦需要再经过一年的成长，使其变得更成熟，并且要加强他的语言能力[1]（参见《爱因斯坦全集》，第一卷，文件7，阿尔宾·赫尔佐格〔Albin Herzog〕致古斯塔夫·迈耶〔Gustav Maier〕，1895年9月25日；爱因斯坦档案编号71—660）。第二年，爱因斯坦顺利通过阿尔高州立中学的毕业考试，因而直接获得进入苏黎世的瑞士联邦理工学校就读的资格。1900年爱因斯

---

1 校长写信时间是9月底，而爱因斯坦参加联邦理工学校的入学资格考试是在同年的10月。——译者注

坦毕业，获得了师范专业文凭，并很快开始准备在苏黎世大学的博士论文（在当时，苏黎世的瑞士联邦理工学校还不授予博士学位），同时，他也做着兼职教学工作，并在后来任职于专利局。（欲了解爱因斯坦的早期教育情况，请见《爱因斯坦全集》，第一卷。）

就读的中小学与大学

德国慕尼黑彼得学校（天主教小学），1885年秋季—1888年

德国慕尼黑卢伊特波尔德文法中学（中学），1888年秋季—1894年12月

在米兰的家中学习，1895年1月至当年秋季

瑞士阿劳阿尔高州立中学（中学），1895年秋季—1896年秋季

瑞士联邦理工学校（即后来的苏黎世联邦理工学院）（大学），1896年秋季—1900年夏季

苏黎世大学（博士论文），1900年秋季—1905年夏季；1906年1月，爱因斯坦被苏黎世大学授予博士学位

伯尔尼大学（教授资格），1908年。教授资格论文（类似于博士后论文）是许多欧洲国家规定的博士学位获得者需要撰写的一种论文，这种论文旨在证明论文作者有能力在大学层次内进行任教，并且有能力进行独立的、高质量的研究。这种论文也给予其作者在日后的职业生涯中对博士生进行指导的资格。为了证明一个人有能力进行教学授课，他也会被要求做一个"就职演讲"。

"爱因斯坦文稿项目"与《爱因斯坦全集》

（亦见前文"档案"一节；以及下文"死亡"一节中的"最后遗嘱"条目）

普林斯顿大学出版社在20世纪七八十年代进行了多次磋商，最终使爱因斯坦档案的出版得以实现。当时担任普林斯顿大学出版社社长的赫伯特·贝

利（Herbert S. Bailey），将这一出版项目称为"本世纪同类项目里最伟大的一项"。这一项目的目标可谓宏大：向公众呈现爱因斯坦已发表与未发表的作品与通信，包括他的私人与科学方面的通信；他所撰写的使其蜚声世界的科学、政治、人道主义方面的作品；他的旅行日记、课堂笔记以及重要文献。这套多卷本文集偶尔也收录为爱因斯坦的诸多思想与活动提供记录证明和背景信息的第三方材料。这套后来被命名为《爱因斯坦全集》（*The Collected Papers of Albert Einstein,CPAE*）的丛书在当时计划至少包含20卷，计划20年完成。以1985年年末第一卷的初稿被提交到普林斯顿大学出版社作为出版的开始，到现在(2015年)，几乎30年之后，对工作量的估计也有了很大的差异："爱因斯坦文稿项目"已经出版了14卷，[1] 预计21世纪中叶之前项目完成之时，大概还要出版另外16卷。

赫伯特·贝利与爱因斯坦论文顾问委员会公布他们的初步预测时，估计所包含的文件数据有10 000件左右。在1980年完成文件索引的计算机录入后，文件的数量已经扩大到超过原先的4倍，即42 000余件。经过编辑们长期不懈以及富有成果的对新文件资料的搜集之后，文件的数量又增加到之前的几乎两倍——现在已拥有将近80 000件，尽管其中许多文件都是副本，各种各样的抄本，一些译本，以及对于编者添加注释的必要材料。

"爱因斯坦文稿项目"前史

爱因斯坦于1955年去世后，按照他在遗嘱中所规定的，他的文献遗产——包括未来组成档案的部分——被托付给他的朋友，纽约的经济学家奥托·内森以及长期担任爱因斯坦秘书兼女管家的海伦·杜卡斯(第十三款)。爱因斯坦在遗嘱中将两人指定为共同受托人(第十七款)，并将奥托·内森指定为唯一的遗嘱执行人。根据遗嘱，在海伦·杜卡斯与爱因斯坦的继女玛戈特·爱因斯坦去世后，文献资料组成的档案将被移交给耶路撒冷希伯来大学。虽然玛戈特·爱因斯坦并不是正式的共同受托人之一，但是她将从这笔文献遗产中获得收益，

---

1 至2021年6月，第十五卷、第十六卷也已出版。——译者注

并且如果海伦·杜卡斯先于玛戈特·爱因斯坦去世，那么玛戈特·爱因斯坦将有权将文献遗产交付给耶路撒冷希伯来大学。

海伦·杜卡斯也成为了这批文献遗产档案的档案保管员。她在普林斯顿高等研究院的富尔德楼的地下室内建立起自己的档案收藏室，之后又搬到该楼三层。她将原置于默瑟街的爱因斯坦居所内的文件中的大部分——后来发现并非全部——转移到她的办公室。在哈佛大学教授杰拉尔德·霍尔顿的帮助下，海伦·杜卡斯将档案整理成由诸多文件夹构成的一个文件系统，并把它们存放在金属文件柜中。她几乎每天都要去查看这个档案馆，直至她在1982年以85岁的高龄去世。到那时为止，只有很少的人被允许接触这些原始文件资料。"杜卡斯档案"于是便成为了《爱因斯坦全集》的基础资料来源。另一方面，奥托·内森也在一直参与处理关于这份遗产的诸多复杂事务。

奥托·内森与海伦·杜卡斯极力维护着他们助力构建起来的爱因斯坦形象，即现在普遍存在于人们心中的爱因斯坦形象。尽管偶尔也有一些人试图描绘一个不那么高尚的爱因斯坦——"原子弹之父""抄袭者""窃取妻子想法的人""数学差劲的人"，但都没有成功。两位受托人都知晓，档案——尤其是家庭之间的通信——包含的信息并不总是符合人们熟知的爱因斯坦形象。因此，他们煞费苦心地甄选哪些资料可以出版，以及由谁出版。在罗伯特·奥本海默（Robert Oppenheimer）的鼓励下，包括赫伯特·贝利在内的一些人向奥托·内森提出出版爱因斯坦的科学文集的打算，但是奥托·内森坚持主张爱因斯坦的任何文集都应包含这位物理学家的其他著作。他甚至认为从长远来看，相较于爱因斯坦的科学著作，后世更会铭记他的关于和平主题的作品，并且建议首先出版爱因斯坦关于政治方面的著作。事实上，到了1960年，奥托·内森与海因茨·诺登就已经出版了一本爱因斯坦关于和平问题的文集。

1970年，奥托·内森正式建议普林斯顿大学出版社出版一部包含爱因斯坦所有作品的综合系列文集。普林斯顿大学出版社的董事们批准了这一出版项目。第二年，也就是1971年的2月22日，普林斯顿大学出版社与遗产管理者一方签订了一份出版协议。1982年年末，爱因斯坦的文献资料遗产被交付予耶路撒冷希伯来大学，出版社与遗产持有方这两个实体同意共同赞助这项编辑工作，并在其中开展包括筹集资金在内的合作。

按照这份协议，普林斯顿大学出版社组建了一个编辑顾问委员会。10位创始成员中大部分是科学家和科学史家：瓦伦丁·巴格曼（Valentin Bargmann）、马歇尔·克莱杰特（Marshall Claggett）、弗里曼·戴森（Freeman Dyson）、查尔斯·吉利斯皮（Charles Gillispie）、杰拉尔德·霍尔顿、马丁·克莱因（Martin J. Klein）、托马斯·库恩（Thomas S. Kuhn）、马斯顿·莫尔斯（Marston Morse）、舒梅尔·桑博斯基（Shmuel Samburski）以及约翰·惠勒（John Wheeler）。他们最主要的职责是确定担任主编的人选以及决定这部文集是以文献资料的原文（主要是德文）出版还是以英文出版。他们所取得的一致意见是以原文出版（称为"文献版"），而编注与其他的编辑附加材料则使用英文。后来，在与提倡以英文出版文集的美国国家科学基金会(NSF)进行协商后，出版社与委员会决定为每一卷文献版另出版一卷适当、准确（虽然未必富于文采）的英文平装本。美国国家科学基金会为这一单独的英文译本项目提供种子资金。英文译本将不包含文献版中的编者注及其他内容。

1976年，经过了为时5年的复杂寻找过程，委员会推荐聘用波士顿大学的物理学系教授约翰·施塔切尔作为这个出版项目的主任与丛书的创始主编。约翰·施塔切尔接受了这一邀请。

最初几年

约翰·施塔切尔的新办公室位于普林斯顿高等研究院的富尔德楼三层，紧挨着海伦·杜卡斯的办公室。1977年1月，约翰·施塔切尔进驻新办公室后，这项出版工作便宣告开始了。他很快就发现爱因斯坦并没有将他的个人生活与科学生活分离开来。约翰·施塔切尔关于这个项目的远见卓识之处，在于他将爱因斯坦的科学与政治著作嵌入到一个历史传记框架之中，这些作品包括爱因斯坦的大量的信件、工作草稿与笔记本，都有助于读者追踪爱因斯坦思想的衍变轨迹。在启动这个项目时，施塔切尔的工作千头万绪，非常复杂，因为只有他才被允许接触原始文件。他首先着手的一个事情就是在1977年与1978年聘用助手来制作3份计算机索引：一个是以档案号编排的序列索引，一个是爱因斯坦往来信件的索引，以及一个按时间顺序排列的包含信件与作品的索引。

与遗产方之间存在的法律问题

然而，就在这项初始工作几近完成之时，奥托·内森突然对普林斯顿大学出版社与其董事会选择约翰·施塔切尔作为唯一编辑一事表示不满。此外，奥托·内森不同意将遗产受托人认为属于隐私的爱因斯坦个人信息收录在出版内容之中。他建议由三位地位平等且专业的编辑组成一个合作团队，以代替约翰·施塔切尔，并且还建议另外选择一位管理人负责这个项目的非学术性方面的事务。赫伯特·贝利深知他物色一位编辑就花费了5年的时间，不同意这个建议。他还认为该项目最好由一个人总管，如有需要则添加专门的助理编辑协助。顾问委员会同意继续保持约翰·施塔切尔的职位，允许他继续负责这个项目。

奥托·内森对此的回应是对普林斯顿大学出版社采取法律手段，以阻止 33 约翰·施塔切尔继续担任编辑一职。1980年，一场为期10天的仲裁在纽约市举行，裁定的结果支持普林斯顿大学出版社。然而，这个裁定没有结束这场纠纷。遗产的受托人——奥托·内森以及后参与进来的海伦·杜卡斯——坚持认为约翰·施塔切尔不是这项工作的合适人选。他们就仲裁员做出的裁决提出了上诉，一直到纽约州最高法院。纽约州最高法院维持仲裁员小哈罗德·泰勒（Harold R.Tyler Jr.）做出的仲裁决定，认为约翰·施塔切尔"有资格担任编辑一职"。

资金来源

"爱因斯坦文稿项目"的前景不明，困难之处不仅在于要找到与约翰·施塔切尔的专业能力互补的助手与助理编辑来充实人力，而且还在于要为这一长期的事业寻求必要的资金。几乎就在最后一刻，普林斯顿大学出版社董事会主席、出版主管哈罗德·麦格劳（Harold W. McGraw）雪中送炭，个人为项目捐赠了100万美元，以支付整个项目期间的编辑薪水。阿尔弗雷德·斯隆基金会（Alfred P. Sloan Foundation）随后提供了一笔应急资金作为项目的运转费用。来自爱因斯坦母校——苏黎世联邦理工学院的两位教授雷斯·约斯特（Res Jost）

与康拉德·奥斯特瓦尔德尔（Konrad Osterwalder）也争取到了三笔来自瑞士的款项（来自瑞士的款项最终合计达到了100万瑞士法郎）。从那以后，其他多笔捐赠款项代替或补充了最初的捐赠款项。

项目启动

围绕编辑人选的争论未能得到解决，而约翰·施塔切尔也无法在编辑工作上有太多进展。1978年初，他聘用了爱丽丝·卡拉普里斯负责索引的数据输入与处理工作。因为这个项目的预算紧张，并且普林斯顿大学计算机主机机时费已经变得很高昂，所以爱丽丝·卡拉普里斯将大部分上机工作安排在普林斯顿大学回旋加速器实验室的非工作时间进行，以不付费用，这里的博士后物理学家理查德·库泽斯（Richard Kouzes）为她提供了早期计算机系统的使用培训。在一位兼职助理的帮助下，这三份索引得以在两年之后完成。与此同时，在档案尚未被交付予耶路撒冷希伯来大学，以及他在普林斯顿高等研究院的办公室被关闭之前，约翰·施塔切尔一直在小心准备一份与原档案内容一致的复制本，以便在编辑部进行编辑工作时使用，从而避免对档案原件造成损害。这些复制文件也被用于制作三份索引。

波士顿办公室

1981年后，普林斯顿高等研究院不再为爱因斯坦档案提供编辑办公场所，因此普林斯顿大学出版社在位于威廉街的有着悠久历史的斯克里布纳楼（Scribner Building）内给"爱因斯坦文稿项目"工作组腾出个地方。约翰·施塔切尔的小团队的成员包括两位编辑：罗伯特·舒尔曼（Robert Schulmann）——
34 一位历史学家，与戴维·卡西迪（David Cassidy）——一位物理学史学者。20世纪80年代初，在普林斯顿大学出版社所提供的拥挤的暂时落脚之处度过将近两年后，这个项目的未来尚不明朗之时，约翰·施塔切尔意欲回到已经请假离开7年的波士顿大学。无论是普林斯顿高等研究院，还是普林斯顿大学都不能为约翰·施塔切尔提供一个终身职位，他只有继续担任编辑才能保持现任职位。于是普林斯顿大学出版社与波士顿大学商定，自1984年开始在波士顿大学的校园里为该项目的编辑部提供一办公场所。约翰·施塔切尔聘用了一个特约编辑与助手团队，并保留了罗伯特·舒尔曼与戴维·卡西迪担任《爱因斯坦全集》第一卷的副主编。该团队此时才得以安心完成文集第一卷的编辑工作，使其最终于1987年由普林斯顿大学出版社出版面世。

到2000年为止，爱因斯坦档案资料的翻译工作由普林斯顿大学出版社负责，由已经担任普林斯顿大学出版社出版部编辑的爱丽丝·卡拉普里斯管理。第一任翻译者是安娜·贝克（Anna Beck），与之搭档的是担任第一、第二卷顾问的彼得·哈瓦斯（Peter Havas）与第三至第五卷的顾问唐·霍华德（Don Howard）；之后的第二任翻译者是阿尔弗雷德·恩格尔（Alfred Engel），与之搭档的是担任第六、第七卷顾问的恩格尔伯特·舒金（Engelbert Schucking）；第三任翻译者是安·亨切尔（Ann M. Hentschel），与之搭档的是担任第八至第十四卷顾问的克劳斯·亨切尔（Klaus Hentschel）。美国国家科学基金会通过它的科学史项目（后来称为"科学、技术与社会"）为这个翻译项目提供了种子基金，并在以后定期向其提供资金，爱丽丝·卡拉普里斯担任这个项目的首席专家。

在此期间，罗伯特·舒尔曼寻找到了由爱因斯坦家人以及与爱因斯坦通信者手中保存数年的重要档案。（参见"家庭"一节，"'丽瑟尔'（Lieserl）、爱因斯坦以及对她的搜寻"，以查看关于档案被发现的更多细节。）而最为引人注目的发现是爱因斯坦-贝索手稿和爱因斯坦与米列娃·马里奇（Mileva Marić）之间的几十封情书。该手稿对爱因斯坦艰难创立广义相对论的早期阶段提供了新的理解，而那些温柔又风趣的情书不仅揭示出这对恋人热心于独立研究物理学（他们所阅读的书中的一部分，可在本书第二篇"影响爱因斯坦的科学先辈及同代人"一节中找到），以及共同遵循的离经叛道的追求知识的精神生活，而且还揭示了他们早期的亲密关系。最让人震惊的发现就是在爱因斯坦与米列娃结婚前的1902年初，他们的女儿"丽瑟尔"就诞生了。其他被披露的事情，例如爱因斯坦在两人婚姻后期制定出的一份对米列娃的要求清单，显示出爱因斯坦并非总是如世人当初所知道的那样，是一个和善的人（参见后文中的"家庭"一节）。但是，爱因斯坦的科学与人道主义贡献并未受到挑战。

编辑漫笔

海伦·杜卡斯对待爱因斯坦档案的某些自我行事，在若干年后给项目带来一些问题。她时刻注意保护爱因斯坦的隐私，并从她的办公室的归档档案之中移除了一些爱因斯坦的早期通信——也可能她从未将其归档。约翰·施塔切尔在档案馆工作的初期，偶然发现了大约50封爱因斯坦致其第二任妻子爱尔莎的信件，这些信件的日期始于爱因斯坦与爱尔莎开始通信并浪漫约会的1912年。在这些信件所涵盖的大部分时间中，爱因斯坦与米列娃依旧有着婚姻关系。约翰·施塔切尔在爱因斯坦档案被移交予耶路撒冷希伯来大学之前，成功地复印了直到1916年的信件，但是未能触及时间上截至1925年的其余信件。约翰·施塔切尔深信，只要海伦·杜卡斯仍然管理着爱因斯坦档案，这些被赫伯特·贝利称为属于海伦·杜卡斯的"私人收藏"的文件将不会及时收入公共档案，无法被收录在《爱因斯坦全集》中出版。

他的这个预感后来被证明是正确的。编辑团队决定按照时间顺序将这些复印的信件收录在第五卷与第八卷之中。由于人们已经知道了爱因斯坦的一些信件被隐藏，耶路撒冷希伯来大学——现在这些信件的版权拥有者同意将这些信件收录进《爱因斯坦全集》中。约翰·施塔切尔所复印的信件中有6封信被收录进了已出版的《爱因斯坦全集》若干卷中，但是这6封信的原始版本却并不在耶路撒冷希伯来大学所接管的爱因斯坦档案中。它们可能已被损毁，或者丢失了。

约翰·施塔切尔与罗伯特·舒尔曼渴望出版完整的爱因斯坦通信信件，以保持历史记录的完整性。为了实现这一目标，他们需要余下的、没有被复印的1916年至1925年的信件，这些信件并未收入复制版档案，而是仅存于耶路撒冷希伯来大学的爱因斯坦档案中。但是，耶路撒冷希伯来大学拒绝批准发表这些信件，原因是校方与玛戈特·爱因斯坦（她曾在1982年与1984年做了两次家庭信件的遗赠）签署了一份协议，规定在她去世20年内，那些信件都要保持"密封"的状态；玛戈特·爱因斯坦于1986年去世。然而罗伯特·舒尔曼违背了这一约束，他于1996年前往耶路撒冷，在没有告知耶路撒冷希伯来大学档案馆人员与普林斯顿大学出版社中任何人的情况下，复印了余下的信件。

约翰·施塔切尔辞职，罗伯特·舒尔曼担任负责人

1988年，约翰·施塔切尔意欲回到自己原本在波士顿大学中的全职教师职位，这位知名的一流学者对管理职位无甚兴趣，辞去了在"爱因斯坦文稿项目"中的职务。与项目团队成员以及出版社的争执也促成了他离开这个项目的决定。在戴维·卡西迪与罗伯特·舒尔曼这两位副主编的协作下，约翰·施塔切尔完成了《爱因斯坦全集》的第一卷与第二卷。物理学家和历史学者于尔根·雷恩加入这个团队，作为第二卷的副主编，后来成为主编；科学哲学家唐·霍华德担任助理编辑，科克斯（A.J.Kox）担任特约编辑，后来担任编辑。尽管约翰·施塔切尔已辞职，但"爱因斯坦文稿项目"仍留在波士顿大学内。普林斯顿大学出版社与其董事会任命耶鲁大学的马丁·克莱因担任高级编辑，合同为期5年。罗伯特·舒尔曼与于尔根·雷恩继续担任编辑职务。1993年，罗伯特·舒尔曼开始担任高级编辑以及"爱因斯坦文稿项目"的主任。物理学史学者米歇尔·扬森担任《爱因斯坦全集》第七卷与第八卷的编辑。

1999年，在普林斯顿大学出版社与耶路撒冷希伯来大学得知罗伯特·舒尔曼在耶路撒冷的行迹之后，自1986年赫伯特·贝利退休后继任普林斯顿大学出版社社长的沃尔特·利平科特（Walter Lippincott）与普林斯顿大学出版社董事会便要求罗伯特·舒尔曼辞职。为了保持工作的连续性，并顺利完成新选项目主任就任后的过渡，罗伯特·舒尔曼留了下来担任《爱因斯坦全集》第七卷与第九卷的特约编辑。

迁至加州理工学院

在千禧年到来之际，寻找一位合格的总编辑的任务并不比当初在20世纪70年代容易。黛安娜·科莫斯·巴坎（Diana Kormos Barkan）在2000年被任命为总编辑一职前，是加州理工学院科学史副教授。她在帕萨迪纳建立起新的"爱因斯坦文稿项目"办公室，而这个小镇正是爱因斯坦在20世纪30年代初期对加州理工学院进行长期访问时非常熟悉的地方，他称之为"一次到天堂的放逐"。黛安娜·巴坎，不久即更名为布赫瓦尔德(Buchwald)，担任了包括英译版诸卷

在内的项目的主任与总编辑。耶路撒冷希伯来大学爱因斯坦档案的负责人、历史学家泽夫·罗森克兰茨在那时已经是"爱因斯坦文稿项目"的编辑团队中的一员了，在2013年他被任命为助理主任。

"爱因斯坦文稿项目"与普林斯顿大学出版社所做的一项期待已久的重要事情，就是将《爱因斯坦全集》搬上网络，以便研究者们在线查阅，网址为http://einsteinpapers.press.princeton.edu。黛安娜·布赫瓦尔德担任主任后，就以《爱因斯坦全集》的网络版作为重要目标，并得到普林斯顿大学出版社社长彼得·多尔蒂（Peter Dougherty）的大力支持。二人都致力于建设一个开放、免费的平台。普林斯顿大学出版社的肯尼思·里德（Kenneth Reed）在出版社职员，特别是蒂尔曼·绍尔(Tilman Sauer)与鲁迪·赫希曼(Rudy Hirschmann)的参与协助下，负责解决了技术细节问题，并在出版社其他技术员工的协助下于2014年12月发布了在线网站。

资料来源：赫伯特·贝利，"爱因斯坦的《全集》：规划与发展"，载《学术出版》，1989年7月，第203–217页（Herbert S. Bailey，"Einstein's Collected Papers: Planning and Development"，in *Scholarly Publishing*，July 1989，pp. 203–217）；贝利，《出版者前言》，《爱因斯坦全集》第一卷，第xi–xiv页（Bailey，"Publisher's Foreword"，CPAE，Vol. 1，pp. xi–xiv）；海菲尔德与卡特，《阿耳伯特·爱因斯坦的私生活》，第273–283页（Highfield and Carter，*Private Lives of Albert Einstein*，pp. 273–283）；施塔切尔，《爱因斯坦：从B到Z》(Stachel，*Einstein from B to Z*)以及与施塔切尔的个人交流；施塔切尔，"爱因斯坦档案复制版和控制索引指南"（"A Guide to the Duplicate Einstein Archive and Control Index"），爱因斯坦档案馆的50页打字稿；爱丽丝·卡拉普里斯，"爱因斯坦档案复制版的计算机索引"（"Computer Indexing of the Duplicate Einstein Archive"），爱因斯坦档案馆的23页打字稿；理查德·库泽斯，"爱因斯坦档案复制版的计算机索引程序的技术说明"（"Technical Description of the Computer Indexing Programs for the Duplicate Einstein Archive"），爱因斯坦档案中的5页打字稿；舒尔曼的回忆。

《爱因斯坦全集》各卷与编辑

以下是至2015年已出版的各卷：

第一卷(1987年出版)：《早年时期，1879—1902年》。主编 约翰·施塔切尔，副主编 罗伯特·舒尔曼与戴维·卡西迪。

第二卷(1989年出版)：《瑞士时期：著作，1900—1909年》。主编 约翰·施塔切尔，副主编 罗伯特·舒尔曼、戴维·卡西迪与于尔根·雷恩。

第三卷(1993年出版)：《瑞士时期，著作，1909—1911年》。主编 马丁·克莱因、科克斯、于尔根·雷恩与罗伯特·舒尔曼，以及特约编辑们。

第四卷(1995年出版)：《瑞士时期，著作，1912—1914年》。主编 马丁·克莱因、科克斯、于尔根·雷恩与罗伯特·舒尔曼，以及特约编辑们。

第五卷（1993年出版)：《瑞士时期，通信，1902—1914年》。主编 马丁·克莱因、科克斯与罗伯特·舒尔曼，以及特约编辑们。因对本卷的贡献，罗伯特·舒尔曼获得了由 Asea Brown Boveri 集团（ABB）颁发的1994年度科学史最佳出版奖。

第六卷（1996年出版)：《柏林时期，著作，1914—1917年》。主编 科克斯、马丁·克莱因与罗伯特·舒尔曼，以及特约编辑们。

第七卷(2002年出版)：《柏林时期，著作，1918—1921年》。主编 米歇尔·扬森、罗伯特·舒尔曼、约瑟夫·伊力 (József Illy)、克里斯托夫·莱纳 (Christoph Lehner) 与黛安娜·科莫斯·布赫瓦尔德 (Diana Kormos Buchwald)，以及副主编们。

第八卷(1998年出版)：《柏林时期，通信，1914—1918年》，含二册。主编 罗伯特·舒尔曼、科克斯、米歇尔·扬森与约瑟夫·伊力，以及特约编辑们。

第九卷（2004年出版)：《柏林时期，通信，1919年1月—1920年4月》。主编 黛安娜·科莫斯·布赫瓦尔德、罗伯特·舒尔曼、约瑟夫·伊力、丹尼尔·肯尼菲克 (Daniel Kennefick) 与蒂尔曼·绍尔，以及副主编们。

第十卷（2006年出版)：《柏林时期，通信，1920年5月—1920年12月》。主编 黛安娜·科莫斯·布赫瓦尔德、蒂尔曼·绍尔、泽夫·罗森克兰茨、约瑟夫·伊力与弗吉尼亚·艾里斯·霍姆斯 (Virginia Iris Holmes)，以及副主编们。

第十一卷（2009年出版)：《总索引、参考文献目录、通信清单、年表与第一至十卷的勘误表》。编纂者 科克斯等人。本卷因卓越的索引而获得由索引人协会 (the Society of Indexers) 颁发的2009年度惠特利奖 (Wheatley Medal award)。

第十二卷（2009年出版)：《柏林时期：通信，1921年1月—12月》。主编 黛安娜·科莫斯·布赫瓦尔德、泽夫·罗森克兰茨、蒂尔曼·绍尔、约瑟夫·伊力与弗吉尼亚·艾里斯·霍姆斯，以及副主编们。

第十三卷(2012年出版)：《柏林时期：著作与通信，1922年1月—1923年3月》。主编 黛安娜·科莫斯·布赫瓦尔德、约瑟夫·伊力、泽夫·罗森克兰茨与蒂尔曼·绍尔，以及副主编们。

第十四卷(2015年出版)：《柏林时期：著作与通信，1923年4月—1925年5月》。主编 黛安娜·科莫斯·布赫瓦尔德、约瑟夫·伊力、泽夫·罗森克兰茨、蒂尔曼·绍尔与奥西克·摩西(Osik Moses)，以及副主编们。

声望

媒体

1919年年底，爱因斯坦广义相对论的科学突破在日全食期间被英国天文学家在南美洲和非洲成功验证，在［第一次］世界大战后影响力越来越大、越来越普及的大众媒体对此在全球各地大肆宣扬，这使他闻名世界。从此，镜头中的爱因斯坦以革命性天才的形象登上了世界舞台，他出色地完成了自己的角色。凭借表演天赋，他总是装作天真无邪的样子，狡猾又不失幽默地逗弄着记者。在20世纪20年代初期，记者以及有志成为科学方面专家的人都在竞相努力满足公众对爱因斯坦的思想、观点和个人习惯的好奇心，"相对论"成为流行文化中的一个热门词汇。然而，名声的到来不是没有代价的。在柏林社会和经济动荡的大环境中，爱因斯坦被夹在两个世界之间，一个努力着要出生，另一个不愿放弃特权。爱因斯坦40年来一直致力于科学事业的过程中逐渐形成的国际主义立场，成为魏玛共和国早期自由主义支持者的旗帜，也成为了其敌人的仇恨焦点。10年后，他的公众形象进一步升华，成为被他自嘲地称为"犹太圣人"的无私的人道主义形象。

尽管有充分的证据表明爱因斯坦在这方面取得了外在的成功，但他仍然对其新的公共形象深感忧虑。爱尔莎·爱因斯坦向哈里·凯斯勒伯爵(Harry Count Kessler)透露，她的丈夫有时"感觉自己像一个骗子，一个没有给崇拜者带来任何他们所希望的东西的骗子"(哈里·凯斯勒，《在柏林的名人生活》

[*Berlin in Lights*]，第155页）。1922年的这句话反映了名声带来的负担已经对爱因斯坦的个人生活造成了巨大的压力。他时而不情愿、时而茫然地接受了自己作为一个活着的传奇人物的身份，断断续续地在公众的视野中度过了他生命中的最后35年。在这段时间里，他和他的崇拜者一起塑造了一个伟大物理学家的标志性形象。然而，最近的一些报道（例如迈斯纳［Misner］的"为什么爱因斯坦变得有名"［Why Einstein Became Famous]）[1] 分析了科学、文化和政治期望对爱因斯坦的声望和恶名的严重影响。

艺术与商业主义

自1919年以来，人们以各种方式纪念爱因斯坦，经常还是很粗鄙的方式。奖学金、大学的教职、学校、建筑物和纪念雕塑都冠以他的名字。爱因斯坦的模仿者在数量上与猫王（Elvis）的模仿者相当。他的面孔出现在了无数的艺术作品、邮票和硬币上，以及商业产品中，如T恤、海报、咖啡杯、摇头娃娃、"小小爱因斯坦"多媒体和玩具系列产品。根据《福布斯》杂志年度已故名人收入排行榜（仅限13人）负责人多萝西·泊莫兰茨（Dorothy Pomerantz）的说法，2013年，爱因斯坦的形象为希伯来大学（HUJI）赚得了1000万美元。希伯来大学曾报道，一旦减去为保护爱因斯坦形象而付出的法律费用，它只能得到这一收入的一小部分。（参见 http://www.forbes.com/pictures/mfl45ehfld/albert-einstein-5/；Ha'aretz.com，2012年10月24日。）

其他的一些尝试，虽然可能并不受每个人青睐，但人们试图以各种形式创作艺术作品和举办纪念活动。这里我们举几个例子。

第一个以爱因斯坦命名的大型建筑是位于柏林郊外波茨坦的爱因斯坦塔（Einstein Turm，图12a）。这座太阳观测站由具有远见的表现主义建筑师埃里希·门德尔松（Erich Mendelsohn）以及其团队中年轻的理查德·诺伊特拉（Richard Neutra）共同设计，以非同寻常的装饰派艺术风格于1924年完成。当

---

1 此处的标题不全。原标题为"为什么爱因斯坦在美国变得有名"（Marshall Misner，Why Einstein Became Famous in America, *Social Studies of Science*, May 1985）。——译者注

门德尔松陪同爱因斯坦游览塔楼时，据说爱因斯坦曾简单地评论道，这一看上去不规则的建筑是"自然形态的"（organic）。它由钢筋混凝土构成，旨在代表和促进相对论的研究。第二次世界大战期间塔楼遭到严重破坏，在进行了大量的修复工作之后才得以在1999年重新开放（亦见亨切尔［Hentschel］，《爱因斯坦塔》）。

39

图12a　位于柏林附近波茨坦的爱因斯坦塔。（图片来自波茨坦天文物理研究所／维基共享资源）

40

　　许多艺术家、摄影师和雕塑家——更不用说漫画家——都在努力捕捉爱因斯坦的生动形象。较为著名的艺术家有约瑟夫·沙尔（Josef Scharl），本·沙恩（Ben Shahn），乔治斯·施赖伯（Georges Schreiber）和赫尔曼·施特鲁克（Hermann Struck）。肖像摄影师斐利浦·哈尔斯曼（Philip Halsmann，也拼为Halsman）、赫尔曼·兰德斯霍夫（Herman Landshoff）、洛特·雅可比（Lotte Jacobi）和尤瑟夫·卡希（Yousef Karsh）——他们的艺术作品非常受欢迎——创作了经久不衰且被广泛使用的黑白图像，这些图像现在仍然可以从他们的继承人或授权销售的机构那里购买。其中最有名的是哈尔斯曼在1946年拍摄的那

图12b 爱因斯坦塔的漫画，作者为约瑟夫·普兰克 (Josef Plank)，描绘纳粹掌权后，爱因斯坦被从塔上扫下来，赶出德国。这座被设计用来检验广义相对论的太阳观测塔，是艺术与科学领域现代主义的象征，也是反犹太主义和反动攻击的目标。爱因斯坦觉得它是"自然形态的"。(Library of Congress LC-USZ62-94410)

张照片。1966年，它被印在一张8美分的美国邮票上，另外还大量地被艺术家们再加工来表达自己对爱因斯坦的诠释。(哈尔斯曼本人就是爱因斯坦这位最出名的摄影对象的人道主义行为的受益者。在20世纪20年代后期奥地利激烈的反犹太主义浪潮中，他被错误地指控在奥地利蒂罗尔阿尔卑斯山游玩期间谋杀了自己的父亲，并且被定罪。这一事件被称为"奥地利德雷福斯事件"[1]。后来，爱因斯坦将哈尔斯曼带到美国并使奥地利政府删除了他的犯罪记录。全文参见http://www.reformjudaismmag.net/1100dw.html。）

1922 年 12 月，在爱因斯坦访日期间，政治和社会漫画家冈本一平（Ippei Okamoto）勾勒出一幅特别令人难忘的爱因斯坦漫画，画中的爱因斯坦长着一个大大的鼻子，下面写着"作为思想源泉的鼻子"（图 13）。冈本观察到，爱因斯坦"以一种安静的方式行走，好像他害怕惊吓真理，把它吓跑一样"（爱因斯坦档案编号 160—230；亦见《美国物理杂志》[*American Journal of Physics*] 49 [1981]：931）。

在众多雕塑中，最引人注目的是位于华盛顿特区的国家科学院前巨大的爱因斯坦青铜纪念雕像，它是由罗伯特·伯克斯（Robert Berks）基于爱因斯坦 26 年前的石膏像（图 14a）制作，在 1979 年爱因斯坦百年庆典期间揭幕。雕像描绘爱因斯坦坐在一个弯曲的花岗岩三级长凳上，手持一张手稿。这个雕像大得可以让孩子们攀登玩耍（图 14b）。伯克斯还在花岗岩基座上制作了一尊小得多的青铜胸像，总高 6 英尺，置于普林斯顿市政厅前。由于多年来社区成员认为应该尊重爱因斯坦不愿被悼念的愿望，并引用他自己的话说他不希望任何人"来崇拜我的骨头"从而反对树立这样一个纪念像，它到 2005 年才得以揭幕。临近普林斯顿高等研究院的池塘，在一片宁静的小森林中，参观者可以看到一座雄伟壮观的黑色钢柱，它被雕塑家托尼·史密斯（Tony Smith）命名为"新作"，该建筑由该研究所于 1981 年揭幕，以此纪念其最著名的教职员工。由普林斯顿大学委托俄罗斯雕刻家谢尔盖·科嫩科夫（Sergei Konenkov）创作的一尊精美的铜像，也位于该学校的富尔德楼中数学自然科学图书馆中。科嫩科夫有时被称为"俄罗斯的罗丹"，大约从 1935 年起就在美国工作，直到 1945 年斯大林把他和他的妻子玛格丽塔召回苏联。（参见下文的"君子好逑"[Romantic Interests] 一节中的"玛格丽塔·科嫩科娃"。）在爱因斯坦出生并度过了人生的头 15 个月的城

---

1 德雷福斯事件（Dreyfus affair）是一场司法丑闻，在 19 世纪的最后几年深深地分裂了法国的政治和社会。它涉及 1894 年在巴黎的一个军事法庭对出生于阿尔萨斯的犹太军官、炮兵上尉阿尔弗雷德·德雷福斯（Alfred Dreyfus，1859—1935）的定罪，理由是涉嫌叛国，这导致了多年的公共纠纷和进一步的法律诉讼。对德雷福斯的定罪是基于非法证据和可疑手稿。此后经过重审以及政治环境的变化，事件终于 1906 年获得平反，德雷福斯也成为法国的英雄。——译者注

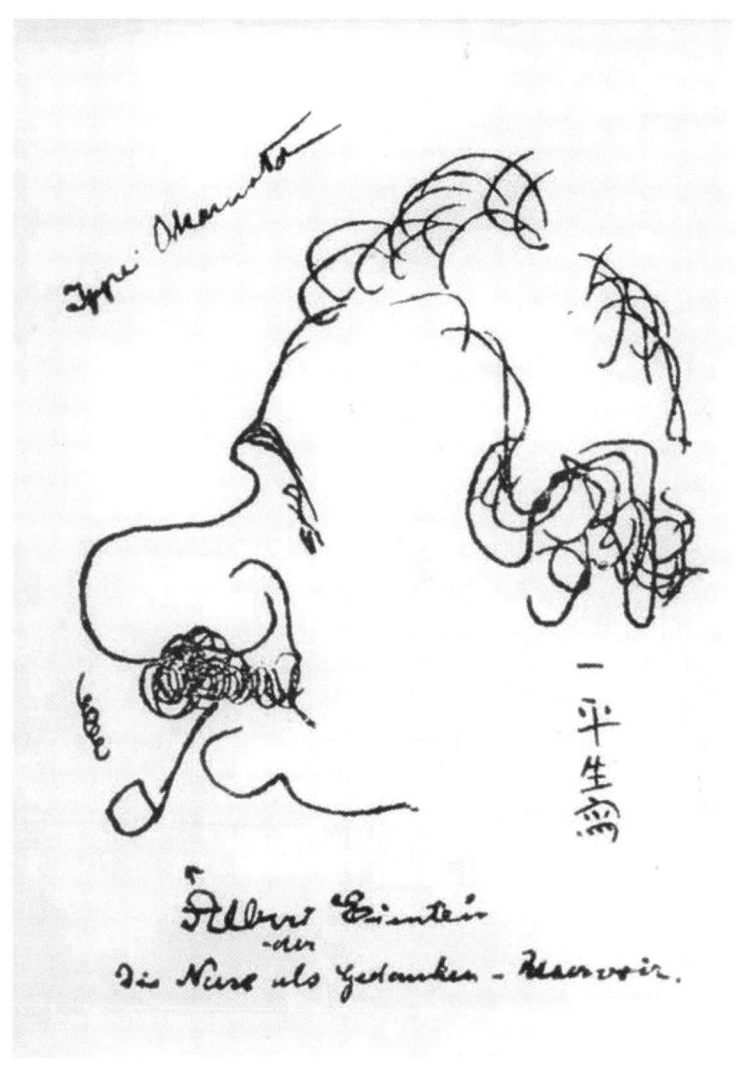

图13　1922年12月，在爱因斯坦访日期间，政治和社会漫画家冈本一平画的漫画："作为思想源泉的鼻子"。（资料来源日本报纸：《朝日新闻》［*Asahi Shimbun*］，1922）

市乌尔姆，至少有4座纪念他的雕像，其中还包括一个喷泉，具有特色的是爱因斯坦对世界伸出舌头，就像那张广为流传的照片中的那样。瑞士阿劳是爱因斯坦在上大学前短暂居住的地方，那里有一个杜滕合费（T. Duttenhoefer）建造的铜纪念匾。帕萨迪纳城市学院（Pasadena City College）在其天文台附近有一个小

爱因斯坦百科

牌匾，以此纪念爱因斯坦1931年2月的来访。毫无疑问，世界上有许多这样的牌匾。

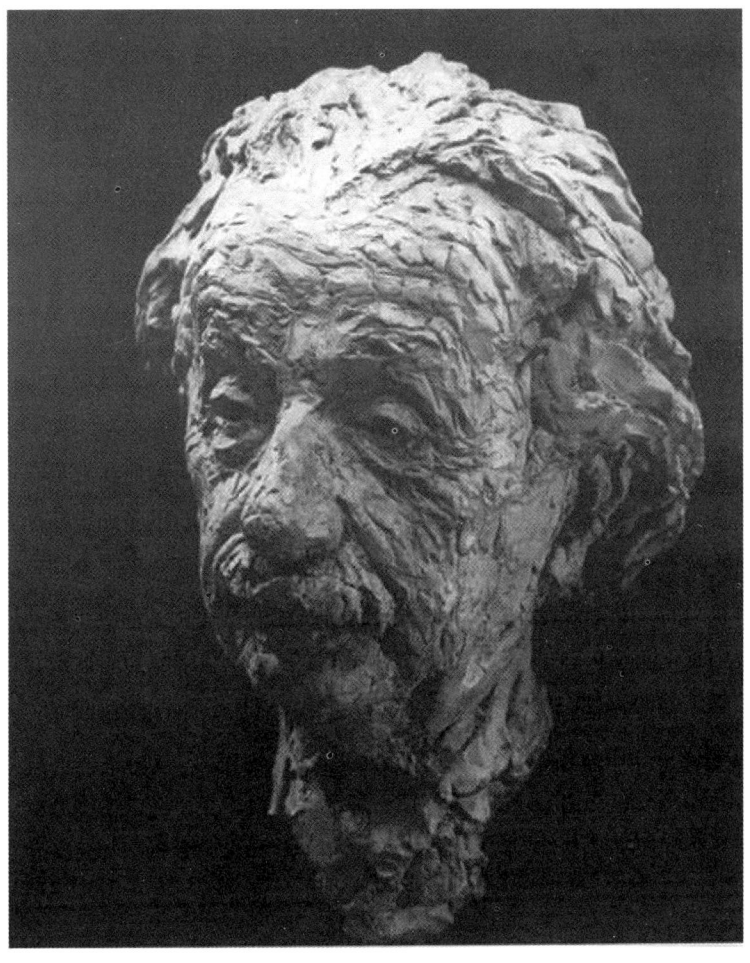

图14a 1953年，罗伯特·伯克斯在爱因斯坦位于默瑟街的书房中雕刻了爱因斯坦头像的原始石膏模型。它成为1979年安装在华盛顿特区美国国家科学院前的爱因斯坦纪念碑头像的灵感来源。（版权属于2003 Robert Berks Studios, Inc.）

1933年，爱因斯坦为现代主义雕塑的先驱雅各布·爱泼斯坦爵士（Sir Jacob Epstein）做模特，后者在英格兰诺福克郡的克罗默（Cromer）铸造了六座青铜雕像。肖像雕塑分别坐落于英国剑桥的菲茨威廉博物馆，耶路撒冷希伯来大学数

图14b　儿童在华盛顿特区的爱因斯坦雕像上攀爬玩耍（承蒙医学博士杰森·麦克劳格
[Jason MacLurg] 提供）

学和计算机科学图书馆，英格兰西约克郡的哈德斯菲尔德美术馆，普林斯顿高
等研究院富尔德楼的休息室，伦敦科学博物馆和伦敦泰特美术馆。

　　来纽约的游客在哈莱姆区（Harlem）和上西区交会处的哈德逊河河边教堂
可以看到一个非同寻常的爱因斯坦雕像。在建于1929年的教堂西门上方的龛
楣上，爱因斯坦与包括阿基米德、达尔文、欧几里得、伽利略、开普勒、巴
斯德和毕达哥拉斯在内的其他伟大学者和科学家一起（图15），永远镌刻在石
头上。

　　鲜为人知的杰作是一件自然的有机艺术品：大型水仙花"爱因斯坦教授"，
一种在中心橙色花蕊周围绕着白色花瓣的花朵，自20世纪40年代以来就一直
被培育出售，现在也可以通过互联网买到。

　　最后，为了给孩子和家长助兴，加利福尼亚州、佛罗里达州和马来西亚的
乐高主题公园竖立了巨大的爱因斯坦半身像，在创意区（Imagination Zone）迎
接游客（图16）。在佛罗里达州奥兰多市(2011年开业)，加利福尼亚州卡尔斯巴
德市(1999年)和马来西亚柔佛州的新山市（Johor Bahru）（2012年），建筑商们
花费数月时间用数十万的乐高积木来完成大约46米高、61米宽的雕像。

图15 爱因斯坦进入纽约市河边教堂龛楣的伟人行列。(图片版权属于爱丽丝·卡拉普里斯)

图16　乐高迷们于2014年在加利福尼亚的卡尔斯巴德市的乐高主题公园用几十万块乐高积木搭成爱因斯坦头像。（图片版权属于丹妮丝·卡拉普赖斯·惠蒂［Denise Calaprice-Whitty］）

家庭

家庭关系

（亦见后文的"家庭人员组成"）

爱因斯坦的家庭关系比较复杂，原因在于他经历过两次婚姻与一次离婚，由此产生了两个家庭，家庭成员的分布在爱因斯坦生前甚至就已跨越了两个大陆（参见图17与图18）。两次战争、名声、移民、一个未婚生女儿、一个患有精神疾病的儿子，还有他那风流性情经常把事情弄得复杂难解。

但是，爱因斯坦与他的出生家庭的关系却没有那么复杂。他与小自己两岁的妹妹玛丽亚（玛雅）［Maria（Maja）］终生保持着亲密关系，两人都对传统漠不关心。爱因斯坦钦佩母亲保利娜·爱因斯坦的自律和坚忍，与母亲感情深厚，不过照样不屑她对于自己的望子成龙。爱因斯坦对其父亲赫尔曼·爱因斯坦一直有一定程度的怨恨与疏远，认为父亲怯懦，在生意的事情上往往屈从于他自己的弟弟。

在苏黎世的瑞士联邦理工学校，爱因斯坦与一位塞尔维亚同学米列娃·马里奇有一段浪漫的恋情，两人于1903年毕业后不久就结婚了。爱因斯坦与米列娃一共有三个孩子，一个女儿与两个儿子；他们的女儿——在爱因斯坦夫妇的通信中被称为"丽瑟尔"——在他们尚未结婚时就已出生。由于所谓的丽瑟尔的出生与生平都是谜，我们并不清楚爱因斯坦对她怀有什么样的情感，尽管在与米列娃的通信中，他一开始对女儿的热忱喜爱之情跃然纸上（参见《爱因斯坦全集》第一卷与《爱因斯坦-米列娃情书集》）。但是，丽瑟尔在通信中只被提及了寥寥几次，之后就消失不见了，再也没有人知道她的下落。

爱因斯坦与他的两个儿子——汉斯·阿耳伯特（Hans Albert）与爱德华·阿耳伯特（Eduard Albert）——的关系是复杂的，原因在于他与米列娃的婚姻充满坎坷，二人于1914年分居，并在5年之后离婚。因为地理上距离甚远，分居让父亲与儿子们更觉痛苦：母亲与两个儿子居住在苏黎世，爱因斯坦则在柏林担任学术职位。爱因斯坦夫妇分居时正逢第一次世界大战爆发，汉斯·阿耳伯特当时已经10岁，他自认为是父亲抛弃了家庭，因而心存怨恨。如果他知道了在一家人离开柏林之前父亲给母亲下达的那份"最后通牒"，其怨恨只会加深（参见后文中的"第一个家庭——米列娃·爱因斯坦-马里奇"）。

在战争时期，爱因斯坦往往答应去看望儿子们，却又因工作相关的职责与战时旅行的困难而食言，这使得两个孩子更加疏远了父亲。爱因斯坦痛心地诉苦说，对自己试图解释为何不能与孩子们相聚的原因的信件，汉斯·阿耳伯特经常不做回应。战争时期，爱因斯坦为与米列娃离婚而做出的两项举措进一步

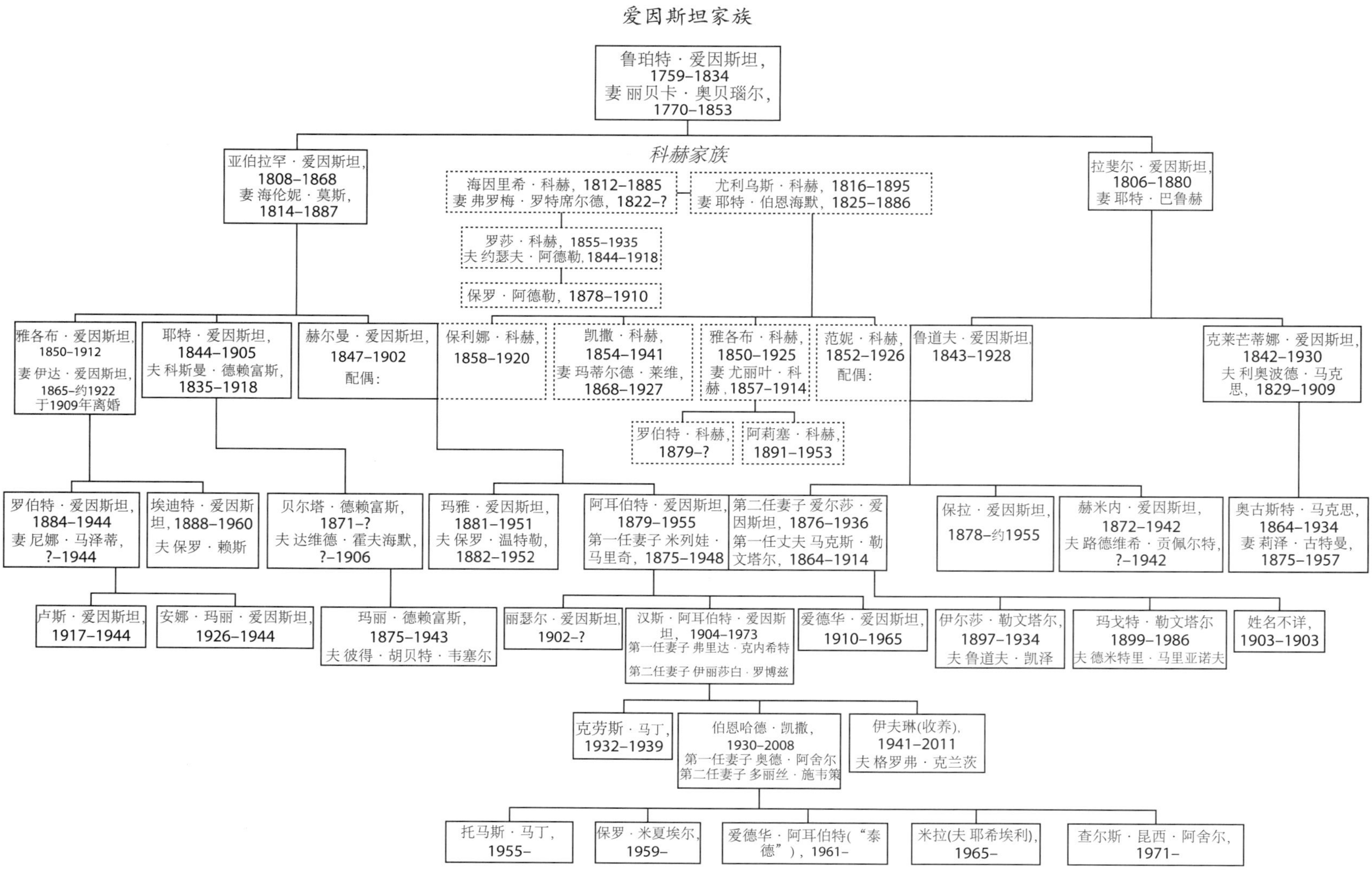

爱因斯坦家族

图 17　爱因斯坦家谱图

图18 现存最早的阿耳伯特·爱因斯坦的照片，大约摄于1882年。（承蒙以色列耶路撒冷希伯来大学爱因斯坦档案馆惠允）

伤害了这位父亲与他两个儿子的关系。在1919年2月爱因斯坦与米列娃离婚以及之后在同年爱因斯坦与爱尔莎结婚这两件事上，汉斯·阿耳伯特都全力维护他的母亲。爱德华是个病秧子，在父母离婚的时候只有9岁，显然受到了父母分居的影响，但是对爱因斯坦的怨恨之情没有他哥哥那么强烈。

然而，爱因斯坦对儿子们的福利的关注也是显而易见的。在接受诺贝尔奖之前很久，爱因斯坦就承诺会将数目颇丰的奖金用作米列娃与两个儿子的生活费与抚养费。1922年，正如他所承诺的那样，爱因斯坦将他奖金的收益毫无保留地给予了米列娃；本金用于照料家人，但他保留了这笔钱的投资控制权。这笔钱被用于购买苏黎世的一处公寓以及其他房地产，它们曾一度带来了一笔不错的租金收入。在20世纪20年代初的若干年的夏季，汉斯·阿耳伯特成了爱因斯坦的朋友、实业家赫尔曼·安许茨-肯普费（Hermann Anschütz-Kaempfe）的工程实验室受欢迎客人，此时汉斯·阿耳伯特在技术方面的才能令他父亲引以为傲（参见第二篇中的"合作者"和"专利与发明"两节）。

当爱因斯坦在1923年7月起草遗嘱时，以及在1925年与1950年重立的遗嘱中，他都是偏向他的新妻子爱尔莎一家人多于米列娃的家人。这使汉斯·阿耳伯特与父亲之间产生了新的紧张情绪，并且使第一个家庭（米列娃）与第二个家庭（爱尔莎）之间形成敌意。在爱因斯坦勉强接受汉斯·阿耳伯特与弗里达·克内希特（Frieda Knecht）的婚姻（1927年）——他一开始激烈地反对他们结合——之后，他与长子之间的关系有所改善，之后他对汉斯·阿耳伯特所取得的成就也表达了真诚的尊重。爱因斯坦一生都难以面对小儿子爱德华的身体与精神方面的疾病，尽管在两个儿子中，他认为爱德华可能更有天赋。

爱因斯坦与儿子们之间存在矛盾，而对伊尔莎与玛戈特——爱尔莎在上一段婚姻中所生的两个孩子，后来成为爱因斯坦的家庭成员与家庭生活的一部分——却付出了真诚的父爱，这形成了鲜明的对比。但是，认为爱因斯坦通过了法律程序收养了爱尔莎的孩子的说法是没有依据的。在爱因斯坦将要与爱尔莎结婚的时候，爱尔莎的女儿们都已成年，一个是20岁，另一个是22岁，但是都没有出嫁，待在家里。爱因斯坦的传记作者们声称爱因斯坦收养了这两个"女孩"，但是我们没有找到爱因斯坦通过法律程序收养她们的证据，档案中也没有任何的通信提及这样一个收养过程。爱尔莎在与第一任丈夫离婚后，⁴⁸慢慢地开始恢复使用自己的娘家姓，也是"爱因斯坦"，而她的两个女儿用了这个姓——可能是在她们的父亲于1914年去世后——在德国这个习惯并不罕见。表明这种可能性的证据，就是伊尔莎很早就在她的学校课本中署名"爱因斯坦"。玛戈特在20岁左右的时候通过法律程序将自己的姓氏改为"爱因斯坦"，这一点可以通过她的出生证明上的姓名变更看出，但是却没有提到她被阿耳伯特·爱因斯坦收养。此外，在爱因斯坦于1923年所立的第一份遗嘱中，他并未将这两位年轻的女性称为继女，也未直呼她们的名字，而只是称她们为爱尔莎的女儿们。所以，伊尔莎与玛戈特采用"爱因斯坦"这一姓氏似乎只是采用母亲的娘家姓。尽管这样，爱因斯坦显然很疼爱他的继女们，将她们视为自己的家人，或许还要甚于自己的儿子们，而伊尔莎与玛戈特后来也将爱因斯坦称为父亲。

爱因斯坦与爱尔莎之间的关系有着现实安排的性质。爱尔莎与爱因斯坦既是表姐弟，又是第二代堂姐弟（参见图17），两人在孩童时期就在一起玩耍。当爱因斯坦在1917年夏季以及1917年与1918年之间的冬季遭受疾病之苦时，爱尔莎照料爱因斯坦直至康复，并且一直作为他的伴侣直至1936年她60岁的时候去世。丈夫的名气让她沾光，但是爱因斯坦的色眼迷离和婚外恋情也让她难堪。

1933年希特勒夺取了德国政权，使得爱因斯坦不得不离开欧洲。离开欧洲之前，他前往苏黎世的一家精神病疗养院，去看望他患病的小儿子爱德华。这是爱因斯坦最后一次看望爱德华，在这之后，父子二人再未相见。爱因斯坦在美国立足之后，就鼓励他的长子汉斯·阿耳伯特携家人移民美国，并设法为他谋到美国农业部位于南卡罗来纳州的一个职位。爱因斯坦与儿媳之间一直是以礼相待，但是关系中没有什么亲情成分。在汉斯·阿耳伯特与弗里达于1938年移民美国的时候，他们已经有了两个儿子：伯恩哈德·凯撒（Bernhard Caesar）与克劳斯·马丁（Klaus Martin，于1939年去世）；3年后，他们收养了一个女儿伊夫琳（Evelyn）。

1933年爱因斯坦开始在普林斯顿高等研究院任职的时候，爱尔莎与海伦·杜卡斯已经一同陪伴爱因斯坦到达了普林斯顿。第二年玛戈特也来到了美国，1939年爱因斯坦的妹妹玛雅也来到美国与他们会合，她的丈夫却因为一些健康原因没有陪她一起踏上移民之旅。在玛雅的晚年健康状况开始走下坡路的时候，爱因斯坦对她十分关切。自玛雅于1951年逝世，爱因斯坦在他的生命最后的四年中对家庭内的其他女性成员都展露出相似的关爱之情，家长式地却又充满深情地将其称为自己的"养鸡场"（Hühnerhof）。

祖父母与父母

爱因斯坦的祖先来自德国西南部的符腾堡。他的祖父亚伯拉罕·爱因斯坦来自费德湖畔布豪村；他的外祖父尤利乌斯·德茨巴赫尔（Julius Dörzbacher）（后来姓氏改为科赫）起初是一位面包师，后来成为了斯图加特附近坎施塔特（Cannstatt）一位成功的粮食商人，这是自中世纪以来就允许犹太人从事的行业。对于亚伯拉罕·爱因斯坦的职业我们所知甚微，更不用说其妻子海伦妮·莫斯（Helene née Moos，莫斯为婚前姓氏）。爱因斯坦的妹妹玛雅后来说到外祖母耶特·伯恩海默（Jette née Bernheimer，伯恩海默为婚前姓氏）是她家庭中的"灵魂"。（参见玛雅·温特勒-爱因斯坦撰写的关于她哥哥的回忆录，"阿耳伯特·爱因斯坦——为他的生平事略而作"（"Albert Einstein: Beitrag für sein Lebensbild"［Biographical Sketch］），1924年2月15日，《爱因斯坦全集》，第一卷，第xlix页，第49页。）

和出生于19世纪中期的大多数德国犹太人一样，爱因斯坦的父亲，赫尔曼·爱因斯坦（于1847年出生于德国的布豪）与他的母亲保利娜·爱因斯坦（出生于1858年）都渴望为自己获得直到最近才通过犹太人解放运动勉强被承认的公民自由和经济机会（图19a，b）。赫尔曼成为了一名商人，起初从事羽绒床垫的生意，之后与他的弟弟雅各布一起经营一系列电气生意，而保利娜成为了一位母亲与家庭主妇。一旦旧的壁垒开始瓦解，像爱因斯坦夫妇这样的犹太人就通过抛弃严格的教规、血统与传统观念来寻求融入主流社会——但是爱因斯坦夫妇还是让儿子在一位亲属家中接受犹太教的私人指导。

赫尔曼与保利娜很少提及宗教事务与规矩。他们对宗教相对冷漠的态度可能部分地导致他们年幼的儿子反而以近乎狂热的热忱接受犹太教饮食教规以及其他犹太教传统。这一阶段在他12岁的时候突然结束。爱因斯坦一家出于慈善之心在家中为一位贫穷的犹太学生马克斯·塔耳玫（Max Talmey）提供免费餐食，具有讽刺意味的是，正是这位学生将爱因斯坦的兴趣从宗教引向了自然科学。

1902年赫尔曼·爱因斯坦因心脏病逝世于意大利米兰，享年55岁。1920年保利娜因腹部肿瘤于柏林逝世，享年62岁，逝世前她与她的儿子、爱尔莎居住在一起。

图19　(a)赫尔曼·爱因斯坦与(b)保利娜·爱因斯坦(维基共享资源)

妹妹：玛丽亚(玛雅)·温特勒–爱因斯坦及其丈夫保罗·温特勒

　　1881年11月18日爱因斯坦的妹妹玛雅(图20)出生于慕尼黑，比出生在乌尔姆的哥哥小了两岁半。她写了一篇回忆录，回忆了孩童时期的阿耳伯特，其早期部分重印于《爱因斯坦全集》第一卷。在这篇回忆录中，她回忆起了在她出生之前，爱因斯坦曾被告诉说自己将有新的玩具。玛雅的出生清楚地表明了她不是一个玩具，爱因斯坦感到失望，说道："但是它的轮子在哪里呢？"她还回忆到孩童时的爱因斯坦喜怒无常，而她是他唯一的固定玩伴。1894年，在跟随父母搬至意大利米兰生活后，玛雅进入了那里的德语国际学校就读。1899年至1902年，玛雅在瑞士阿劳的一个女子师范学校（Lehrerinnenseminar）就读；自1905年开始，又在柏林钻研罗曼语以及文学（Romance languages and literature）。她在1907年4月迁至伯尔尼，被伯尔尼大学录取为博士生，撰写博士论文，并于1908年12月21日通过了口试。1909年，玛雅正式获得博士学位，论文题目是有关法国文学的《〈天鹅骑士〉与〈戈弗雷的童年〉笔迹关系之确定（*Contribution*

图20　爱因斯坦的妹妹玛雅，时年16岁，大约拍摄于1897年。（图片经伊夫琳·爱因斯坦授权）

to the Tradition of the Chevalier au Cygne and the Enfances Godefroi) [1]》，她从未利用自己的学位在专业上发展。

1910年，玛雅与保罗·温特勒（Paul Winteler）结婚，后者是约斯特·温特勒与保利娜·温特勒夫妇七个孩子中的一员，而爱因斯坦在位于阿劳的州立中学学习的时候就是与温特勒一家居住在一起的（参见"朋友"一节中的"温特勒

---

1 此处是按玛雅的博士论文的德语题目：Feststellung des Handschriftenverhältnisses des Chevalier au Cygne und der Enfances Godefroy 翻译的。Chevalier au Cygne 是一个法国中世纪的传说，译为《天鹅骑士》；Enfances Godefroi（"戈弗雷的童年"）是一首法国古代歌谣。布永的戈弗雷（Godefroy de Bouillon，约1060—1100年）是著名的十字军领袖。1096年8月15日，戈弗雷和他的弟弟率领德意志西部十字军的队伍，前往圣地耶路撒冷。1099年7月15日攻陷耶路撒冷，建立了耶路撒冷王国（1099—1187年），戈弗雷留守和统治耶路撒冷及周围地区，但是他拒绝称国王，而是在圣城里选了一个自负的称号，称为圣墓守护者或圣墓卫士（Advocatus Sancti Sepulchri）。传说天鹅骑士是戈弗雷的祖父。——译者注

爱因斯坦百科

"一家"条目）。1911年，这对年轻的夫妇迁至卢塞恩生活，11年之后又迁至佛罗伦萨附近，在那里一直生活到1939年。他们没有生育孩子。在墨索里尼颁布反犹太人法律之后，玛雅前往普林斯顿与自己的哥哥一起生活。她的丈夫因为身体原因未能获准移民美国，他后来搬去日内瓦，留在了欧洲。1946年，饱受心脏病折磨的玛雅在一次严重的中风后便卧床不起，直至去世。在玛雅失去自理能力的岁月中，爱因斯坦悉心照顾妹妹，经常在她的病榻边为她诵读文字。玛雅于1951年6月逝世。她的丈夫保罗在1年之后于日内瓦逝世。

资料来源：《爱因斯坦全集》，第一卷和第五卷；罗杰（Rogger），《爱因斯坦的妹妹》（*Einsteins Schwester*）。

第一个家庭（由爱因斯坦、米列娃及其后代组成）

米列娃·爱因斯坦-马里奇——第一任妻子

爱因斯坦的第一任妻子米列娃·马里奇（图21）于1875年12月19日出生于匈牙利的蒂泰尔(Titel，今属塞尔维亚)。她的父亲米洛斯·马里奇(Miloš Marić)是一位富裕的中层公务员，母亲名为玛丽亚(Marija)，马里奇夫妇还有一个女儿（米列娃的妹妹左拉［Zora］或佐尔卡［Zorka］）和一个儿子小米洛斯(Miloš Jr.)。1882年，米列娃在小镇鲁马(Ruma)开始上学，之后曾先后就读于几所中学，其中包括位于克罗地亚萨格勒布的一所男子中学。后来她在苏黎世大学学习了一个学期的医学，随后，像爱因斯坦一样，她选择在苏黎世的瑞士联邦理工学校学习物理。在奥匈帝国，女孩子在大学就读是会受到诸多约束的，而学习自然科学尤为如此，因此米列娃来到了瑞士。在1897—1898学年中的一个学期，米列娃离开学校去海德堡大学旁听数学与物理学课程，之后又返回苏黎世的瑞士联邦理工学校。米列娃与爱因斯坦的浪漫关系可能开始于1898年年末，他们两人同为苏黎世的瑞士联邦理工学校的学生，时年爱因斯坦19岁，而米列娃23岁。当这一对恋人身处异地的时候，他们以风趣而深情的信件和短笺往来，沉浸在恋爱的欢乐中，并分享彼此在研究与学业方面的进步。爱因斯坦的父母，尤其是他的母亲，自一开始便强烈反对这段恋情，当爱因斯坦说出自己打算与米列娃结婚后，这种反对就变得更加强烈。保利娜·爱因斯坦有着她那一代德国人

图21　米列娃·马里奇，爱因斯坦的第一任妻子。（维基共享资源）

普遍怀有的对东欧人的文化敌意，她认为爱因斯坦与那个不合适做他妻子的女人在一起生活，会危及自己的未来。另一方面，1902年赫尔曼·爱因斯坦在临终之时还是对爱因斯坦与米列娃两人的爱情表示了祝福，尽管态度可能算不上充满热情。

米列娃分别在1900年与1901年两次试图考取苏黎世的瑞士联邦理工学校颁发的师范专业文凭，但都没有成功。1901年，米列娃怀孕，并在次年1月份于塞尔维亚的某个地方生下了一个女婴，两人给这个女婴取名为"丽瑟尔"（参见后文"'丽瑟尔'·爱因斯坦以及对她的搜寻"一节）。一年之后，在1903年的1月6日，爱因斯坦与米列娃在伯尔尼举行了世俗婚礼仪式，结为夫妻。

爱因斯坦与米列娃自1903年结婚后继续居住在伯尔尼，直至1909年。虽然米列娃未能如愿从苏黎世的瑞士联邦理工学校获得师范专业文凭，也未从苏黎世大学获得博士学位，但是她仍然对爱因斯坦进行的研究怀有兴趣，可能也与他讨论过这些研究内容，查看演算过程与结果，进行书籍文献的搜索。另一方面，如"奥林匹亚科学院"（1902—1903年；见本书第三篇"组织联系"一节）的成员莫里斯·索洛文（Maurice Solovine）所描述："米列娃聪明而又矜持，聚精会神地听着我们谈论，但是从不插嘴"（《写给索洛文的信，1906—1955年》[Letters to Solovine，1906—1955]，p.13）。在两人的第一个儿子汉斯·阿耳伯特（图22）于1904年在伯尔尼出生后，米列娃就不再寻求物理学方面的职业发展。一些学者不承认米列娃是传统意义上的科学合作者。另一些人则提出了反驳，不过所依据的大多是事后几十年才搜集的三手与四手资料(亦见"错误看法与误解"一节中的"米列娃·马里奇被断言为合作者")。爱因斯坦越来越专注于他的研究之中，而米列娃则集中精力照看孩子与处理家务。他俩坚持要做世外之人的决心逐渐消逝。

1909年，爱因斯坦一家迁至苏黎世。1910年，第二个儿子爱德华(图22)在苏黎世出生。1913年，米列娃带着两个儿子去看望她的父母。在短暂逗留期间，两个男孩子在塞尔维亚东正教教堂中接受了洗礼。

爱因斯坦夫妇在布拉格生活一年之后，于1914年4月迁至柏林，之后他们的婚姻很明显地出现了问题。1912年，爱因斯坦开始与他居于柏林的堂姐爱尔莎·勒文塔尔（Elsa Löwenthal）产生暧昧关系，对米列娃娃发冷漠。尽管如此，立即离婚是不能考虑的。在柏林，爱因斯坦曾短暂地考虑了继续与米列娃及儿子们生活在一起(同时继续追求爱尔莎)，前提是米列娃要答应一系列苛刻的条件，他以一份最后通牒的形式将这些条件告知给了米列娃：

（A）你必须做好如下事情：（1）我穿的衣服与洗的衣服要放置整齐；（2）按时准备好我的一日三餐，送到我的房间内；（3）我的卧室与书房要保持整洁，尤其是我的办公桌别人不得使用。（B）除非出于绝对必要的社交原因，不要与我进行任何形式的私人接触。尤其是，你不要再想(1)我在家中陪你；(2)我出去或旅行的时候带上你。(C)在与我的交往中，你要遵守如下几点：（1）不要期望从我这里得到任何关怀，也不要以任何方式责备我；（2）如果我要求你不要再就某事与我交谈，你要马上缄口；（3）如果我要求你离开我的卧室或书房，

图22 爱因斯坦的儿子爱德华（左）与汉斯·阿尔伯特在瑞士，大致摄于1918年。（承蒙利奥·贝克学会惠允）

爱因斯坦百科

请立即离开，且不要顶嘴。(D)请你不要在我的孩子面前贬低我的形象，无论是以语言还是行动的方式。("备忘录"，《爱因斯坦全集》，第八卷，文件22，大致为1914年7月18日；爱因斯坦档案编号75—980)

54　　起初，米列娃接受了这些条件，但是爱因斯坦似乎连这份条件也收回了，米列娃于是在第一次世界大战爆发的前夕（1914年7月31日）带着孩子们离开了柏林。在分居之后，爱因斯坦与米列娃之间的关系进一步恶化，1919年，两人离婚。1922年，按照两人的离婚协议，爱因斯坦将获得的诺贝尔奖奖金的收益交予米列娃，自己控制本金的支配权但无所有权（截至1919年，爱因斯坦已经被数次提名为诺贝尔奖的获奖人，所以人们认为他早晚会获得这一荣誉）。米列娃为她自己与两个儿子购置了收益型房地产——包括一座位于苏黎世的含有五个单元的公寓——爱因斯坦也将一直支付家人可观的医疗费用。为了补充家用，米列娃也教授钢琴课挣钱。

　　米列娃的抑郁症不时发作，不过她早期的通信也显示出风趣幽默的一面。她的妹妹佐尔卡患有精神分裂症，人到中年便去世了。当米列娃还是一个孩子的时候就多病；她与佐尔卡生来就患有髋骨脱臼，一生都只能跛行。当爱因斯坦与爱尔莎见面的时候，就诉苦说与米列娃在一起生活并不容易——大概是看在孩子们的份上，他不得不忍受米列娃带给他的苦难。然而在爱因斯坦与米列娃恋爱初期，两人写给彼此的情书却是另一回事。

　　在爱因斯坦夫妇分居之后，米列娃在1916年春季遭受了一次精神崩溃，经诊断患有脑结核，并在疗养院中待了6个月作康复疗养，在此期间她的儿子们交由管家与朋友们照看。第二年她又抱怨说心脏有问题，而其他的时候还有背部与脊柱疼痛、头痛、腺体肿大、流感、颈部与下颚感染以及淋巴结核，即结核病侵袭淋巴结的一种表现（《爱因斯坦全集》第八卷的索引中可以查到记录在案的米列娃所患的多种疾病）。米列娃为人母亲的整个期间，都要承担作为爱德华的主要照看人的重担，而爱德华是一个脆弱而敏感的男孩，在22岁还是一位医学生的时候，被诊断患有精神分裂症。尽管她与爱因斯坦之间的关系取得了一种相互尊敬的平衡，但同时代的各种报道还是把她描绘成一个满腹怨恨的女人。在早些时候对米列娃说了许多刻薄的话之后，爱因斯坦也赞赏了她一直以来对他们的儿子们的付出以及她抚养孩子的方式（参见《爱因斯坦全集》，第十二卷，文件218，爱因斯坦致米列娃的信，1921年8月28日；爱因斯坦档案编号75—721）。

米列娃于1948年8月在苏黎世去世，被安葬在苏黎世的诺德海姆（Nordheim）公墓（参见爱因斯坦档案编号72—001至72—003，塞尔维亚语）。

资料来源：《爱因斯坦全集》第一卷、第五卷、第八卷和第十二卷；波波维奇（Popović），《在阿耳伯特的阴影下》（*In Albert's Shadow*）。

"丽瑟尔"·爱因斯坦以及对她的搜寻

爱因斯坦的第一个孩子是一个女儿，在爱因斯坦与孩子的母亲米列娃·马里奇结婚前一年诞生，爱因斯坦始终称她为"丽瑟尔"。至今，这个女孩的生世依然是一个谜。她的出生地、具体的出生日期以及生命历程都不为人知。

1901年5月，爱因斯坦与米列娃在意大利北部的科莫湖约会，之后二人一 ⁵⁵ 起从那里出发前往瑞士。米列娃就在这趟行程中怀上了丽瑟尔。1902年1月末，丽瑟尔出生，地点可能在米列娃的家乡诺维萨德（当时位于匈牙利王国境内，今属塞尔维亚），或者距其不远的某地。爱因斯坦原本希望米列娃能生一个男孩，但是在信中还是表达了对丽瑟尔诞生的喜悦，并且渴望知道她的相貌和健康状况（参见《爱因斯坦全集》，第一卷，文件134，致米列娃·马里奇，1902年2月4日；爱因斯坦档案编号76—419）。在1902年的时候，米列娃回到瑞士待了一段时间，没有带上丽瑟尔。1903年1月6日，即在丽瑟尔的第一个生日到来之前不久，爱因斯坦与米列娃在伯尔尼举行了婚礼，他当时在该市的瑞士联邦专利局拥有一份临时工作。1903年8月，米列娃回到了诺维萨德，在那里写信给爱因斯坦说他们的女儿从一场猩红热中存活下来。在回信中，爱因斯坦问及丽瑟尔登记注册的事情进行得怎样，还要求米列娃确保要让这个孩子以后少遇到一些麻烦（参见《爱因斯坦全集》，第五卷，文件13，致米列娃·马里奇，1903年9月19［？］日；爱因斯坦档案编号76—360）。我们没有找到关于注册登记的证据。这封9月中旬的信件是已知的爱因斯坦或米列娃最后一次在文字中提及丽瑟尔。虽然有许多关于丽瑟尔的命运的假设，但是人们并未发现写有丽瑟尔名字的记录材料和关于丽瑟尔身世的证明性文件。

关于丽瑟尔的信件的发现，与她的命运之谜一样奇特。1985年，《爱因斯坦全集》的副主编罗伯特·舒尔曼在瑞士听到传言，说很久以来被认为已丢失或被销毁了的爱因斯坦与米列娃在恋爱时期写给彼此的信件——所谓的情书——可能仍然存于世上。1948年米列娃在苏黎世去世后，她的文献遗产便由她在加利福尼亚州伯克利的长子汉斯·阿耳伯特所继承。1973年汉斯·阿耳伯特去世后，这份遗产便由他的第二任妻子伊丽莎白·罗博兹-爱因斯坦（Elizabeth Roboz-Einstein）所继承。《爱因斯坦全集》的主编约翰·施塔切尔在1979年就已知道米列娃收藏的文件在罗博兹-爱因斯坦手中，但是这些文件的清单、它们所覆盖的范围以及包含的内容依然是一个谜。但是几乎不为外人所知的是，汉斯·阿耳伯特与其第一任妻子弗里达·克内希特已经从米列娃收藏的信件中甄选出一部分，准备出版，并将手稿交给了瑞士的奥里戈出版社(Origo Verlag)。

虽然汉斯·阿耳伯特与他的妻子拥有那些信件，并且能够合法地出售它们，但是当他们意欲出版爱因斯坦所写的那些信件的时候，却发现其出版权归属于其作者爱因斯坦的遗产所有者，而不是他们夫妇二人。爱因斯坦遗产的执行者奥托·内森与海伦·杜卡斯提出，可以为这些爱因斯坦所写信件提供出版许可，条件是奥托·内森与海伦·杜卡斯可以查看信件原件并且决定哪些信件可以被收录进计划出版的那本书中。汉斯·阿耳伯特直截了当地拒绝了这项提议。用于印刷这些信件的长条校样只能闲置在瑞士的一家银行金库中。这一方不提供批准许可，另一方不让对方接触信件的僵局，一直持续到20世纪80年代中期。这时，授予出版许可的权力已经移交爱因斯坦遗产的最终继承人，即耶路撒冷希伯来大学。

在1985年的圣诞节，罗伯特·舒尔曼拜访了居住在伯克利的爱因斯坦的孙女，伊夫琳·爱因斯坦。后者临时想到向罗伯特·舒尔曼展示这本她父母在几十年前完成却未能出版的手稿。这些手稿包含了爱因斯坦与米列娃婚姻后期与离婚开始时的信件抄本，但不包含两人热恋期的情书。对母亲的孝顺之心使汉斯·阿耳伯特决定不去收录那些情书，但是证明这些情书存在的证据意外地从存放手稿的塑料封套中掉了出来。在纸条上有许多片段引文都涉及了爱因斯坦与米列娃的婚前性行为以及非婚生子。罗伯特·舒尔曼猜测那些片段内容都是援引自米列娃的文献遗产，其原件可能还留存于世。按照这个设想，约翰·施塔切尔联系了耶路撒冷希伯来大学，后者与《爱因斯坦全集》的编辑们以及普林斯顿大学出版社之间有一个出版协议。1986年，约翰·施塔切尔、耶路撒冷希伯来大学的代表鲁汶·雅荣（Reuven Yaron）与汉斯·阿耳伯特的继承人们之间达成了允许查看米列娃存有的全部信件的协议。

约翰·施塔切尔与鲁汶·雅荣立即动身前往信件原件的所在地旧金山。在一个银行金库内，他们忙了一整夜，复印了所有原件。原先的猜想被证明是正确的。在米列娃所遗留的大概450封信件中包括了二人之间的情书，有43封是爱因斯坦写给米列娃的，有11封是米列娃写给爱因斯坦的。而这些爱因斯坦早期的信件是用老式的德语字体写成，增添了解读的难度。汉斯·阿耳伯特的出版愿望以及将这些信件收录进《爱因斯坦全集》的期望现在都可以得到实现了。

关于丽瑟尔的信件已经公开出版，但是寻找丽瑟尔本人的踪迹却更加艰巨。在1986年春季获得情书的复印版后，编辑们便立即开始寻找丽瑟尔。他们选择了两条调查路线，一条是前往诺维萨德，另一条是前往诺维萨德附近的卡奇（Kać），米列娃的家人在这里有一套消夏小屋。罗伯特·舒尔曼翻阅了当地全部的档案与出生登记簿，并且询问了有可能知晓情况的人。虽然关于丽瑟尔的传闻不胜枚举，但是搜寻者们却没有得到文件证据，只有最空洞的猜测。还有其他调查者们也参与了调查争论。最终，正如她的父母似乎希望的那样，一直未能找到丽瑟尔这个人。

汉斯·阿耳伯特·爱因斯坦及其妻子：弗里达·克内希特；伊丽莎白·罗博兹

汉斯·阿耳伯特是爱因斯坦的第一个儿子，于1904年在伯尔尼出生，那时他的父亲还是瑞士联邦专利局的一名职员。从现存的米列娃所遗留的信件中，可以明显看出爱因斯坦很喜爱这个孩子，并经常陪伴他玩耍。但是，在米列娃与爱因斯坦分居以及离婚后，父子之间的关系变得很紧张，因为爱因斯坦身在柏林的时候，对儿子们往往不甚关心。战争时期旅行的不易让情况更加恶化。汉斯·阿耳伯特在写给他父亲的信中经常抱怨家庭面临的诸多难处。爱因斯坦的确设法看望过儿子们几次，甚至还曾住在米列娃位于苏黎世的家中陪伴他们。当父亲与儿子们在一起的时候，他们喜欢去瑞士的群山远足。

汉斯·阿耳伯特成长为一个独立而聪慧的小伙子。和他的弟弟一样，汉斯·阿耳伯特的学习成绩很好，并且喜欢音乐。他决定选择学习土木工程专业，并就读父亲的母校苏黎世的瑞士联邦理工学校，不过当时已经改名苏黎世联邦理工学院。他于1926年完成了水利工程的学业，并在位于德国多特蒙德的一家水工钢结构建筑公司里找到了工作。他与父亲之间多年关系冷淡，但是爱因斯坦有时也会私下为汉斯·阿耳伯特感到骄傲："我的阿耳伯特已经成为一个能干而有力的人物。格罗斯曼写信告诉我说他的考试成绩在同学中拔尖。他是个不错的男子汉，出色的水手，不做作，很可靠"（参见致米凯勒·贝索 [Michele Besso]，1924年1月5日；爱因斯坦档案编号7—346.1）。

而下一次父子之间的情感危机，则是源于汉斯·阿耳伯特追求一位名为弗里达·克内希特的女人，后者出生于1895年，比汉斯·阿耳伯特年长9岁，并拥有苏黎世大学的日耳曼语言学（German philology）博士学位。米列娃与爱因斯坦都竭力反对汉斯·阿耳伯特与弗里达·克内希特的结合。爱因斯坦提出女方的年龄问题，并声称弗里达·克内希特患有侏儒症，所以身材矮小，另外她也有可能遗传其母亲的精神疾病。23岁的汉斯·阿耳伯特不顾父母的反对态度——就像爱因斯坦当初不顾自己父母的反对一样，最终于1927年与弗里达·克内希特结婚，爱因斯坦不得不伤心地接受这一现实。但是，当爱因斯坦在接下来的12年里成为三个孩子的祖父之后，父子二人之间的关系在一定程度上恢复了正常。

来到美国后，汉斯·阿耳伯特首先在南卡罗来纳州的克莱姆森（Clemson）的农业实验站任研究工程师的职务，自1943年入籍美国后，他开始在帕萨迪纳的加州理工学院任职。1947年，他携家人迁至伯克利，开始在加利福尼亚大学担任水利工程学教授，直到1971年退休。在爱因斯坦晚年一次为汉斯·阿耳伯特庆祝生日时，他称赞他的儿子，"继承了我性格中最为主要的特征：通过坚持不懈，将自己的能力献给一个非个人的目标，从而超越单纯的生存状态"（参见"致汉斯·阿耳伯特·爱因斯坦"，1954年5月11日；爱因斯坦档案编号75—918）。

在女儿伊夫琳从瑞士（她哥哥伯恩哈德当时也在那里）的寄宿学校返回美国之后，弗里达于1958年去世，享年63岁。一年之后，汉斯·阿耳伯特与伊丽莎白·罗博兹(1902—1995)结婚，后者是一位神经化学家，在多发性硬化症方面做出了开创性工作。她曾在怀俄明大学、乔治城大学、美国国立卫生研究院与斯坦福大学等地从事教学与研究。1973年汉斯·阿耳伯特在马萨诸塞州的伍兹霍尔（Woods Hole）参加一场研讨会时因心脏病发作去世。他的遗体安葬在马萨诸塞州的马撒葡萄园岛（Martha's vineyard）。

以下的三个条目介绍汉斯·阿耳伯特的三个孩子——伯恩哈德、克劳斯与伊夫琳的情况。

伯恩哈德·爱因斯坦及其妻子：奥德·阿舍尔；多丽丝·施韦策

伯恩哈德·凯撒·爱因斯坦是汉斯·阿耳伯特·爱因斯坦与弗里达·克内希特·爱因斯坦的三个孩子中最为年长的一个。1930年出生在德国的多特蒙德，1938年与父母和弟弟一同移民至美国。他们一家人居住在南卡罗来纳州，直到他父亲于1943年在帕萨迪纳的加州理工学院获得一个职位。1947年，这个家庭带着新增加的成员妹妹伊夫琳迁至伯克利，汉斯·阿耳伯特在这里工作直至退休。

伯恩哈德在高中时期似乎并不是一位认真的学生，但是他仍旧成功地进入加利福尼亚大学伯克利分校。1954年，他离开学校加入美国陆军服役，在加利福尼亚州的奥德堡（Fort Ord）接受基础军事训练。在随军驻扎德国南部的时候，他遇到了奥德·阿舍尔（Aude Ascher），并于当年结婚。伯恩哈德从军队退役之后，夫妇两人迁至瑞士居住，回到了家族祖辈曾经生活的地方。他被苏黎世联邦理工学院录取，并和爷爷一样选择主修物理学。他的老师包括沃尔夫冈·泡利（Wolfgang Pauli），并最终获得了学士学位。伯恩哈德之后回到美国，在北加州与南加州当过工业领域的物理学家与工程师。作为电子管技术领域与夜视仪中的光放大装置方面的专家，伯恩哈德拥有五项美国专利。

伯恩哈德与祖父见面时还是一个小男孩，爷孙两人都喜欢航行与音乐。爱因斯坦在遗嘱中指明将自己的小提琴遗赠予伯恩哈德。伯恩哈德与奥德·阿舍尔——她在苏黎世大学担任医生——生了5个孩子。伯恩哈德夫妇经历了漫长的婚姻之后，最终离婚。伯恩哈德于1998年与多丽丝·施韦策（Doris Schweizer）结婚，后者是一位陶瓷艺术家。

2008年9月30日，伯恩哈德因血管疾病与肾衰竭在伯尔尼去世，享年78岁。他身为小提琴家的儿子保罗继承了那把小提琴。

寻找关于伯恩哈德与奥德·阿舍尔的5个孩子以及孙辈后代的信息，并非一件易事，他们不想利用自己著名的姓氏。唯一还算完整的信息来源是一篇文章：《悲怜上帝的孩子》（"Children of a Lesser God"），2008年3月由米凯勒·扎克海姆（Michele Zackheim）发表在《发现》（Discover）杂志上（网络版发表于当年2月12日）。

克劳斯·爱因斯坦

爱因斯坦的孙子克劳斯·马丁·爱因斯坦（Klaus Martin Einstein）于1932年出生在苏黎世。在随父母移民至美国后不久，1939年1月初这个小男孩因患白喉于南卡罗来纳州去世。1939年1月7日爱因斯坦写信给他的儿子与儿媳表示哀悼："作为慈爱的父母，你们遭受了可能遭受的最沉重的痛苦。我在你们的小儿子身上看到的一切，都显示出他正在发展全面而自信乐观的人格。他表现出欢快而开朗的性格。虽然我与他见面的时间很短暂，但是他如同在我身边长大一样与我很亲近"（爱因斯坦档案编号75—904）。

伊夫琳·爱因斯坦及其丈夫：格罗弗·克兰茨

阿耳伯特·爱因斯坦的孙女伊夫琳于1941年3月出生在芝加哥，在她还是婴儿的时候，就被爱因斯坦的长子，当时在南卡罗来纳州的农业部担任研究工程师的汉斯·阿耳伯特·爱因斯坦与其瑞士籍妻子弗里达·克内希特收养。伊夫琳与她的养母的关系很亲密，但是养母在她17岁的时候去世了。她与继母伊丽莎白·罗博兹——也就是汉斯·阿耳伯特·爱因斯坦的第二任妻子——的关系则是不愉快的。

在伊夫琳14岁的时候，她的祖父去世了。她在伯克利长大，却在瑞士弗坦（Ftan）的寄宿学校里完成了中学教育。在那里，伊夫琳与她的祖父互致了许多饱含深情的信件，在信中，爱因斯坦鼓励她要对世界保持好奇心，并且对她的思考以及世界观提出质疑。她声称这些信件在弗坦被人盗窃而丢失。据说弗里达·克内希特在一次去学校看望女儿时，向校长证实了伊夫琳是阿耳伯特·爱因斯坦与他在纽约遇到的一位女舞者所生的孩子。瑞士的物理学家雷斯·约斯特（Res Jost）进一步证实了这一条消息，但是却从未给出自己的消息来源。伊夫琳知道了这个传闻，但是未能通过DNA验证或其他方式来证实阿耳伯特·爱因斯坦就是她的生父。

在瑞士完成学业之后，伊夫琳和哥哥一样进入了加利福尼亚大学伯克利分校就读，获得了德语与比较文学的学位。她又进入研究生院就读，打算取得中世纪比较文学的博士学位，专攻神话与亚瑟王传说。1964年，伊夫琳与格罗弗·克兰茨（Grover Krantz）结婚，后者是一位人类学家，因研究大脚怪（Bigfoot）而知名，但是后来两人离婚。因为经济原因而不能返回研究生院继续就读，伊夫琳只好勉强接受一个中世纪文学的硕士学位，并通过做一系列的工作来养活自己。这些工作包括在伯克利码头做警务工作，以及与动物打交道的工作，如动物训练员、动物管制员和兽医技师，这既是出于业余爱好，也可以得到报酬。她曾多年为那些意欲摆脱邪教影响的人做"去邪教影响者"（deprogrammer）与顾问。如同她的祖父，伊夫琳同情无权无势的人所处的困境，蔑视那些滥用权力的人。2011年4月13日她因多种疾病去世，享年70岁。

关于伊夫琳是爱因斯坦私生子的说法，源于与吉娜·赞格尔(Gina Zangger) 的私人通信。

爱德华·爱因斯坦

爱德华·爱因斯坦是阿耳伯特·爱因斯坦与米列娃的小儿子，1910年出生在苏黎世，他被家人们亲切地称为"泰特"（Tete）、"泰特尔"（Tetel）或"泰迪"（Teddy）。虽然爱德华在小时候经常患重病并且身体虚弱——他曾经在4岁的时候有一次卧病在床达7个星期——但是他后来成长为一名优秀的学生，对艺术、诗歌创作与弹奏钢琴尤为感兴趣。

由于父子之间在爱德华幼年之后无法在情感上建立联系，所以爱德华便与父亲讨论音乐与哲学；爱因斯坦说从这些讨论中，看出爱德华在"对生活中重要的事情冥思苦想"。但是，爱德华的目标是学习医学，成为一名精神病学家。在爱德华20岁之后，他的身体与情感过于脆弱，不得不放弃这一目标。在爱因斯坦那一代看来，虚弱和不健康是丢人的事情，因此他很难接受儿子的状况。爱因斯坦虽然相信爱德华可能比他的哥哥具有更大的智力潜质，但是他痛心于年轻的小儿子缺少心理平衡与责任感，"他是一个有趣的小家伙，但是人生不会过得轻松"（参见致米列娃·爱因斯坦-马里奇，1925年8月14日；爱因斯坦档案编号75—963）。1932年10月，爱德华住进位于苏黎世附近的布戈泽利（Burghölzli）的精神病诊所，并于1933年被诊断患有精神分裂症。在爱德华不需要进行重症监护的时间里，米列娃就是他在家中主要的看护者。在米列娃于

1948年去世后，爱德华的法定监护人为他做了其他的安排，直至他再次需要入院治疗。爱德华一共在诊所中接受半私人式的护理约有14年，其中包括他生命中的最后8年以及米列娃因自己患病而无法照顾他的一年时间。

尽管爱德华身患诸多疾病，但是他依然对音乐、艺术、诗歌与弗洛伊德精神病学保有终生的兴趣。身为一个年轻人，他很少去看望他的父亲，不过父子间的通信气氛活跃，并且从中可以看出爱因斯坦很关心儿子的状况。就在1933年动身前往美国之前不久，爱因斯坦最后一次前往位于布戈泽利的精神病诊所去看望自己的儿子。爱德华与米列娃留在了瑞士，而汉斯·阿耳伯特一家之后也移民美国。

之后爱因斯坦与爱德华父子二人再也未能相见。爱德华于1965年因中风在布戈泽利去世，享年55岁。他的遗体被葬于苏黎世的洪格堡（Hönggerberg）公墓。

资料来源：《爱因斯坦全集》第五卷和第十四卷；海菲尔德与卡特，《阿耳伯特·爱因斯坦的私生活》；与芭芭拉·沃尔夫的私人通信。

第二个家庭（由爱因斯坦、爱尔莎以及爱尔莎的两个女儿组成）

爱尔莎·勒文塔尔（娘家姓爱因斯坦）——第二任妻子

爱尔莎·爱因斯坦于1876年出生在德国的黑兴根。她是纺织制造商鲁道夫·爱因斯坦（Rudolf Einstein）和爱因斯坦母亲保利娜·科赫的姐姐范妮·科赫（Fanny Koch）的三个女儿之一。从两人母亲的关系来看，爱尔莎与爱因斯坦是表姐弟的关系，而从两人父亲的关系来看，他们又是第二代堂姐弟的关系（参见图17）。因为家族关系，两人在年幼时经常见面，但是之后就失去了联系，直到1912年在柏林再次相遇。

1896年，爱尔莎与马克斯·勒文塔尔（Max Löwenthal，1864—1914）结婚，后者和爱尔莎的父亲一样，也是从事纺织业。第二年，他们的第一个女儿伊尔莎出生了，而玛戈特也于1899年出生（图23）。夫妇两人在1903年还有一子，但是出生后不久便夭折了。爱尔莎与马克斯在1908年离婚后携二女迁至柏林（马克斯·勒文塔尔于1914年去世）。在爱因斯坦于1912年访问柏林的时候，这对表姐弟又再次熟起来。爱因斯坦发现爱尔莎开朗而外向的性格与米列娃截

图23　伊尔莎·爱因斯坦与玛戈特·爱因斯坦，拍摄于1912年，她们的母亲爱尔莎与爱因斯坦就是这一年重逢。（埃娃·凯泽[Eva Kayser]所赠照片）

然不同，令人喜爱。于是二人开始鸿雁传书，感情很快变得浪漫起来。爱因斯坦第二年就在给爱尔莎的信中写道："我们将给彼此带来平衡和对世界的乐观看法。"（《爱因斯坦全集》，第五卷，文件476，1913年10月10日；爱因斯坦档案编号72—296）爱尔莎有心鼓励已婚的表弟追求自己，她与她的父母适时地给爱因斯坦施加压力，希望他能够与米列娃离婚，原因在于爱尔莎觉得，他俩公开的风流韵事将会影响自己的女儿们找到好男人出嫁。虽然爱因斯坦已经不爱米列娃，但是他仍然觉得自己对儿子们和这个家庭的幸福负有责任。他告诉朋友们，他无意与爱尔莎正式结婚，但是会继续享受着她与她的女儿们的陪伴（图24）。这并没有阻止他向爱尔莎的女儿伊尔莎"发动攻势"，甚至更早些的时候，他还看上了爱尔莎的妹妹保拉（Paula）。直至1919年，这个家庭关系的混乱局面才尘埃落定。爱因斯坦最终于1919年2月同米列娃离婚，并于同年6月与爱尔莎结婚。

爱因斯坦与爱尔莎的这段婚姻，似乎具有很多的柏拉图式的成分。爱尔莎承担起家庭伙伴、看护人与接待员的角色。她的资产阶级品味有助于指导爱因

图 24　爱因斯坦、爱尔莎与伊尔莎、玛戈特在度假中，拍摄于 1915 年 7 月至 8 月的某个时间，地点为吕根岛上的塞林。（参见地图 1）（埃娃·凯泽所赠照片）

斯坦应付欧洲学术界的社交活动，而她也公开地以成为一个蜚声世界的男人的妻子为傲，在出席公共场合时欣然地站在他的身旁。虽然爱尔莎了解爱因斯坦的风流韵事，但是她似乎更看重爱因斯坦夫人的地位；有时，虽然可能心里不情愿，但她会协助爱因斯坦与其他女性私通（参见后文中的"君子好逑"一节）。

就在爱因斯坦与爱尔莎于 1933 年 10 月移民至美国后不久，他们得到了消息说伊尔莎已经因患结核生命垂危。1934 年 7 月，爱尔莎回到巴黎，伊尔莎及其丈夫和妹妹玛戈特一起住在那里。爱尔莎在伊尔莎的病榻旁陪伴着女儿度过了她人生最后时刻。爱尔莎再也没有从悲痛中恢复过来，在与爱因斯坦结婚十七年后，于 1936 年 12 月 20 日痛苦离世。虽然爱尔莎曾苦于肾病，但是死亡证明（爱因斯坦档案编号 29—170）显示她是死于心肌炎引起的突眼性甲状腺肿（myocarditic exophthalmic goiter）与大叶性肺炎。在爱尔莎生命的最后几个月中，爱因斯坦全身心地照顾着她。在爱尔莎离世之后，爱因斯坦变得更为与世隔绝，"像熊一样"，他承认原因是"我不如她喜欢尘世芸芸众生"（参见致马克斯·玻恩，未注明日期；爱因斯坦档案编号 8—199）。

图25　伊尔莎·爱因斯坦

伊尔莎·勒文塔尔·爱因斯坦及其丈夫：鲁道夫·凯泽

　　伊尔莎·勒文塔尔（图25）于1897年出生在德国的黑兴根，比妹妹玛戈特大两岁，母亲为爱尔莎，父亲为马克斯·勒文塔尔。1908年父母离婚的时候，伊尔莎11岁，之后母亲便携两个女儿搬到柏林。在德国，依照习俗，已离婚的女性会恢复使用娘家姓，爱尔莎那时候就开始这样做。她的娘家姓也是爱因斯坦，因此她在嫁给阿耳伯特·爱因斯坦之前的姓名就是爱尔莎·爱因斯坦。两个女孩子似乎也采用了"爱因斯坦"这个姓，因为伊尔莎的学校课本上的题名就是"伊尔莎·爱因斯坦"。玛戈特则是在大约20岁的时候通过正式途径改了自己的名字，这一点可以从一张重新颁发的出生证明上看出来。伊尔莎和玛戈特在爱尔莎与爱因斯坦于1919年结婚后成为了爱因斯坦的继女，尽管传记作家们经常以为爱因斯坦曾通过法律途径收养这两个女孩子并让她们姓自己的姓，但是并无证据。不过，爱因斯坦确实将这两位年轻的女孩子视为家庭成员，并且关爱她们。

伊尔莎有一只义眼，这可能是因为在一场事故中失去了一只眼睛。在爱因斯坦担任柏林的威廉皇帝物理研究所所长后，伊尔莎成为了爱因斯坦的第一任私人秘书。照片中的她看起来就是一个非常漂亮而且时髦的年轻女性。在与爱尔莎结婚之前，爱因斯坦便被伊尔莎深深吸引，以至于考虑娶伊尔莎而不是她的母亲为妻，而且也没有瞒着爱尔莎，而爱尔莎的态度是如果女儿喜欢爱因斯坦的话，她就把爱因斯坦让给女儿。伊尔莎在 1918 年 5 月 22 日向家族朋友、一位医生与反战运动勇士格奥尔格·尼柯莱（Georg Nicolai）（参见"朋友"一节）写了一封信，倾诉了心里的难处。这封伊尔莎手写的长信显示出伊尔莎显然为爱因斯坦对她的爱所困惑，但是承认"我从来没有希望过，也没有丝毫欲念要同他肌肤相亲。在他那儿则是另外一回事——至少最近是这样。他有一次竟然对我承认他很难控制自己"（《爱因斯坦全集》，第八卷，文件 545；爱因斯坦档案编号 82—531）。伊尔莎承认她已习惯于将爱因斯坦视为父亲般的人物。她请求格奥尔格·尼柯莱在读过这封信后就销毁它，但是后者没有从命。这封信现在被收录于存放在慕尼黑当代历史研究所的格奥尔格·尼柯莱所藏文件中。第二年爱因斯坦与爱尔莎结婚，伊尔莎则继续担任他的秘书。

伊尔莎于 1924 年与鲁道夫（鲁迪）·凯泽［Rudolf（Rudi）Kayser，出生于 1889 年］结婚，后者是柏林的文学月刊（现为季刊）《新评论》（*Die Neue Rundschau*）杂志的编辑。爱因斯坦亲切地将这一对夫妇称为"鲁迪尔莎"（Rudilse）。鲁道夫也成为早期的爱因斯坦传记作者（参见附录 A 中的"传记"），其笔名为"安东·赖泽尔"（Anton Reiser）。在希特勒掌权执政后，他与伊尔莎于 1934 年离开柏林，流亡至巴黎。在将爱因斯坦的论文、文件与通信从柏林抢救出来，并从法国船运至美国这一行动中，鲁道夫发挥了重要作用。1934 年，爱尔莎来到女儿病榻旁陪伴她，之后不久伊尔莎便因结核而病逝，年仅 37 岁，鲁道夫为此而感到极度的伤心。这位失去妻子的年轻人之后又在阿姆斯特丹的克里多（Querido）出版社工作了很短一段时间，于 1935 年移民至美国，在位于波士顿附近的布兰戴斯大学担任德国与欧洲文学教授。1936 年，他与德国籍犹太人、编剧、音乐家与电影评论家尤利乌斯·乌尔吉斯（Julius Urgiss）的女儿，1911 年出生在柏林的埃娃·阿加特·乌尔吉斯（Eva Agathe Urgiss）结婚。鲁道夫于1964年在纽约去世。他的妻子埃娃则在1999年去世。

玛戈特·勒文塔尔·爱因斯坦及其丈夫：德米特里·马里亚诺夫

玛戈特·爱因斯坦（图26）是爱尔莎与马克斯·勒文塔尔的第二个女儿，她于1899年出生在德国黑兴根。在父母于1908年离婚后，玛戈特跟随母亲与姐姐伊尔莎搬去柏林。玛戈特一直都自卑害羞，甚至在成年后也依然在很大程度上受到母亲的影响，这一点让她的丈夫感到懊恼。母亲爱尔莎更偏爱伊尔莎，但是爱因斯坦更喜欢玛戈特。玛戈特与德米特里·马里亚诺夫（Dmitri Marianoff）于1930年结婚。

玛戈特在她的姐姐去世后，于1934年前往美国，并在哥伦比亚大学学习雕塑。她的丈夫——一位俄国的流亡者——则在巴黎至少待到1935年才离开，之后出于某种未知的原因成为了隶属于位于纽约的苏联大使馆的工作人员。有些人认为他是一个间谍。他曾写过一部爱因斯坦的传记，但是爱因斯坦对其报以鄙视的态度，愤怒地宣称马里亚诺夫没有道义权威来撰写与自己生活

图26　玛戈特·爱因斯坦

有关的东西。在美国，玛戈特与她的丈夫分居之后，她最终前往普林斯顿，与她的继父住在一起。玛戈特因为自己创作的小巧而精致的青铜雕塑而在镇上享有知名度。她和马里亚诺夫于 1937 年离婚，于 1940 年同爱因斯坦一起加入美国国籍。玛戈特与海伦·杜卡斯是关系亲密的朋友。在爱尔莎于 1936 年，玛雅·温特勒-爱因斯坦于 1951 年，以及爱因斯坦于 1955 年去世后，就只有海伦·杜卡斯与玛戈特一起居住在爱因斯坦居所，直至去世。玛戈特后来没有再婚，也没有生育孩子，她于 1986 年在普林斯顿去世，而海伦·杜卡斯则先她 4 年离开人世。

朋友

（参见第二篇"助手、合作者和同事"一节。）

米凯勒·贝索

米凯勒·贝索（1873—1950）是爱因斯坦一生中最亲密和交往最久的朋友，两人结识于 1896 年的一个音乐晚会，当时爱因斯坦进入位于苏黎世的瑞士联邦理工学校求学，而米凯勒·贝索在温特图尔附近的一家发电机厂工作。1904 年爱因斯坦帮助贝索获得了位于伯尔尼的瑞士联邦专利局的一个职位。在那儿他们继续定期见面并谈论物理学。爱因斯坦对贝索在他 1905 年所发表有关狭义相对论的开创性论文中曾给予重要帮助表示感谢。在仍无法解决相对性原理与光速在任何参考系下均保持恒定速度这二者之间的矛盾时，爱因斯坦于某天拜访了贝索。在他们的交谈中，爱因斯坦得出了后来他称之为"同时性的相对性"的根本思想。他认识到，如果彼此相对运动的不同的惯性观测者对一定距离外所发生事情的时间的看法可能有所不同，那么自己理论中的上述两个原理就可能不再矛盾。这样贝索就成了在 20 世纪物理学发展中发挥了重要作用的为数不多的非专业科学家之一，他曾将自己比作被老鹰带到高空的一只麻雀（参见1950 年 4 月 21 日米凯勒·贝索的来信；爱因斯坦档案编号 7—198）。

爱因斯坦高度赞扬贝索的人品。第一次世界大战爆发前夕，爱因斯坦的家庭解体后，他把护送米列娃和孩子们从柏林到瑞士的这一需要细致耐心的任务委托给贝索。贝索与海因里希·赞格尔一起，曾在爱因斯坦夫妇分居后担任调解员，并在爱因斯坦的儿子们处于青春期的艰难岁月里，担任他们的非官方监护人。在爱因斯坦离开瑞士之后，两人经常就科学问题进行交流，而贝索总是对相对论的未来发展颇感兴趣，密切关注广义相对论的发展。晚年的贝索迷恋宗教问题，而爱因斯坦对此并不认同。贝索去世后，爱因斯坦在给他家人的信中写道："现在贝索比我稍早地离开了这个奇怪的世界，这并不代表什么，对于像我们这样坚信物理学的人，我们清楚地知道人类的过去、现在、未来只是一种顽固持久的幻觉。"（爱因斯坦1955年3月21日致维罗·贝索和比奇·贝索［Vero and Bice Besso］的信；爱因斯坦档案编号7—245）

库尔特·布卢门菲尔德

（参见第三篇"犹太身份和纽带"中的"催化剂"一节。）

玻恩夫妇

马克斯·玻恩（Max Born，1882—1970），最初来自布雷斯劳（Breslau，今天波兰的弗罗茨瓦夫［Wrocław］），是爱因斯坦在柏林早期就开始交往的亲密朋友和同事。之后他和爱因斯坦保持着长时间的通信，这些信件是关于爱因斯坦生活和工作的宝贵信息来源。玻恩是两次世界大战之间的重要理论物理学家之一，也是柏林、法兰克福和格丁根的教授。当玻恩考虑是否接受一个新职位时，爱因斯坦建议说："你到哪里，哪里的理论物理就会蓬勃发展。"他最著名的贡献是阐明了20世纪20年代中期新量子力学理论的统计解释。他在量子力学的两个版本，也就是（海森伯的）矩阵力学版本和（薛定谔的）波动方程版本的发展中都发挥了重要作用。玻恩因此于1954年被授予诺贝尔奖。由于他对这一领域的贡献集中在对物理学统计方法的精辟理解，而这种物理学统计方法常常与爱因斯坦联系在一起，所以当爱因斯坦拒绝接受新理论时，玻恩以及其他爱因斯坦的朋友们都感到惊讶。因为新理论似乎证明了爱因斯坦先前所采取的立场，例如光的波粒二相性，他的反对就更加令人费解。

玻恩和爱因斯坦的政治观点有些类似，两人都比两次世界大战期间的典型德国学者更偏向自由和民主。1918年11月的德国革命废除了德皇，爱因斯坦被要求与监禁柏林大学主要官员(包括校长在内)的革命学生做调解工作，玻恩和另一位同事陪同他。由于爱因斯坦众所周知的反对"一战"的立场，三人顺利进入了德国国会大厦，学生代表会(苏维埃)正在那里开会。当爱因斯坦批评他们的行为侵犯了大学的传统自由时，学生们吃了一惊。代表会认识到自己在这个问题上缺乏必要的权威，于是将这三个人带到附近威廉大街的政府所在地。在那里，新任命的德国总理弗里德里希·艾伯特(Friedrich Ebert)匆匆写下了几行字，要求释放这些要人。在后来对此事件的评论中，玻恩回忆起三位朋友的天真，他们希望自己刚刚看到的是普鲁士的独裁统治的结束和新民主德国的曙光(参见 G.玻恩［G.Born］编辑的《玻恩—爱因斯坦通信集》［Born-Einstein Letters］，147—148页)。

67　　玻恩是犹太血统，不过他一家人基本上已经被同化了。他对犹太事务的看法与爱因斯坦颇为不同，后者在第一次世界大战后成为一名文化犹太复国主义者并反对同化主义。玻恩的妻子海德薇希（Hedwig）有部分犹太背景，同时也是爱因斯坦的密友，她经常在通信中与爱因斯坦交换俏皮的顺口溜。在1920年秋季的反相对论运动中(参见第二篇"相对论"一节下的"反相对论运动")，对于犹太人应如何在德国社会中行事，玻恩夫妇与爱因斯坦的看法非常不同。玻恩夫妇对德国犹太作家亚历山大·莫什科夫斯基(参见附录A中的"传记"一节)将要出版一本名为《与爱因斯坦的对话》(Conversations with Einstein)的书感到震惊。海德薇希·玻恩发起了激烈的个人行动，以说服爱因斯坦撤销这本书的出版许可，她担心莫什科夫斯基对爱因斯坦的英雄崇拜，会让反相对论者批评爱因斯坦喜欢出风头的指责变得可信。另一方面，爱因斯坦认为对公众隐藏自己的犹太人身份特征是懦弱的，不会有好结果。

最终，当纳粹掌权时，两人的家庭都不得不逃离德国。玻恩夫妇搬到英国，直到退休后，才终于回到德国住下，并于1954年获得诺贝尔奖。玻恩夫妇是英国出生的澳大利亚歌手和演员奥利维亚·纽顿-约翰(Olivia Newton-John)的外祖父母。(亦见, G.玻恩编辑的《玻恩—爱因斯坦通信集》，以及 M.玻恩所著的《我的一生和我的观点》［My Life and My Views］。)

古斯塔夫·布基

（参见第二篇"合作者"。）

吕西安·沙旺

　　吕西安·沙旺（Lucien Chavan，1868—1942）是爱因斯坦的学生和朋友。作为一位出生在洛桑的人，他和爱因斯坦在伯尔尼相遇，1903年至1908年，沙旺在那里担任联邦邮政和电报管理局的技术秘书。在伯尔尼期间，他接受了爱因斯坦在数学和电工学科方面的私教，这对1908年年底他晋升为一等电气技师至

图27　爱因斯坦在伯尔尼的瑞士专利局，大约摄于1905年。（吕西安·沙旺拍摄）

关重要。在晋升之前，他可能也听过爱因斯坦在伯尔尼大学夏季学期的分子热力学理论课程。当邮政管理局的一位上司妨碍沙旺在职场的进一步发展时，爱因斯坦向瑞士（联邦委员会）邮政部长路德维希·佛里尔（Ludwig Forrer）反映这位上级的骚扰，使其离职（参见致沙旺的信，1911年7月5日至6日，《爱因斯坦全集》，第五卷，文件271）。在1921年退休后，沙旺在日内瓦的一所物理实验室工作了10年，同时在那里听大学的数学和物理学课程。沙旺的妻子珍妮·沙旺-佩兰（Jeanne Chavan-Perrin）是米列娃的密友，两个家庭经常互相来往。

68　　沙旺在伯尔尼拍摄了爱因斯坦那两张著名的"专利局"照片，不过可能不像经常声称的那样是在1905年，而且实际上也不是在专利局拍摄的。

雅各布·埃拉特

埃拉特（Jakob Ehrat，1876—1960）是爱因斯坦的同学和朋友。他是沙夫豪森（Schaffhausen）一个面包师的儿子，开始在苏黎世大学学习，于1897年的第二学期转到瑞士联邦理工学校的工程系。次年，他成为爱因斯坦在瑞士联邦理工学校数学和物理系的同班同学（参见"我们的智力训练营"；1952年5月12日爱因斯坦致埃拉特的信；爱因斯坦档案编号88—049）。1900年从数学专业毕业后，他在瑞士联邦理工学校担任助理，并接受了德国的一所寄宿学校的临时职位。从1910年到1945年，他在温特图尔一个文法中学教授数学和会计。1914

69 年，爱因斯坦试图撮合他和温特勒家的寡妇女儿，但没有成功；同年他娶了玛格丽特·施密特（Margrit Schmidt）。1952年，在埃拉特抱怨自己视力不佳并询问爱因斯坦的健康状况之后，爱因斯坦在5月12日的一封回信中提到自己的肝脏和胃部疾病。不过他写道自己也很知足了，"因为我经历了纳粹时代和两任妻子的折磨而胜利地幸存下来"。[1]

---

1 这句话的英文是"as I have triumphantly survived the Nazi period and two wives."相对应的德文原文为"［Mir geht es soweit gut,］indem ich die Nazizeit sowie zwei Frauen siegreich überlebt habe."这段话非常典型地代表了爱因斯坦喜欢开玩笑的特性。他比两任妻子活得要长，他认为婚姻是人类发明的最愚蠢的制度，他自己曾两次丢脸地失败了。——译者注

保罗·埃伦费斯特

保罗·埃伦费斯特（1880—1933）是一位奥地利物理学家，最终定居在荷兰。多年来，他是爱因斯坦最亲密的朋友之一，而且他们的友谊不仅仅是基于对物理的热爱：他们对对方及其家庭有着真诚和持久的感情。他向爱因斯坦保证，随时欢迎后者光临莱顿，特别是以理论物理学教授的身份，因为"我们这里别的没有，但是大家都爱你，而且爱的是你这个人，不只是你的大脑皮层"（参见埃伦费斯特的来信，1919年9月8日，《爱因斯坦全集》，第九卷，文件101；爱因斯坦档案编号9—431）。

埃伦费斯特曾在维也纳的路德维希·玻尔兹曼（Ludwig Boltzmann）手底下学习，但与当时的许多犹太人一样，很难找到永久的学术职位。他于1912年初访问了布拉格，不仅是要与爱因斯坦会面，而且还为了毛遂自荐，申请接替爱因斯坦即将留下的大学教席。然而，作为一个毫不妥协的无神论者，埃伦费斯特没有资格，因为奥匈帝国的皇帝坚持要求所有大学人员声明自己持有某种宗教信仰。爱因斯坦觉得埃伦费斯特毫不妥协的立场是不现实的，但埃伦费斯特固执己见。1912年晚些时候，在洛伦兹的推荐下，埃伦费斯特接替了洛伦兹在荷兰莱顿大学的物理教席，尽管系里最想招的是爱因斯坦。

虽然埃伦费斯特也是一位杰出的研究者，但他更是一名导师、评论家和伯乐，一位超级教师。爱因斯坦形容他是自己知道的最好的物理教师。他特别吸引爱因斯坦的地方，是其深刻的洞察力。二人初次见面，是1912年爱因斯坦在布拉格逗留期间，埃伦费斯特当时正在欧洲急切地寻找一份大学职位。爱因斯坦推荐他作为自己在布拉格的继任者，但没有成功。在埃伦费斯特搬到莱顿和爱因斯坦搬到柏林之后，爱因斯坦定期访问莱顿，并与埃伦费斯特和他的家人发展了非常亲密的关系（埃伦费斯特的妻子塔季扬娜[Tatyana]是一位杰出的数学家）。他们多年来的通信往来，通常可看成是埃伦费斯特去世以前爱因斯坦科学思想的最佳记录。

在20世纪20年代后期，埃伦费斯特变得越来越受抑郁症折磨。这部分是由于他感觉很难跟上量子力学的发现给物理学带来的巨大变化，尽管事实上他在这一时期对统计力学做出了重大贡献。他对德国纳粹主义的日益强大危及自己在德国

的朋友们感到沮丧，并因为自己的一段婚外情而感到愧疚。最后，在1933年，他在
杀死自己患有唐氏综合征的儿子瓦西里（Vassily）之后，在儿子接受治疗的研究所
的候诊室里自杀，留下妻子、两个女儿和另一个儿子。（参见克莱因：《埃伦费斯
特》[Klein, *Ehrenfest*]。）

比利时王后伊丽莎白

爱因斯坦于1929年在比利时拜访舅舅凯撒·科赫（Caesar Koch）时，被邀
请到位于拉肯(Laeken)的王宫，第一次见到了伊丽莎白王后。王后有知识分子
气质，喜欢优雅的交谈和美妙的音乐，所以爱因斯坦带上了自己的小提琴，希
望有机会演奏。在一位女侍从陪伴下，他们喝茶，然后表演了音乐三重奏，王
后和爱因斯坦一见如故。一年后，他在伦敦之行后再次拜访了王后和她的丈夫
阿耳伯特国王。二人的友谊在1933年对爱因斯坦变得极为重要，当时他在移民
到美国之前，正找地方逃避纳粹迫害。国王和王后在德汉（De Haan）的海滨村
庄（Le Coq sur Mer）为爱因斯坦和爱尔莎提供了临时住所以及安保人员。虽然
爱因斯坦在1933年之后再也没有见过王后，但和王后保持通信一直到他去世，
他经常在信中回忆起自己在拉肯度过的美好时光。在信中爱因斯坦总是称她为
"亲爱的王后殿下"（Dear Queen）。

伊丽莎白于1876年出生于波森霍芬（Possenhofen），父亲是巴伐利亚公爵
卡尔·特奥多尔（Karl Theodor），而他的妻子是一位来自葡萄牙的公主玛丽
亚·约瑟法（Maria Josepha）。她于1900年与比利时的阿耳伯特亲王结婚；1909
年，阿耳伯特亲王的叔叔，也就是臭名昭著的利奥波德二世，刚果的残酷剥削
者去世后，阿耳伯特亲王继位，伊丽莎白成为比利时王后。他们有三个孩子。
在爱因斯坦最后一次访问的一年之后，阿耳伯特国王于1934年在阿登地区的一
次登山事故中丧生。伊丽莎白一生都思维活跃，热爱艺术。在1940年至1944
年德国占领比利时期间，她利用自己作为王后的影响力和在德国的关系，阻
止纳粹驱逐数百名犹太儿童，后来被以色列政府授予"国际义人"（Righteous
among the Nations）称号。她于1965年去世，享年89岁。

马塞尔·格罗斯曼

马塞尔·格罗斯曼（1878—1936）在大学时期和之后一直是爱因斯坦的密友。格罗斯曼在瑞士联邦理工学校上课的笔记非常仔细和完整，在爱因斯坦逃课时成为宝贵的"救命稻草"（参见附录C中第208篇："回忆"[Remembrances]）。所以爱因斯坦的博士论文声明是献给"我的朋友马塞尔·格罗斯曼博士"。

格罗斯曼出生于布达佩斯，是一个工厂老板的儿子，不过他和家人最初是来自苏黎世郊区的洪格（Höng），是瑞士公民。他中学头几年是在布达佩斯上的，但在15岁时随家人来到瑞士的巴塞尔，并于1896年和爱因斯坦同时进入瑞士联邦理工学校。在学生时代，他们每隔几周就会在苏黎世的"都市大咖啡店"（Grand Café Metropol）见面喝冰咖啡。毕业后，因为格罗斯曼的父亲与联邦专利局局长关系不错，他帮助爱因斯坦获得了在伯尔尼的瑞士联邦专利局的职位。作为一位年轻的丈夫和父亲，爱因斯坦对此感恩戴德。然而，在爱因斯坦已经成为一名杰出的物理学家之后，二人一起共事于苏黎世联邦理工学院（ETH）时，格罗斯曼对后者的帮助更大。两人都在那里当教授，爱因斯坦在物理系，格罗斯曼在数学系，专攻画法几何。爱因斯坦在布拉格住了一年后于1912年回到苏黎世，他此时已经意识到他的广义相对论需要描述四维曲面几何形状的数学表达形式。他找到老朋友格罗斯曼询问是否存在这种形式。根据一个熟人的说法，他对格罗斯曼是这么讲的，"格罗斯曼，你必须帮助我，否则我会疯了！"（引自绍尔[Sauer]的"马塞尔·格罗斯曼及其对广义相对论的贡献[Marcel Grossmann and His Contributions to the General Theory of Relativity]"）。格罗斯曼则开始教导爱因斯坦复杂的黎曼几何和微分计算，它们构成了广义相对论的基础。格罗斯曼在这项工作中的作用至关重要，理论的早期发展实际上是两个人的合作。这两位朋友共同发表了所谓的Entwurf（"提纲"）引力理论，这是广义相对论的先驱。到那时，爱因斯坦已经熟练掌握了作为理论基础的数学语言。1914年移居柏林后，该理论的进一步发展就不再需要格罗斯曼了。尽管如此，格罗斯曼在现代引力理论史上具有十分重要的地位，人们甚至用他的名字命名了一个重要的系列国际会议。

1930年，格罗斯曼对爱因斯坦关于统一场论的最新研究，也就是绝对平行性（teleparallelism），提出了质疑（参见第二篇最后一节）。他错误地认为，爱因斯坦方法的基础，是几何数学理论中的一个错误结构，而这正是格罗斯曼自己的专业领域。在格罗斯曼撰写一篇详细的批评论文之前，两位朋友就此问题进行了通信。爱因斯坦拒绝公开答复，也许是因为他怀疑格罗斯曼的错误推理可能是他的神秘疾病造成的。这种疾病在他们早先的合作结束后不久就开始折磨他了。最终，这种疾病被他们的共同朋友海因里希·赞格尔正确地诊断为多发性硬化症，这让格罗斯曼在58岁时就离开人世。给格罗斯曼遗孀的感人的信中，爱因斯坦谈到自己欠格罗斯曼许多人情，最后写道，"有一件事是美好的：我们是朋友，一辈子的朋友"（致安娜·格罗斯曼-凯勒［Anna Grossmann-Keller］，1936年9月26日；爱因斯坦档案编号11—515）。

康拉德·哈比希特

康拉德·哈比希特（Conrad Habicht，1876—1958）是爱因斯坦的朋友，并且也是奥林匹亚科学院（Olympia Academy）的成员，奥林匹亚科学院是爱因斯坦和莫里斯·索洛文于1903年在伯尔尼组织的一个非正式哲学讨论组（参见第三篇"组织联系"一节）。哈比希特出生于瑞士的沙夫豪森，在来到伯尔尼大学之前，曾在慕尼黑和柏林学习数学。1901年他在家乡沙夫豪森遇见了爱因斯坦，当时后者在那里的私立学校教书。第二年哈比希特获得数学博士学位后，他在格劳宾登州（Graubunden）的席尔斯（Schiers）新教学校教授数学和物理学长达十年。在此期间哈比希特定期与爱因斯坦通信。爱因斯坦1905年5月那封著名的信就是写给他的，信中爱因斯坦告诉他，自己在写四篇处于不同完成阶段的论文：一篇是他自己称为"非常革命性"的光量子假说；两篇关于分子大小和布朗运动；第四篇是运动物体电动力学（狭义相对论）的粗略轮廓。他写道，最后一篇文章将修改空间和时间的概念（参见致哈比希特，1905年5月18日或25日，《爱因斯坦全集》，第五卷，文件27；爱因斯坦档案编号12—420）。这篇开创性的论文在五六个星期之后就发表了。哈比希特后来从1915年到1948年在沙夫豪森的州立中学教授物理和数学，在转去那里前不久，他与安娜·克尔施塔特（Anna Kehlstadt）结婚。在生命的最后20年里，他担任沙夫豪森音乐学院（Schaffhausen Musikkollegium）的院长，并在那里拉小提琴（亦见第二篇"合作者"一节）。

汉斯·米萨姆

汉斯·米萨姆（Hans Mühsam，1876—1957）是爱因斯坦的朋友和一度的合作者。他出生于柏林，是一位医生和热心的犹太复国主义者。作为吕贝克的一名年轻人，他遭受了反犹太主义同学的嘲讽。1900年米萨姆在柏林的犹太医院任职，开始了自己的医师生涯。1906年，他被选为一个具有犹太复国主义倾向的俄罗斯犹太难民团体的负责人，为过路的犹太人提供住房。在接下来的几年里，作为巴勒斯坦致力于改善卫生条件的犹太自然科学家和医师协会的董事会成员，他致力于在巴勒斯坦根除疟疾，并且是后来被称为耶路撒冷巴斯德研究所的组织者之一。

1915年，米萨姆为爱因斯坦的母亲治疗癌症，并很快与病人心怀感激的儿子成为了朋友。爱因斯坦的《狭义和广义相对论通俗读本》（*On the Special and General Theory of Relativity* [*Gemeinverständlich*]）（1917年）的第一个赠送本就是献给米萨姆的，当时他正要作为一名野营外科医生前往法国前线。爱因斯坦的传记作者亚伯拉罕·派斯（Abraham Pais）写道，爱因斯坦在柏林期间曾向他最亲密的朋友米萨姆透露，在自己还是一名小学生的时候，在走路上学时会创作献给上帝的歌曲。战争结束后，米萨姆与明娜·阿德勒（Minna Adler）结婚，并在柏林夏洛滕堡区执业。他与爱因斯坦一起于1923年开发了一种病毒过滤器，并于同年撰写了一篇详细的论文，发表在《德国医学周刊》（*Deutsche Medizinische Wochenschrift*）上。同年6月，爱因斯坦聘请了米萨姆的养女贝蒂·诺伊曼（Betty Neumann）担任临时秘书。二人的绯闻（参见"君子好逑"一节）使他与米萨姆的良好关系濒于破裂。通过一位共同的朋友，艺术家赫尔曼·施特鲁克（Hermann Struck）的调解，二人恢复了友谊。米萨姆一家于1938年移民巴勒斯坦，定居在海法附近的迦密山（Mount Carmel）。1942年夏天，爱因斯坦写信给米萨姆，说自己"成了一个孤独的老家伙，主要以不穿袜子而闻

73

名，在特殊场合被当作一个怪物展览"（1942年6月15日；爱因斯坦档案编号38—3370）。在米萨姆患帕金森病之后，他给爱因斯坦的最后一些信件是其口述给明娜打字的。他于1957年去世（亦见第二篇"合作者"一节）。

奥托·内森

（参见"档案"。）

格奥尔格·尼柯莱

格奥尔格·尼柯莱（Georg Nicolai，1874—1964）出生于柏林，原名格奥尔格·勒文斯坦（Georg Lewinstein）。他是柏林大学的生理学名义教授和夏里特医院（Charité Hospital）的高级医师，专门研究心脏病。他应该是在医治爱因斯坦的表姐和未来的妻子爱尔莎的心脏病时认识爱因斯坦的。作为著名的和平主义者和"新祖国联盟"（Bund Neues Vaterland）的成员，尼柯莱曾在爱因斯坦最初尝试政治活动时给予指导。尼柯莱在第一次世界大战爆发时起草的反战宣言《告欧洲人书》，谴责了导致战争的无谓杀戮的极端民族主义。爱因斯坦签署了宣言，而且显然参与了宣言的起草（参见第三篇"政治背景"一节下的《告欧洲人书》）。他们的合作巩固了两人之间的意识形态的纽带。由于在战争期间被控犯有叛国罪，尼柯莱被监禁，但他设法逃到丹麦。他在战争结束时返回已成为共和国的德国，又几乎立刻激怒了极右势力，因为他发表声明对1919年1月斯巴达克同盟领导人卡尔·李卜克内西和罗莎·卢森堡被谋杀一事表达抗议（爱因斯坦也签署了这一呼吁）。他再次就任柏林大学的教职，又因为反犹太主义学生和右翼新闻中的野蛮抨击而被迫离职，爱因斯坦对此表示了抗议，但没有效果（参见"声援格奥尔格·尼柯莱"，1920年1月26日，《爱因斯坦全集》，第七卷，文件32；爱因斯坦档案编号78—124）。尼柯莱于1921年2月被大学理事会的一个委员会正式解职，第二年离开德国前往阿根廷，在那里担任科尔多瓦大学生理学教授。

尼柯莱频繁的纠缠不休让人反感，冲淡了爱因斯坦对其炫目才智和胆识的尊重。特别值得一提的是，尼柯莱一再要求利用爱因斯坦的名字和资金，投入到一家爱因斯坦觉得毫无希望的出版公司，让爱因斯坦觉得这是在操纵他（参见致格奥尔格·尼科莱的信件，大约在1917年1月22日，以及1917年2月28日，《爱因斯坦全集》，第八卷，文件289和303；爱因斯坦档案编号44—556以及44—552）。结果造成他们之间一丝苦涩的阴影。爱因斯坦在1925年的拉丁美洲之行中拜访尼柯莱时，发现后者仍然多嘴多舌，在科尔多瓦也没有被当回事（参见致爱尔莎和玛戈特·爱因斯坦，1925年4月15日，《爱因斯坦全集》，第十四卷，文件474；爱因斯坦档案编号143—186）。1927年，尼柯莱离开科尔多瓦前往罗萨里奥大学，并于1936年，在紧巴巴地生活三年后，在圣地亚哥的智利大学找到了一个职位。1964年，他在圣地亚哥去世。

1918年初，尼柯莱与爱因斯坦的大继女、曾经的恋人伊尔莎·爱因斯坦进行了一次交流。从这件事可以看出他有让朋友和反对者感到惊愕的能力。当爱因斯坦正在考虑再婚时，尼柯莱鼓励伊尔莎与爱因斯坦结婚，尽管她的家庭期望母亲爱尔莎成为未来的新娘（参见伊尔莎·爱因斯坦致格奥尔格·尼柯莱，1918年5月22日，《爱因斯坦全集》，第八卷，文件545；爱因斯坦档案编号82—531）。伊尔莎拒绝了这一提议，而爱因斯坦和爱尔莎也在次年结婚。（关于格奥尔格·尼柯莱的详细生平，可参阅组尔泽[Zuelzer]的《尼柯莱事件》[*The Nicolai Case*] 一书。）

雅诺斯·普勒什

雅诺斯·普勒什（Janos Plesch，1878—1957）是爱因斯坦的几位医生朋友中的另一位。他出生于布达佩斯的一个犹太家庭，1903年成为了柏林的一名医生。他以自己是该城的一些名人和学者的私人医生而自豪，这些人包括音乐家阿图尔·施纳贝尔（Artur Schnabel）和弗里茨·克莱斯勒（Fritz Kreisler）以及化学家弗里茨·哈伯（Fritz Haber）。尽管他有着令人印象深刻的学术和研究背景，但更以举办奢华的派对、高调的生活方式、拥有一大批昂贵的汽车而闻名。1919年，爱因斯坦第一次见到普勒什，当时他正照顾爱因斯坦身患绝症的母亲保利娜。当爱因斯坦自己也患上严重的心脏病的时候，也选普勒什作为自己的医生。在他的指引下，爱因斯坦恢复了健康，康复期间还曾一度住在医生位于加图[1]的豪宅别墅中。爱因斯坦在这一柏林西南部的湖区可以不受外界打扰。据说普勒什和爱因斯坦都喜欢彼此粗俗的幽默感。据信爱因斯坦曾说过"Plesch ist ein Schwein，aber er ist mein Freund"（普勒什是下流胚，但他是我的朋友）。

1933年，普勒什和他的家人离开柏林，搬到了伦敦，在那里继续行医。移居国外后，普勒什在格蕾特·马克斯坦（Grete Markstein）的离奇故事中扮演了一个角色。这名维也纳的女骗子在伦敦与普勒什当面对质，最初还让他相信自己是爱因斯坦的私生女。按照普勒什写给他老朋友的一封信里所言，她的故事之所以可信，是因为马克斯坦的儿子与爱因斯坦长得惊人的相似，那时爱因斯坦已经在普林斯顿定居。爱因斯坦声称整个事件是一场骗局，事实的确如此，但他"认真对待这些指控，还请了私人侦探"。不能排除爱因斯坦担心"丽瑟尔"在纠缠他的可能性（参见海菲尔德和卡特[Highfield and Carter]，《阿耳伯特·爱因斯坦的私生活》[*Private Lives*]，第91—94页；以及本书"家庭部分"一节下的"丽瑟尔"·爱因斯坦以及对她的搜寻）。

普勒什退休后到了瑞士，并在妻子去世后搬到了加利福尼亚州的米尔谷（Mill Valley）。1957年，他因心脏病发作去世。

罗曼·罗兰

罗曼·罗兰（Romain Rolland，1866—1944）是他这一代人中最杰出的和平主义者，他在第一次世界大战期间离开了他的家乡法国前往瑞士。他第一次见到爱因斯坦是在1915年，当时两人讨论了欧洲正在上演的噩梦。同年，他以十卷本的小说《约翰·克里斯托夫》获得诺贝尔文学奖。

罗兰在高等师范学院最初学习的是哲学，但在1889年获得的是历史学学位。在意大利逗留两年后，他回到法国并以关于早期歌剧史的博士论文获得博士学位。他曾在巴黎的很多中学任教，并于1903年被任命为索邦大学第一任音乐史教授。然而，教学并不适合他。他深信自己可以靠写作谋生，于是在1912

---

1 加图(Gatow)，位于柏林西南部，哈维尔湖(Havelsee)西侧，属施潘道(Spandau)区。——译者注

年辞去大学的职务。

在许多方面，爱因斯坦和罗兰一样，面临着同样的现实困境：那就是在第一次世界大战后找到一种实现永久和平的手段，以完整地保留他们对知识分子责任的19世纪的概念。在起草《思想独立宣言》（"Declaration of the Independence of the Mind"）时，罗兰构思了一个属于知识分子的世界，它将成为一个以超国家人文主义原则组织起来的艺术家和科学家的自愿联盟。爱因斯坦毫不犹豫地附上了自己的名字。这一事业的第一步，是两人于1919年合作，提醒公众关注东欧由于当时协约国的封锁而陷入食品和药品短缺的困境。

虽然罗兰是致力于战后公平政治秩序的1919年"光明运动"（Clarté movement）的联合创始人之一，但他很快就与该运动疏远了。这发生在联合创始人亨利·巴比塞（Henri Barbusse）率领的一翼于1920年拥抱第三国际之时，这一举动导致了法国共产党的形成，以及布尔什维克与非布尔什维克国际主义观念之间的决裂。1920年，罗兰出版了另外两部小说，《皮埃尔与吕斯》（Pierre et Luce）和《克莱昂波》（Clérambault）。这两部作品强调绝对的和平主义和个人主义，捍卫了道德自由，认为所有这些都应该高于政治斗争。他没有试图将和平主义与现有组织或国际行动纲领联系起来。

1930年，爱因斯坦再次与罗兰合作，当时他同意为计划中的出版物写一篇文章，鼓励知识分子团结起来，为出于良心拒服兵役者提供道义支持（参见1923年10月10日，"致罗曼·罗兰"；爱因斯坦档案编号84—168）。然而，爱因斯坦的"百分之二演讲"（Two Percent Speech）引起了罗兰的愤怒。罗兰在1931年2月20日给H.拉纳姆·布朗（H.Runham Brown）的一封信中抱怨说，"不可能靠世界上2%的人口拒绝战斗"就能杜绝战争。"爱因斯坦似乎忽视了一个事实，那就是自1914年以来战争技术已经发生了变化，并且仍在变化。这种趋势是雇用少量技术人员，他们知道如何使用装有毒气和细菌的鱼雷以及其他大规模杀伤性武器"（曾被内森和诺登在《爱因斯坦论和平》中引用，第118—119页）[1]。当爱因斯坦放弃依良心拒服兵役运动时，罗兰愈发失望地写道，爱因斯坦是"其 ₇₆

---

1 此处《爱因斯坦论和平》的英文版（Einstein on Peace）与德文版（Albert Einstein über den Frieden）有些微差别。此处译文按德文版136页翻译。——译者注

科学领域中的天才，在其他所有领域都是傻瓜"（参见罗兰致斯特芬·茨威格[Stefan Zweig]，1933年9月15日；格伦德曼[Grundmann]，《爱因斯坦档案》[*The Einstein Dossiers*]，p.272）。

罗兰在德国占领法国期间孤独地度过了人生最后几年，于1944年年底在韦兹莱（Vézelay）去世。

莫里斯（莫里茨）·索洛文

莫里斯（莫里茨）·索洛文（Maurice［Moritz］Solovine，1875—1958）是爱因斯坦的朋友，也是奥林匹亚科学院原始成员（参见第三篇"组织联系"一节）。他来自罗马尼亚博托沙尼（Botoşani）的一个犹太商人家庭，在那里的一所人文中学接受教育。到了伯尔尼后，索洛文在1900年冬季学期入读伯尔尼大学的哲学学院，参加了各种各样的课程。他于1902年开始接受爱因斯坦的私下课程，并扩展为兼收并蓄的哲学讨论组，幽默地自称为奥林匹亚科学院。爱因斯坦很会玩弄词语，称他的朋友为"Insolvini"[1]。1904年，他离开伯尔尼前往法国里昂，在那里作为里昂大学未注册的旁听生上课，后来又转为正规生，并在1905年正式从伯尔尼大学退学。第二年，他移居巴黎，协助编辑《哲学评论》（*Revue philosophique*）杂志。从1920年到1924年，他出版了爱因斯坦的《狭义和广义相对论通俗读本》《几何学与经验》以及《相对论意义》的法语译本。在接下来的几年里，他翻译了一些包括德谟克利特和赫拉克利特的希腊哲学家的作品。1938年，他翻译了爱因斯坦和利奥波德·英费尔德（Leopold Infeld）的《物理学的进化》。最后，在20世纪50年代，他为高迪埃·维拉斯（Gauthier-Villars）出版社制作了关于"科学与文明"和"科学思想大师"的系列书。半个世纪后，爱因斯坦在写给奥林匹亚科学院的赞美诗中，总结了自己和索洛文在伯尔尼贫困潦倒却无忧无虑的日子里的友情，以及"孩子般的快乐，这种快乐伴随着一切清晰而智慧的事物"（参见致不朽的奥林匹亚科学院，1953年4月3日；爱因斯坦档案编号21—294）。

---

1 Insolvini是爱因斯坦自己造的词，指的是索洛文从来没有足够的钱，因此经常破产。相当于"无偿债能力者"或"破产者"的意思。——译者注

温特勒一家

爱因斯坦扩展家庭情感的能力，在他与温特勒家的关系中表现得很明显。他在瑞士阿尔高州立中学读书的时候，寄宿在温特勒家。在1895—1896学年，爱因斯坦住在约斯特·温特勒、他的妻子保利娜（Pauline）和他们的七个孩子的家里。爱因斯坦对他们的感情很深，把这里当作第二个家，把温特勒称为爸爸，把保利娜称为"二妈"（Mamerl No.2）。爱因斯坦参加了家庭讨论、郊游和音乐晚会。温特勒爸爸对强权政治根深蒂固的厌恶，对自由思想、自由主义精神以及和平主义的信仰，给16岁的爱因斯坦留下了深刻的印象。多年后，爱因斯坦谈到这种影响时，写下了他最著名的名言之一，着意赞扬自己之前寄宿家庭的这位家长的世界观："对权威的盲目服从是真理最大的敌人"（参见致约斯特·温特勒，1901年7月8日，《爱因斯坦全集》，第一卷，文件115；爱因斯坦档案编号29—457）。在30年后反思纳粹的暴行时，他称赞了他朋友的远见卓识："我经常想起温特勒爸爸，想起他政治观点的远见"（参见致玛雅·温特勒–爱因斯坦，1935年8月31日；爱因斯坦档案编号29—417）。

约斯特来自瑞士土根堡（Toggenburg）地区，1870年至1875年在德国耶拿大学攻读语文学博士学位，在此期间（1871年）与保利娜结婚。他曾在瑞士短期工作，包括在弗里堡（Fribourg）州立中学，但是因为自己的自由主义观点被迫从那里辞职。从1884年到1909年，他在阿尔高州立中学的人文中学教授希腊语和历史。爱因斯坦是理科班的学生，从来没有上过他的课。

爱因斯坦与保利娜的关系特别密切。除了对他的"二妈"孝顺之外，爱因斯坦还将她视为母亲般的倾诉对象。他在阿劳的一年中，与保利娜的女儿玛丽开始了一段恋情，当他对玛丽的热情冷却时，他向保利娜·温特勒倾诉。到了苏黎世之后，他在瑞士联邦理工学校遇见了米列娃，爱因斯坦要保利娜原谅自己辜负了玛丽。他写道，他必须努力工作寻求出路，并在上帝的本性中寻求真理，以避免尘世的诱惑（参见给保利娜·温特勒的信，1897年5月［?］日，《爱因斯坦全集》，第一卷，文件34；爱因斯坦档案编号29—453）。除了这些借口，爱因斯坦对抛弃了他的"小天使"并给母女俩带来心碎的悲痛感到遗憾。

1906年11月1日，温特勒家的一个精神错乱的儿子，小约斯特，枪杀了他的母亲保利娜和姐夫恩斯特·班迪（Ernst Bandi），然后开枪自杀。心烦意乱的爱因斯坦写信给自己之前寄宿家庭的爸爸："那些曾领受并且目睹她对他人的善良，了解她是如何真诚地追求真理和正义的人，想到盲目的命运的苦果，怎能不感到颤抖。"他再次谈到自己和保利娜的女儿玛丽分手给别人带来的痛苦（参见致约斯特·温特勒，1906年11月3日，《爱因斯坦全集》，第五卷，文件41；爱因斯坦档案编号29—460）。

除了与约斯特、保利娜和玛丽的关系之外，爱因斯坦与这家人还有其他交往：他的妹妹玛雅嫁给了温特勒的一个儿子保罗；他最好的朋友米凯勒·贝索与温特勒的大女儿安娜结婚；他还想撮合温特勒丧偶的女儿罗莎·班迪-温特勒(Rosa Bandi-Wintler)和自己的朋友雅各布·埃拉特，但没有成功。

斯蒂芬·怀斯

斯蒂芬·塞缪尔·怀斯（Stephen Wise，1874—1949）是一位狂热的犹太复国主义者，这在美国改革派犹太教士中很少见。爱因斯坦觉得怀斯结合了社会进步主义和坚定的犹太复国主义，很有吸引力，这使得两人在爱因斯坦移民美国后建立了友谊。"最重要的是，我欣赏他在建立犹太人自尊方面的大胆行动，以及对人类一切事物的深沉宽容和深刻理解"（"怀斯六十诞辰贺词"，1934年3月；爱因斯坦档案编号28—268）。

怀斯出生于布达佩斯的一个犹太教士（拉比）家庭，在婴儿时就移民纽约市。在1901年完成哥伦比亚大学博士学位之前，他曾担任美国犹太复国主义者联合会（Federation of American Zionists）的名誉干事；后来还在作为其后继组织的美国犹太复国主义者组织（Zionist Organization of America）中担任主席和副主席。两个组织都致力于建立"在巴勒斯坦的犹太民族之家"(Jewish National Home in Palestine）。

怀斯在俄勒冈州波特兰市的一个犹太会众(Congregation)传教，开始了他犹太教士的职业生涯。在这里，他相信宗教和公共服务是统一的，还同时担任俄勒冈州慈善和惩教会议的官员以及州童工专员。在1906年返回纽约之前，怀斯受邀担任著名的埃曼努埃尔教堂（Temple Emanu-El）的拉比，但他因为担心在新的职位上不能表达自己的想法，拒绝了这个机会。在同一年，他在上西区建立了自由犹太教堂。该教堂打破传统，提供免费的座位，同时维持广泛的社会福利项目。

1914年，为"实现所有公民的权利平等"，他与人共同创立"全国有色人种促进协会"（National Association for the Advancement of Colored People, NAACP），并进入董事会。4年后，他与著名的犹太领导人路易斯·布兰戴斯（Louis Brandeis）和菲利克斯·法兰克福特（Felix Frankfurter）一起召集了美国犹太人大会（American Jewish Congress, AJC）。该大会除了宣布所有平等权利目标之外，还试图在1919年的巴黎和平谈判中提出统一的美国犹太人对巴勒斯坦的立场。到了20世纪20年代末，AJC在怀斯的领导下成为推动犹太人利益的强大的压力集团。怀斯在去世之前仍然是其名誉主席。

爱因斯坦在抵达美国后于1933年与怀斯结识，当时欧洲犹太人的情况正在变得越来越险恶。这位新移民成为怀斯的亲密盟友，因为他们都试图在犹太社团的问题上影响罗斯福总统，并提高美国公众对纳粹威胁的认识。在这些努力中，怀斯与罗斯福的友谊是至关重要的，尽管犹太社团更激进的声音指责怀斯过于迎合总统的其他政治和战略关切。

爱因斯坦可能与怀斯在1933年抵制德国货物的效力方面看法有分歧，但两人在大多数问题上意见一致，特别是需要让美国接收逃离欧洲的越来越绝望的难民。1942年末，当怀斯在新闻发布会上讨论一则揭露纳粹消灭欧洲犹太人的"最终解决方案"的电报时，这一点更加紧迫。新闻发布会甚至没有成为头版新闻，尽管电报内容被披露，国务院还是采取了新的措施把难民排除在外。怀斯和爱因斯坦感到震惊，经过长时间恳求，才说服罗斯福总统在1944年1月设立战争难民委员会（the War Refugee Board）。尽管面对大规模屠杀该委员会的作用有限，但到战争结束为止，它还是拯救了大约20万犹太人。 79

海因里希·赞格尔

赞格尔（1874—1957）是他这一代最重要的法医学家之一，也是爱因斯坦信赖的朋友。他出生在苏黎世州巴比空（Bubikon）的一个富裕农场主家庭，在苏黎世州立中学接受中学教育。通过广泛的阅读，赞格尔获得了对自然科学和人文科学的全面了解，并对医学、法律、政治和伦理学的相互联系产生了广泛的兴趣。

赞格尔于1902年开始他的大学教学生涯，在苏黎世大学兽医学院担任比较解剖学副教授，在期待苏黎世大学让自己拥有一个研究所以及法医学的正教授职位之时，他在巴黎的巴斯德研究所和索邦大学开展研究。在1912年，他终于获得了自己孜孜以求的苏黎世大学教授兼研究所所长职位。同年，赞格尔几乎单枪匹马地帮助爱因斯坦获得苏黎世联邦理工学院（ETH）的正教授职位。在他职业生涯的早期阶段，赞格尔已经在瑞士和欧洲的学术机构网络中发展了良好的关系。为让爱因斯坦获得教授职位，他越过了苏黎世联邦理工学院教职员和行政部门的负责人，以便向一位1912年担任瑞士联邦委员会主席的好朋友求助（瑞士联邦委员会主席由联邦委员会成员轮流担任，任期1年）。在此过程中，赞格尔引发了许多人的反对，这些人认为一个州教育机构（苏黎世大学）的教授不应该介入苏黎世联邦理工学院这个联邦机构的事务。

除了两人个性相投之外，正如爱因斯坦所言，赞格尔和爱因斯坦在智力和情感上的联系，在于他们都属于"孤立个体的社团，这些个体没有沾染不同民族之间的广泛的相互仇恨，并且认为消灭战争才是道德健康的首要原则"（"罗曼·罗兰之友选集文章"["Contribution to the Book of Friends of Romain Rolland"]，1925年8月18日，引自舒尔曼[Schulmann]《知己》[Seelenverwandte]一书的第13页）。

在爱因斯坦前往柏林之后，赞格尔开始了他非正式的角色——成为爱因斯坦在苏黎世的家庭的看护者和监护者，该家庭实际上已经被其男性家长遗弃了。一直到20世纪30年代，赞格尔都很好地履行了这一职责。在1916年米列娃患病身体虚弱期间，他担任养父母的角色，邀请爱因斯坦的大儿子汉斯·阿耳伯特住到自己家里，并且还照顾他生病的弟弟爱德华，那时爱德华还在疗养院休养。

爱因斯坦和赞格尔的关系，在最后一段时间产生了误会。在第二次世界大战之后，爱因斯坦在给赞格尔的最后一封信中，认为赞格尔在纳粹独裁统治开始时所写的声明很伤人。当犹太人开始在德国受到迫害的时候，赞格尔写道，"迫害了不该迫害的人"（trifft ja doch nicht die Richtigen）。爱因斯坦对赞格尔暗示有些犹太人确实应该受到迫害感到震惊。赞格尔没有回复过这封信。

赞格尔难以辨认的笔迹折磨了"爱因斯坦文稿项目"连续几代的编辑，爱因斯坦也经常抱怨此事。爱因斯坦一再建议赞格尔购买一台打字机，有一次他绝望地说自己根本就看不懂对方的一封信："我从零碎的部分看出，您的信肯定非常有意思，但没办法破译它。您能让一位秘书转录一下发给我吗？"（参见舒尔曼的《知己》[Seelenverwandte]一书的文件326，致海因里希·赞格尔的信，写于1931年12月3日之后。）

健康

健康检查

爱因斯坦的瑞士兵役记录本显示以下健康检查结果，认为22岁（1901年3月13日）的他不适合参军服役：

身高：171.5厘米(5英尺，7.6英寸)

胸围：87厘米(34.8英寸)

上臂：28厘米(11.2英寸)

疾病或缺陷：静脉曲张，扁平足和足底多汗

资料来源：《爱因斯坦全集》第一卷，文件91；爱因斯坦档案编号29—156。根据海伦·杜卡斯的说法，因为不能服兵役，爱因斯坦每年都被要求缴税，一直到1940年为止。每年的记录都保存在《兵役簿》(Dienstbüchlein)中。

健康问题

爱因斯坦一生都苦于一些慢性健康问题，所有这些问题都在他50岁之前就发作了。它们都是消化系统疾病：肝病、胃溃疡、胆囊炎、黄疸和肠痛。他的第一场大病是腹部溃疡，1917年在柏林与爱尔莎结婚前发作。他搬进了爱尔莎一家人居住的房子顶层的一个房间，由爱尔莎照料了几个月，恢复了健康。5年后，在去远东的船上，他再次出现严重的肠道问题。6年之后的1928年，他在瑞士的兹沃茨（Zuoz）昏倒，并被他的医生雅诺斯·普勒什诊断出患有心脏炎症。当时的治疗措施是4个月的卧床休息和无盐饮食。由于他反复出现胃病，医生建议他少吃肉，这常常导致人们以为他是素食主义者。他还被告知不要喝酒，这是一个多余的建议，因为他本来就滴酒不沾。1921年他抵达纽约时，正在禁酒令生效期间，记者问他有何看法，他回答对他来说都是一样的，因为他自己从不喝酒。（亦见《爱因斯坦全集》，第一卷，第八卷；坎塔 [Kantha]，"对阿耳伯特·爱因斯坦的慢性疾病的评估"["An Appraisal of Albert Einstein's Chronic Illness"]。）

错误看法与误解

收养伊尔莎·爱因斯坦和玛戈特·爱因斯坦

（参见"家庭"一节中的"家庭关系"。）

阿斯伯格综合征

认为爱因斯坦患有这种疾病的说法，是现代心理学家和精神病学家的一个牵强附会的假设，他们听信了关于爱因斯坦的一些错误看法。那种认为他缺乏社会同情心并在教育上发展迟缓的误解，导致了这种错误的回顾性诊断。爱因斯坦与许多医生有着密切的友谊，他们在文字中以及在与爱因斯坦的圈子中人的交谈中，都没有提到任何精神或情感障碍，爱因斯坦自己的通信也没有反映这种情况。事实上，他看起来心态不错，可能有时粗鲁或毫不在意——与许多人并无两样。他的一些社会行为和态度在今天的社会中可能看起来不合常规，但在他那个时代和他的环境中并不是那么反常。他非常善于交际——例如，参见他的旅行日记就可以看出。即使在他力所能及的范围内享受孤独，以追求自己的科学时，他仍会与朋友和家人保持情感联系。

此外，有些人声称爱因斯坦的儿子爱德华的精神疾病是从爱因斯坦那里继承的，是家族遗传。爱因斯坦这边的家庭可能有自己的问题，但没有精神疾病。如果爱德华的精神分裂症是遗传的，那么更有可能来自他母亲的家庭。米列娃·爱因斯坦经历了几次严重的抑郁症发作，她的妹妹，爱德华的姨妈佐尔卡和爱德华一样被诊断为精神分裂症患者。

差学生

爱因斯坦是一个非常好的学生，在物理和数学方面获得高分，在大多数其他科目中也获得高分或高于平均水平的分数。关于他的学校表现的错觉似乎源于他在瑞士的阿尔高州立中学上学时的评分系统的变化。一些传记作家提出了这一错误看法，是因为"1"在第一学期代表最佳成绩，但第二学期就成了最低成绩。爱因斯坦在第一学期的物理和数学上都是"1"，在第二学期的同样科目中则都是"6"，这导致了他一开始是个差生的错误结论。事实上，在毕业考试中，他的平均成绩在他毕业班级里是最高的。

82

支持这一错误看法的另一个证据是，他未能通过入学考试进入瑞士联邦理工学校(后来的苏黎世联邦理工学院)。不太为人所知的是，他是在 16 岁的时候被特别安排提前两年参加考试(参见阿尔宾·赫尔佐格［Albin Herzog］致古斯塔夫·迈尔［Gustav Maier］，1895 年 9 月 25 日，《爱因斯坦全集》，第一卷，文件 7；爱因斯坦档案编号 71—660)。他在考试的数学和科学部分表现良好，但语言和历史部分都没过关。这并不奇怪，因为他在中学的第一年读的是德国文法中学，那里的课程包括古典语言(没有法语)，当然也没有瑞士历史(玛雅·温特勒-爱因斯坦对哥哥的回忆，1924 年 2 月 15 日，《爱因斯坦全集》，第一卷，第 lxv 页)。他在工程系入学考试中的表现非常好，如果他留在苏黎世而不是去了阿尔高，物理学教授会允许他在年龄不够的情况下旁听自己的课程(参见"自传提要"［Autobiographical Sketch］[1]，载于泽利希的《光明的时代与黑暗的时代》［Seelig, *Helle Zeit Dunkle Zeit*］第 9 页)。

---

1 由许良英、李宝恒、赵中立、范岱年编译的《爱因斯坦文集》第一卷第47-54页，译为"自述片断"。——译者注

共产主义者

爱因斯坦并不是一个共产主义者，不过他直率地说过，如果自己是的话，也不会为此感到羞耻（参见致莉迪亚·休斯［Lydia Hewes］，1950年7月10日；爱因斯坦档案编号59—984）。由于经常被人戴上这个标签，使得他在离开欧洲之前不久的1933年9月致伦敦《泰晤士报》的一封信中，公开表达了自己对共产主义的看法：他以前从来没有喜欢过它，现在也不喜欢（参见附录C第144篇）。他强烈谴责麦卡锡主义及其20世纪50年代初期在美国蔓延的恐惧浪潮，这使得某些人指责他是一个反政府的左翼激进派，而不是一个独立于任何政党的政治自由派和自由思想者。对共产主义的同情，与他的如下信念是背道而驰的，即个人的重要性超过基于意识形态的政治归属。另一方面，在与雷蒙德·斯温（Raymond Swing）的访谈中，他声称如果自己出生在俄罗斯的话，他本可以适应那里的生活。

还不如去钓鱼

人们常说爱因斯坦在1925年之后没有取得任何重要成绩，还不如放弃他的物理研究去钓鱼。第一个提出这一观点的，正是爱因斯坦最著名的传记作家亚伯拉罕·派斯。确实，爱因斯坦对物理学的最重要的贡献都是在那一年之前做出的，而他之后的主要研究项目——统一场论，并没有带来许多富有成效的见解。然而，派斯的评论中有一定的势利成分，因为爱因斯坦到了20世纪30年代还确实对广义相对论做出了许多重大贡献，包括第一篇讨论引力透镜的论文，一篇关于引力波的著名论文，一篇关于运动问题的重要论文，以及关于虫洞的论文。战后时代一些最重要的研究团体是由他的助手们组成的。即使在1925年之后，作为一个物理学家，他的职业生涯仍然值得尊敬，不过确实再也没有达到过自己早期成就的高度。

对原子弹负有责任

爱因斯坦的理论可能最终导致了原子弹的制造，但在1905年，他完全不

图28　广岛原子弹爆炸的照片。爱因斯坦在1950年1月23日写的一封信中坚称，他"从未进行过任何与制造原子弹有关的研究……1905年，我建立了质量与能量之间的关系，这是关于物理世界的一个非常普遍的真理，自己完全没有想到可能会有任何军事应用的潜力。"（美联社照片，摄于日本吴市[1]。国会图书馆《纽约世界电讯与太阳报》[*The New York World Telegram and Sun*] 收藏部）

　　1　吴市(Kure)是位于日本广岛县西南部的都市，临濑户内海，是广岛县内仅次于广岛市和福山市的第三大城市。——译者注

爱因斯坦百科

可能预见后来原子弹的实际诞生。1939年得知核裂变可能引起核链式反应时，爱因斯坦惊呼自己没有想到这样的应用（参见内森与诺登所著《爱因斯坦论和平》，第201—292页）。众所周知，在1938年年末铀等重元素的核裂变被发现后，他于1939年8月签署了致富兰克林·罗斯福总统的一封信。在信中，他建议支持并加快开发核装置的实验工作，以便跟上敌对的德国在这一领域可能取得的进展。（参见第三篇"政治背景"一节"希特勒掌权与第二次世界大战"中的"给罗斯福总统的信"。）尽管他热心支持美国的战争努力，但是没有获得安全许可，而且联邦调查局仍然觉得他是"颠覆分子"。因此，他并不了解曼哈顿计划这一制造原子弹的庞大项目的进展，也无法预见或影响使用此类炸弹袭击日本的决定(图28)。按他自己的说法，正如他在1952年9月20日给日本综合性杂志《改造》(Kaizō)编辑的一封信中所言："我参与建造原子弹只做了一件事：签了一封给罗斯福总统的信，其中强调了在生产原子弹的可行性方面进行大规模试验的必要性。我很清楚，一旦试验成功，人类将面临可怕的危险。然而，我觉得有必要采取这一步骤，因为看起来德国人可能在研究同样的问题，而且很有可能获得成功。"然而，为了在战争中贡献自己的一份力量，他在1943年接受了美国海军的邀请，成为高爆炸药(high explosives)的顾问。战争结束后，他积极呼吁所有国家解除军备，禁止核武器和其他武器，这一信念与他早先的和平主义倾向相吻合。

左撇子

由于相信许多物理学家和数学家是左撇子，有些人认为对左手的偏爱是天才的标志——毫无疑问这种想法本身就是一个错误。然而，不管是不是天才，爱因斯坦都是"右撇子"。他用右手写字，右手拿小提琴弓。尽管大多数小提琴手都被教导要用右手持弓，以便合奏中的所有演奏者都同向运弓，但爱因斯坦右手运弓是自然的。他也用他的右手指向，正像在各种照片中显示的那样。最确凿的证据是，在几张照片中，他站在一块黑板旁边，右手拿着粉笔，在其中一张照片里还似乎是正在往黑板上写字。

米列娃·马里奇，被断言为合作者

1901年3月27日，当爱因斯坦正在拼命寻找工作却难以如愿时，他写信给女友米列娃：

> 你是并且一直是我的一个避难所，没有别人可以进入；我也知道你比任何人都更爱我，更理解我。我也可以保证这里没有人敢或想对你说什么坏话。当我们一起将我们关于相对运动的研究带到一个胜利的结局时，我将会多么高兴和自豪！（《爱因斯坦全集》第一卷，文件94）

最后一句暗示爱因斯坦和米列娃曾一起研究"相对运动"，这一陈述在20世纪90年代初被公之于众时引起了相当大的争议。它提出了米列娃可能有资格分享最终的突破，导致4年后爱因斯坦在他的奇迹年期间发表的相对论的文章（参见第二篇）。然而，我们必须指出，1901年这封信中的"相对运动"并不意味着"狭义相对论"，爱因斯坦直到1905年才提出该理论的最终表述（参见马丁内兹［Martinez］所著《科学秘密》［Science Secrets］）。

米列娃的传记作家，塞尔维亚人德桑卡·图布霍维奇-古居里奇（Desanka Trbuhović-Gjurić）在其著作《在阿耳伯特·爱因斯坦的阴影下》（In the Shadow of Albert Einstein）（1960）中，认为夫妇二人在相对论研究中有显著合作。塞尔维亚的物理学家多尔德·科尔斯蒂奇（Dord Krstić）和美国医生伊万·沃克（Evan Walker）后来也同意这个观点。然而，至少在图布霍维奇的书出版四分之一世纪之后，以及爱因斯坦与米列娃之间的情书被发现后，研究爱因斯坦的学者们持有相反的观点。其中最著名的有《爱因斯坦全集》的首任主编，物理学家约翰·施塔切尔，艾伦·埃斯特森（Allen Esterson，参见 esterson.org）以及得克萨斯大学物理和数学史学家阿尔贝托·马丁内兹（Alberto Martinez）。认真地阅读图布霍维奇-古居里奇、科尔斯蒂奇和沃克的论点，就能看出他们是在追求轰动效应，证据不足，令人生疑。正如最近出版的米列娃写给朋友的书信集所示，她从未声称自己是相对论的合作者（参见波波维奇［Popović］编辑，《在阿耳伯特的阴影下》）。研究爱因斯坦的学者们并不否认米列娃本身就很聪明，也许，作为一名物理专业的学生，她扮演了爱因斯坦助手的角色，倾听他的想法，并可能仔细校对过他的论文——因此，爱因斯坦说"我们的论文"时，也包括了她。然而，到目前为止，没有证据表明爱因斯坦的成果中包含米列娃的创造力。（亦见阿尔贝托·马丁内兹，"处理历史证据"["Handling Evidence in History"]。）

仅有十人或十二个人能够理解相对论

在报道1919年日食考察队证实相对论时（参见第二篇，"相对论"一节中的"广义相对论——广义相对论的实验验证"），报刊强调说只有极少数聪明人才能理解这一理论。这个说法流传甚广，通常还会提到到底是几个聪明人，例如三个、九个、十个或十二个。甚至还有这样的故事，说某些著名人士无法出版一本书，因为他们在其中讨论了相对论而被出版商拒绝，理由是作者不在能理解相对论的某个（显然是写在某处）候选名单上。

一直到今天，还有人相信爱因斯坦的广义相对论特别深奥。这种信念是有事实根据的，因为许多同时代的科学家都觉得这个理论太难。即便在今天，物理专业的学生也很少在做研究生之前学习它。最初，爱因斯坦本人可能也促成了这一荒诞说法的形成，他在广义相对论的论文最终发表后立即写信给自己的朋友海因里希·赞格尔："这个理论无比美妙。然而，只有一位同事能够真正理解它。"（1915年11月26日；《爱因斯坦全集》，第八卷，文件152。）这里提到的同事是数学家大卫·希尔伯特（David Hilbert）（参见第二篇，"同事"），确实要研究广义相对论最好先具备数学（或者数学物理）方面的训练。

其他理论家也为这个错误看法添油加醋。著名的天体物理学家苏布拉马尼安·钱德拉塞卡（Subrahmanyan Chandrasekhar）回忆说，爱丁顿（Arthur Stanley Eddington）（参见第二篇，"同事"）曾经讲述过以下轶事："在皇家学会的讨论之后，卢迪威格·席柏斯坦（Ludwik Silberstein）来到我面前说，'好吧！爱丁顿教授，你肯定是世界上了解相对论的三个人之一。'我说，'哦，我也说不好……'席柏斯坦回答说，'爱丁顿教授，不要谦虚。'我回答说，'恰恰相反！

我想知道第三个人是谁！’”（引自瓦里［Wali］所著的《钱德拉塞卡》［Chandra］一书第31页。）

这个错误看法的问题在于它夸大了理论的难度。虽然在1915年爱因斯坦觉得只有一位同事已经理解了这一理论，但是到1920年当这一错误看法兴起时，肯定有数十位科学家都理解得很清楚，而且从那时起人数不断增加。其实爱丁顿的说法显然也是在讽刺这种只有少数人能搞懂相对论的误解，并且同时嘲讽席柏斯坦的浮夸（参见第二篇，“对手”），后者可能认为自己就是所谓的第三人。

爱因斯坦在这一错误看法出现之后不久就对其感到不耐烦：“无论走到哪里，都有人问我这个问题。这很荒谬。任何接受过充分科学训练的人都可以很容易地理解这个理论。它没什么惊人或神秘的。广义相对论对于受过相关指导的人来说非常简单，并且在美国就有很多这样的人。”（出自《芝加哥每日论坛报》［Chicago Daily Tribune］的一个访谈，发表在该报1921年5月3日的头版和3版，在访谈中爱因斯坦被问起是否只有12人能搞懂相对论时，他做了如是回答；亦见伊力的《爱因斯坦遇见美国》［Illy, Albert Meets America］，147页。）

虽然广义相对论确实需要多年的研究才能熟练掌握，但许多人也确实就这么掌握了它，而且更多的人不需要长期繁重的研究也可以掌握理论的精髓。

政治上的天真

爱因斯坦对传统政治组织不怎么感兴趣。他宁愿留在职业政治舞台之外，虽然也用自己的名望支持很多事业，但从未加入过任何一个政党，也不觉得自己应该对任何支持者群体负责。他非常独立，敢于采取不受欢迎的立场，有时甚至让他的盟友感到不满或困惑。这些特征助长了长期的顽固的误解，即爱因斯坦只是一个天真的理想主义者，一个无的放矢的空谈者，与现实政治事件脱节的孤立天才。《时代》（Time）杂志将他捧为“世纪之人”（Person of the Century），只是强化了对爱因斯坦的这种刻板印象：“纯智慧的化身，带着德国口音的笨手笨脚的教授，无数电影中可笑的陈词滥调。”哪怕是在他“谴责麦卡锡主义并恳求结束偏见和种族主义"的时候，他的美国崇拜者认为他"尽管天真，但是用意是好的"（《时代》杂志，2000年1月3日），而他的批评者则觉得他就是一个危险人物。

当理想主义的观点没有受到对日常世界的现实评估的制约时，这些观点可能确实是天真的。但是，爱因斯坦的情况并非如此，他曾经极大地改变了自己对和平主义的立场，对犹太复国主义在巴勒斯坦的目标的演变表示了悲痛，并对军事心态及其导致的军备竞赛感到绝望。在爱因斯坦个人生活和职业生活的早期阶段都具有鲜明特征的那种实用主义，也支配了他的政治观点；他不断调整和适应不断变化的环境，但从不放弃原则。在第二次世界大战结束后不久，他在反驳一位批评他关于世界政府的看法的人时，强调一个人的信念必须"基于对当前客观条件的清晰理解"（"回复萨姆纳·威尔斯 [Sumner Welles]"，1946年1月前后；爱因斯坦档案编号28—720)。他的人性和民主本能，总是带着缓和的成分，因为他愿意根据观念在日常生活中产生的后果来评估其价值。

资料来源：根据罗与舒尔曼的《爱因斯坦论政治》第 xxii–xxiii 页改写。

素食主义者

爱因斯坦并没有选择吃素，尽管他对素食主义表示同情。因为消化问题，医生经常指示他不要吃肉，这可能导致给他贴上素食者标签的误解。尽管如此，他写给某个人的信中说自己在吃肉时总是感到内疚，而且在1930年12月还写了一封信刊登在一个德国素食期刊上："虽然因为外部原因我无法严格素食，但我原则上一直支持这一事业。除了出于审美和道德原因赞同素食主义目标之外，我认为素食生活方式通过其对人类气质的纯粹物理作用，将对人类的命运产生最有益的影响。"（致赫尔曼·胡特 [Hermann Huth]，1930年12月27日；爱因斯坦档案编号46—756。）1923年9月2日，爱因斯坦在与汉斯·阿耳伯特一起度假时写信给爱尔莎说，儿子"像我一样"几乎不吃肉，但吃大量的蔬菜。

广义相对论的验证对爱因斯坦来说并不重要

有一个故事说，爱因斯坦对1919年验证其理论的著名日食考察反应冷淡（参见第二篇，"相对论"，"广义相对论——广义相对论的实验验证"）。在科考 远征队成功验证自己理论的电报到达后不久，一位年轻的学生伊尔莎·罗森塔尔-施耐德（Ilse Rosenthal-Schneider）访问了爱因斯坦。当学生问到假如理论未能得到证实他会如何反应时，爱因斯坦回答说："那我只能怜悯我们亲爱的上帝了。这个理论反正是正确的。"（引自伊尔莎·罗森塔尔-施耐德的《实在与科学真理》[*Reality and Scientific Truth*] 一书第74页。）

爱因斯坦的这种对自己理论预测极其自信的品质，深刻地触动了他的同时代人，并且从那以后就成为大家对理论物理学家的一个常见的刻板印象。爱因斯坦对自己和他的想法充满了信心，但不能因为这样就觉得他不关心实验验证。他投入了大量精力鼓励天文学家检测他的理论，甚至为此亲自筹集资金来资助日食考察。在早期，他曾把实验检测作为指导理论探索的一种方式。当这些检测无法实现时，他用巧妙的思想实验和繁琐的计算来探索前进。完成这些实验之后，他对自己研究多年的理论坚信不疑。即便如此，他认为如果仍有疑问，还是应该做进一步的实验。如果尝试验证的结果不符合预期，他就接受新的结果，把它作为一个新的更好的理论的指南。（《爱因斯坦全集》第九卷第 xxxi-xlii 页，有广义相对论的验证过程的详细讨论；亦见克瑞林斯滕所著《爱因斯坦的陪审团》[Crelinsten, *Einstein's Jury*]。）

爱因斯坦面对不利实验结果的信心的真正来源，在于他能够根据以前的实验推断出结论，这些结论甚至连物理学家同行都无法立即看出来。因此，到1919年，当他与罗森塔尔-施耐德交谈时，他已经推断出光有能量，因此也有质量，所以肯定会受引力场影响（解释日食的部分观测效应）；他还在等效原理的基础上得出结论，并且通过水星近日点的进动证实，时空必须是弯曲的（参见第二篇，"相对论"，"广义相对论——广义相对论的实验验证"）。如果结果与他的预测相矛盾，就等于是在间接暗示某些已确立的先前实验结果是不正确的。在这种情况下，爱因斯坦会有信心要求对日食预测进行第二次检验，以检查第一次测量中是否可能出现了错误。

只是一位理论家

关于爱因斯坦的一个常见误解是，他只从事理论物理学研究。事实上，他喜欢做实验，并且是一位有成就的发明家，喜欢鼓捣，拥有多项专利（参见"合作者"一节中，比如关于万德尔·德哈斯［Wander de Haas］的部分，讨论了爱因斯坦的实验工作，包括专利；亦见第二篇的"专利与发明"以及"广泛的科学涉猎"部分）。

的确，爱因斯坦是第一代把专业精力集中在理论工作上的理论家之一，实验工作只是他们的备选。在爱因斯坦之前，虽然一些专业数学家在我们现在所谓的理论物理学方面做了大量的工作，但理论物理学的职位在大学中相当罕见。然而，认为他从未进行过实验性工作的说法是一种误解，这一误解显然是因为人们觉得理论家都是非常不切实际的人，哪怕是一走进实验室就可以毁掉一个实验。爱因斯坦的同事，理论家沃尔夫冈·泡利的事迹，尤其助长了这种印象的流行。"泡利效应"（the Pauli effect）在20世纪中期的物理学家中很有名，它指的是泡利所拥有的，哪怕仅仅出现在实验室附近就会干扰实验运行的神秘能力。

业余时间

徒步旅行

为了放松，爱因斯坦喜欢去爬山，特别是在他年轻的时候。作为1896年阿尔高州立中学的一名学生，他和同学们在瑞士东部的一次地质实地考察中攀登了森蒂斯（Säntis）山丘。在担任专利员期间，他和朋友索洛文一起前往盘桓在伯尔尼南部的古尔腾（Gurten）山区游览。他们会在很早的时候头顶着闪烁星光启程，并在黎明时分到达山顶，以赶上观看夏季的日出。索洛文写道，这种经历经常引发关于天文学的讨论。有时候，他们还从伯尔尼徒步30千米来到俯瞰图恩湖（Lake of Thun）的贝阿滕贝格（Beatenberg），6个小时的步行激发了他

图29　爱因斯坦与玛丽·居里，1913年在瑞士阿尔卑斯山的恩加丁山谷（Engadine Valley）徒步旅行。（维基共享资源）

们关于阿尔卑斯山地质的讨论。晚上，他们坐火车返回。爱因斯坦和米列娃一起前往意大利北部的科莫湖，通过斯普吕根（Splügen）山口进入瑞士，旅途中米列娃怀上了女儿"丽瑟尔"。最著名的也许是1913年夏天，爱因斯坦与居里夫人和她的女儿们一起徒步登上恩加丁（Engadine）的马洛亚（Maloja）山口（图29）。在第一次世界大战期间，他和汉斯·阿耳伯特一起在俯瞰卢塞恩湖（Lake of Lucerne）的塞利斯伯格（Seelisberg）徒步旅行。他一生都喜欢在户外散步，到了老年住在高等研究院期间还与数学家库尔特·哥德尔（Kurt Gödel）一起遛弯。

音乐

音乐在爱因斯坦的情感生活和社交生活中发挥了重要作用。他6岁开始上小提琴课，成年后非常喜欢自己的乐器，管它叫"莉娜"（Lina），大部分旅行中都带着它（图30）。他还演奏钢琴，特别是在晚年，自己说是因为觉得拉

图30　爱因斯坦拉自己的小提琴，1944年。（承蒙利奥·贝克学会惠允）

小提琴太累，在70岁的时候就不拉了。1951年1月6日，爱因斯坦写信给他的朋友伊丽莎白，也就是比利时王后说："我不再拉小提琴了。随着岁月的流逝，听我自己的演奏变得越来越难受。"（爱因斯坦档案编号32—400，亦见后文"写诗与创作格言"中他的相关文字。）在音乐上他偏好欧洲经典作品，特别是巴赫和莫扎特的音乐；他认为贝多芬［的音乐］变化无常。他与其他业余音乐家一起演奏时，也会选择舒伯特、舒曼和勃拉姆斯，以及一些早期意大利和英国大师的作品。（参见"对调查表的答复"，未注明日期；爱因斯坦档案编号34—322。）

　　爱因斯坦对东方音乐也有一些兴趣，正如他与罗宾德拉纳特·泰戈尔（Rabindranath Tagore）三次对话中的一次所展示的那样。后者是富有开明的孟加拉诗人、哲学家、艺术家、音乐家和（1913年）诺贝尔文学奖获得者，爱因斯坦给他起了一个绰号"泰戈尔拉比"。当时的欧洲知识分子对东方艺术和哲学充满好奇，泰戈尔对他们来说就是这个领域的爱因斯坦。那次谈到西方和东方音乐差异的对话发生在1930年8月19日的柏林，在共同的朋友托妮·门德尔（Toni Mendel）和她的女儿赫塔（Hertha）以及女婿布鲁诺（Bruno）的家中。虽然关于谈话的文字读来很有趣，但爱因斯坦声称他的女婿德米特里·马里亚诺夫所做的抄录并不完全符合实际。(具体文字，参见泰戈尔所著《金船》[*Das Goldene Boot*]，由马丁·坎品［Martin Kämpchen］编辑［Düsseldorf and Zurich，2005］。)

在远东旅行期间，爱因斯坦聆听了日本音乐并留下了下列感想，不过他从未声称自己真正理解或欣赏日本音乐：

> 日本音乐与我们的音乐之间的区别确实是根本性的。在我们的欧洲音乐中，和弦和分段式结构是必不可少、天经地义的，但它们在日本音乐中是不存在的。……对我来说，日本音乐是一种情感的绘画，具有令人惊讶的即时效果。我的印象是，所有这一切都是为了对人类声音中展现的情感进行风格化的呈现，以及感动人类灵魂的天籁之音，如鸟鸣声和海洋的隆隆声。……对我个人来说，接受日本音乐作为伟大的艺术形式的最大障碍是它缺乏正式的分段和结构布局。

最后，在认识到黑人对美国音乐的贡献之后，他在1939年纽约世界博览会的名人墙仪式上宣称："黑人及其精彩歌曲和合唱团，是迄今为止美国在艺术领域对世界的最好贡献。"(爱因斯坦档案编号28—527。)

阅读

从他在不同的信件中提到和推荐的书来看，爱因斯坦是一个热心的读者。这些书目虽然还没有经过系统汇集和出版，但是希罗多德（Herodotus）、斯宾诺莎（Spinoza）、陀思妥耶夫斯基（Dostoevsky）、托尔斯泰（Tolstoy）和阿纳托利·法朗士[1]在非科学著作中排名靠前。13岁时，他读了康德的《纯粹理性批判》（*Critique of Pure Reason*），而当他还是学生时，读过叔本华关于世俗智慧的格言。和那个时代的其他知识分子一样，除了当时流行的或重要的感兴趣的书之

92

---

1 阿纳托利·法朗士(Anatole France, 1844—1924)，法国小说家，1921年诺贝尔文学奖获得者。原名阿纳托利-弗朗索瓦·蒂博(Anatole-François Thibault)。——译者注

外，他还阅读古典文学。此外，他还阅读了许多使他跟踪最新状态并影响了他的学习和职业生涯的书。在海上旅程中，爱因斯坦会带几箱关于某些话题的书来打发时间。

亦见爱因斯坦在1920年4月24日给莫里斯·索洛文的信；爱因斯坦档案编号21—114；以及第三篇，"组织联系"，"奥林匹亚科学院"，其中包含该小组的阅读清单。附录C第189条中爱因斯坦的"原子科学阅读清单"（Atomic Science Reading List）尽管过时了，但也许有些人会感兴趣。有关他相信年轻人应该读经典一事，参见附录C中的第198条。关于他读陀思妥耶夫斯基的《卡拉马佐夫兄弟》（*The Brothers Karamazov*）一书，"这是有史以来最出色的书"，请参阅他在1920年春天分别于3月26日给海因里希·赞格尔和4月7日给保罗·埃伦费斯特的信，《爱因斯坦全集》，第九卷，文件361和371。

驾船航行

除了演奏小提琴和钢琴，听古典音乐之外，爱因斯坦的其他业余爱好还有驾船。在1929年50岁生日那天，他惊喜地收到朋友们的一个慷慨的礼物：一艘属于他的帆船。它非常适合在他位于柏林西南部卡普特的消夏小屋附近的哈维尔（Havel）河上航行。这艘约20平方米[1]的红木小艇，被称为Tümmler（德语"海豚"，图31）。造船工程师兼设计师阿道夫·哈姆斯（Adolf Harms）的任务是建造一艘带有辅助发动机和小型甲板的帆船，这样的船易于操作。搬到普林斯顿时，爱因斯坦在卡内基湖上驾驶的是一艘小一点的船，被称为Tinnef（意第绪语"便宜货"）。爱因斯坦不会游泳，但他不害怕水或翻船。据说有一次他在浅水中落水，奋力爬回甲板时嘴里还一直叼着他的烟斗——吸烟斗是他另一个爱好。一些最著名的爱因斯坦照片是在船上由摄影师洛特·雅各比（Lotte Jacobi）拍摄的，后者把这些照片遗赠给了新罕布什尔大学。

1　原文为215平方英尺。1平方英尺等于0.09290304平方米。换算后，等于19.9741536平方米。——译者注

图31　爱因斯坦在其柏林郊外卡普特消夏小屋附近驾驶他的帆船"海豚"。（版权属新罕布什尔大学1937©洛特·雅各比藏品；承蒙新罕布什尔大学惠允）

写诗和创作格言

　　爱因斯坦档案馆里有数百首诗和格言。爱因斯坦的诗歌均非严肃之作。所有诗歌都是用德语写成的，众所周知。将诗歌从一种语言翻译成另一种语言是很困难的，尤其是充满幽默（大部分是诙谐的语言）和习语的那种。以下翻译来自各种出版物，如果翻译人员姓名已知，也附在后面。虽然其中一些英文译本看起来不够优雅，但在阅读它们时，读者可以了解爱因斯坦写诗的才能，有时也能看出其局限性。他的诗经常写在明信片或照片上，主要是写给女性。其中大多数都不是抒情类的，而是打算让对方开心，一般都没有题目。大多数诗歌的节奏和韵律类似以《马克斯和莫里茨》（"Max und Moritz"）成名的德国幽默家和诗人威廉·布施[1]的作品。（承蒙以色列耶路撒冷希伯来大学爱因斯坦档案部惠允发表这些诗歌和格言。）

诗歌

无论我在何处何方，
总能看见自己画像：
或置书桌或悬走廊，
黑带围颈挂在墙上。

世上诸人令人难解：
请我签名情辞甚切；
对吾学识略无兴趣，
潦草墨迹索求不懈。
环绕簇拥美意盛情，
吾何幸运心有不宁，
或有时刻扪心自问：
人我之间谁失澄明？

献给科内丽娅·沃尔夫（Cornelia Wolff），1920年1月。出自杜卡斯和霍夫曼的《爱因斯坦谈人生》（Dukas and Hoffmann, *Einstein, the Human Side*），第73—74页。

***

我的言辞无法表达
对这位伟人的爱戴！

---

1 威廉·布施（Wilhelm Busch, 1832—1908），德国画家、诗人以及雕刻家，其因带有讽刺性的插画故事闻名。——译者注

只恐他将会孤峰独立,

光彩自在。

"关于伟大的犹太哲学家斯宾诺莎"(On the Jewish philosopher Baruch Spinoza),1920年。
爱因斯坦档案编号33—264。

***

男女老幼诸君

请留尊贵墨迹

毋写平淡之语

与众千篇一律

吾爱精美诗行

尽得骚客雅意

请勿踌躇驻笔

挥毫自有天地

卡普特别墅来客签名簿的前言,1930年5月4日。引自奈佛(Neffe)的《爱因斯坦传》(*Einstein*),
第306页,由阿伦·维尔纳(Aaron Wiener)翻译为英文。爱因斯坦档案编号31—067。

***

她的凝眸有如修长的枝条,精致紧凑

照拂一切。

欣喜地看到朋友们的身影,

微笑着,安静地像一株垂柳。

致埃特尔·米哈诺夫斯基(Ethel Michanowsky),1931年5月16日。爱因斯坦档案编号84—103。 95

***

谁曾让夏娃之女,

进入他暗淡的心灵,

定然追悔那流逝的岁月静好,

彼时未能一窥她的仙颜。

致埃特尔·米哈诺夫斯基,1932年或1933年。爱因斯坦档案编号84—108。

***

寄来的信件有如山积

每个杂志都演绎他的事迹

如何面对这般的烦恼

他无语而沉思：吾愿孤独幽居

1934年。爱因斯坦档案编号31—161。

***

在穹顶的骄傲光辉之中，

命运女神展示她的秘密；

一个斗士胸有成竹，

幸福自豪战斗不息。

我们昨夜言谈甚欢，

高兴地提起了关于您的话题；

为了纪念这一次的会面，

让我向您送去这份致意。

写给比利时王后伊丽莎白。爱因斯坦于1934年1月25日在白宫访问罗斯福总统，与主人谈到王后。这首诗首先被交给罗斯福总统，由美国国务院翻译局翻译后，再把原件交还爱因斯坦寄给王后。

***

诸君纷纷皆疑我，

外室之说甚无稽！

吾有家室已憔悴，

任劳任怨未敢欺。

果余心力另藏娇，

幸得骨肉当报喜。

但求众口勿相问，

为人继父诚不易。

　　　　继父 A.爱因斯坦

1936年，就关于自己已有私生子的流言回复朋友雅诺斯·普勒什。英文翻译出自海菲尔德和卡特，《阿耳伯特·爱因斯坦的私生活》（Highfield and Carter, *Private Lives*），第93-94页。爱因斯坦档案编号31—178。

***

薄艺颇自珍，

日习亦称勤。

为免众口笑，

不可遍示人。

君可纵声歌，

慷慨意淋漓。

但请闭窗扃，

无使邻人惧。

致埃米尔·希尔布(Emil Hilb)，1939年4月18日，英文翻译为爱丽丝·卡拉普里斯。爱因斯坦档案编号31—279。

***

无比辛勤汗水努力，

换来一点小小真理？

政党路线煞费心机，

这是蠢人不可理喻。

有谁胆敢提出异议，

严惩不贷切勿迟疑。

大胆勇气都被修理，

拥抱和谐史无前例。

"辩证唯物主义的智慧"，1952年。在同一页上，爱因斯坦潦草地写下一句挖苦的格言，"马克思恩格斯研究所的铭文：在真理追寻者的国度，没有个人权威。谁想称王争霸，会遭到诸神耻笑"；见罗与舒尔曼所著的《爱因斯坦论政治》，第457页；爱因斯坦档案编号28—948。格言的最后一句被收入《利奥·贝克八十诞辰纪念文集》（*Essays Presented to Leo Baeck on the Occasion of His Eightieth Birthday*）（伦敦东西图书出版社[London: East and West

Library]，1954），第26页。爱因斯坦档案编号28—962。

***

谁编故事制造恐怖，

必遭痛恨身陷囹圄。

那也好过说出真相，

实话出口万劫不复。

奈佛的《爱因斯坦传》，第285页，引自彼得·布基（Peter Bucky）。

***

看着周围犹太同胞，

没有一处令我叫好；

再去看看其他族群，

我要庆幸身为犹太人。

约瑟夫·艾辛格（Josef Eisinger）英译。爱因斯坦档案编号31—324。

格言

德国的不幸，是被富裕和匮乏先后毒害。

1923年。爱因斯坦档案编号36—591。

为了惩罚我对权威的蔑视，命运把我自己也变成一个权威。

致一位朋友，1930年9月18日。爱因斯坦档案编号36—598。

政治就是一种在无政府状态和独裁统治之间摇摆，它是由不断恢复活力的幻觉所激发的。

1937年。爱因斯坦档案编号28—388。

我从来不去想未来，反正它很快就会到来。

1945—1946年。爱因斯坦档案编号36—570。

有意义的生活表现为：个人的存在的意义，来自于对自己的抱负和成就的客观价值的信念。但是如果没有一些幽默来调和这一信念，那就会让这人变得难以忍受。

致约翰娜·范托娃(Johanna Fantova)，1948年10月9日。这是当天发送给她的三条格言之一。爱因斯坦档案编号87—347。

妥协：糟糕的妥协之路是一条"单行道"。你无法回头，也不能停止。

致约翰娜·范托娃，1948年10月9日。在德文原稿中，爱因斯坦写的"单行道"(one way road)是英文。爱因斯坦档案编号87—347。

个人与国家：光是藤本植物成不了森林，必须要有能够凭借自身实力站立起来的树木。

致约翰娜·范托娃，1948年10月9日。爱因斯坦档案编号87—347。

一个主要以满足个人欲望为目的的生活，早晚会导致痛苦的失望。

致李(T. Lee)，1954年1月16日。爱因斯坦档案编号60—235。

智慧和权力很难相容，在一起也不会久。

载于《利奥·贝克八十诞辰纪念文集》(伦敦：东西图书出版社，1954)，第26页。爱因斯坦档案编号28—962。

极少有人能冷静表达与其所处社会环境的偏见相异的观点。大部分人连形成这种观点的能力都没有。

同上。

君子好述：确实存在的，可能性很大的以及或许有可能的浪漫关系

关于爱因斯坦很喜欢女性陪伴这一事实有很多说法。虽然我们知道其中一些信息，但不知道是否所有的关系都是亲密的。爱因斯坦的诸多传记没有提供

什么相关信息，只是断言有些女人是他的情妇。

除了十几岁时在瑞士与玛丽·温特勒的纯洁关系，爱因斯坦在与米列娃·马里奇结婚前还有另一次短暂的恋情。安娜·施密德（Anna Schmid）是苏黎世附近梅特门施泰滕（Mettmenstetten）的一个旅馆老板的小姨子，爱因斯坦在苏黎世联邦理工学院（ETH）期间曾与母亲一起在那里消夏，他的一些早期调情诗歌就是写给安娜的。结婚后，米列娃指责安娜继续与爱因斯坦保持通信联系。

爱因斯坦在与米列娃·马里奇结婚期间唯一已知的出轨行为的对象，是后来成为他第二任妻子的爱尔莎·勒文塔尔。在这段婚外情期间，他对爱尔莎的女儿伊尔莎也有兴趣，并与爱尔莎的妹妹保拉调情。在与爱尔莎结婚后，爱因斯坦40多岁时，经常表现出对不同背景的女性的兴趣，有些已婚，有些是丧偶或未婚。他在柏林和附近卡普特的消夏小屋中曾有4个"女性朋友"：埃斯特拉·卡岑伦博根（Estella Katzenellenbogen），玛格丽特·莱巴赫（Margarete Lebach），埃特尔·米哈诺夫斯基和托妮·门德尔。与莱巴赫的恋情关系可能一直延续到去往美国之后，因为有1937年两人在长岛亨廷顿一起驾船航行的照片。他于1925年在前往阿根廷的船上遇到了另一名女子埃尔泽·耶路撒冷（Else Jerusalem）。他想要对方的陪伴，但在船上的短时期内，不太可能建立更深的关系。像托妮·门德尔这样的一些女性，可能只是精神知己和亲密的朋友。

爱尔莎清楚地知道这些女人的存在，她们中的一些人试图与她交朋友，并在拜访时给她送去好吃的。她特别嫉妒玛格丽特·莱巴赫。当爱尔莎的女儿伊尔莎和玛戈特看到爱因斯坦的轻佻行为让母亲感到痛苦时，她们建议她做出选择：要么结束婚姻，要么忍受丈夫的轻浮。爱尔莎宁愿维持与爱因斯坦的婚姻并享受这个婚姻给她带来的好处，不愿意做其他选择，她接受了丈夫对自己已没有激情但还保留感情的状况。爱因斯坦似乎没有把爱尔莎视为米列娃那样的负担，显然是因为爱尔莎更加宽容。

爱因斯坦与爱尔莎的婚姻持续了17年，直到1936年年末她在普林斯顿去世，此后近20年爱因斯坦都是单身。在他生命的最后10年里，来自东欧的两位女性经常在他身边，第一位是玛格丽塔·科嫩科娃（Margarita Konenkova），然后是约翰娜·范托娃。也有关于其他情人的谣言，例如伊夫琳·爱因斯坦的母亲，据说是纽约市的一名舞蹈演员（参见"家庭"一节中的"第一个家庭——

伊夫琳·爱因斯坦")。在整个成年期间，爱因斯坦都质疑婚姻的必要性，认为"婚姻是一个不成功的尝试，想让一件偶然发生的事情继续下去"（奥托·内森1982年引自杰米·塞延［Jamie Sayen］的书：《爱因斯坦在美国》［Einsten in America］)。

以下是从各种现有资料（包括家谱网站）中搜集的简短传记的摘要汇编，按照她们与爱因斯坦的相遇顺序，介绍这些女性在爱因斯坦的生活中发挥的作用。其中一些女性成就卓越，机智多谋，富有创业精神。在充满挑战的历史时期，所有人都过着有趣而动荡的生活。爱因斯坦的两个妻子米列娃和爱尔莎生平不在此处，她们的传记可以在"家庭"部分找到。

玛丽·温特勒（1877—1957）

（亦见"朋友"一节，"温特勒一家"。）

年轻的玛丽（不要与爱因斯坦的妹妹玛丽亚或者玛雅·爱因斯坦搞混，她嫁给了玛丽的兄长保罗后被称为玛雅·温特勒-爱因斯坦［Maja Winteler-Einstein］）是爱因斯坦的初恋。她出生于瑞士的伯尔尼州，在1896年结识爱因斯坦时19岁，而爱因斯坦才17岁，是瑞士阿劳州阿尔高州立中学的一名学生，在温特勒家住宿（参见后文）。这一萌芽中的恋爱关系得到了双方父母的认可，但是仅持续了大约一年。爱因斯坦搬到苏黎世进入瑞士联邦理工学校之后，就中断了这段关系。正像他在1897年5月写给玛丽的母亲保利娜·温特勒（爱因斯坦和保利娜很亲近）的一封信中承认的那样，这次分手给他带来了一些内疚和痛苦。在后来的生活中，玛丽声称他们的友谊只是柏拉图式的，但爱情是真实的。她于1911年与阿耳伯特·穆勒（Albert Müller）结婚，育有两个孩子，并于1927年离婚。她成年后与精神疾病作斗争，并于1957年在伯尔尼附近迈林根（Meiringen）的一家精神病诊所去世，享年80岁。

伊尔莎·爱因斯坦（1897—1934）

（参见"家庭"一节中的"第二个家庭"。）

贝蒂·诺伊曼（1900—1975？）

贝蒂·诺伊曼是爱因斯坦的密友汉斯·米萨姆的养女和远房亲戚。爱因斯坦在1923年6月雇用她临时协助自己，因为当时他的秘书和继女伊尔莎·爱因斯坦患严重的腹绞痛，而住在维也纳的贝蒂正在柏林拜访米萨姆。根据爱因斯坦8月份给她写的推荐信，这项工作只持续了六周（《爱因斯坦全集》，第十四卷，文件103；爱因斯坦档案编号90—782）。

然而，爱因斯坦迷上了年轻而聪明的贝蒂，继续与她情书往来，最初是秘密的，后来爱尔莎也知道。爱尔莎容忍了这一行为，在她的丈夫和贝蒂在公寓每周两次聚会的时候，就在外回避。此外，正如他在1923年11月给贝蒂的信中所言，爱因斯坦声称自己拒绝纽约哥伦比亚大学的职位，是因为贝蒂不愿一起去那里担任他的秘书："要是没有风来吹帆，蒸汽锅炉又没有煤，一个人怎么会驾船出海？"（1923年11月13日；爱因斯坦档案编号120—896）。哪怕是在鼓励贝蒂找年龄更为相当的丈夫的时候，他也经常表达自己对她的爱。贝蒂显然听从了他的建议，在1923年年末结婚或订婚，不过新郎比爱因斯坦还要老。到了1924年1月，爱因斯坦已经提到了她短暂的私通和"离婚"，两位情人继续情书往来。

到1924年年底，当贝蒂25岁，爱因斯坦45岁时，他终于在给她的信中承认这种关系是错误的，他想结束这一关系，以便她继续自己的生活。他告诉对方，从现在开始应该把他当作好心的叔叔。在同一封信中他非常得体地告诉对方，他现在是一个老家伙，并且需要"在星空中寻找自己在地球上得不到的东西"（1924年10月28日；爱因斯坦档案编号120—911）。这封信后二人似乎就不再通信。这个意外的分手显然伤害了贝蒂，以至于从前与爱因斯坦关系密切的汉斯和明娜·米萨姆与他绝交。多年后，当老朋友们已经天各一方，生活在不同的大陆时，才逐渐恢复了友谊。

爱因斯坦档案中包含的证据表明，爱因斯坦给了贝蒂一份签名的六页手稿，上面是以德文手写的他的一篇论文"非欧几何学和物理学"，日期是1924年3月。40年后贝蒂以2150美元的价格出售了该手稿（收据保存在爱因斯坦档案馆，编号：90—792）。（几十年后，爱因斯坦也送给约翰娜·范托娃类似的礼物。）根据贝蒂撰写的关于她担任爱因斯坦秘书期间的手稿（参见后文），她还要求用爱因斯坦的一缕头发作为自己秘书工作的报酬，说自己不需要金钱，并如愿以偿。

1938年，二人突然恢复了通信，但语气变了。仔细阅读爱因斯坦档案馆数据库，可以看到从1938年5月到1955年3月之间二人断断续续的通信。到1938年，爱因斯坦和他的家人已经移民到美国，39岁未婚的贝蒂在纳粹吞并奥地利期间独自一人待在维也纳，非常害怕。无奈之下，她于1938年5月写信给爱因斯坦，说自己作为一名X光技术员被医院解雇，没有父母可以求助，也没有任何经济支持，问爱因斯坦能否从维也纳的美国领事那里替她弄到一份宣誓书（affidavit），来帮助她移民。

到该年年底，爱因斯坦已经安排了所要求的宣誓书，其中包括保证她有住的地方和有钱养活自己。不清楚她从维也纳移民的细节，不过到了1939年3月，她已到了海法，可能是去访问逃往巴勒斯坦的米萨姆。她到达纽约市应该是在5月，因为一封信显示爱因斯坦同意那个月（1939年5月22日；爱因斯坦档案编号120—915）在自己的朋友古斯塔夫·布基（Gustav Bucky）的家中与她见面。6月初，爱因斯坦为她写了一份求职推荐信。到了1940年7月，她在一家医院找到了一份全职工作，担任X光技师，并开始偶尔把自己的名字写成"Newman"[1]。

贝蒂抵达纽约后和爱因斯坦似乎没有发生太多的个人接触。他们交换了一些友好的信件，信中希望很快能够见面，但没有迹象表明他们实际上见过面。这两个人当时又用正式的德语"您"而不是"你"来称呼对方，从信中看不到二人以前曾经是恋人的迹象。

爱因斯坦写给贝蒂的最后一封信是在他去世前六个星期的1955年3月6日。她写道，自己想去拜访爱因斯坦，但他回答说自己老迈多病，无法会面（爱因斯坦档案编号120—931）。得知爱因斯坦去世的消息后，贝蒂赶到普林斯顿，但显然家里没有人能接待她。海伦·杜卡斯后来写信抱歉地告诉她，那天太忙乱，除了爱因斯坦家人和最亲密的朋友，没法招待其他人。

1956年，由贝蒂撰写的题为"当爱因斯坦秘书的日子"的英文打字稿被存入

---

1 德文姓Neumann的英文化。——译者注

爱因斯坦档案。这可能就是她在1941年想要出版的手稿。那时，爱因斯坦觉得这是一篇令人尴尬的文章，不允许出版它（1941年3月13日；爱因斯坦档案编号120—925）。在其中，她提到二人在柏林周边的一些短途旅行，但没说是属于浪漫性质的。在1964年卖出上面提到的爱因斯坦给她的手写稿之后，除了1967年8月从瑞士写给纽约的一位朋友的明信片之外，我们找不到贝蒂·诺伊曼后来的任何生活记录。

埃尔泽·科塔妮·耶路撒冷（1877—1942？）

爱因斯坦在1925年春季乘坐豪华班轮"波罗尼奥角号"（Cap Polonio）前往南美洲的海上航行中了遇见了埃尔泽·科塔妮·耶路撒冷（Else Kotânyi Jerusalem），并在自己的旅行日记中称她为"豹猫"（Panther Cat），那次爱尔莎·爱因斯坦没有同行。他在布宜诺斯艾利斯期间也曾和她会面。（关于爱因斯坦对她的回忆，参见"旅行和旅行日记"一节中的"南美洲—阿根廷"。）埃尔泽·科塔妮·耶路撒冷显然至少曾在柏林访问过爱因斯坦和爱尔莎一次，因为她在1939年写给爱因斯坦的一封信中提到这次访问，并回忆起他们三个人一起在爱因斯坦家里度过的美好时光。她可能在1928年也拜访过爱因斯坦，因为2001年5月在索斯比拍卖了约翰·高登兹（John Gaudenz）拍摄的一张爱因斯坦照片，有爱因斯坦本人签名，题赠"埃尔泽·耶路撒冷女士"，落款时间是1928年。

耶路撒冷在她的时代是一个引发争议的女人。她在欧洲通过谈论和撰写卖淫和性教育等敏感话题引起了轰动。1877年，她出生于维也纳的一个匈牙利葡萄酒商家庭，16岁时开始在维也纳大学旁听文学和哲学课程，这对于当时的年轻女性来说是不寻常的。1899年，她出版了她的第一本书，包含三个短篇小说。1902年，她出版了一本名为《告诉我们真相！》（*Give Us the Truth!*）的专著，其中挑战了资产阶级对男女的双重标准，并主张女孩在婚前接受性和男女关系教育。在1900年时，她出版了一本名为《神圣的圣甲虫》（*The Sacred Scarab*）的德文小说，内容涉及卖淫场所的赌博；它在两年内被重印21次，到1926年为止重印了39次。它还被翻译成英文出版，书名为《红房子》（*The Red House*）。她成为一名受欢迎的演讲者和朗读者，还出版了另外几本书。

埃尔泽于1901年在维也纳与阿尔弗雷德·耶路撒冷（Alfred Jerusalem）结婚，随后很快就生了两个孩子。他们离婚时孩子们还小。之后她于1910年或1911年与维克多·维达科维奇（Viktor Widakovich）结婚，但出于职业原因，保留了她的第一任丈夫的姓，但是阿尔弗雷德·耶路撒冷自己却改名为"简森"（Jansen）。1912年埃尔泽搬到布宜诺斯艾利斯的时候，维达科维奇可能已经是布宜诺斯艾利斯大学的生物学或医学教授。不过他们偶尔会回到欧洲。埃尔泽的两个孩子和他们亲生父亲住在一起。

资料来源：选自德语互联网资源和rootsweb.com。

埃斯特拉·卡岑伦博根（1886—1991）

埃斯特拉·卡岑伦博根（Estella Katzenellenbogen），原名埃斯特拉·马库塞（Estella Marcuse），是一位富有的柏林社交名媛，丈夫是德国啤酒厂主管和著名商人马克斯·卡岑伦博根（Max Katzenellenbogen）。在20世纪20年代中期席卷了魏玛共和国的"黄金20年代"，这对夫妇养成了奢华的生活方式，配有若干豪华汽车和两座豪宅。他们有三个孩子，但是在1929年因为马克斯爱上了另一个女人而离婚，第二年马克斯就娶了那个女人。

爱因斯坦和埃斯特拉可能在她离婚前认识的，因为爱因斯坦夫妇与柏林的许多像埃斯特拉·卡岑伦博根那样有权势的头面人物很熟。目前尚不清楚他们的关系何时开始。然而，当时人们就知道他俩的风流韵事，因为可以在音乐会、社交活动和卡普特别墅看到二人在一起。

尽管爱因斯坦的传记通常将她视为拥有连锁花店的"花商"，但埃斯特拉也以印象派艺术的收藏家闻名。20世纪30年代末，她带着孩子搬到了南加州，成为了一位受人尊敬的艺术赞助人，并成为了她从德国带来的画家保罗·克利（Paul Klee）作品的收藏家（参见文森特·普莱斯［Vincent Price］1992年接受史密森尼学会美国艺术档案的访谈）。

资料来源：爱因斯坦档案编号50—799，30—750，75—158以及一些互联网资源。

玛格丽特·莱巴赫(1885—1938)

玛格丽特·莱巴赫是一位迷人的奥地利寡妇，爱尔莎·爱因斯坦非常嫉妒她。爱因斯坦特别喜欢和她一起驾驶帆船"海豚"，这艘船是柏林的朋友们送给他的50岁生日礼物。每当玛格丽特即将来访时，爱尔莎当天都会流着泪出门去柏林，因为实在受不了当面看着自己丈夫和别人调情。玛格丽特似乎对这种安排心安理得，这就让爱尔莎更加难受。

玛格丽特·莱巴赫出生于维也纳，婚前在娘家名字叫玛格丽特·巴赫维茨(Margarete Bachwitz)。她于1905年与埃米尔·戈特利布(Emil Gottlieb)结婚，生了一个孩子泰迪(Teddy)之后在1914年离婚。之后她与威利巴尔德·莱巴赫(Willibald Lebach)结婚。在1938年5月德国吞并奥地利之后，爱因斯坦试图帮助他们离开奥地利前往美国。她的丈夫和儿子印发的死亡通知声明，她因长期患病去世，不过没有给出日期。根据死亡记录，她于1938年8月17日在维也纳去世。因为1937年知名摄影师洛特·雅各比曾拍摄爱因斯坦和玛格丽特在长岛亨廷顿驾船的照片，玛格丽特在去世前一年肯定访问过美国。

埃特尔·米哈诺夫斯基(生卒年不详)

埃特尔·米哈诺夫斯基(Ethel Michanowsky)成为爱因斯坦身边的小麻烦，因为她在爱因斯坦对她失去兴趣之后还继续追求他。"确实，M〔她的绰号是'米夏'(Micha)〕跟着我〔到了牛津〕，她对我的追求已经失去控制"，他于1931年向自己的继女玛戈特抱怨道。在1931年5月24日来自牛津的一封信中，爱因斯坦坚持要求埃特尔不要再给他买那么多礼物了，并在信的最后以"绝对严厉的表情"签名结束(爱因斯坦档案编号84—104)。埃特尔比爱因斯坦年轻15岁，是玛戈特·爱因斯坦的朋友，也是一位柏林社交名媛。档案中包括1929年至1939年两人之间的一些友好信件。到了1938年，爱因斯坦已经来到美国，而埃特尔和她的儿子格奥尔格(Georg)被困在法西斯统治下的意大利，也试图前往美国。和许多其他人迫切希望离开欧洲一样，她写信给爱因斯坦寻求帮助。爱因斯坦回信说他没法再搞移民宣誓书了，并希望她能够另找其他渠道。档案中来自埃特尔的最后信息，是她从意大利发给爱因斯坦的生日祝福，日期为1939年3月1日。1940年10月31日，爱因斯坦向埃利斯岛（Ellis Island）上的埃特尔发出似乎是最后的一封信，告诉对方自己已要求犹太妇女组织协助她（爱因斯坦档案编号84—110）。埃特尔也设法来到了美国。

托妮·门德尔（1878—1956）

托妮·门德尔原名安东妮·迈耶（Antonie Meyer），出生于德国科隆，并于1898年与一家服装厂的有钱老板阿耳伯特·门德尔（Albert Mendel）结婚。她是一位优雅而富有文化的女性，与她的丈夫都是"新祖国联盟"的成员，这是一个成立于1914年的偏左翼的反战和平主义组织（参见第三篇"组织联系"一节），受到许多知识分子、进步工业家和贵族的青睐。门德尔夫妇有可能在组织的一些会议上遇到了爱因斯坦和他未来的妻子爱尔莎，他们也是"新祖国联盟"的成员。爱尔莎和托妮是朋友，托妮的女儿赫塔和爱尔莎的女儿伊尔莎和玛戈特也是朋友。

托妮和阿耳伯特·门德尔是一对般配的夫妻。不幸的是，阿耳伯特在1922年过早去世，使得44岁的托妮成为一个富有的寡妇。他们的豪华别墅位于柏林西南部的万湖（Wannsee），即使在阿耳伯特不幸早逝后，也一直是知识分子和政治家聚会的场所。托妮继续与赫塔和赫塔的丈夫布鲁诺·门德尔博士以及他们的三个孩子住在一起。布鲁诺是一个同姓的堂兄。作为一名对临床研究有浓厚兴趣的医生和科学家，他在这块地产上为自己建立了一个实验室，爱因斯坦会去那里拜访他，讨论布鲁诺的一些实验。布鲁诺从小就对医学感兴趣，在第一次世界大战期间担任过红十字会的担架员和医生。1930年，爱因斯坦和罗宾德拉纳特·泰戈尔之间的一次谈话，就是由赫塔安排在门德尔别墅进行的（参见"业余时间"一节下的"音乐"）。

爱因斯坦陪伴着丧偶的托妮乘坐由司机驾驶的豪华轿车去音乐会和剧院。爱尔莎偶尔也加入了他们。爱因斯坦夫妇，有时是各自的，有时是一起，经常去门德尔夫妇的别墅拜访，偶尔爱因斯坦会留下过夜，这样就不用让司机长途驾驶送他回柏林或卡普特（爱因斯坦自己从未学过开车）。1928年夏天，托妮在德国北部沙尔博伊茨（Scharbeutz）附近波罗的海的提门多夫海滩（Timmendorfer Strand）上租了一栋别墅消夏，并且邀请正从一场大病后康复的爱因斯坦和他的家人一起前来。根据爱因斯坦写给他的前妻米列娃的一封信，当时爱因斯坦家庭的所有成员都在那个夏天的某个时候去过那里，包括他的小儿子爱德华。

爱因斯坦给托妮的大部分信件都是在爱因斯坦的要求下烧毁的，可能是他去世后才烧毁的，至于托妮写来的信件，爱因斯坦读完之后可能就处理掉了。现存的只有1925年至1953年的一些信件。这些信件里看不出有什么明显的风流韵事，不过许多作者推测，之所以会要销毁信件，肯定是发生过热恋。可以肯定的是，这两个家庭相互了解并且经常互动。除了早期可能有过什么事情，随着时间的推移，这两个人最终仅成为亲密的朋友和知己，他们兴趣相近，并且一起阅读都感兴趣的书。

托妮于1931年离开德国搬到瑞士，在那里一直住到1938年才搬到了加拿大的多伦多。布鲁诺、赫塔和他们的孩子于1933年4月逃离纳粹德国并搬到了荷兰。后来他们搬到了加拿大安大略省的奥克维尔，托妮后来在那里也买了房子。布鲁诺一家于1950年回到荷兰。1957年，布鲁诺当选伦敦皇家学会会员。托妮于1956年在加拿大去世。

资料来源：爱因斯坦档案；与安多尔·卡里乌斯（Andor Carius）——门德尔一家的朋友及对该家庭的研究者——的私人通信。

玛格丽塔·科嫩科娃（约1896—1980）

1998年，纽约苏富比拍卖行（Sotheby's）拍卖了爱因斯坦1945年11月8日至1946年7月25日期间写的一些情书。这些信件的收件人是玛格丽塔·科嫩科娃（Margarita Konenkova），据称她是苏联间谍，代号为"卢卡斯"（Lukas），让人联想到爱因斯坦秘书的名字"杜卡斯"。在拍卖开始之前，公众甚至联邦调查局都不知道这两人在第二次世界大战期间有过恋情，或许还更早。现存的信件日期最早是在1945年11月，当时战争已经结束，科嫩科娃及其丈夫谢尔盖在苏联政府的命令下已经返回莫斯科。除了1939年以丈夫和她自己的名义写给爱因斯坦的一个祝贺生日的便条之外，没有找到玛格丽塔给对方的信。没有拍卖的，是爱因斯坦在 1943 年圣诞节写给玛格丽塔的一首诗，在其中他深情地向她致意，另外还有 1945 年 11 月 1 日写给她的一封信。后面这三个文件都存放在爱因斯坦档案馆中。

玛格丽塔和谢尔盖自 20 世纪 20 年代初以来一直住在纽约的格林威治村。谢尔盖是一位著名的雕塑家，他于 1935 年创作的爱因斯坦半身像被放置在普林斯顿高等研究院供人参观。玛格丽塔是爱因斯坦的继女玛戈特·爱因斯坦的朋友，后者也是一位雕塑家，她显然是通过这层关系认识爱因斯坦的。苏联大间106谍帕维尔·苏多普拉托夫（Pavel Sudoplatov）1995 年出版的一本很不可信的书，声称玛格丽塔是一名特务，其任务是从像爱因斯坦和罗伯特·奥本海默这样的美国科学家那里设法获得保密的原子弹秘密。如果她是间谍，她一定会惊讶地发现爱因斯坦没有安全许可，不知道机密信息，并且自己被胡佛总统的联邦调查局怀疑为"颠覆分子"（参见第三篇"政治背景"一节下的"战后与冷战——联邦调查局的爱因斯坦档案"）。没有证据表明爱因斯坦知道她可能是个特务并试图从自己身上窃取秘密。然而，他确实知道她渴望自己能与纽约苏联领事帕维尔·米哈伊洛夫（Pavel Mikhailov）接触。爱因斯坦同意与米哈伊洛夫会面讨论世界和平；他还希望通过领事办公室联系俄罗斯科学院的院士。和信件一起拍卖的，是一个金质腕表，显然是爱因斯坦赠送给玛格丽塔的礼物，这应该是爱因斯坦自己于 1931 年访问加州理工学院时收到的礼物，因为它上面刻有"阿耳伯特·爱因斯坦教授，1931 年 2 月 15 日，洛杉矶"。玛格丽塔与名人私通是有历史的，其情人包括作曲家谢尔盖·拉赫玛尼诺夫（Sergei Rachmaninoff）和歌剧演唱家费奥多·夏利亚宾（Feodor Chaliapin）等。

除了这些信件外，很难找到关于玛格丽塔的可靠信息。网上消息称，她出生于 1896 年，1980 年在莫斯科去世。

资料来源：致科嫩科娃的信件，爱因斯坦档案编号 85—154 和 85—156；爱因斯坦档案编号 84—334 中有关于拍卖信件的拍品编目和简要介绍；互联网上关于玛格丽塔·科嫩科娃以及谢尔盖·科嫩科夫的一些信息资料。关于科嫩科夫，参见玛丽·特尔博（Marie Turbow）等人所著的《谢尔盖·科嫩科夫的非凡眼光》（*The Uncommon Vision of Sergei Konenkov*）（新泽西州新不伦瑞克［New Brunswick］拉特格斯大学出版社［Rutgers University Press］2001 年出版）。

约翰娜·范托娃(1901—1981)

约翰娜·范托娃，出生于现在位于捷克共和国的布尔诺(Brünn)，在娘家的原名为约翰娜·汉恩·博巴奇(Johanna "Hanne" Bobatsch)。她在普林斯顿村周围被称为爱因斯坦的最后一位重要的女伴（last significant other）。1911年爱因斯坦一家在布拉格待了一年，约翰娜的丈夫奥托·范塔(Otto Fanta)的家人自那时起就与爱因斯坦有了联系。奥托的双亲，贝尔塔(Berta)和马克斯(Max)是布拉格老城广场上著名的独角兽药店(Unicorn Apothecary)的所有者，每两周举办一次沙龙，让知识分子讨论哲学和其他流行主题。爱因斯坦偶尔也参加。约翰娜和奥托于1925年结婚。1929年至1930年在柏林逗留期间，约翰娜向爱因斯坦介绍自己是范塔的儿媳。爱因斯坦聘请她整理自己杂乱无章的图书馆，并带她在卡普特一起驾船。

1939年，约翰娜移民美国。她的丈夫显然是在战争爆发前去了英格兰并于1940年在那里去世；目前尚不清楚她是否在移民美国之前去过英格兰。之后她去普林斯顿拜访了爱因斯坦。她不知道自己未来的计划是什么，因此听从爱因斯坦的建议去北卡罗来纳大学就读那里的图书馆学校。1944年，她回到普林斯顿，当了几年图书馆馆员，然后在1952年成为该大学费尔斯通图书馆[1]（Firestone Library）的地图馆长。她和爱因斯坦继续保持着密切的关系，一直到他去世，二人共同的一个爱好就是去普林斯顿的卡内基湖上驾船。他给她写了许多诗歌和信件，而且像对贝蒂·诺伊曼一样，为约翰娜手写了一份手稿并签名，应该是知道这份文件最终可以卖点钱。她把自己的信件卖给了普林斯顿的吉列特·格里芬[2]，后者将这些信件捐赠给图书馆。约翰娜于1981年去世，享年80岁。

约翰娜·范托娃的名字在2004年广为人知，当时费尔斯通图书馆的馆员意

---

1 普林斯顿大学图书馆的主建筑，现称哈维·S. 费尔斯通纪念图书馆(Harvey S. Firestone Memorial Library)，又称燧石图书馆(Firestone Library)，其名来自美国商人、汽车轮胎生产商凡士通的创始人哈维·塞缪尔·费尔斯通（Harvey S. Firestone，1868—1938）。费尔斯通与亨利·福特、托马斯·爱迪生一起被视为当时美国工业界三巨头。——译者注

2 吉列特·格里芬(Gillett Griffin，1928—2016)，美国著名的收藏家、策展人和学者。——译者注

外地发现了她的旧人事档案，其中包含她写的稿件的打字稿。除了导言之外，所有内容都是用德文写的。令图书馆馆员惊讶的是，这些打字稿不仅包含关于她自己的生平信息，还有一本她用德文写成的日记，记录了爱因斯坦生命的最后一年半的事情。图书馆任命爱丽丝·卡拉普里斯提供日记条目的逐日摘要翻译，并发表在图书馆的季刊上。在日记中，约翰娜记下了几乎每天与爱因斯坦进行的电话交谈，据称揭示了他对衰老、政治、各种类型的物理学家以及当时其他事件的看法，其中一些条目和以前已知的信息是一致的。

资料来源：《爱因斯坦全集》第五卷；《普林斯顿大学图书馆杂志》（*Princeton University Library Journal*）第65卷，第1期（2003年秋，2004年出版）；费尔斯通图书馆中的范托娃手稿；通过安多尔·卡里乌斯（Andor Carius）安排的与吉列特·格里芬的私人通信；卡拉普赖斯所著的《新版爱因斯坦语录》（*The New Quotable Einstein*）中的范托娃日记摘录。

秘书

伊尔莎·爱因斯坦

伊尔莎·爱因斯坦，1918—1924？柏林期间。在伊尔莎于1924年结婚之后，直到1928年，爱因斯坦只有断断续续的秘书帮助，很多信件都是用手写的。有些信件是由临时秘书打字，这些临时秘书包括齐格弗里德·雅各比（Siegfried Jacoby）与埃德温·斯克拉兹（Edwin Sicradz）。（亦见"家庭"一节下的"第二个家庭——伊尔莎·爱因斯坦"。）

贝蒂·诺伊曼

贝蒂·诺伊曼，1923年，柏林期间，伊尔莎生病时顶替，为期6周。（《爱因斯坦全集》第十四卷，文件103；爱因斯坦档案编号90—782；亦见"君子好述"。）

海伦·杜卡斯

海伦·杜卡斯，1928—1955，柏林与普林斯顿期间。(亦见"档案"。)

老师

在阿尔高州立中学

奥古斯特·图赫施密德（August Tuchschmid，1855—1939）是瑞士一所中学的物理老师和校长，爱因斯坦在那里完成了中学教育的最后一年。图赫施密德为学校配备了一个物理实验室，包括一个小型发电机和其他电工设备，让自己的学生熟悉实验物理学的工具。

弗雷德里希·米尔伯格（Friedrich Mühlberg，1840—1915）是爱因斯坦特别喜欢的博物学老师。

海因里希·甘特尔（Heinrich Ganter，1848—1915）是数学老师。爱因斯坦上过这三位老师的课程。在他们的监护下，他通过了中学毕业考试，从而在1896年自动进入瑞士联邦理工学校。

在瑞士联邦理工学校（ETH）

阿道夫·赫尔维茨（Adolf Hurwitz，1859—1919）从1892年开始担任瑞士联邦理工学校的高等数学教授直到去世。爱因斯坦有时和赫尔维茨的女儿丽斯贝特(Lisbeth)一起演奏小提琴二重奏，他在瑞士联邦理工学校毕业后试图获得赫尔维茨的助手职位，但未能如愿。

赫尔曼·闵可夫斯基（Hermann Minkowski，1864—1909）是一位杰出的数学家，创造并发展了几何数论，爱因斯坦提出相对论时利用了他的工作。他在空间和时间方面的工作，和爱因斯坦的工作一样，表现了时空的紧密联系。在爱因斯坦发表狭义相对论之后，闵可夫斯基为之提出了今天人们常用的数学形式。为纪念他的贡献，狭义相对论的度量被称为"闵可夫斯基度量"。

海因里希·弗里德里希·韦伯（Heinrich Friedrich Weber，1843—1912）是爱因斯坦在瑞士联邦理工学校的物理老师。爱因斯坦在两个学期的韦伯课程的笔记发表在《爱因斯坦全集》第一卷的文件37中（大约从1897年12月到1898年6月；爱因斯坦档案编号3—001以及3—002），其中包括了热力学以及电和磁的主题。然而，让爱因斯坦感到失望的是，课程没有包括詹姆斯·克拉克·麦克斯韦(James Clerk Maxwell)的电磁学理论。在19世纪70年代早期，韦伯展示某些物质的比热容出乎意料的小，除非加热到很高的温度。爱因斯坦在1906年对这一现象的理论解释是量子理论的早期成就之一，也是导向热力学第三定律的重要步骤。爱因斯坦的论文基础是韦伯的实验结果，他少见地在论文中提供了对一位实验物理学家的结果的详细讨论（参见第二篇"比热容"以及"热力学第三定律"两节）。

爱因斯坦最初计划在韦伯的指导下完成博士学位。虽然瑞士联邦理工学校当时还没有博士课程，但是毕业生可以将他们的论文正式提交给苏黎世大学获得博士学位。可能是因为与韦伯的分歧，爱因斯坦改变了在他手下攻读博士的想法，而是在苏黎世大学跟着阿尔弗雷德·克莱纳做博士论文。

在苏黎世大学

阿尔弗雷德·克莱纳（Alfred Kleiner，1849—1916），苏黎世大学的物理学教授，物理研究所所长，后来成为爱因斯坦的论文导师。虽然爱因斯坦于1901年11月向他提交了一篇关于气体中分子作用力的论文，但是第二年初又撤回了，大约是女儿"丽瑟尔"出生的那个时候。他于1905年提交了一篇新的论文。在让苏黎世大学于1909年任命爱因斯坦为该大学的物理学副教授这件事上，克莱纳的作用非常重要。

旅行和旅行日记

在1921年4月至1933年10月的12年间，爱因斯坦有幸踏上四大洲，其中三个大洲是他以前没去过的。

美国，1921年

爱因斯坦在1921年第一次出国旅行的计划，并非像人们可能认为的那样，是向美国人讲述相对论，而是为当时自己衷心支持的事业做出贡献。在后帝国时代的德国和其他地方，反犹太主义的上升引起了伦敦的世界犹太复国主义组织的关注，该组织由曼彻斯特大学的移民化学家哈伊姆·魏茨曼（Chaim Weizmann）领导。为了帮助改善欧洲犹太学生和学者，特别是来自东欧国家的犹太学生和学者的不稳定状况，犹太复国主义领导人试图在英国的巴勒斯坦托管地中的耶路撒冷建立一所大学。魏茨曼提议，由爱因斯坦陪同他前往美国参加这个未来机构的筹款活动。他清楚地知道，这位物理学家的盛名比犹太复国主义领导人的政治代表团更能引起美国犹太人的关注。

但是作为民族主义的坚定反对者，爱因斯坦并不同意犹太复国主义的所有准则(参见第三篇"犹太身份和纽带"一节下的"文化犹太复国主义理想")，他还向朋友表达了他对由犹太复国主义者赞助出行的矛盾心理。然而，爱因斯坦无法抗拒帮助自己同胞实现教育梦想的诱惑，他和爱尔莎接受了邀请。当他即将来访的消息传到美国时，各种机构竞相邀请他去演讲相对论。爱因斯坦接受了来自代表团行程中的一些城市的此类邀请。

爱因斯坦从英格兰出发，乘蒸汽客轮"鹿特丹号"（SS *Rotterdam*），9天后，在4月2日抵达纽约港(图32)，受到热烈欢迎，并从市长约翰·海兰(John Hylan)手里接受了一把"荣誉市民"的钥匙。他出席的最重要的科学活动是在普林斯顿和华盛顿特区，他在5月9日至5月15日在普林斯顿举行了五场关于相对论的演讲，并在位于华盛顿特区的美国国家科学院发表演讲。在犹太社团以外的非科学界人士中，特别是政治家中，甚至包括总统沃伦·哈定（Warren Harding），爱因斯坦偶尔也遭到冷遇。他们中的许多人仍然把战后的德国人当

图32　1921年爱因斯坦与爱尔莎乘坐蒸汽客轮"鹿特丹号"首次访问美国。(维基共享资源；美国国会图书馆购买的新闻照片)

作敌人。魏茨曼和爱因斯坦也前往芝加哥、波士顿、哈特福德、克利夫兰和费城，然后返回纽约，乘坐蒸汽客轮"凯尔特人号"（SS Celtics）回家。因为魏茨曼知道爱因斯坦对犹太复国主义纲领持有保留意见，他没有邀请后者在公开露面时发言。爱因斯坦承认，他是为了事业把自己"作为一个获奖公牛"[1]贡献出来。他在这次旅途中没有记旅行日记，但回到家后，他接受了荷兰报纸关于他对美国印象的采访。在该篇文章中，记者引用他的话称美国男子为"他们妻子的宠物狗"，当翻译过来的文字传到大洋彼岸时，爱因斯坦感到很尴尬。他随后撤回了声明，并对所有美国人说了很多好话。

1922—1923年的亚洲之行：远东和巴勒斯坦

从美国回来后不久，爱因斯坦再次出访。1922年至1923年的亚洲之行持续时间比他的美国之行要长得多。由于继续感到柏林反犹太主义的压力，他接受了日本出版社改造社（Kaizō）的优厚条件，访问日本并在那里进行了多次公开演

---

1 获奖公牛（"prize ox"）是一个隐喻，指的是一个无事可做、无话可说却被别人展示的人。这就是爱因斯坦对担任美国犹太复国主义者的"招牌"（Aushaengeschild）的感觉。——译者注

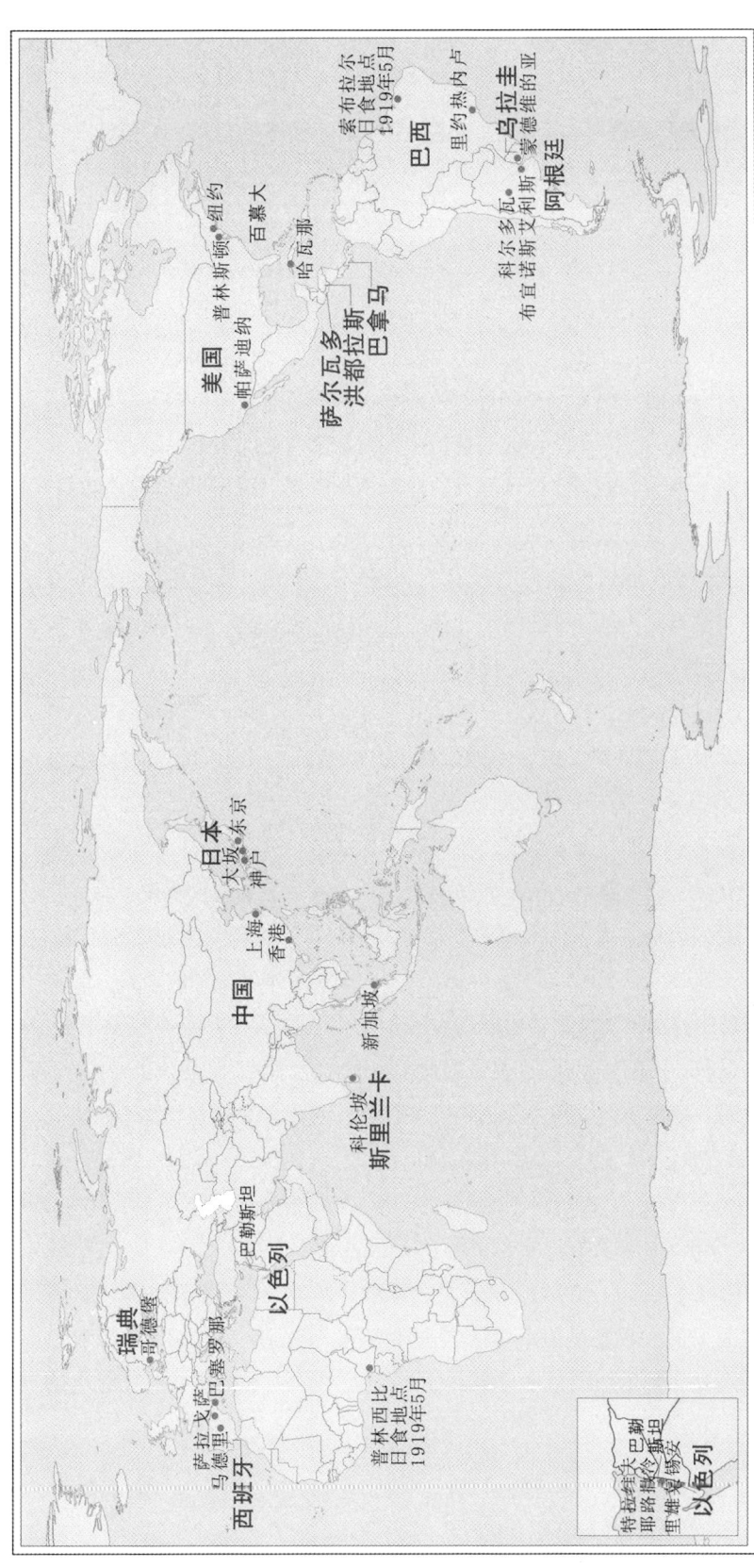

地图 2　在 20 世纪 20 年代，爱因斯坦云游世界，并保留了很多旅游日记。虽然在 1919 年 5 月，他并没有到到非利和巴西西观测日食，我们还是在图中为读者标出了这两处地方，因为在这两个站点的科学考察得到的数据为爱因斯坦的广义相对论提供了支持。地图中也标出了瑞典哥德堡的位置，爱因斯坦于 1923 年前往该市领取 1921 年的诺贝尔奖章。[审图号 GS（2022）3624 号]

讲。这是一个离开德国近半年的机会。在经过多次关于安排和报酬的谈判后，中国学界也邀请他到上海和北京讲学，但由于沟通不畅，在中国的讲学最终没有实现。

爱因斯坦和爱尔莎于1922年10月7日从马赛出发，乘日本蒸汽邮轮"北野丸"（*Kitano Maru*）开始漫长的海上之旅。他的行李中有一个空白小本用来记日记，这是他第一次记旅行日记。正如日记所揭示的那样，他不仅记下天气和海况，还一直研究统一场论。在苏伊士运河北端的塞得港停靠后，该船向南驶入红海，然后向东通过亚丁湾，穿行阿拉伯海。当船只接近赤道时，爱因斯坦开始对热带气候模式感兴趣，在他的日记中详细记录自己的观测结果。在当月底，船只来到了第一个停靠港口：今天的斯里兰卡首都科伦坡。这是旅客海上航行三周后第一次有机会踏上陆地。爱因斯坦在这里看到的贫困和人类苦难使他感到震惊——这是他以前没有经历过的文化冲击。在沿苏门答腊岛近海前往新加坡途中，爱因斯坦目睹了他的第一个海市蜃楼，也就是在地平线上的狭窄条带中看到的幻象。

11月2日，该船抵达下一站新加坡。早些时候当哈伊姆·魏茨曼得知爱因斯坦的行程将在那里停留一天时，他抓住机会联系犹太社团的成员：这是爱因斯坦为未来的希伯来大学筹款的好地方。作为客人爱因斯坦对招待者很礼貌，经过多次庆祝活动和握手寒暄，他得以从社区最富有的成员玛纳西·迈耶（Menasseh Meyer）那里获得一笔不菲的捐款。一周后，他和爱尔莎在香港上岸停留，再次受到当地犹太人代表团的欢迎和殷勤接待，被带着到处观光游览。英国人治理香港的成就和该地的自然美景给爱因斯坦留下了深刻的印象，但中国人的工作和生活条件的恶劣让他感到震惊。他觉得他们"为生存而艰苦挣扎"时，显得"温和、沉闷、卑微"。但爱因斯坦也有先见之明，他得出的结论是，由于他们勤奋、期望不高，特别是超强的生育力，中国人有能力取代所有其他民族（艾辛格［Eisinger］的《爱因斯坦在路上》［*Einstein on the road*］，第30—33页）。他在上海短暂逗留期间也得出同样的印象。

"北野丸"继续往东行驶，穿越黄海，于11月17日抵达日本神户。离开神户后，爱因斯坦北上在京都停留一天，然后乘坐10小时的火车前往东京。日本人花了几个月的时间准备爱因斯坦的到来和访问。爱因斯坦对他自己所看到的周围的一切都感到着迷，包括日本女性："这些像花儿般的生命，只能用诗人的文字才能描绘她们。"他声称自己第一次见到了"一个快乐健康的社会，每个成员都被完全接受"。8年后，当日本学童问他想说些什么，他在给对方的一封信中提起自己的美好回忆，结尾写道："我，作为一名老人，希望你们这一代人有朝一日会让我们感到惭愧。"（亦见卡拉普赖斯：《爱因斯坦语录（终极版）》[*The Ultimate Quotable Einstein*]，第78页以及第437—438页。）

这次旅行的目的是让日本科学家了解相对论，他也为此做了很多工作。在东京，他做了两次公开演讲。第一次是11月19日，在庆应义塾大学，有两千人参加。物理学家石原纯（Yun Ishiwara）[1]在爱因斯坦说完每句话后将其从德语翻译成日语，时间拖得很长，使得演讲变成一场4小时的苦难考验。爱因斯坦也受到了招待会的欢迎，其中包括由赞助他此行的出版社主办的招待会；他和爱尔莎也有机会参加博物馆、茶道和其他节日文化活动，所有这些都让他非常享受。11月24日，他在［神田］青年会馆举行了第二次公开演讲。11月25日，他在东京帝国大学物理研究所开始了为期6天每天一次的系列演讲，这是他在该市最后的科学演讲任务。他在东京的最后一天是12月1日。那天晚上，在一场豪华的告别晚宴上，他为东道主和其他与会者演奏了贝多芬的《第九小提琴奏鸣曲》（*Kreutzer Sonata*）。

在东京之后，爱因斯坦还要访问更多的日本城市，会见更多的人。他去仙台做了一次公开演讲，之后前往日光及其乡下观光，然后前往名古屋。名古屋的公开演讲是在一个没有暖气的舞台上举行的，这个舞台通常是相扑摔跤和其他运动的场地，他在演讲中穿着外套来抵御十二月的寒冷。然后他回到京都，并于12月10日在另一个寒冷的演讲厅讲解相对论的哲学理论。石原纯冗长的翻译使演讲变得更加困难，再次将其延长到4小时，和之前东京那次一样。14日，从大阪和神户短暂访问回来后，他在学生招待会上就自己如何"创造相对论"进行了即席演讲。12月24日，他在福冈演讲。12月25日，他在门司基督教青年会（YMCA）的儿童圣诞派对上拉小提琴。12月28日，在日本的最后一晚，日本商人们在门司举行的晚会活动中，爱因斯坦再次演奏小提琴。第二天，他和爱尔莎在门司乘坐蒸汽邮轮"榛名丸"（SS *Haruna Maru*）离开日本。

---

1 通常用罗马字母 Jun Ishiwara 或 Atsushi Ishihara 表示。——译者注

前往巴勒斯坦

归途中，爱因斯坦夫妇在前往西班牙并从那里返回柏林之前，在巴勒斯坦停留两周。途中再次在上海、香港、新加坡、马来亚和锡兰（斯里兰卡）短暂停靠。沿着阿拉伯海向西行，向北穿过红海、苏伊士湾和苏伊士运河，最后驶向塞得港。2月1日，爱因斯坦和爱尔莎再次到达埃及。从运河西岸的坎塔拉（Kantara）出发，他们乘坐渡轮前往东岸，然后在午夜之前乘坐火车前往巴勒斯坦的卢德[1]，这里在特拉维夫以东，离地中海沿岸稍有些距离。他们于2月2日早上抵达卢德，一个欢迎小组登上火车，陪同爱因斯坦夫妇沿山丘之路前往耶路撒冷。

第二天主要是在耶路撒冷观光。他们参观了西墙，正统派犹太人祈祷并来回晃动身体（davaned）[2]的地方，在这里爱因斯坦看到了"只有过去但没有现在的愚钝同胞"的令人遗憾的场景。他漫步在城市的旧城区，注意到它的"奇怪的东方空气"，觉得街道腐臭而嘈杂。在进一步前往约旦河谷、杰里科、沙漠景观、犹太人定居点、贝都因人营地、特拉维夫、海法、加利利海以及"旧城"及周边地区的各种圣地和学校的途中，爱因斯坦还会见了犹太领袖，并在斯科普斯山（Mount Scopus）和耶路撒冷的莱梅尔学校以及特拉维夫都做了演讲。他还参观了一些农场定居点（图33）。定居点居民的社区精神中的理想主义给他留下了深刻的印象，但考虑到那里的人们所遭受的饥饿、疾病和债务，他觉得这一事业很难坚持长久。

爱因斯坦在巴勒斯坦感觉很轻松，因为他能够与他遇到和结识的许多人讲德语。他在日记中记下自己不仅花时间与学者、商人和聪明的劳动者交谈，而且还与美丽的年轻女性交谈。犹太复国主义者竭尽全力使爱因斯坦感到受欢迎，希望能说服他定居巴勒斯坦。在爱因斯坦离开之前的那个晚上，他们就此事向他施加压力，爱因斯坦的回答是："心里想同意，但理智说不。"20多年后，

---

1 卢德（Lod），以色列中央区的一座城市，距离第二大城市特拉维夫约15千米。直到1948年，这座城市都被称为吕大（Lydda）。由于位于从雅法（Jaffa）到耶路撒冷的路上，卢德自古以来就是重要的交通枢纽，以色列最大最繁忙的机场本古里安国际机场就位于卢德。——译者注

2 在意第绪语中，davan是指正统派犹太人在祈祷时来回晃动的行为。正统派犹太人认为面对哭墙（西墙）祈祷时，晃动身体是虔诚的表现。——译者注

犹太国家已经成立，他对犹太复国主义的一些政治目标的负面看法也更加为人所知，以色列领导层就不那么想让他去以色列定居了，但仍然觉得应该至少邀请这位世界上最杰出的犹太人担任以色列总统这一礼仪性职位。"如果他接受邀请，请告诉我该怎么做。我不得不向他提出邀请，因为别无选择。但是，如果他接受了，我们就麻烦了。"在阿巴·埃班（Abba Eban）大使被指示提出邀请后，大卫·本-古里安（David Ben-Gurion）向伊查克·纳文（Yizak Navon）大声说道（参见霍尔顿和埃尔卡纳著：《阿耳伯特·爱因斯坦》[Holton and Elkana, *Albert Einstein*]，第295页）。由于担心爱因斯坦面对可能违背良心要求的政策而直言不讳，本-古里安在爱因斯坦拒绝邀请时感到松了一口气。

图33　1923年与爱尔莎·爱因斯坦一起参观巴勒斯坦里雄莱锡安的农场定居点。（犹太复国主义者中央档案馆[Central Zionist Archives]）

115 西班牙，1923年

在爱因斯坦的旅行日记中，对自己在西班牙的经历的描述并没有像以前那些国家一样占据太多篇幅，也许是因为西班牙之旅是他经历了疲惫不堪、情绪激动而又非常漫长的异国之旅后，回家前的最后一段旅程。他记录了很多片段和笔记，但没有挥洒诗意，也没有表现出什么敬畏和惊讶。不过，在逗留结束时他还是写下了"很可爱！"的字眼。

爱因斯坦夫妇从耶路撒冷到苏伊士和塞得港的旅程很艰苦。在前往塞得港的途中，爱尔莎发高烧病倒。经过一段时间的休息，她才恢复过来，然后他们登上了开往法国土伦的蒸汽邮轮"奥兰耶号"（SS Oranje）。在法国港口停留期间，爱因斯坦意识到德国人并不受欢迎，并再次意识到还有一种不同类型的麻烦在国内等着他。他们从土伦乘火车于2月22日抵达巴塞罗那。在那里逗留的6天里，爱因斯坦在加泰罗尼亚学院举办了三次以法语进行的演讲，本来是给科学家们准备的，但也有一群好奇的人出席。他还在科学院就相对论的哲学和宇宙学意义发表了演讲。休闲时爱因斯坦夫妇在老城区观光，通常由德国领事及其妻子陪同。

3月1日，他们抵达马德里，首都的显要们和爱因斯坦的朋友布拉斯·卡布雷拉（Blas Cabrera）前来迎接他们。在这里的活动安排之间，爱因斯坦和爱尔莎抽时间去拜访了在这个城市定居的表亲。日程包括三次演讲以及在科学院关于物理学当前状况的公开对话。国王、王室的其他成员和许多学者都在观众席上专心听他讲课。后来爱因斯坦和爱尔莎在王宫参观的时候，国王阿方索十三世（Alfanso XIII）向爱因斯坦颁发了西班牙科学院院士证书，几天后，西班牙大学于3月8日授予他荣誉博士学位。爱因斯坦意识到在西班牙社会中与上流社会和贵族交往很重要，即使不自在也不能不参加。幸运的是，他带着小提琴，有一次在与西班牙小提琴手的即兴二重奏中找到了一些宽慰。

爱因斯坦夫妇于3月12日离开马德里并抵达行程的下一站萨拉戈萨。原计划在这里举行三场演讲，但在第二次演讲后，观众明显听不懂他的讲解，因此取消了第三场演讲。尽管如此，主人们依然盛情招待，赞誉有加，并授予他当地科学院通讯院士资格。在他离开萨拉戈萨之前的那个晚上，爱因斯坦再次拉起了小提琴，这次有一位来访的钢琴家伴奏。第二天，在将近半年的旅程之后——大部分时间都在海上——爱因斯坦通过巴塞罗那和苏黎世回到了柏林。

按照托马斯·格里克在《爱因斯坦在西班牙》（Thomas Glick, *Einstein in Spain*）一书中的说法，1923年爱因斯坦访问西班牙有助于激发该国在两个政治高压时期之间的"科学复兴"。由于爱因斯坦的魅力和知识的吸引力，不仅科学家和工程师，甚至普通公民也对科学在现代化中的作用重新产生了兴趣。

南美洲，1925年

　　爱因斯坦访问南美洲是一个人去的。他的继女玛戈特本来也打算去，但是因为疾病未能成行。爱因斯坦的旅行日记因此成为他唯一不变的伴侣和知己。

　　这次旅行于1925年3月6日从汉堡乘坐豪华邮轮"波罗尼奥角号"（*Cap Polonio*）出发。爱因斯坦被安排访问阿根廷、巴西和乌拉圭，因为这些国家的官员邀请他进行一系列演讲，解释自己的理论。幸运的是，他立即碰到两位谈得来的乘客：一位是心理学家和哲学家，名叫卡尔·耶辛豪斯（Carl Jesinghaus），另一位是维也纳女性埃尔泽·耶路撒冷，其因关于卖淫和性教育的女权主义著作而广为人知（参见"君子好逑"一节）。后者比爱因斯坦大两岁，和自己的第二任丈夫住在布宜诺斯艾利斯。这两名乘客和爱因斯坦一起用餐，偶尔会在甲板上一起聊天，但爱因斯坦在日记里写道，他主要还是自己一个人，阅读和研究黎曼几何中的一个问题和统一场论。在抵达南美洲海岸之前，这艘船在西班牙北部的毕尔巴鄂停留，接着是里斯本，在那里乘客有时间去观光。

　　爱因斯坦在船上展示了他善于社交的一面。他并没有躲着不和其他乘客交往，而且很喜欢和耶路撒冷在一起，并在日记中称她为"豹猫"。就像他的妻子爱尔莎一样，耶路撒冷也喜欢朗诵，并且在3月14日爱因斯坦46岁生日那天对爱因斯坦和船长朗读了自己的作品。在生日庆祝活动的最后，爱因斯坦还找到另外三名乘客，在晚上的剩余时间里组成了一个"还算成功"的弦乐四重奏组。在那之后，他每天都与其他乘客一起进行四重奏。

　　在3月22日停靠在巴西里约热内卢的几个小时中——此时自从汉堡出发已经过去两周多了——一群工程师和医生来迎接爱因斯坦并带他抓紧时间去观光旅游。最重要的一项是参观郁郁葱葱的植物园，让他高兴的是见到不同种族的人混合在一起。他在日记中写道，自己在很短的时间内获得"难以形容的丰富印象"。

阿根廷

　　在爱因斯坦抵达布宜诺斯艾利斯时，照例是犹太人、学术代表团和东道主向他致敬。他们非常愿意陪着他四处参观。

爱因斯坦发现拟议的活动和访问邀请过于紧凑，因此拒绝了所有不必要的约定。他只出席自己的演讲和保证是轻松愉快的社交场合。风采迷人的耶路撒冷也出现在其中一些场合。然而，总的来说，根据他的日记，他发现人们的品味很肤浅。访问犹太区也没给他留下什么好印象。在与一些犹太复国主义者会面后，他得出结论，犹太人在这里"把灵魂和虱子一起失去了"。4月1日，他第 [117] 一次乘坐飞机——一架水上飞机，在城市周围1000米高处盘旋，令人心惊肉跳。他也短途旅行去了拉普拉塔和科尔多瓦，犹太复国主义者在聚会上对他表示敬意，布宜诺斯艾利斯大学的学者选举他为国家科学院的外籍院士。他还参加了德国大使馆的招待会，不过德国人因为反对爱因斯坦的和平主义而基本上对这次招待会采取了抵制态度。活动结束后，他在日记中写道："我对他们来说是一朵臭花，但他们还是把我插进他们的扣眼中。"

爱因斯坦忙碌了两个星期，以至于没注意到那只"豹猫"缺席了爱因斯坦指望她会出席的两个社交场合。因为自己即将离开布宜诺斯艾利斯，爱因斯坦带来了一份离别礼物——自己为她作的一首德文诗，写在自己的照片上：

> 献给我的"豹猫"，
> 尽管她已躲进
> 残酷和狂野的丛林中，
> 我也要把这张照片献给她。

在阿根廷待了5个星期后，爱因斯坦期待着访问乌拉圭。

乌拉圭

4月24日，爱因斯坦抵达蒙得维的亚。在那里，为了能与俄罗斯犹太家庭罗森布拉特夫妇（Rosenblatts）待上几天，他拒绝了入住一间优雅酒店的机会。与阿根廷不同，爱因斯坦很喜欢乌拉圭，因为在那里他发现人们是出自真心的热情，有人情味和朴实无华，他觉得这些特征在较小的国家更为常见。自由派乌拉圭政府的社会计划更合他的口味：保护非婚生子女，严格的政教分离，以及对儿童和老人的出色照顾。爱因斯坦在这里做了三次演讲，会见了政府和学术界领袖、德国人和犹太社团的成员，并参加了照例不会少的欢迎会、宴会和观光游览。他在这里的6天事务繁忙，以至于没时间记日记。他于5月1日乘坐一艘小型法国邮轮"瓦尔迪维亚号"（Valdivia）离开蒙得维的亚，他很喜欢这艘邮轮的船长，但食物和厕所设施则不尽如人意。

巴西

当"瓦尔迪维亚号"于5月4日靠岸之时，爱因斯坦准备在里约热内卢停留8天。在一家豪华酒店安顿好之后，他开始履行一系列义务，与政府、学术界、德国人和犹太领导人会面。观光游览，包括参观自然博物馆，让他看到里约热内卢的精华。他的关于相对论的公开演讲听众人数很多，尽管他们大多是出于好奇，甚至还带着小孩子。在科学院的一个招待会上，他觉得讲话的人啰嗦，内容跑题。他在日记中承认，成天和不认识的人在一起，让他开始觉得难受。参观国家天文台、一家生物医学研究所，以及他离开南美洲前一天在里约周边的公路旅行，更符合他的喜好。

5月12日，他登上开往欧洲的"北角号"（Cap Norte）。两周后，他回到了柏林，完成了一次比预期更加艰苦的旅行。

再到美国，1930—1931年

自爱因斯坦于1921年第一次去美国旅行之后，已经差不多过去了10年。这一次陪同他的除了爱尔莎之外，还有海伦·杜卡斯和他的"计算器"瓦尔特·迈尔，后者是一位与他合作的数学家。这一次的最终目的地是加利福尼亚，但是他们先乘坐"贝尔根兰德号"（SS Belgenland）蒸汽船出发，在纽约停留一下。这支小队伍于1930年12月2日在比利时安特卫普离开欧洲。在南安普敦（Southampton）¹和瑟堡（Cherbourg）²短暂停留后，船只驶向了大海。

在整个旅程中，爱因斯坦几乎每天都要处理邀请他演讲或采访的电报，数目太多，如何安排，他与爱尔莎难免意见分歧。一路海况不佳，但这也让爱因斯坦能待在自己的小屋里，回复电报并研究他的场方程。在最后一个晚上，乘客在甲板周围抛气球，并在停靠纽约之前一再举杯告别，因为下船后美国禁酒令仍然有效。

到达纽约以及欢迎仪式竟然是一场意想不到的噩梦。记者和摄影师缠着爱因斯坦，就像"一群饥肠辘辘的狼"，而爱尔莎不安地在边上徘徊，无聊的问题没完没了。他们一行在这个城市待了4天，除了观光还会见了各种渴望与爱因斯坦会面的贵宾。其中的亮点是参观河滨教堂（Riverside Church）。在这里，与其他去世的名人一道，爱因斯坦的形象最近被雕刻在教堂入口处龛楣的石头上（参见"声望"一节中的照片）。他们还前往大都会歌剧院观看歌剧《卡门》，会见阿图罗·托斯卡尼尼（Arturo Toscanini），听他指挥贝多芬的《田园交响乐》，并在市政厅从市长吉米·沃克（Jimmy Walker）手中接受另一把城市钥匙。爱因斯坦听取了哥伦比亚大学校长尼古拉斯·巴特勒（Nicholas Butler）的赞扬，后者称他为"来访的思想君主"。他们参加了一场犹太复国主义集会，按照爱因斯坦的日记的说法，"这是一场闹剧"。参观大都会艺术博物馆，参观美国全国广播公司（NBC），在工作室里向犹太复国主义青年发表了一个广播讲话，敦促他们与巴勒斯坦的阿拉伯人民建立良好的关系；来到麦迪逊广场花园（Madison Square Garden）参加精心准备的"光明节"（Hanukkah）庆祝活动。爱因斯坦还会见了亚伯拉罕·福莱克斯纳（Abraham Flexner），讨论了正在新泽西州普林斯顿成立的新研究机构的计划。与约翰·D.洛克菲勒（John D. Rockefeller）会面，了解关于奖学金的规则；与奥地利出生的小提琴家和作曲家弗里茨·克莱斯勒（Fritz Kreisler）见面；与正好也在纽约访问的诺贝尔奖获得者孟加拉裔［印度人］罗宾德拉纳特·泰戈尔见面。最后，爱因斯坦向"新历史学会"（New History Society）发表了关于"激进的和平主义"（Militant Pacifism）的演讲，并获得热烈的欢呼。

12月15日，人数很少的爱因斯坦一行人员离开纽约，向西［向南］行驶，于

119

---

1 英国英格兰东南区域汉普郡(Hampshire)的港口城市，以港口贸易和轮船制造而闻名，有多条豪华邮轮航线，并拥有多个货柜码头。——译者注

2 法国西北部重要军港和商港。——译者注

12月19日在哈瓦那停留了一晚，享受温和的古巴冬天，即使在这里也有采访和任务。爱因斯坦注意到了巨大的贫富差别，不过穷人看起来仍然很高兴，他估计原因可能是气候好，还有很多香蕉可以吃。

12月20日，他们再次出海，在接下来的3天里经历了热带风暴和热浪。爱因斯坦经常在他的旅行日记中讲述暴风雨、海洋和海洋生物的美丽。23日，他们穿过巴拿马运河的船闸，在今天已成为巴拿马城的小镇停留了一小段时间。海上圣诞节让爱因斯坦有机会与一小群乘客一起演奏小提琴。

12月31日早些时候，船只抵达圣迭戈，受到盛大欢迎，爱因斯坦和他的团队从那里乘车前往帕萨迪纳，在那里他们一直待到1931年2月底。他们觉得在帕萨迪纳过冬比柏林或纽约强，但是也花时间去浏览附近的其他景点。爱因斯坦和爱尔莎去了威尔逊山天文台，埃德温·哈勃亲自向他们展示了100英寸的胡克望远镜（图34）。他们还在棕榈泉和周围的沙漠地区待了一会儿。爱因斯坦非常喜欢沙漠和山景，特别是仙人掌和短叶丝兰(Joshua trees)的奇特形状和纹理，以及太阳投射到山脉和山麓的光线。

2月底，爱因斯坦乘火车离开帕萨迪纳前往纽约，在那里短暂停留。途中，他们在大峡谷停留，与一群霍皮(Hopi)族印第安人合影（图35）。1931年3月4日午夜，他们乘坐蒸汽轮船"德国号"（SS Deutschland）前往欧洲，并于3月14日他的生日那天到家。

牛津，1931年5月

1931年5月，爱因斯坦乘船前往英国一个月，主要是为了著名的牛津"罗德讲座"（参见第二篇"演讲"一节）。他乘坐蒸汽轮船"阿耳伯特·巴林号"（SS Albert Ballin）于5月1日抵达南安普敦，并乘坐一辆劳斯莱斯前往牛津。爱因斯坦是一位英国迷，他既赞赏牛津大学活跃的知识环境，也欣赏牛津乡村的自然环境。他于5月9日做了第一次演讲，重点是相对论，完全脱稿放开，并在当月晚些时候又讲了两次。在此期间，牛津大学授予他荣誉科学博士学位。在履行他的演讲任务之间，他参加许多音乐晚会，在其中用借来的小提琴演奏。他在英格兰度过一个愉快的5月，并在月底乘蒸汽轮船"汉堡号"（SS Hamburg）回家。

120

图34 旧明信片，威尔逊山天文台的100英寸胡克望远镜。埃德温·哈勃（Edwin Hubble）于20世纪20年代利用该望远镜测量各星系的距离和运动，到1929年，证明宇宙正在不断膨胀。这一结果使爱因斯坦感到惊异，他于1931年在威尔逊山天文台访问了哈勃。今天，该望远镜已成为"全美机械工程地标"（National Mechanical Engineering Landmark）[1]之一，仍然被用于天文学研究。

---

1 "全美机械工程地标"是美国机械工程学会（ASME）1971年开始实施的计划。只有那些对机械工程的历史发展有特殊意义的相关物品的博物馆或藏品才被列入名单。迄今为止，有276个地标名单。威尔逊山天文台100英寸胡克望远镜是1981年被列入名单的。——译者注

图35 1931年2月28日，在亚利桑那州的大峡谷，在霍皮人住宅前与一群霍皮人合影。霍皮人把爱因斯坦称为他们"伟大的亲戚"。（承蒙总督府照片档案馆［Palace of the Governors Photo Archives（NMHM/DCA）］准许引用照片，底片编号［neg.no.］：038193）

美国，1931—1932年

在这次旅行中，爱因斯坦选择避免纽约的烦扰，并为自己和爱尔莎预订了从安特卫普出发直接前往洛杉矶的内燃机邮轮"波特兰号"（MS *Portland*）的船票。预订该船的人严重不足，只载了10名付费乘客。尽管经常遇到海浪，爱因斯坦仍觉得航程异常轻松，这得益于几位友好的乘客以及自己随身带来的经过综合挑选的书。这艘船在三个中美洲国家——巴拿马、洪都拉斯和萨尔瓦多停靠，这个季节天气很热。和前一年一样，爱因斯坦夫妇在远洋邮轮上度过了圣诞节。经过一个月的海上航行之后，爱因斯坦夫妇于12月31日早上在洛杉矶登陆。他们在帕萨迪纳的日程再次排满了参观和接待访客、演讲，另一次棕榈泉之旅，以及拉小提琴的音乐晚会。对爱因斯坦的宣传比前一年温和多了，让他和爱尔莎有更多时间放松。他们于1932年3月4日乘坐内燃机轮船"旧金山号"（MS *San Francisco*）离开洛杉矶，于当月底返回德国。

美国, 1932—1933年

爱因斯坦和爱尔莎于1932年12月最后一次访问帕萨迪纳。此时, 美国保守人士仍然不信任他。例如, 伦道夫·弗罗辛厄姆 (Randolph Frothingham) 夫人领导的"妇女爱国者协会"紧急致信美国国务院, 说不应允许阿耳伯特·爱因斯坦入境。该组织谴责他是无政府主义–共产主义阴谋的头目, 并告知政府, 相对论具有颠覆性, 旨在促进无法无天的思想, 摧毁教会和国家。爱因斯坦通过美联社精彩地评论说:"我从来没有遇到女性如此强烈的拒绝;如果命中注定应该有一次的话, 也没想到一下子会有这么多人。"(大约在1932年10月;爱因斯坦档案编号28—213。)[122]

在这次旅行中, 爱因斯坦最后一次记旅行日记。他在船上的日记在他们登上内燃机船"奥克兰号"(MS *Oakland*)出海一周后就结束了。他们于12月10日从不来梅港出发, 路线与去年相似, 12月12日在安特卫普停留。在这里, 朋友和家人都来祝愿爱因斯坦夫妇一路顺风。他们于12月14日离开比利时, 大约4周后的1月9日抵达洛杉矶。住在帕萨迪纳的时候, 爱因斯坦又写了一些日记, 然后停了下来。他只参加了一次由南加州大学学生组织的关于经济的公开讨论。即使在当时, 他也觉得技术是造成大萧条的原因, 因为它导致了失业, 而失业又导致购买力下降和更多的裁员。在这次旅行中, 爱因斯坦遇到了奥本海默和莱纳斯·鲍林 (Linus Pauling) 以及其他名人, 并像以前一样, 在厄普顿·辛克莱 (Upton Sinclair) 的家中用餐。到目前为止, 他每次在加州停留都会外出去棕榈泉以及与一些名人会面。

爱因斯坦在帕萨迪纳逗留到3月11日。那时他已经决定并宣布他和爱尔莎不会回到柏林, 不过他们确实暂时回到了欧洲。他们在移民美国之前一直在比利时短期居住。(关于他最后在欧洲的停留, 参见前文"公民身份与移民美国"一节。)

资料来源:《旅行日记》, 出自爱因斯坦档案, 编号为5—253、5—255、5—256、5—258、5—259、29—144、34—728.1;艾辛格的《爱因斯坦在路上》;《爱因斯坦全集》第十三卷;胡大年,《中国与爱因斯坦》(Hu, *China and Einstein*) [有中译本。《爱因斯坦在中国》, 胡大年著, 上海世纪出版集团, 2006年。];格里克,《爱因斯坦在西班牙》。

死亡

爱因斯坦于1955年4月18日清晨在普林斯顿医院死于腹主动脉硬化性动脉瘤破裂，时年76岁。(参见前文"重要信息"一节中的"死亡证明"。)

进行尸检后，他的大脑和眼睛被移除，之后尸体被带到普林斯顿的马瑟–霍奇殡仪馆(Mather-Hodge Funeral Home)，该殡仪馆至今仍在营业。那里的人很快就安排当天在特伦顿(Trenton)火化了爱因斯坦的尸体，骨灰被两个朋友奥托·内森和保罗·奥本海姆(Paul Oppenheim)洒在一个未公开的地方。

根据《纽约时报》1955年4月19日的讣告，爱因斯坦生前最后一个见到的人是其护士阿耳伯塔·罗塞尔(Alberta Roszel)，她报告说："他呼吸了两次，然后就去世了。"他的继女玛戈特在当月写给家庭朋友海德薇希·玻恩(Hedwig Born)的信中这样描述了他生命的最后几个小时："他等待自己的死亡，把它当作即将到来的自然事件。他平静和谦逊地面对死亡，一如既往地无所畏惧。他没有伤感，没有遗憾地离开了这个世界。"(参见 G.玻恩编辑的《玻恩—爱因斯坦书信集》，第229页。)海伦·杜卡斯还留下了爱因斯坦最后几天的书面记录(参见后文)。

1955年12月17日，在普林斯顿的迈卡特剧院(McCarter Theater)举行了一场纪念音乐会，主要有以下节目：罗伯特·卡萨迪苏斯(Robert Casadesus)的钢琴演奏，普林斯顿大学管弦乐队演奏莫扎特的《D大调钢琴协奏曲》以及巴赫的第106号《颂赞曲》(Cantata)："神的时代是最好的时代"(Actus Tragicus)[1]中的小奏鸣曲。另外还有海顿的D大调104号交响曲，以及科雷利(Corelli)第8号大协奏曲("圣诞协奏曲"，可能是因为临近圣诞节)。

其他来源：《加州月刊》(*California Monthly*)，1995年12月号，27—28页；《哈泼斯》(*Harper's*)杂志，1997年10月号；《纽约时报》，1999年6月18日。

---

1 其正式名称为Gottes Zeit ist die allerbeste Zeit, 也被称为 Actus Tragicus, 是巴赫创作的早期神圣颂赞曲，用于葬礼。——译者注

海伦·杜卡斯记录的爱因斯坦最后的日子

到1948年年底，通过手术确认爱因斯坦患有动脉瘤，不过一年或一年半内没有什么潜在的危险。

大约四周前，他抱怨轻度疼痛，我们觉得这是因为胆囊和肝脏问题。在4月11日或12日前后，他告诉我说腹股沟（下腹部）区域疼得厉害，那里以前没有疼过。他猜测，"这应该是主动脉。"然而，他不让我给医生打电话。不过我还是打电话给在医院的玛戈特［爱因斯坦的继女］，让她去告诉那个每天都会见到的医生，至少让他知道这个情况（一周之前爱因斯坦刚刚做过血液检测，结果一切正常）。13日早晨，爱因斯坦再次说自己夜里疼痛，躺下时比站立时更甚，但现在很好。尽管如此，我再次打电话给玛戈特，提醒她不要忘记告诉迪恩（Dean）医生（她已经告知了对方）。

那天他［爱因斯坦］待在家里等待以色列领事以及一位从欧洲来访的老朋友。访客们1点钟离开，他说自己非常疲惫，没有胃口。午饭后，他在2点钟左右像往常一样小睡，3点30分，我听到他走向浴室，就在那里他倒下了。医生来得很快（他不在家，但很快就找到了），但对我来说等候却显得永恒般漫长。医生立即就知道问题所在，并打电话给两位同事。我出席了他们的医学讨论会，他们决定给纽约的一些医生打电话。我打电话给一个朋友让他陪我一起在家里过夜，因为医生不希望我和爱因斯坦单独在一起——他们也不想把他转移到其他地方。他们认为这可能是一个小出血(血压和脉搏保持正常)，可能会被组织吸收。晚上，两名医生自纽约赶来并咨询了迪恩医生，后者在我的"协助"下做了一个心电图检查。

在（给爱因斯坦）打了一针吗啡后，这个夜晚还算平常无事。我在书房中为自己加了一张临时床，教授觉得这很荒谬。我告诉他这样会睡得更好，不然的话，睡在我自己离得较远的房间里，我只会焦躁不安地试图听听他的动静。他这才接受了。他也不想让我另外去厨房取冰(他脱水了，除了几勺矿泉水之外，他只能吮吸小块冰)。但

124

在这种情况下，我没有理会[他的这一要求]。

第二天，纽约的医生们又来了，还带来了爱因斯坦的从柏林来的老医生艾尔曼（Ehrmann）博士。他们还想请来一位著名的外科医生，一位心脏病专家。教授从一开始就不想搞这么多事，但他还是好意地倾听。后来他问我们的医生，会不会死得"很可怕"。答案是：也许吧，谁都不知道。也许只有一分钟，也许是几个小时，也许是几天。他应该知道内出血的疼痛是最痛苦的。他微笑着忍受着痛苦，不幸的是有时他拒绝注射吗啡。周四晚上的疼痛还能忍受——可是，不幸的是，他下午拒了一针吗啡，疼得受不了，直到晚上医生又来了，给他打了一针。如果是其他病人，医生会不顾病人反对，径自完成注射，但出于对教授的尊敬，他不想违背他的意愿去做任何事情。

星期四晚上我听到他四处走动，就去看他，他告诉我："你真的很歇斯底里——我早晚会死，什么时候死都一样。"我告诉他我刚去洗手间，反正也没睡。我不知道他是否相信我，但他做出相信的样子。早上，他说仍然很疼，但现在疼的地方跟往常一样是位于脾脏区域，觉得好多了。当我早上晚些进来时，他躺在那里，脸色亮黄，说自己感觉病得厉害，头都抬不起来，疼得受不了。我赶紧打电话，碰巧是医生接的电话。他立刻赶来，但我还是焦急万分。与此同时，他[爱因斯坦]极其虚弱，唯一的好处就是疼痛的感觉都不那么强烈了。医生当时确认胆囊肿胀（我们后来被告知，出血之后，胆囊堵塞，破裂可能是致命的）。虚弱是早期脱水的结果。

医生不顾教授不想去医院的意愿，告诉他，他需要静脉注射；爱因斯坦这么痛苦，医生不能马上为他止疼，这让我很难过；此外，形势对我来说已经变得难以应付（这成了决定性的因素）。医生给爱因斯坦打了一针，订了一间病房和一辆救护车，半小时后，他已经到了医院里，他们立即开始静脉输液。在路上救护车里，他与身边（都是志愿者）的一名男子进行了一次生动的对话，他碰巧是这所大学的一名政治经济学家。真是难以置信……

他在医院的情况要好得多，因为他们可以很快给他打针（尽管他再次试图拒绝），并且静脉注射自然也有一些缓解作用。星期六他甚至自己往家里打电话给我，要我带上他的眼镜。周日，他要求把他的写作用具带去。当玛戈特坐在轮椅里被推到他身边时，尽管一直很虚弱，他还向她问好。"你很有风度啊！"他把自己的手术计划告诉她，并说："这太不体面了。我想死的时候就会去死，我要体面地死！"

这件事让玛戈特跟你们讲更好。由于他的伟大和质朴，他面带微笑地等待死亡，把死亡当作一个自然事件：这样一来我们怎么能不冷静呢？星期五下午，玛戈特打电话给他的儿子汉斯·阿耳伯特，他乘坐下一班飞机，星期六早上已经和我们在一起。这对我们所有人来说都是一大安慰。教授看到他一点不感到惊讶，很是开心。周日，他的状况和表现似乎有所好转，不过看起来还是很紧张——即使小孩子也能看出来。下午，爱因斯坦和儿子谈到了科学问题，后来又与奥托·内森谈论政治，读报纸等等。他甚至自己口服营养液。我不能说我们充满希望，因为我们知道这至多是暂时延缓，但是非常希望出现奇迹。

夜里1点25分，迪恩医生打电话告诉我，教授已在睡梦中平静地死去。我不得不尴尬地承认，自己当时崩溃了，尽管只是在很短的时间内。我不知道如果没有Adn（汉斯·阿耳伯特的昵称，这个昵称如何而来不得而知），自己会如何度过那个晚上，他坐在我旁边与我交谈——就好像他父亲在跟我说话一样。然后，他接过所有事情。7点钟，奥托·内森已经到了，8点钟我们开车去了医院。迪恩医生一大早就通知了玛戈特，我们也想要去那里。

一旦消息传出去之后，接下来就是一场噩梦，我今天不想谈及。然而，当天的火葬还是平和安静的，只有亲友在场。[杜卡斯的记录到此为止。]

126

资料来源：爱丽丝·卡拉普里斯译自德文原文。爱因斯坦档案馆39—071。

大脑被摘除

关于爱因斯坦大脑被摘除的故事已经众所周知，但我们在这里重复一下。简而言之，普林斯顿医院的病理学家托马斯·哈维（Thomas Harvey）博士对其尸体进行了尸检，未经家人或医院许可，他将爱因斯坦的大脑摘除并将其储存在一个梅森罐（Mason jar）中（有的报道说是特百惠容器［Tupperware］）的甲醛中，一直到2007年他自己去世之前不久。在拍摄了大脑照片之后，他在宾夕法尼亚大学的一个实验室对其进行了分割解剖，随着时间的推移，把大脑的一些小块给了其他研究人员。2010年，哈维的继承人将爱因斯坦的大脑的其余部分，包括1955年哈维拍摄的14张照片，移交到国家健康与医学博物馆。费城穆特（Mütter）医学史博物馆还从一位研究人员那里获得了大脑的46个小块，并在2011年将它们永久展示。哈维也拿走了爱因斯坦的眼睛，显然是送给了爱因斯坦的眼科医生亨利·艾布拉姆斯（Henry Abrams），后者于2009年去世。我们没有找到目前眼睛存放在哪里的可靠记录，但在2012年时有传言说它们被存放在纽约市的一个保险箱里。

在火葬之后，爱因斯坦的家人得知爱因斯坦的大脑已被摘除一事，并同意让哈维医生留着大脑进行科学研究。这让医生得以合法保留大脑，不过普林斯顿医院最终因为此事解雇了他。以后的30年，没有人发表关于爱因斯坦大脑的任何研究。然后，到了1985年，加州大学伯克利分校的马里安·戴蒙德（Marian Diamond）的一篇文章发表在《实验神经学》（*Experimental Neurology*）杂志上。她报告说，爱因斯坦的大脑在左半球的一些区域中的神经胶质细胞（这些细胞为神经元提供营养）的数量高于平均水平，而这些区域被认为可以控制数学和语言技能并综合从大脑的其他部分得来的信息。但同时其他科学家认为这项研究没有将爱因斯坦的大脑与足够数量的其他相同年龄的大脑样本做对比，从而否认其结论。

1999年6月，加拿大安大略省麦克马斯特大学的神经科学家桑德拉·威特森（Sandra Witelson）在英国医学杂志《柳叶刀》（*Lancet*）上发表了她对爱因斯坦大脑的研究成果。哈维医生于1996年给她的实验室提供了爱因斯坦大脑的一个切片。研究人员将爱因斯坦的大脑与保存的已知生前智力正常的35名男性和56名女性的大脑进行了比较。他们发现，在爱因斯坦的大脑中，被认为与数学推理相关的部分，即下顶叶，在两侧都比正常人宽15%。此外，他们还发现在爱因斯坦的大脑中，侧裂池，即通常从大脑前部延伸到背部的凹槽，并没有完全延伸。威特森认为后一个特征可能是爱因斯坦智力的关键，因为不完整的沟槽可能会让更多的神经元在这个区域建立彼此之间的联系，更容易合作。[127] 爱因斯坦大脑的其他部分似乎比平均水平略小，这使得大脑整体大小和重量仍在正常范围内。分别于2012年11月由法克（D.Falk）等人和2013年9月由曼恩（W.Men）等人发表在《大脑》（*Brain*）杂志上的研究结果，讨论了大脑皮层和胼胝体。这些研究人员认为，大脑的整体大小看起来也是正常的，但是大脑半球的各个部分区域比一般的大脑具有更广泛的连接，这被认为是"超常的"。

到撰写本文时为止，最新研究是由佩斯大学（Pace University）[1]的心理学家特伦斯·海因斯（Terence Hines）进行的。他在《大脑认知》（*Brain Cognition*）第88卷（2014年7月）上发表了自己的研究结果，题为"爱因斯坦大脑的神经神话学"（Neuromythology Einstein's Brain）[2]。他回顾了之前三项早期的研究，认为结果不能令人信服："爱因斯坦大脑的三项组织学研究没有发现他的大脑和对照组之间有任何差异，尽管作者的结论是相反的……大脑显然是一个极其复杂的结构，如果认为凭借对一个大脑的一个或几个小切片的分析就可以揭示与大脑的特定认知能力相关的任何东西，这种想法是天真的。"他提出了可以被进行的测试。神经科学家们似乎同意一个观点，即我们永远不会明确地知道为什么爱因斯坦和其他某些人比我们大多数人更聪明。

最后遗嘱

在写下以下所述的最终遗嘱之前，爱因斯坦至少在1923年7月和1925年3

---

1 美国纽约市的一所私立综合性大学，建立于1894年，拥有两个独立校园。其中一个校园位于纽约市曼哈顿，另外一个校园位于纽约近郊韦斯特切斯特县（Westchester County）的普林森维尔（Pleasantville）。——译者注

2 "神经神话学"（Neuromythology）这个词是作者海因斯自己创造的。他用这个词表明自己的态度，即与那些试图将爱因斯坦大脑的运作方式神话化的做法保持距离。在他看来，爱因斯坦神经系统中心（他的大脑）的组织学没有发现任何东西。——译者注

月写过两次遗嘱(可能之后还写过，因为情况变化需要他更新遗嘱)，不过都过时了。在这些遗嘱中，除了书房的家具之外，他将自己的所有的财物以及金融资产，都遗留给爱尔莎·爱因斯坦，如果爱尔莎先于女儿们离世的话，就遗留给她的女儿们。他的儿子汉斯·阿耳伯特和爱德华将会收到他的书房里的东西，以及位于公寓其他部分的科学书籍(他们和米列娃已经得到了丰厚的诺贝尔奖收益，可以用这些收益购买生息的资产)。男孩们不想要的书则捐献给位于耶路撒冷的希伯来大学图书馆。爱因斯坦虽然没有在早期遗嘱提及，但还是努力为两个儿子提供资金，特别是爱德华的医疗费用。(参见爱因斯坦档案，编号29—126，29—177。)

阿耳伯特·爱因斯坦的最后遗嘱，1950年3月18日

以上帝的名义，阿门：

我，新泽西州普林斯顿的**阿耳伯特·爱因斯坦**，心智健全，记忆力好，意识到了生命的不确定性和死亡的确定性，特此订立、公布并宣布这是我的**最后遗嘱**，遵循以下方式：

128

第一款：

我指示在我去世后，在可行的情况下尽快支付我所有正当的债务、葬礼和遗嘱费用。

第二款：

我把我的所有家具和家居用品，各种动产和财产，包括各种类型或性质的物品给予并遗赠给我的继女**玛戈特·爱因斯坦**。

第三款：

除了我的小提琴，我把我的书籍和我的所有个人衣服和个人物品，给予并遗赠给我的秘书**海伦娜·杜卡斯**。

第四款：

我把小提琴给予并遗赠给我的孙子**伯恩哈德·凯撒·爱因斯坦**。如果他未达到法定年龄，那么我授权我的执行人让他的父亲，我的儿子**小阿耳伯特·爱因斯坦**来代表接收；当孙子长大后，再将其交给我的孙子。

第五款：

我给予并遗赠我的继女玛戈特·爱因斯坦，总计二万美元（$20,000.00）。

第六款：

我给予并遗赠我的秘书海伦娜·杜卡斯，总计二万美元（$20,000.00）。

第七款：

我给予并遗赠我的儿子爱德华·爱因斯坦，总计一万五千美元（$15,000.00）。

第八款：

我给予并遗赠我的儿子小阿耳伯特·爱因斯坦，总计一万美元（$10,000.00）。如果他先于我离世，那么我就把这笔款项给予并遗赠给我的孙子伯恩哈德·凯撒·爱因斯坦。

第九款：

如果我的妹妹，玛丽·温特勒在我去世时还活着，我就把一万美元（$10,000.00）给予并遗赠我的继女玛戈特·爱因斯坦，让她以自己认为适当的程度和方式，持有、投资和再投资这笔钱，将这笔钱的收益或者本金用于我妹妹的照顾、舒适和福利，直到妹妹去世。如果我的妹妹在我死后还活着，但在这笔钱用完之前去世，那么她死后剩下的收益和本金将由我这位继女玛戈特·爱因斯坦继承，供她自己使用和受益。如果我所述的继女死亡或因任何其他原因未能或停止担任本基金的受托人，那么我指定我的秘书海伦娜·杜卡斯代替她。

第十款：

如上述任何一名受遗赠人先于本人去世，除上述特别规定外，为其提供的遗赠、遗产或基金将会失效，相关的财产或基金将变为我的剩余遗产的一部分。

第十一款：

如果我的遗产不足以全额支付或设立第五至第九款中分配的遗产

和信托基金，那么所有的安排金额都按比例相应缩减，没有优先权。

第十二款：

在支付、交付或设立上述这些遗产、遗赠和信托基金之后，在我剩余的遗产中，除了我分配给下面规定的信托基金的具体财产外，我指示我的遗嘱执行人支付所有可能对上述遗产遗赠和信托基金收取或分摊的转让税、遗产税或继承税，以便在我的遗产数额允许时，按上述指示全部支付、交付或设立。

第十三款：

我将我所有的手稿、版权、出版权利、版税和版税协议，还有任何以及所有种类或性质的所有其他文学财产和权利，都给予并遗赠给我下面指定的受托人，我的秘书**海伦娜·杜卡斯**和我的继女**玛戈特·爱因斯坦**，在她们在世期间信托管理；在此期间内，受托人应以下列方式管理上述信托：

（A）以上述受托人的身份出售、出版、许可或以其他方式处置上述财产和权利的任何或全部，以及以该财产换取的任何或全部财产，以及任何时间在本信托基金中持有的任何投资或再投资，其方式、条款和条件随时由二人全权共同判断决定。

（B）向我的秘书**海伦娜·杜卡斯**支付并移交之后不定时收到或收取的所有净收入，以及属于本信托基金本金，应由我的下列受托人接收、收取或持有的任何一笔或多笔款项，可以是在任何时候或不定时，其金额和方式完全由上述**海伦娜·杜卡斯**全权酌情决定；另外还包括在她有生之年可能以书面形式提交给除了她本人之外的当时在履行信托责任的受托人，提出要求收取的款项。如果她当时是受托人之一，则由她自己决定。

（C）在所说的**海伦娜·杜卡斯**去世后，将所有这些净收入支付并交给我所说的继女**玛戈特·爱因斯坦**，并以之前（B）中描述的相同数目和相同的方式，将属于本金的任何一笔或多笔款项转交给她。

（D）根据**海伦娜·杜卡斯**在世时的书面说明，以及我的继女**玛戈特·爱因斯坦**在世时的书面声明，在任何时候，都可以将本信托中持有的任何资金或特定财产交付给**希伯来大学**。

（E）在所提到的**海伦娜·杜卡斯和玛戈特·爱因斯坦**去世后，本信托将终止，其时本信托仍持有的所有资金或财产（如果有的话），包括所有累积和未分配的收入和所有文学权利及财产，均将转移并分配给**希伯来大学**，但仅限于本信托承担的费用和责任。

（F）在解释我的遗嘱的这一条款时，请记住，我的主要目的是进一步为我的秘书**海伦娜·杜卡斯**在其有生之年提供照顾、舒适和福利；我的第二个目标是为我的继女**玛戈特·爱因斯坦**在有生之年提供更多的照顾、舒适和福利；我的最后一个目的是，任何当时尚存的财产（无论是原始手稿、文学权利或仍然属于我的遗产的财产，或任何财产或权利处分所得的收益），除去已经分配或支付给我的秘书和我的继女外，都将被移交给希伯来大学，并成为其财产，此后以其认为最符合其利益的方式保留或处置。为此，我指示，如果**海伦娜·杜卡斯**或**玛戈特·爱因斯坦**在她们的有生之年，要求从该信托中提取任何款项，而资金不足时，则出售或以其他方式处理该信托的财产或资产，以获取所需资金，但该基金的受托人应共同确定应出售或处置的标的，以及出售或其他处置方式的时间和方式，未经双方同意，不得作此处理。

第十四款：

我将我的财产的所有其余部分、结余部分和剩余部分，不论其类型、性质，无论是不动产还是个人财产，无论在什么地方，我都把它们赠予、转赠并遗赠给我的继女**玛戈特·爱因斯坦**；如果她先行去世，则留给我的儿子**小阿耳伯特·爱因斯坦**，供她或他使用和受益。

第十五款：

在不限制我的剩余遗产的绝对性质的情况下，如果我的妹妹**玛丽·温特勒**在我死后仍在世，而根据本遗嘱第九款为她的利益而设立的信托基金被用完，那么我请求我的继女，或者如果她先于我之前去世的话，请求我的儿子，在他们按照上述安排接收的我的剩余遗产中，根据需要不时地拨出其他或进一步的款项，用于我的妹妹的照顾、舒适和福利，只要她活着。

第十六款：

我指示，在所有针对我财产的联邦或州的转让、财产税或遗产税中，按照第十三款安排的信托基金所导致或者分摊的税务比例，应符合分配给该信托的财产的价值与豁免之前我的应税遗产净额的比例，所有这些价值应当由相应的税务程序确定。对该信托基金分摊的此类税款的金额应为其上的费用，并且本遗嘱项下分配的资产和财产，在必要的情况下，可由我的执行人单独或由所述基金的受托人出售或以其他方式处置，以提供完税所需的资金。

第十七款：

（A）我提名、确立并任命我的朋友**奥托·内森**博士为本遗嘱的唯一执行人。

（B）我进一步提名、确立和任命上述的**奥托·内森**和我的秘书**海伦娜·杜卡斯**共同担任本遗嘱第十三款所述信托的受托人。

（C）我进一步提名、确立和任命我的律师，纽约市曼哈顿区的**戴维·J.列维**（DAVID J. LEVYESQ）先生，作为本遗嘱的替代执行人和本协议第十三款规定的信托的替代受托人。

（D）我指示我的上述遗嘱执行人、受托人和替代人在任何时间和任何司法管辖区内均可获得资格并根据本遗嘱行事，而无须提供保证金或其他担保。

第十八款：

我在此向我的遗嘱执行人、受托人及任何替代人授予权力、权威和自由裁量权，无须向任何法院提出申请，并且除法律另有规定的权利和权力外，还可以，（1）根据其独自的判断和不受控制的自由裁量权，永久或暂时地控制和保留本遗嘱项下接收的任何资产或财产，以及由此而收到的任何财产；（2）以出售、交换或其他方式处置上述资产以获得现金或有担保或无担保的信贷；（3）按任何条款和条件抵押、出租或出售任何或所有不动产；（4）以任何条款，以其持有的资产或财产参与任何重组，并在其中授予选择权；（5）在不承担个人责任的情况下，按照认为合理的条款和条件借款，并确保其偿还；（6）调整、妥协或仲裁针对我的遗产的任何索偿或要求，包括税务事宜；（7）以被提名人的名义持有我的财产的证券或财产，或以交付方式转让；（8）维持一个或多个托管账户，并聘请投资顾问或会计服务，费用从我的遗产收取；（9）全部或部分按照实物分配，并为此目的定价；（10）确定和分配收入，本金和收费；（11）直接向未成年受益人，或通过其父母或法定或自然监护人，或任何以父母亲或其他方式和受益人居住在一起的人，支付或应用本遗嘱下该受益人的收入或本金；（12）在一般情况下，对我的遗产做他们清醒地认为是明智和恰当的，对本遗嘱的受益人最有益的任何及所有事情。我的意图是，所有上述内容应解释为：只要他们诚信行事，就应当给予我的执行人、受托人和替代人在管理我的财产时最广泛的自由。

最后：

我特此撤销我在此前任何时候所立的任何及所有遗嘱或遗嘱附本。

在证人面前，我在此签字盖印，

公元一千九百五十年三月十八日。

阿耳伯特·爱因斯坦（签名盖章）

立遗嘱人阿耳伯特·爱因斯坦在我们面前的**签字、盖章、公布并声明**，这是他的最后遗嘱；我们在该立遗嘱人要求下，在他面前，以及我们每个人彼此面前，在此签名作证，1950年3月18日。

凯瑟琳·罗素（KATHERINE RUSSELL），居住在新泽西普林斯顿怀南特路（Winant Road）。

库尔特·哥德尔，居住在新泽西普林斯顿林登路（Linden Lane）129号。

戴维·J.列维，居住在纽约布鲁克林区东21街1092号。

第二篇

科学生涯

"奇迹年"（*Annus Mirabilis*）

（参见附录C中1905年全部论文的讨论）

1905年爱因斯坦在"奇迹年"期间，完成和发表了5篇非凡的论文。这一年的进展情况如下：

3月17日，完成《关于光的产生和转化的一个启发性观点》，大胆地采用了量子假设解释金属的光电效应（7月9日发表，并在诺贝尔奖获奖辞中被提及）。这是5篇论文中，爱因斯坦自认为唯一一篇真正革命性的论文。

4月30日，完成了博士论文《分子大小的新测定法》，在其中，创造了一种测量分子大小和阿伏伽德罗常数的新方法（8月发表了一个稍微不同的版本，不久他正式获得博士学位）。

5月，完成了《热的分子运动论所要求的静止液体中悬浮小粒子的运动》，这是他第一篇关于布朗运动的论文，它导致了物理中热的运动分子论和原子假说的验证实验(7月18日发表)。

6月，完成了《论动体的电动力学》，这是他关于狭义相对论的第一篇论文，是现代物理学发展中的一座里程碑(9月26日发表)。

9月，完成了《物体的惯性同它所含的能量有关吗？》，其中他主张由于相对性原理，惯性质量和全部形式的能量相关（11月21日发表）。这篇文章首次提出了著名方程$E=mc^2$的普遍性。

助手

爱因斯坦没有通常意义上的研究生，也没创立一个研究学派。在他职业生涯的早期，他几乎是独立工作；但在1909年第一次当上教授后，他确实和一些年轻的研究助理一起工作，从1928年开始，他从一系列年轻的助手那里获得了研究帮助。他们与爱因斯坦合作的职位类似于现代博士后研究员。爱因斯坦感到需要研究助手的时期，似乎是他致力于引力和电磁学的统一场论的时候。就像在研究后来成为广义相对论的理论时，他曾与老朋友、数学家马塞尔·格罗斯曼进行了卓有成效的合作一样，爱因斯坦感到在涉及大量数学工作的统一场论探索中，也需要一个合作者。关于这一点的更多细节可以在派斯的爱因斯坦传记《上帝难以捉摸……》（*Subtle is the Lord...*）中找到，这本书也是这一章节的主要来源。

路德维希·霍普夫（Ludwig Hopf）是爱因斯坦的第一位助手，当爱因斯坦在苏黎世大学获得第一份学术工作时他就加入了。和爱因斯坦一起，他写过几篇关于经典辐射理论的统计方面的论文。1912年，他和爱因斯坦一起搬到了布拉格德语大学，在那里年轻的数学家埃米尔·诺赫尔（Emil Nohel）做了他的继任者。在爱因斯坦回到瑞士之前，诺赫尔没有和他一起发表过任何文章。大屠杀期间，诺赫尔和他的家人在纳粹死亡集中营中被杀害。

爱因斯坦的第三位助手奥托·施特恩（Otto Stern）在布拉格开始和爱因斯坦工作，然后又和他一起搬回苏黎世。他们发表了一篇关于低温气体的比热的论文，试图解决一个难题；之后由于印度物理学家萨特延德拉·玻色（Satyendra Bose）的工作，爱因斯坦才完全解决了这个难题。尽管如此，这篇论文依然是一座里程碑，因为它首次引入了零点能量的概念。爱因斯坦和施特恩注意到在许多量子态中，可能的最低能态（基态）能量不为零。因此，存在永远不能从系统中抽取出的一个最小能量，也就是零点能量。后来，施特恩离开爱因斯坦去了法兰克福，在那里和瓦尔特·格拉赫（Walter Gerlach）进行了开创性的实验。他们证明了半整数电子自旋的存在（这与爱因斯坦和万德尔·德哈斯广泛研究过的为数不多的实验主题之一有关，参见"合作者"一节中的"万德尔·德哈斯"）。1944年，他因此工作获得了1943年度诺贝尔奖，不过获奖理由中并未提到"施特恩–格拉赫实验"本身，因为这个奖项只授予了施特恩，一个来自纳粹德国的犹太难民，而没有授予和纳粹合作的格拉赫。

在施特恩之后，爱因斯坦就再没有那种通过正常程序由大学付工资的助手。1914年，他搬到了柏林，在普鲁士科学院任职，之后多年一直是独自工作，甚至在1917年当上威廉皇帝物理研究所所长之后，也是如此。但是，20世纪20年代中期，爱因斯坦开始研究统一场理论之后，他似乎需要年轻的助手们（包括一位女士）的帮助。在这些助手中，第一位是雅各布·格罗默（Jakob

Grommer），他在20世纪20年代中期和爱因斯坦一起工作了几年。由于俄罗斯犹太人的身份和身体畸形（他患有一种疾病，引起他的头和四肢变大），格罗默不能获得任何学术职位。他曾在自己的祖国"白色俄罗斯"（White Russia，今天的白俄罗斯［Belarus］）接受了［今后］成为塔木德（Talmudic）学者的教育，接着来到格丁根学习数学，并很快被公认是不同寻常的天才。在白俄罗斯的明斯克获得学术职位之前，他在爱因斯坦任所长的威廉皇帝物理研究所支持下，和爱因斯坦工作很多年。格罗默不幸于1933年英年早逝。

爱因斯坦可能是受到和格罗默共事经历的鼓舞，从"德国科学紧急协会"（Notgemeinschaft der Deutschen Wissenschaft）要来更多的非临时资金以支持未来助手。"德国科学紧急协会"成立于1920年，旨在从公众和私人资源中为德国科学研究获得资金。移民到美国之后，他的助手们主要由普林斯顿高等研究院资助。

第一位担任"科学紧急协会"支持的正式职位的是匈牙利物理学家科尼留斯·兰佐斯（Cornelius Lanczos），他于1928年成为爱因斯坦的助手。然而，他对爱因斯坦统一场论的思想并无特别兴趣（那时的爱因斯坦正研究绝对平行性［teleparallelism］方法），二人也没有合写过任何论文。

和兰佐斯任期有重叠的助手是和爱因斯坦一起研究绝对平行性理论的赫尔曼·明茨（Hermann Muentz）。1930年，爱因斯坦开始了和瓦尔特·迈尔（Walther Mayer）的长期合作。他为后者谋取了一系列职位；在爱因斯坦1933年前往普林斯顿高等研究院时，也为迈尔在该院争取了一个永久职位。他们合作研究绝对平行性理论和半矢量。出人意料的是，二人在普林斯顿安定下来后不久，便终止了彼此的合作。而迈尔则专注于他自己在纯数学中的研究。

爱因斯坦的第一位美国助手是内森·罗森（Nathan Rosen）。他们从1934年一起工作，直到1936年罗森离开美国去苏联接受一个职位。他和爱因斯坦合作了三篇值得注意的论文：著名的"爱因斯坦-波多尔斯基-罗森论文"（Einstein-Podolsky-Rosen paper）；一篇关于所谓"爱因斯坦-罗森桥"（也称为虫洞）的论文；一篇关于引力波的论文，这篇论文本来试图表明在严格的广义相对论理论中不存在引力波，但是最终却给出了广义相对论中最初的引力波精确解之一。

罗森离开后，爱因斯坦从1936至1938年和利奥波德·英费尔德（Leopold Infeld）合作。他是一名波兰犹太人，比爱因斯坦大多数助手年长，因为反犹太主义而无法在欧洲获得永久职位。爱因斯坦的朋友，马克斯·玻恩推荐了他。英费尔德和一名更年轻的助手巴纳希·霍夫曼（Banesh Hoffmann）一起研究广义相对论的运动问题（他们关于这个主题的论文经常以作者名字首字母被称为EIH）。当英费尔德在高等研究院的资助未能续期时，他和爱因斯坦合作了一本关于科学的通俗读物：《物理学的进化》（*The Evolution of Physics*）（1938年；见附录C中第164篇），这本书的收益又资助了英费尔德1年。从1938年到1950年，英费尔德在多伦多大学工作。他是一名社会主义者，也是战后红色恐惧的受害者。在受到加拿大的著名政客和报纸称他将机密的原子弹信息透露给苏联的不实指责后，他于1950年返回波兰，并于1968年在那里逝世。（亦见英费尔德：《探究》[*Quest*]，以及爱因斯坦和英费尔德合著的《物理学的进化》。）

与英费尔德任期重叠的另一名助手是一名欧洲难民彼得·伯格曼（Peter Bergmann）。他在爱因斯坦在布拉格的继任者菲利普·弗兰克（Philipp Frank）手下获得博士学位，被后者推荐给爱因斯坦（爱因斯坦和弗兰克是朋友，弗兰克后来写了一部著名的爱因斯坦传记[参见附录A]）。伯格曼、英费尔德和罗森在战后时期以创立相对论的重要学派而闻名，他们帮助了广义相对论的复兴（伯格曼在纽约的雪城大学，英费尔德在波兰的华沙，罗森在以色列的海法理工学院）。他们的学生们，特别是伯格曼的学生，在20世纪六七十年代担任了"相对论黄金时代"的领导角色。

伯格曼之后，大概从1940年前后到爱因斯坦去世的这段时间里，和爱因斯坦一起工作过的助手包括：瓦伦丁·巴格曼（Valentin Bargmann），该人后来以和尤金·维格纳（Eugene Wigner）在量子力学的合作而闻名；恩斯特·施特劳斯（Ernst Straus），后来成为著名的数学家；约翰·凯梅尼（John Kemeny），一位计算机科学家，以作为BASIC编程语言的开发者之一著称；罗伯特·克莱奇南（Robert Kraichnan），后来因流体湍流的物理学工作而著称；以及布鲁莉娅·考夫曼（Bruria Kaufman），爱因斯坦唯一的女性助手或合作者。

合作者

众所周知，爱因斯坦在研究中很少与人合作。除了马塞尔·格罗斯曼，他做出主要科学发现的论文没有与其他科学家合作的。尤其在早年，爱因斯坦与其他物理学家严格隔绝。在他晚年，尽管在世界范围内声名显赫，他还是设法让自己处于一种当时情况下非凡的孤立状态，尽管没有早年那样隔绝。那些年里，他几乎只与自己的助手合作。

然而，在摆脱早期的孤立状态（1907年前后）之后到晚期（始于20世纪30年代中期）之间，他设法与数目不少的研究者合作。这些合作反映了他有广泛的科学兴趣，而且比人们通常想象的更善于交际，尤其是在中年。除了与印度物理学家萨特延德拉·纳特·玻色（Satyendra Nath Bose）的不寻常"合作"之外（见下面的讨论），这些共同成果通常不涉及他感兴趣的最深刻的主题，而是反映了他对技术或次要科学问题的兴趣。许多合作的结果是专利，而不是发表纯粹的研究论文。

在讨论与爱因斯坦共同发表论文的合作者时，我们也试图让人们了解到，许多合作的形式是分别工作、联合发表结果（例子包括萨特延德拉·玻色，贡纳尔·诺德斯特伦［Gunnar Nordström］和埃米尔·鲁普［Emil Rupp]）；或者爱因斯坦在论文中承认业余爱好者的贡献和建议（米凯勒·贝索——参见第一篇"朋友"——和鲁迪·W.曼德尔［Rudi W. Mandl]）；或者只产生消极或无价值结果的合作，没有发表（奥居斯特·皮卡德［Auguste Piccard]）。这些合作表现了爱因斯坦在他的科学生涯中期广泛的科学联系，但是并没有被包括在附表中；附表只列出了那些与爱因斯坦的合作导致论文发表的合著者和助手们。那些非正式的"合作者"大多数是通过书信，而不是面对面与爱因斯坦交流。

爱因斯坦最早的合作者们是来自欧洲讲德语国家南部的物理学家同行。雅各布·劳布（Jakob Laub）是一位奥地利物理学家，狭义相对论的早期研究者。在劳布的促进下，爱因斯坦与其合作了两篇论文。瓦尔特·里茨（Walter Ritz）是爱因斯坦的一位瑞士同事，他对电动力学理论的正确表述有自己的观点。他和爱因斯坦都对光的发射理论感兴趣，试图合作，但最后却在1908年发表了一篇简短声明文章，表示二人意见不同。这篇文章讨论了一个有意思的现象，也就是尽管在现实生活中经常观察到电动力学方程的推迟势解，但是在数学上同样合理的超前势（辐射在源处发射前，接受者便响应该辐射）却从未在自然中见过。在该文中，里茨声明自己认为需要重新用公式表示电动力学方程，使得超前势不再是方程的解。相反，爱因斯坦声明自己相信推迟解之所以能被观测到，完全是因为宇宙中存在大量相互作用的粒子，因为概率的原因难以见到超前势。这是电动力学中的时间之矢（太阳由于辐射随时间不断地失去而不是得到能量）（参见"概念"一节）来源的一种表述方式，和热力学中的时间之矢一样，电动力学的时间之矢的出现，是因为在一个由许多相互作用的粒子组成的宇宙中，它是最可能的结果。后来的理论将爱因斯坦的思想转化为数学形式，其中的一个例子就是约翰·惠勒和理查德·费曼（Richard Feynman）的吸收理论。惠勒是爱因斯坦在普林斯顿的同事，他将结果告知爱因斯坦，根据惠勒自传的说法，爱因斯坦认可了这些结果。

爱因斯坦早期技术合作的一个例子，是他和哈比希特兄弟——康拉德·哈比希特（Conrad Habicht）和保罗·哈比希特（Paul Habicht）——的合作。康拉德是爱因斯坦在柏林时期的一位亲密的朋友（也是奥林匹亚科学院的一员；参见第三篇"组织联系"一节）；他弟弟保罗是巴塞尔的一名技术设计师，后来在其家乡沙夫豪森担任技术设计师。1907年前后，爱因斯坦开始研究他的"小机器"（*Maschinchen*）（图36a，b），一种利用一系列电容器的电压涨落来实现弱电压放大的装置。这个想法源于爱因斯坦对涨落理论的精通和发展，该理论也是他早期很多科学突破的出发点。许多年后，特别是保罗·哈比希特，试图实现爱因斯坦的发明，但是结果比不上其他更成功的技术，也从未形成专利。图宾根大学物理研究所公开展出一个这样的小机器，荷兰莱顿的布尔哈弗博物馆（Boerhaave Museum）有另外一个展出。

爱因斯坦和他的朋友，马塞尔·格罗斯曼的至关重要的合作，是在广义相对论之前提出的所谓的引力理论提纲（Entwurf）。在第一篇"朋友"中关于格罗斯曼的章节讨论了这个合作。尽管数学家大卫·希尔伯特（亦见"同事"一节）从来没有与爱因斯坦合写任何著作，但他发挥了关键作用，鼓励爱因斯坦超越与格罗斯曼合作发展的理论，继续追求他自己最初设想的完全协变理论。天文学家埃尔文·芬利·弗罗因德利希（Erwin Finlay Freundlich），以及两位德国实验者莱昂哈德·格雷贝（Leonhard Grebe）和阿耳伯特·巴赫姆（Albert Bachem）都受到爱因斯坦鼓励和支持去努力寻找广义相对论的实验性证据。（关于这三人的贡献，参见"相对论"一节中的"广义相对论——广义相对论的实验验证"。）

　　阿德里安·福克（Adriaan Fokker）是一位荷兰理论物理学家，于1913—1914年在苏黎世和爱因斯坦一起工作。在荷兰，他们合作的焦点是在荷兰工作的芬兰理论家贡纳尔·诺德斯特伦的引力理论。尽管诺德斯特伦从未与爱因斯坦发表过关于这个理论的文章，但从他们的通信中可以看出，爱因斯坦在这个理论的发展中起到了影响作用，并且它最著名的形式，就是在爱因斯坦和福克合著的论文中提出的。诺德斯特伦的理论一开始是将引力理论纳入狭义相对论框架下的一种颇为传统的尝试。出人意料的是，经过他和爱因斯坦的讨论，以₁₄₀及爱因斯坦和福克的工作，他的理论变成了第一个引力度规理论，甚至先于直到1915年年末才构建的广义相对论本身。福克后来为努力正确地理解现在称作测地岁差（geodetic precession）的物理效应而向爱因斯坦请教。测地岁差是爱因斯坦引力理论的一种效应，由荷兰科学家威廉·德西特（Willem de Sitter）和扬·舒顿（Jan Schouten）研究得出。

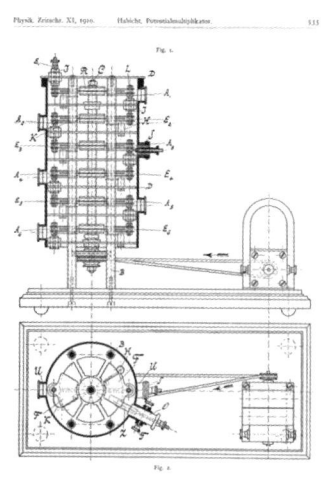

图36　（a）和哈比希特兄弟研发的"小机器"。（承蒙图宾根大学的托斯滕·赫尔［Torsten Hehl］提供照片）（b）《物理学期刊》（*Physikalische Zeitschrift*）11卷（1910）中一篇文章所绘的机器图解。（图宾根大学惠赠）

当爱因斯坦曾经定期去荷兰访问其同行，尤其是这一时期的一位合作者保罗·埃伦费斯特（参见第一篇"朋友"一节）时，万德尔·德哈斯（Wander de Haas）是他这一时期的另一位荷兰同事。德哈斯是 H.A.洛伦兹的女婿，在洛伦兹的要求下，爱因斯坦设法为德哈斯在柏林安排了一个访问学者的位置。二人之间的合作，是爱因斯坦偶尔涉入实验物理学的一个例子；他们进行了一系列的实验来探究安德烈-马里·安培（André-Marie Ampère）的分子电流假说。由于已知电流产生磁场，安培提出，铁磁性物质的磁性，很可能是内部的带电粒子以某种闭合环路的方式移动产生的。为了检验这一假说，爱因斯坦和德哈斯证明铁磁体的行为像旋转罗盘，暗示它们内部的确有某种绕转或旋转的物理实体。他们的实验发现被称为"爱因斯坦-德哈斯效应"，这一效应说明磁化一种材料能在其中引起一种可测量的机械旋转。这证明了材料中的物理旋转和其磁场产物之间的联系。

爱因斯坦的计算假设了环流源自电子，且它们形成简单旋转和轨道。因此，他在计算中引入了一个理所当然假定为1的回旋磁因子。他得到的实验结果符合这个结果，但随后其他人的实验得到的回旋磁因子数值却更接近2。最终，人们了解到产生铁磁性的电子性质与轨道运动无关，而是一种称为"电子自旋"的电子内禀性质。事实证明，电子的自旋总是取半整数值(这在经典物理学中被认为是不可能的)。回旋磁因子为2。因此，爱因斯坦和德哈斯的实验在定性上是正确的——而且从科学和技术观点看都是相当重要的——但在数值上是错误的。爱因斯坦设法让实验结果符合他自己错误的理论计算。这个实验常被当作科学中预测效应的一个重要例子。

最能澄清爱因斯坦-德哈斯效应来源的实验是奥托·施特恩和瓦尔特·格拉赫发现电子自旋的实验。施特恩碰巧是爱因斯坦的另一位合作者，曾在其他事情上做过他的助手。

赫尔曼·安许茨-肯普费是一位德国实业家和探险家，曾希望通过潜艇到达北极。由于潜艇完全被金属包围，地磁场不能穿透到潜艇内部，因此磁罗盘无法工作，这是在水下寻找北极的一个特别严重的阻碍。安许茨-肯普费的公司开发了一种用于潜艇和飞机上导航的实用陀螺仪。动量守恒使得旋转的陀螺仪保持其指向，哪怕它们所处的平台在移动。安许茨-肯普费试图在美国行使其专利，便雇用爱因斯坦作为一名专利诉讼的技术专家。由于爱因斯坦的科学声望和专利工作方面的背景，有时在专利诉讼这样的事情中，他被邀请作为技术专家提供意见。爱因斯坦对设计出一个成功的陀螺罗盘的挑战很感兴趣，数年间他在此设计的各方面上断断续续地为该公司工作，常去参观位于基尔的公司总部。他和安许茨-肯普费的关系相当亲密，经常到这位实业家的家中做客，有时还和自己的儿子们一起。由于这项工作，爱因斯坦在后来的一项陀螺仪专利中起到了作用。安许茨公司继续在德国制造导航设备，现在是雷神公司（Raytheon corporation）的一个部门。这次合作是产生专利的众多合作之一；这里仅提到其中的几次是由于爱因斯坦与合作者关系亲密。建议感兴趣的读者参考约瑟夫·伊力的书，《务实的爱因斯坦》（*The Practical Einstein*），它是我们关于爱因斯坦的专利的主要信息来源。

1924年，爱因斯坦收到一封来自萨特延德拉·纳特·玻色的信，这名印度物理学家完成了一篇解释黑体辐射的普朗克定律的一种新推导，却难以发表。值得注意的是，爱因斯坦不仅阅读了这位遥远的且不知名的科学家所附的论文，还非常仔细地发现了一个关键特征，即它在假设粒子是不能互相区分的情况下，对粒子系综进行了统计分析。即使玻色本人也没有充分意识到并强调这一特征。这是一个与经典统计物理学的重要区别。经典统计物理学中，人们总是假定，如有必要，可以追踪每一个粒子及其行为。但玻色的方法却假设，人们不知道哪个粒子在做什么，所有的粒子看起来都一样并且不可能个别追踪。通过做这个假设，玻色能够从第一原理得出普朗克的结果，这个事实显示了量子粒子统计的正确路径。142

爱因斯坦确保这篇论文得以发表，并且出色地利用这个突破性的发现，完成了一系列的论文（参见"概念"一节的"玻色-爱因斯坦凝聚"和"玻色-爱因斯坦统计"）。尽管玻色和爱因斯坦的名字从未一起出现在一篇论文上，尽管他们在合作过程中并没有见面，但公平地说，这是爱因斯坦一生中除了与马塞尔·格罗斯曼的合作之外，最重要的合作。亚伯拉罕·派斯曾评论道，爱因斯坦和玻色在建立量子统计学方面的工作足以使玻色的名字不朽，然而这一合作都排不进爱因斯坦对科学的五大贡献之列。

一个最终不那么快乐的合作，是与一位年轻的德国物理学家埃米尔·鲁普的合作。他用爱因斯坦设计的极隧射线（参见"概念"一节）进行了实验，目的是检验光的量子特性。二人分别但同时发表了论文，报告了结果。鲁普根据爱因斯坦的想法的工作受到了实验同行们的挑战。多年以后，他在被发现有伪造他从未做过的实验结果的罪行之后，被迫丢人地离开物理学界。

受爱因斯坦启发的另一项实验，是瑞士-比利时物理学家奥居斯特·皮卡德在布鲁塞尔进行的，该实验试图验证爱因斯坦提出的一个理论推测，也就是地球的磁场可能来自于电荷产生的吸引力和排斥力之间的不平衡。皮卡德在爱因斯坦的建议下进行了非常灵敏的实验，表明不存在这种不平衡。在皮卡德发表的文字中提到了爱因斯坦，但由于结果是否定的，所以爱因斯坦自己从未公开发表自己的论文。皮卡德因为在热气球和深海探险中创造了记录而闻名，他是比利时漫画家埃尔热（原名乔治·勒米）（Hergé［Georges Remi］）所绘连环漫画《丁丁历险记》中的卡尔库鲁斯教授[1]的原型。

爱因斯坦喜欢与朋友们合作，这些人包括保罗·埃伦费斯特和汉斯·米萨姆（有关二人的情况，参见第一篇"朋友"一节），米萨姆是柏林犹太医院的一名医生，也是爱因斯坦在柏林期间最亲密的朋友之一。爱因斯坦和米萨姆合作了一项实验，旨在测定过滤器对悬浮液体中的微观粒子的渗透性。

爱因斯坦参与的更具实用性质的研究是和利奥·西拉德（Leo Szilard）一起开展的。两位物理学家意图发明一种静音冷藏的方法（20世纪90年代的冰箱中的泵噪音非常大）（图37）。尽管想法表现出一些潜力，商业化却并不成功，不过在实验室中有其应用。在这一领域，西拉德和爱因斯坦因其发明获得了多项专利。后来，西拉德因为提出核链式反应思想而闻名，并且和恩里科·费米（Enrico Fermi）一起首次通过核裂变展示了其实用性。他在盟军试图建造原子弹的计划发起中扮演了关键角色（参见第三篇"政治背景"一节中"希特勒掌权与第二次世界大战"下的"就原子弹问题给罗斯福总统的信"）。

鲁道夫·古德施密特（Rudolf Goldschmidt）是一位成功的无线电领域的发明家，与爱因斯坦合作发明了新型助听器中所用的一种磁致伸缩声音再现装

---

1 卡尔库鲁斯教授（Professor Calculus），意为"微积分"教授。法语原名图纳思教授（Professor Tunasol，意为"向日葵"教授），是《丁丁历险记》的主要人物之一，一位精通各门科学的科学家和总有新奇发明的发明家。他平时不苟言笑，甚至有些心不在焉，但说到科学道理和发明时则滔滔不绝。——译者注

置。据爱因斯坦的传记作者亚伯拉罕·派斯记载，当时爱因斯坦的一位歌唱家朋友出现听力困难，使得他对这个项目产生兴趣。（参见伊力：《务实的爱因斯坦》第127—130页的权威描述。）爱因斯坦为了想帮助那位歌唱家而争取古德施密特的帮助，甚至为二人的合作赋诗一首。古德施密特在第一次世界大战前曾在英国工作过，在纳粹夺权后又返回英国。

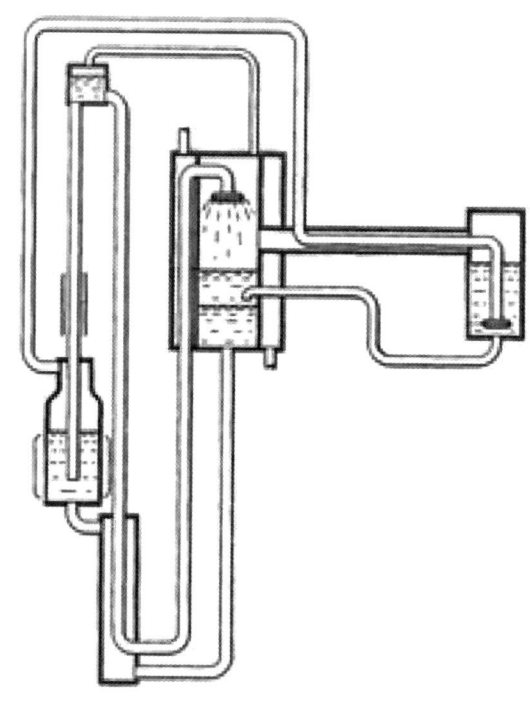

图37　爱因斯坦-西拉德的冰箱专利（维基共享资源）

爱因斯坦百科

理查德·蔡斯·托尔曼（Richard Chase Tolman）是一位物理化学家，在加州理工学院的崛起中起到了重要作用。20世纪30年代早期，爱因斯坦在那里度过了连续三个冬季学期，其间与托尔曼和另一位合作者鲍里斯·波多尔斯基（Boris Podolsky），一起合作一篇论文。这篇论文关注量子力学中的测量问题，爱因斯坦和波多尔斯基后来又再次回来探索这一问题。托尔曼是相对论在美国的早期接受者之一，并对宇宙学这一新兴领域做出了重要贡献。爱因斯坦在加州理工学院期间，还与天文学家威廉·德西特合作发表了一篇关于宇宙学的论文（参见下文"同事"一节中的德西特部分）。

鲍里斯·波多尔斯基是一名移民美国的俄罗斯人，在加州理工学院跟随保罗·爱泼斯坦（Paul Epstein）获博士学位。爱泼斯坦的工作之前已经获得爱因斯坦的赞赏。他曾是爱因斯坦堂妹埃迪特（Edith）博士论文导师，因此经常就（爱因斯坦建议的）论文主题辐射计问题（参见下文的"概念"一节）与爱因斯坦通信讨论。1934—1935年普林斯顿高等研究院期间，波多尔斯基和爱因斯坦及其当时的助手内森·罗森（Nathan Rosen）合作发表了著名的EPR论文（参见"概念"一节）。有人（比如派斯，援引罗森的话）声称波多尔斯基是那篇知名文章的实际作者。

144 　　爱因斯坦对好的想法特别开放，无论其来源是什么，哪怕是业余科学爱好者。1936年，一位热情的名叫鲁迪·W.曼德尔的捷克移民联系他。曼德尔独立地提出了引力透镜的概念：对地球上的天文学家来说，来自遥远恒星的光会碰巧被经过的一个位置更近的恒星的引力场聚焦和加强。爱因斯坦耐心地尝试说服曼德尔，自己在几年前就有过这个想法，但它是不实际的，甚至用计算来证明自己的结论。爱因斯坦不想发表否定的结果，但在曼德尔的坚持之下，还是发表了，并在论文中提到曼德尔的名字。天文学家弗里茨·兹威基（Fritz Zwicky）几乎立刻就指出爱因斯坦公式预测的效应可以在星系中探测到。几十年后，这一观点被证实了，而引力透镜也成为星系天文学的一个主要技术——由于天文技术的进步，甚至在恒星天文学中也是如此。由一个完美对准的引力透镜所产生的光环仍被称为爱因斯坦环（图38）。

古斯塔夫·布基（Gustav Bucky）是一位专攻放射学的德国医学博士。他和爱因斯坦在德国相识，二人都移民美国后仍然是好朋友。他们一起获得了一项

图38　这是一个爱因斯坦环。环中一个巨大的红色星系将来自遥远的蓝色星系的光线引向透镜，形成了一个爱因斯坦曾于1936年预测的特征形状。当时的爱因斯坦认为"直接观测这种现象是没有希望的"（《科学》[*Science*] 84 [1936] :506），但他只想到了恒星，爱因斯坦环太小看不出形成一个环。星系是更强大得多的引力透镜，甚至观测到了双爱因斯坦环(在前景星系后面有两个遥远的星系)。引力透镜是现代河外天文学的重要工具，它能让人们能看到其他情况下无法探测的遥远的物体，并为人们提供了其他方法无法得知的关于透镜物体的质量信息。透镜令天文学家确信暗物质的存在。(ESA/Hubble and NASA [欧洲航天局/哈勃望远镜和美国国家航空航天局])

145

光电设备的专利，该设备可以让相机对被拍摄物体做出响应。布基在去世时总共持有148项注册专利，但只有约12项曾被用于商业目的。他发明了布基隔膜（Bucky diaphragm），它消除了X射线的接触损耗，从而让人体的X摄像更加可行。布基和他的家人从德国搬到了纽约，他们属于爱因斯坦在美国最亲密的朋友。

　　1943年，爱因斯坦与他长期的同事沃尔夫冈·泡利合作，研究广义相对论中的时空结构和五维卡鲁扎-克莱因理论。除了与泡利的这个项目外，他在20世纪40年代和50年代的其他合作者，如前所述，都是他的助手们。(亦见加里森

［Galison］《实验如何结束》［*How Experiments End*］，伊力《务实的爱因斯坦》，范东恩的"埃米尔·鲁普，阿耳伯特·爱因斯坦"。）

爱因斯坦合作者一览表

姓名	地点	年份	论文	专利	助手
雅各布·劳布	柏林	1908	2	0	
瓦尔特·里茨	柏林，苏黎世	1909	1	0	
康拉德·哈比希特	柏林，苏黎世	1907—1910	1	0	
保罗·哈比希特	柏林，苏黎世	1907—1910	1	0	
路德维希·霍普夫	苏黎世	1910	2	0	是
埃米尔·诺赫尔	布拉格	1911—1912	0	0	是
奥托·施特恩	布拉格，苏黎世	1912—1913	1	0	是
马塞尔·格罗斯曼	苏黎世	1912—1914	2	0	
阿德里安·福克	苏黎世	1913—1914	1	0	
万德尔·德哈斯	柏林	1915	3	0	
雅各布·格罗默	柏林	1917—1928	1	0	是
赫尔曼·安许茨-肯普费	基尔	1918—1926	0	1	
汉斯·米萨姆	莱顿	1922—1923	2	0	
保罗·埃伦费斯特	柏林	1923	1	0	
利奥·西拉德	柏林	1927—1930	0	15	
鲁道夫·古德施密特	柏林	1928—1934	0	1	
科尼留斯·兰佐斯	柏林	1928—1929	0	0	是
赫尔曼·明茨	柏林	1928—1929	0	0	是
瓦尔特·迈尔	柏林，普林斯顿	1930—1934	8	0	是
理查德·蔡斯·托尔曼	帕萨迪纳	1931	1	0	
威廉·德西特	帕萨迪纳	1932	1	0	
鲍里斯·波多尔斯基	帕萨迪纳，普林斯顿	1931/1935	2	0	

续表

姓名	地点	年份	论文	专利	助手
内森·罗森	普林斯顿	1934—1936	3	0	是
古斯塔夫·布基	普林斯顿	1936	0	1	
利奥波德·英费尔德	普林斯顿	1936—1941	3+1书	0	是
巴纳希·霍夫曼	普林斯顿	1935—1937	1	0	是
彼得·伯格曼	普林斯顿	1936—1941	2	0	是
瓦伦丁·巴格曼	普林斯顿	1937—1944	2	0	是
沃尔夫冈·泡利	普林斯顿	1943	1	0	
恩内斯特·施特劳斯	普林斯顿	1944—1948	2	0	是
约翰·凯梅尼	普林斯顿	1948—1949	1	0	是
罗伯特·克莱奇南	普林斯顿	1949—1950	0	0	是
布鲁莉娅·考夫曼	普林斯顿	1950—1955	2	0	是

同事

弗里德里希（弗里茨）·阿德勒

弗里德里希（弗里茨）·阿德勒（Friedrich［Fritz］Adler，1879—1960）是奥地利物理学家和政治活动家、奥地利社会民主党创始人维克多·阿德勒（Victor Adler）的儿子。尽管他和爱因斯坦都曾在同一位博士导师阿尔弗雷德·克莱纳手下工作，但作为学生，他们互相并不认识。年轻的阿德勒是苏黎世大学的一名无薪的物理学讲师，并于1909年成为那里的教授候选人。当他建议当局选用爱因斯坦时，接见他的官员简直不敢相信阿德勒会这么有风度地尊敬一个对手（参见弗里德里希·阿德勒致信维克多·阿德勒，1909年3月19日；爱因斯坦档案编号73-565）。爱因斯坦得到了工作，而这两个人和他们的家人最后还住在了苏黎世同一幢公寓楼里。他们成了好朋友。

当爱因斯坦接到布拉格的工作邀请时，他希望阿德勒能在苏黎世接替他，但阿德勒转向了政治，随后投身于激进的社会主义和和平主义政治。1916年，他为抗议第一次世界大战而暗杀了奥地利首相卡尔·冯·施图尔克（Karl von Stürgkh）伯爵，因此声名狼藉。爱因斯坦自愿作他的品德见证人，还致信奥匈帝国皇帝，请求他宽恕阿德勒，声称很少有人像自己一样了解阿德勒。国际上支持阿德勒的强烈呼声使他免于死刑。具有讽刺意味的是，他利用自己在监狱里的时间先后写了一篇文章和一本书，来反对爱因斯坦的相对论。爱因斯坦将阿德勒从监狱里寄来的书的手稿称为"毫无价值地卖弄学问，用律师的方法搞物理"（参见致海因里希·赞格尔的信，1917年5月4日，载于舒尔曼：《知己》[Schulmann, *Seelenverwandte*]，文件153）。他的父亲既是一位重要的政治家，也是一位著名的精神病学家。他试图用自己儿子推翻爱因斯坦的堂吉诃德式尝试，作为阿德勒疯了的证据，为其做法律辩护。阿德勒于战后获释，并在两次大战期间参与了社会主义的政治活动。在向"社会党国际"（Socialist International）[1]发表演讲时，传闻他惹恼了一些代表，导致一名法国政客莱昂·布鲁姆（Léon Blum）对他周围人说："他的枪法比他的口才好。"他和爱因斯坦至死都是朋友。

¹⁴⁷ 尼尔斯·玻尔

尼尔斯·玻尔（Niels Bohr, 1885—1962）是一位丹麦物理学家，他提出了原子的玻尔模型，并在量子理论的发展中起了主导作用。他的名字永远和爱因斯坦联系在一起，部分原因是他们在20世纪20年代中期就量子力学进行的辩论。1920年4月，爱因斯坦第一次见到玻尔就立即被他吸引："生活中很少有人像您这样，让我一看见就这般快乐"（参见致玻尔的信，1920年5月2日，《爱因斯坦全集》，第十卷，文件4；爱因斯坦档案编号8—065）。爱因斯坦在世时，二人以一种热烈而诚恳的方式辩论物理学，亚伯拉罕·派斯写道："甚至在(爱因斯坦) 死后，他(玻尔) 还会像爱因斯坦依旧活着似的和他争论。"这两个人被联结在一起与他们获得诺贝尔奖的时间也有关系。玻尔获得了1922年度诺贝尔奖，与此同时爱因斯坦获得推迟授予的1921年度的诺贝尔物理学奖（参见下文的"诺贝尔奖"一节）。他们因发展量子理论而获得诺贝尔奖，随着量子力学

---

1 社会党国际(Socialist International, 缩写为SI)是一个由世界各国的社会民主党(包括社会民主主义政党和民主社会主义政党)组成的国际政党组织。其成员包括147个政党和组织。该组织的名称取自原来的"社会主义国际"，也就是成立于1889年的"第二国际"。——译者注

的兴起，他们的理论很快成为 20 世纪物理学最重要的思想。玻尔和爱因斯坦代表了新一代理论物理学家，走出了从前笼罩理论物理学家的实验主义的阴影。就公众的认可而言，像玻尔这样的理论家们将会主导诺贝尔奖。当他们接受诺贝尔奖时，很难想象在关于那个理论的辩论中，这两个人将站在截然不同的立场上，但是他们的辩论却作为科学同行关系的典范而被铭记（参见下文"思想实验"一节）。战争期间，纳粹入侵丹麦后，玻尔被迫离开祖国。和爱因斯坦的情况一样，这导致了他和德国一些以前很亲密的同事决裂。后来，他回到了自己的国家。无论是对研究生还是博士后来说，他作为科学导师的能力闻名于世。玻尔去世之前，他的家乡哥本哈根一直是一个重要的物理学中心。在某种程度上说，量子力学的哥本哈根解释是他与爱因斯坦辩论的一个结果。（亦见派斯：《尼尔斯·玻尔的时代》[Pais, *Niels Bohr's Times*]。）

玛丽·居里

玛丽·斯克沃多夫斯卡·居里（Marie Skłodowska Curie, 1867—1934）是一位波兰裔法国物理学家，也是极少数的两次获得诺贝尔奖的科学家之一（一次化学奖，一次物理学奖）。她可能是 20 世纪唯一一位其名望以任何方式都可与爱因斯坦媲美的科学家。她关于放射性起源的研究，包括著名的镭元素和另一种放射性元素钋的发现，她在天然放射性方面的工作在天文学、地质学、化学、物理学和医学产生了直接又意义深远的影响，使得科学家们最终能够回答由来已久的地球年龄问题以及其他问题。她在原子世界观的形成中起到重要作用，她和爱因斯坦是这项运动的领军人物。他们是友好的同事，在第一次世界大战后的那段时期，他们在政治范围内通信与合作，努力促成各国间的战后和解，特别是通过国际联盟（参见第三篇"组织联系"一节中的"国际智力合作委员会"）。

148

亚瑟·斯坦利·爱丁顿

亚瑟·斯坦利·爱丁顿（1882—1944）是一位英国天体物理学家，他通过撰写有关相对论的科学著作和颇受欢迎的科普著作，以及在验证广义相对论最重要的一个预言上扮演的角色，帮助爱因斯坦成为世界知名人物。尤其是因为关于恒星结构的工作，爱丁顿成为天体物理学作为一门科学的兴起过程中最重要的科学家之一。他指出，由于恒星核心中热核聚变产生的光有极其巨大的内压力，故恒星不会在自身重量下坍缩。（光的一个粒子，即一个光子，从太阳核心运动到其表面可能需要数十万年的时间。）1916年，爱丁顿通过荷兰天文学家威廉·德西特的论文了解到爱因斯坦的新引力理论。这一中介是必要的，不仅因为爱丁顿不会德语，还因为德国和英国处于战争状态，在英国很难得到德国的科学杂志。爱丁顿很快被这个理论吸引，并开始发表自己对它的解释，这引起了英国科学家们的注意。爱丁顿与英格兰皇家天文学家弗兰克·戴森（Frank Dyson）爵士讨论了这个理论。他们认识到，爱因斯坦提出的该理论的三个实验检测中，有一个是很难完成的，因为它需要在日全食期间观测靠近太阳的恒星。戴森发现，1919年的日食最适合这一检验，因为太阳将会出现在黄道上最亮的恒星群毕宿星团（Hyades star cluster）中。由于这次日食只在南美洲和非洲可见（有关位置，请参见地图2），于是，戴森和爱丁顿制订计划成立一支科考远征队来检验这一理论。

1918年11月，适逢第一次世界大战结束，两支科考远征队得以在1919年5月，即日蚀月，到达他们的目的地。爱丁顿率领一个两人小组前往非洲西海岸以外的普林西比岛（参见图39，在普林西比岛拍摄的日食照片），戴森则从他的格林尼治天文台派两名男子前往巴西北部的索布拉尔市。日食期间，困难不断。爱丁顿遭遇到云层，使他在太阳周围的恒星场的照片模糊不清，而在索布拉尔，两个装置之中有一个无法正常运行。

在英国分析了几个月的数据之后，戴森和爱丁顿得出结论，这些数据符合爱因斯坦对星光路径被太阳引力弯折程度的预测。他们将结果发表，作为爱因斯坦理论和经典牛顿引力理论间的一个检验，证明爱因斯坦理论成功，而牛顿理论失败。最著名的科学理论被推翻的消息在许多国家引起轰动。在英国人进行的一项测试中，德国人爱因斯坦推翻了英国最伟大的科学家的理论，这一事实似乎被广泛看作一个强调科学真理的姿态，有助于战后国家之间的和解。毫无疑问，爱因斯坦和爱丁顿的和平主义以及他们对战争的公开反对，在唤醒公众上也起到了一定的作用。爱丁顿是一个贵格会教徒，他冒着坐牢的风险，拒

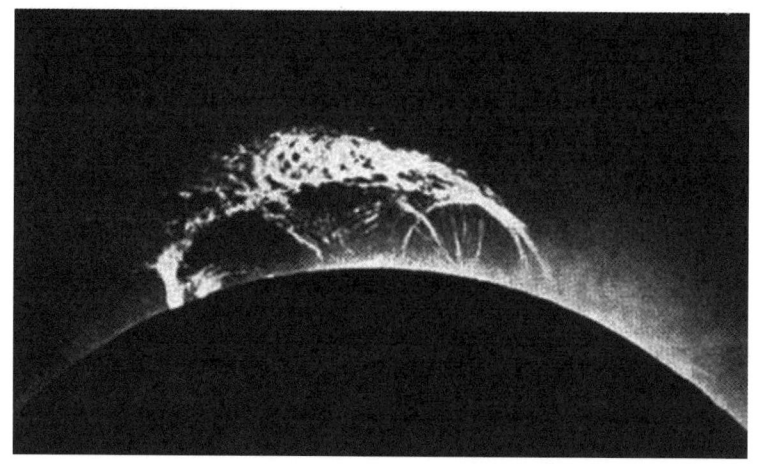

图39　1919年的日(全)食。这张由亚瑟·斯坦利·爱丁顿在普林西比岛拍摄的照片，是1919年日食探险中最著名的照片，它帮助证实了爱因斯坦的广义相对论。普林西比岛上的多云天气妨碍了爱丁顿的工作，却帮助其捕捉到了在日(全)食发生之时，爆发的不寻常的日珥现象。(来自皇家天文学会的收藏，伦敦)

绝应征加入英国军队。甚至有一件轶事声称，戴森承诺将他派往非洲进行日食观测以代替战争工作，才说服政府没有把他投进监狱。战后，在德国的科学受到广泛而公开抵制之时，人们普遍认为爱因斯坦是唯一可以被接受的德国科学家。事实上，当皇家天文学会试图授予他1919年度金质奖章时，正如爱丁顿私下告诉爱因斯坦的那样，该提议被全体成员投票否决了，因为后者不愿意在战后这么快就给一个德国人颁奖。那一年没有授奖，而爱因斯坦最终在1927年获得了这一金质奖章(参见第一篇"从外国学术团体获得的各种奖项、荣誉学位和荣誉会员资格"一节)。爱丁顿在接下来的岁月里继续对爱因斯坦的理论抱有浓厚的兴趣，和爱因斯坦一样，他致力于寻找一个建立在爱因斯坦理论的成功基础上的，引力和电磁学的统一场理论。

库尔特·哥德尔

库尔特·哥德尔（1906—1978）是一位奥地利数学家和逻辑学家，他的工作具有广泛的影响，尤其是不完全性定理，证明了即使在一个公理数学系统内部，也可能有不能从给定公理证明的事实陈述。尽管他的不完全性定理源自数论研究，但也被认为是一个意义深远的可能适用于许多思想领域的陈述。第二次世界大战期间，哥德尔和爱因斯坦都在高等研究院工作，都是来自纳粹统治下欧洲的流亡者，他们成了亲密的朋友，经常一起从研究所走回家。因为担心哥德尔会因说出不合适的话危及自己的申请，爱因斯坦陪同古怪的哥德尔参加了他美国公民身份申请的面试。虽然爱因斯坦显然和哥德尔讨论过自己的研究，但他们从来没有合作过。不过哥德尔确实在广义相对论中找到了一个以他的名字命名的度规，它描述了一个存在封闭的时间型曲线的时空。因此，它描述了一个可能实现时间旅行的宇宙。

弗里茨·哈伯

弗里茨·哈伯（1868—1934）是一位德国化学家，在20世纪的科学家中，他的研究对工业和社会产生了一些最深远的影响。他发明了一种空气"固"氮的方法，在高温高压下利用大气中的氮和提供的氢气制造氨（化学肥料的关键成分）。创立法本公司（IG Farben company）的卡尔·博施（Carl Bosch）将这种方法工业化。正当欧洲国家一直依赖富氨肥料的进口时，1909年到1913年期间发明的"哈伯-博施法"，让德国在第一次世界大战期间能够在英国海军通过海上封锁切断其天然富含硝酸盐矿进口的情况下，维持后方生产。这样的发展不仅对德国农业，而且对该国的战争发动能力也至关重要。现代烈性炸药也需要氮的供应，这导致德国对哈伯化学发明的双重依赖。

哈伯，一个皈依基督教的犹太人，是德国和普鲁士民族主义的坚定支持者。战争期间，他被派去领导德国军队的化学战工作，在此之前，化学战的成果好坏参半。他成功地将化学武器的生产和运输工业化，使他成为了德国的英雄，协约国科学家们（和其他人）眼中的罪人（*a bête noire*）。而他在协约国仍然抵制德国科学家的时期里，获得1918年诺贝尔化学奖（1919年授予），则是给厌恶他的人伤口上撒盐。哈伯的职业生涯是德国促进学术界和产业界合作的成功国家政策的一个杰出典范。

哈伯和爱因斯坦的家庭背景多少有些相似，不过与爱因斯坦不同的是，哈伯强烈支持犹太人融入德国社会。他极力反对爱因斯坦1921年的美国之行，觉得这是与德国在最近战争中的敌人通好。他认为，参与一个受控于伦敦的世界犹太复国主义总部的事业，坐实了一些德国人认为犹太人不忠诚的说法（参见哈伯来信，1921年3月9日，《爱因斯坦全集》，第十二卷，文件87；爱因斯坦档案编号12—329）。即便如此，在爱因斯坦的柏林时期，两人的私交还是很好。他们同样遭到纳粹打击，从而证明了爱因斯坦的观点，即犹太人不应去讨好德国民族主义者。在1933年，哈伯不愿解雇他的犹太员工，而是选择辞去了自己在柏林–达勒姆的威廉皇帝物理与电化学研究所所长的职位（爱因斯坦是威廉皇帝物理研究所所长）。他伤心地离开了德国，第二年在巴塞尔去世，当时他在考虑位于巴勒斯坦雷霍沃特（Rehovot）的一个新研究所的职位，具有讽刺意味的是，此事却是由犹太复国主义者安排的。（亦见海格：《空气炼金术》[Hager, *The Alchemy of Air*]。）

大卫·希尔伯特

大卫·希尔伯特（1862—1943）是一位德国数学家，他在20世纪数学的一系列主题和领域的发展中扮演了一个有影响力的角色。1912年之后，他对物理学产生了浓厚的兴趣，并在物理学家们越来越依赖于19世纪引入的一些复杂数学的时候，为这门学科引入一些数学严密性做了许多工作。据说他曾宣称物理学对物理学家来说太难了。1915年，他在广义相对论的发现中起了重要作用。爱因斯坦之前曾一度放弃寻找一种引力的广义协变理论，但身为格丁根大学教授的希尔伯特邀请他在该大学举行享有盛名的沃尔夫斯克讲座（Wolfskehl lectures）。爱因斯坦的演讲在那里引起了极大的兴趣。一方面，希尔伯特认为爱因斯坦的几何物理方法是有希望的，让后者受到鼓励转回从事先前的研究。与此同时，一想到有个紧盯着自己的对手，爱因斯坦便加强了自己的研究。（亦见"对手"一节。）到11月，爱因斯坦已经找到了他的场方程的最终形式并发表出来，这就是今天人们所知道的理论。同一个月，希尔伯特提交了一篇论文，提出了相同的场方程，发表于次年3月。出于这个原因，一些人感到这个发现至少应该部分地归功于希尔伯特，这一情况在两个人之间似乎曾引起短暂的摩擦。然而，最近的证据——也就是希尔伯特论文的校样——显示他最初提交的论文可能没有包含爱因斯坦的方程（参见科里、雷恩和施塔切尔："迟来的决定"［Corry、Renn and Stachel, "Belated Decision"］）。这就加强了一种可能性，即希尔伯特只是在看到爱因斯坦的论文后，才将那些方程添加到他的论文中。

保罗·朗之万

保罗·朗之万（Paul Langevin, 1872—1946）是一位法国物理学家，与爱因斯坦关系非常融洽。爱因斯坦在1922年访问巴黎期间，接待他的正是朗之万。两人都希望，这次访问将有助于弥合第一次世界大战带给德国和法国科学家之间的裂痕。在那场冲突之后的数年里，法国的学者们将他们的德国同事排除在会议、学会成员之外，并让他们无法获取科学期刊，几乎把他们从国际"学者共和国"（republic of letters）中驱逐出去。对许多但不是全部的法国知识分子来说，爱因斯坦是可以免于受到抵制的。作为一位年轻时选择放弃自己的德国国籍转而选择瑞士国籍的犹太人，爱因斯坦被看作这场战争的坚定反对者。因此，这样一位客人的来访可能会加速恢复两国之间的科学往来。有趣的是，尽管持和平主义者立场，朗之万本人曾通过自己在潜艇的超声波探测的工作帮助了盟军的战争。

朗之万与居里夫妇关系密切，他曾是皮埃尔（Pierre Curie, 1859—1906）的一名博士生，在皮埃尔去世后是居里夫人的情人。他是一个直言不讳的反法西斯主义者，在第二次世界大战期间，在纳粹占领下，他失去了自己的学术职位。

以下是对爱因斯坦的朋友们——这里指埃伦费斯特、玻恩和朗之万——在相对论历史中常常扮演关键角色的一个有趣而深刻的理解。保罗·埃伦费斯特在狭义相对论中引入了关于刚性圆盘的"埃伦费斯特悖论"（Ehrenfest paradox），这帮助产生了广义相对论；要研究这个系统，可能会发现使用乘在盘子上的"朗之万观测者"（Langevin observers）很有用，用（马克斯）玻恩坐标（Born coordinates）的数学方法表达看法；这一结果导致了相对论中"玻恩刚性"（Born rigidity）的定义。

马克斯·冯·劳厄

马克斯·冯·劳厄（1879—1960）是一位德国物理学家和诺贝尔奖获得者，在大部分职业生涯中，他是爱因斯坦的亲密同事。劳厄是相对论很早的贡献者，也是早在1906年就拜访过在伯尔尼的爱因斯坦，并与之讨论过相对论的物理学家之一。他和另外两个人因成功地发现〔晶体中的〕X射线衍射现象获得了诺贝尔奖。他和爱因斯坦起先在苏黎世后来在柏林都曾是同事。自1917年爱因斯坦任所长的威廉皇帝物理研究所成立以来，劳厄便一直是该研究所的理事（trustee）。5年后，他被任命为代理所长，并接管行政职责。在爱因斯坦于1933年拒绝返回德国后，尽管劳厄坚决反对纳粹及其政策，但在整个纳粹时期他担任着该研究所所长（其间中断了4年）。劳厄是仅有的有勇气公开支持爱因斯坦退出普鲁士科学院的两位院士之一（参见第一篇"公民身份与移民美国"一节）。第二次世界大战后，爱因斯坦拒绝与其大多数前德国同事进一步接触，但把少数人排除在外，劳厄是其中之一。

菲利普·莱纳德

菲利普·莱纳德（Philipp Lenard，1862—1947）生于普雷斯堡（今天斯洛伐克的布拉迪斯拉发），是一位重要的德国实验物理学家，因其对阴极射线的研究而获得1905年的诺贝尔奖。他的科学成就包含对光电效应的研究。在这一过程中，他清楚地证明了受光照射从金属表面释放出来的电子能量完全没有受到光强的影响。爱因斯坦于1905年提出对这一实验结果和其他效应特征的理论解释，后来构成了自己获得诺贝尔奖的基础。1907年，莱纳德接到了海德堡大学的邀约，为他提供物理学教席，并成立物理学研究所，让他自己担任所长。

尽管莱纳德与爱因斯坦的科学关系一开始有着良好的基础，但爱因斯坦后来在相对论中所做的研究却招致他的仇恨。作为一个强烈的德国民族主义者，莱纳德看到爱因斯坦名声不断增长，并开始作为和平主义者和国际主义事业的代言人，感到愤愤不平。在1920年，莱纳德参与了一场诽谤活动——他自己也

153

并不否认——目的是损害爱因斯坦的名声和相对论"犹太物理学"。莱纳德觉得自己受到爱因斯坦攻击而气愤不已，在巴特瑙海姆举办的德国自然科学家和医生协会的一次会议上，和后者进行了辩论，谴责爱因斯坦剽窃并构建与常识相悖的论点。德国物理界的领军人物，例如普朗克和冯·劳厄，针对莱纳德的指控为爱因斯坦辩护，并试图平息这一事件。莱纳德没有让步，他成为魏玛共和国"德意志物理学"（German Physics）的思想之父。1922年，在德国犹太裔外交部长瓦尔特·拉特瑙（Walther Rathenau）被暗杀后，莱纳德拒绝在自己海德堡的研究所中挂旗纪念。1924年，他公开地欣然接受纳粹运动，并在1933年纳粹夺取政权后，在德国科学的管理中发挥了主导作用。他的主要目标是维护德国科学的"纯粹性"，反对国外的，尤其是英国人和犹太人的影响。

H.A.洛伦兹

亨德里克·安东·洛伦兹（Hendrik Antoon Lorentz，1853—1928）是一位荷兰物理学家，在经典电动力学理论的发展中起到了核心的作用。他对现代相对论诞生的贡献，仅次于爱因斯坦。他的研究极大地影响了爱因斯坦，而爱因斯坦也一直很欣赏、甚至崇拜洛伦兹。

由詹姆斯·克拉克·麦克斯韦推导、海因里希·赫兹（Heinrich Hertz）和其他人进一步发展的电磁理论，在很大程度上忽略了场源及其运动状态的问题。在开始意识到电磁场乃是由原子内带电粒子产生的新一代物理学家之中，洛伦兹是领军人物。对于倾向于关注物质和能量的整体属性（所谓的宏观物理学方法）的19世纪物理学，这种微观物理学方法形成了物理学上的一场革命。由于洛伦兹需要处理的常常是运动场源（电子和其他电荷粒子），他在其中遇到的某些问题自然地引导他走向了狭义相对论。他是第一位具体描述出"洛伦兹收缩"这一相对论主要结果的物理学家，这一思想先前由爱尔兰物理学家乔治·弗朗西斯·斐兹杰惹（George Francis Fitzgerald）尝试提出。洛伦兹引入了不同运动状态下的观测者有不同时间坐标的观点，并推导出不同惯性系下保持电磁场方程形式不变的变换。这些变换在狭义相对论中有基础性的作用，并以他的名字命名(洛伦兹变换)。他的作用如此重要，以至20世纪初期，在比较电

154

动力学中的各种理论预言时，常常将狭义相对论的预言称为"爱因斯坦-洛伦兹理论"的预言。

在成为国际物理学界的杰出人物后，爱因斯坦和洛伦兹成为了亲密的同事。由于爱因斯坦经常造访莱顿，洛伦兹保留了莱顿大学的外聘教授职位。1909年年末，洛伦兹放弃了他在莱顿大学的常设职位，成为哈勒姆的泰勒基金会物理实验室的管理人。爱因斯坦很喜欢洛伦兹，视之如父亲一般的人物。二人之间最著名的分歧，在于洛伦兹是光以太的坚定支持者，认为这是电磁场的媒介，而爱因斯坦则是以消灭以太而成名。爱因斯坦对洛伦兹是这般的赞赏，以至1920年在莱顿做的一次演讲中，他承认在变化曲率支配引力场的时空形式里，广义相对论可以说重新将以太引入到物理学。1902年，洛伦兹和他的学生彼得·塞曼（Pieter Zeeman）一起获得了诺贝尔物理学奖，这是该奖第二次颁发。（参见科克斯，《H.A.洛伦兹的科学通信》[Kox, *Scientific Correspondence of H.A.Lorentz*]。）

瓦尔特·能斯特

赫尔曼·瓦尔特·能斯特（Hermann Walther Nernst, 1864—1941）是一位德国物理学家，他帮助建立了现代物理化学学科。他是最早支持爱因斯坦的科学家之一，特别是在爱因斯坦的新量子理论及其在材料比热容的应用方面。作为著名的索尔维会议的组织者之一，他在邀请爱因斯坦参加1911年这个著名团体的第一次会议方面发挥了重要作用。4年后，他和马克斯·普朗克一起前往苏黎世，劝说爱因斯坦接受柏林普鲁士科学院为其提供的特别的院士资格，他也为这一职位帮忙筹集了资金。爱因斯坦在比热容上的研究工作帮助能斯特建立了热力学第三定律（参见"概念"一节），使其因此获得1920年度诺贝尔化学奖。

能斯特和爱因斯坦的背景差异很大。能斯特是普鲁士人，而爱因斯坦是来自德国南部的犹太人，对普鲁士军国主义不信任，以至年轻时放弃了德国国籍。虽然如此，但就个人而言，他们还是有很多共同之处的。二人都非常倾向自由主义，都是务实的人，既对高等理论感兴趣，也对技术和发明着迷。对能斯特来说，后者是一项有利可图的消遣，他发明的"能斯特灯"是一种早期广泛使用的电灯泡。

作为一名德国民族主义者，能斯特在1914年至1918年的战争中扮演了一名狂热分子角色，最臭名昭著的是，他成为毒气战的先驱之一。他的两个儿子都在战争中丧生。像弗里茨·哈伯一样，他所获得的诺贝尔奖，因其战时工作而备受争议。尽管如此，他和爱因斯坦仍然是亲密的同事，直到纳粹党夺取政权迫使爱因斯坦流亡，能斯特退休。尽管能斯特是纯德国血统的普鲁士人，但他认为纳粹分子的种族思想是荒谬的（事实上，他的两个女儿都嫁给了犹太人），并拒绝参与他们"净化"德国科学和学术的计划。（参见巴坎：《瓦尔特·能斯特》[Barkan, *Walther Nernst*]。）

J.罗伯特·奥本海默

朱利叶斯·罗伯特·奥本海默（Julius Robert Oppenheimer，1904—1967）是一位美国理论物理学家，在首批原子武器的研制期间，他在新墨西哥州的洛斯阿拉莫斯国家实验室担任主任，该实验室是所谓"曼哈顿计划"的关键部分。由于他以精通该项目的所有科学方面著称，他在处理科学家和军队之间的冲突中所展现出的行政技巧就显得尤为珍贵。在即将主导物理世界的新一代美国物理学家中，奥本海默是先驱者。20世纪30年代，他是为数不多的掌握爱因斯坦广义相对论的美国专家之一，因在引力坍缩方面的研究而被人们铭记，该研究为20世纪后期出现的黑洞理论奠定了基础。战争结束后，他被认为在开启核时代中起了重要作用，成为科学的公众形象，也成为新兴的国家安全地位的象征。他和爱因斯坦在普林斯顿大学成为同事，当时他担任高等研究院院长，爱因斯坦是其中的一员。在麦卡锡政治迫害期间，奥本海默被指控是美国共产党的成员，还招致该研究所理事兼原子能委员会（AEC）委员刘易斯·施特劳斯（Lewis Strauss）的敌意，施特劳斯后来成为原子能委员会的主席，非常强势。1949年，奥本海默被传唤在非美活动委员会前作证。5年后，原子能委员会的人事安全委员会撤销了他的安全许可证。对一位曾为自己进入权力最高层而骄傲的前国家安全委员会顾问来说，这是一个沉重的打击。爱因斯坦很欣赏奥本海默在制订提倡建立一个国际原子能发展机构的《艾奇逊–利连塔尔报告》（*Acheson-Lilienthal Report*）中所起到的作用，并在他处于困难的时候公开支持他。但私下里，他因为奥本海默没有反抗政府，并按后者的要求作证而责备他。爱因斯坦完全"不理解奥本海默为什么对华盛顿的权力走廊如此渴望"（施韦伯：《爱因斯坦和奥本海默》[Schweber, *Einstein and Oppenheimer*]，271 页）。奥本海默于 1967 年因喉癌逝世。

保罗·潘勒韦

保罗·潘勒韦（Paul Painlevé, 1863—1933）是一位杰出的数学家，同时也是法国一名重要的政治人物。他是广义相对论领域的早期研究者，也是以"古尔斯特兰德–潘勒韦坐标系"著称的坐标系统的共同发现者。该坐标系用来描述在史瓦西度规中自由落体观测者的观点。在 1922 年爱因斯坦访问巴黎期间，潘勒韦指出，对于描述一个质点引力场的史瓦西度规的行为，他的坐标系与史瓦西自身使用的坐标系给出了非常不同的预测。他询问，因为仅仅改变坐标系就使得同样的物理场看起来截然不同，这个明显的矛盾是否给爱因斯坦理论带来了困难。

爱因斯坦否认这对该理论是一个问题。但二人似乎都没有领悟到潘勒韦坐标系的真正意义：它证明了当时所称的史瓦西奇点（现在被称为"事件视界"[event horizon]）并不是一个物理奇点，而仅仅是一个坐标奇点。在史瓦西坐标系中，一个坐标奇点发生在事件视界上，原因是一个距离黑洞很远的观测者（这个坐标系代表的就是他的观点）在宇宙生命周期内永远不会接收超越奇点的信号。然而，一个在下落的观测者，例如由潘勒韦坐标代表的观测者，一旦自身下落穿过事件视界，他将最终收到超越事件视界的信号。事实上，这两个观测者所做的测量之所以有显著差异，不过是因为自由下落的观测者经过了极端的时空曲率。因此，潘勒韦无意中发现的并不是这个理论的问题，而是一个可能导致黑洞早期发现的线索。

潘勒韦和爱因斯坦的共同兴趣不仅在相对论上，还在国际政治中。二人都希望用一种更开明的方法处理国家之间的关系。潘勒韦是一位左翼人士，在 20 世纪 20 年代早期，曾两次担任法国总理。在《凡尔赛和约》下，法国为了逼迫德国支付赔偿，曾占领了德国鲁尔工业区，而正是他所在的政府结束了这一占领。他是马奇诺防线的主要设计者，建造该防线的目的是在德国和法国之间建立一个持久的、可防御的边界。

潘勒韦对航空特别感兴趣。在后来担任法国空军部长期间，他寻求达成国际协议来禁止轰炸机并建立一支保持全球和平的国际空军。他的主要政治对手，保守派雷蒙·普恩加莱（Raymond Poincaré），是著名数学家、现代相对论的创立者之一昂利·庞加莱（Henri Poincaré）[1]的堂弟。虽然如此，由于潘勒韦在军事和航空事务上有很高的声望，后来普恩加莱领导的政府也曾延揽他担任相关部长职务。

沃尔夫冈·泡利

沃尔夫冈·泡利（1900—1958）是一位奥地利理论物理学家，在可能是物理学史中最令人兴奋的时期，也就是量子力学的兴起和20世纪中叶原子物理学和核物理学的迅速发展阶段中，他是物理学家中的物理学家。他是天才，在21岁的时候就被导师阿诺尔德·索末菲（Arnold Sommerfeld）要求为一部百科全书撰写一篇关于相对论理论的综述文章。这篇文章成为这个主题的标准参考文献，受到爱因斯坦的推崇。尽管泡利属于比爱因斯坦年轻的一代，但他成为后者一生一直值得信赖的同行，二人最终在1943年共同发表了一篇关于广义相对论和统一场理论的论文，成为合作者。与爱因斯坦不同的是，泡利作为一位理论家并不喜欢偶尔做些实验工作。他号称自己能产生一种"泡利效应"，这指的是一个神秘的场，如果在实验进行时他碰巧在附近出现，就会导致实验失败。有时，因其对其他物理学家工作的尖锐批评，人们称他为"物理学的良心"（保罗·埃伦费斯特称他为"上帝之鞭"〔the scourge of God〕，暗指他像匈奴王阿提拉）。他斥责一些工作是"完全错误的"，而这甚至算不上最严厉的批评，最高级的批评被留给了那些"连错误都算不上"的不合逻辑的论证。他在物理界的地位仅次于爱因斯坦，这让一些人称他为"爱因斯

157

1　为了区别两者，此处相同的姓采用不同的译法。——译者注

坦第二"(Zweistein)[1]。他对物理学的诸多贡献中，最著名的是泡利不相容原理，他指出两个粒子不能在同一个量子态中共存。他获得1945年度诺贝尔奖。

马克斯·普朗克

马克斯·普朗克（1858—1947）是一位德国物理学家，在爱因斯坦职业生涯中他扮演了赞助人和同事的重要角色。普朗克的盛名主要是他在1900年的划时代发现，开辟了20世纪物理学的伟大纪元，他也因此于1918年获得了诺贝尔奖。他表明，局限于空腔中的光只能以被称为量子的小能量包的形式存在，量子的能量大小与光的频率成正比，这样就能解释所观测到的黑体辐射的光谱。他自己也难以接受这一洞见。爱因斯坦从1905年一篇关于光电效应的论文开始，坚称普朗克的发现是对物理学的真正革命性贡献。

如果一定要说的话，普朗克更加赞赏爱因斯坦在相对论方面的研究，并在1905年之后成为最早推介爱因斯坦相对论的物理学家之一。很长一段时间，普朗克担任普鲁士科学院的常任秘书，他的影响力是巨大的。他最终说服爱因斯坦来柏林，两人在那里做了20年的亲密同事。尽管他们的政治观点和社会意识截然不同，但爱因斯坦非常尊敬这位长者。爱因斯坦认为普朗克过于服从权威，但他同情这位首席科学公共发言人受到的拘束，首先是在魏玛共和国，然后是在纳粹时期。普朗克的个人生活是悲惨的，四个孩子都先他而去。两个女儿都死于难产（先后嫁给了同一个丈夫）。一个儿子死于第一次世界大战，而另一个由于参与了1944年7月20日刺杀希特勒的事件而被纳粹处决。（亦见海耳布朗：《正直者的困境》[Heilbron, *Dilemmas of an Upright Man*]。）

威廉·德西特

158

威廉·德西特（1872—1934）是一位荷兰天文学家，在爱因斯坦发现广义相对论之后的现代宇宙学发展中，他起了主导作用。在完成广义相对论的最终版本

---

1 这里作者玩弄文字游戏。爱因斯坦(Einstein)的名字如果拆开，就是"一块石头"(Ein Stein)。所以称泡利为"二块石头"(Zwei Stein)。——译者注

之后，爱因斯坦最早的论文之一就是那篇关于宇宙学的著名论文，在其中他证明了宇宙整体形状是由其质量决定的。爱因斯坦的模型宇宙是球形的（或者说是超球形的，因为它是一个四维球体），因此它是闭合的或是大小有限的，尽管没有边界。爱因斯坦支持这样一个宇宙有一个特别的理由。他感到一个尺度无限却物质有限的宇宙，将违反他称之为"马赫原理"的一个理论原则。基于对恩斯特·马赫（Ernst Mach）的解读，爱因斯坦赞成这样一种关系主义的时空观，即没有物质来作为衡量尺度的空间和时间是无法存在的。因此，除非质量无限，否则时空范围不可能无限，要不然时空就会存在于没有质量定义它的地方。

德西特通过自己找到的理论解回应了爱因斯坦，这个解现在以他的名字命名，它描述了一个不包含任何物质的无限宇宙。与爱因斯坦的静态不变宇宙模型相反，这是个正在膨胀的宇宙，是今天的大爆炸宇宙的先驱。爱因斯坦和德西特积极地辩论，试图证明德西特的宇宙论不可能是他理论的一个解，但最终他接受了广义相对论并没有按他设想的方式包含马赫原理。德西特是最早接受广义相对论的人之一，他1916年的一篇论文将这一理论介绍到英语世界。他们还详细讨论了广义相对论与传统的牛顿理论做出的可测量预测能有多大差别。

阿诺尔德·索末菲

阿诺尔德·索末菲（1868—1951）是20世纪早期重要的德国物理学家。他是狭义相对论的早期贡献者，其理论工作在原子物理学的发展中起了重要的作用。尽管他自己从未获得过诺贝尔奖，但他的几位博士生却得享殊荣，比如彼得·德拜（Peter Debye）、汉斯·贝特（Hans Bethe）、维尔纳·海森伯和沃尔夫冈·泡利。爱因斯坦很赞赏索末菲作为一名教师和导师的能力。他亲自教授了一整代德国理论物理学家，因为很多学生又成为更多年轻物理学家的导师，索末菲的影响力超越了他自己的慕尼黑研究所的范围。他的影响力也通过其著作传播开来，除了他自己的研究论文和发表的讲义外，他还是菲利克斯·克莱因（Felix Klein）的《数学科学百科全书》物理部分的编辑。他还写了一套极具影响力的原子物理学教科书，在从20世纪10年代末到30年代初现代原子和量子理

初现代原子和量子理论的重大发展时期中，该教科书的各个版本的内容一直被不断更新。慕尼黑的索末菲小组和爱因斯坦早年当过教授的苏黎世大学之间有着频繁的交流。因此，当年轻的物理学家们在两个城市之间往来时，爱因斯坦和索末菲成为了相当亲密的同事并且频繁地通信。最终，爱因斯坦把索末菲算作少数几位在纳粹时期"在可能的范围内"不失人品的德国物理学家之一。159

概念

超距作用——量子远程传态

导致爱因斯坦发现狭义相对论的关键想法是在考虑测量问题时，意识到一个人必须考虑把信息从一地传到另一地所需的时间。于是，正如下文狭义相对论条目中要解释的，如果一个人在空间的不同点进行测量，并且如果光是这个人可以在不同点间传递测量结果的最快的方法，那么光速会出现在人们用来描述不同测量的方程式中。然而，如果存在更快的传播方式呢？那么光速就不会发挥上述作用。对这一理论的思考很快让人们相信，没有比光更快的传播速度。在我们所处的宇宙中，信息的传播速度显然不可能超过光速，至少对于（相对于量子相对论的）经典相对论的理论是这样。

爱因斯坦以这个想法作为爱因斯坦-波多尔斯基-罗森（EPR）佯谬中对量子力学最有说服力的抨击基础。按现在的说法，它提出了当两个处于"纠缠态"的原子被分开一定距离时，纯粹量子信息会怎样的问题。这种状态会导致这样一个结果：如果对一个原子进行测量，使之从"混合态"变到"纯净态"，另一个与它处于纠缠中的原子必定立即进入量子力学规定的对应态。但是如果信息不能瞬间穿越空间，这一切又怎么能发生呢？这个佯谬被爱因斯坦视为反对量子力学合理性的一个观点，现在已经被接受为量子力学的推论，就是说后者确实包括"幽灵般的"超距作用。（具有讽刺意味的是，爱因斯坦那已广为传播和完全被接受的相对论思想，主要起因就是为了排除此类幽灵。）

EPR思想发展中被人广为谈论的方面之一是所谓的量子远程传态。与其英文名称 Quantum Teleportation[1] 不甚符合的是，量子远程传态无关物质的移动。相反，量子信息传输时并未伴随物质实体。值得强调的是，尽管超距作用在此过程中发挥关键作用，但需要有人在传输的两个端点间移动物体目标，并在"远程传输"之前等待一段相当于正常光线传播的时间。必须有人把两个原子在某处纠缠在一起，然后把其中一个通过常规手段（低于光速）移到别处。即使如此，为了把量子态从一个原子传输到另一个，必须有人在两个地点间传送经典的信息，而且只能通过光速实现，不能更快。因此在包括量子远程传态的任何EPR佯谬的应用中，超光速的传播都是没有实际意义的。

时间之矢

爱因斯坦相信物理学的基本定律对时间流的方向性没有影响。其定律完全是可逆的，在过去和将来没有固有的区别。他认为时间的方向性完全是因为宇宙中存在超大量的彼此作用的粒子。我们回不到过去，只是因为它可能性太低，而不是因为它完全不可能。过去代表着如此巨量的粒子的单一特定状态，它们再次将自己重新排列成同样模式的可能性比我们想象的更加接近于零。将这一观点应用于热力学（尤其对于著名的第二定律），不是爱因斯坦独有的，但他还觉得可以将它应用于其他理论中，至少包括电磁学。（亦见"合作者"一节中的"瓦尔特·里茨"。）

非对称理论

爱因斯坦的最后一项研究，占用了他生命中的最后10年，是基于非对称度规理论。由于对称的度量只有10个独立的分量（4个沿张量对角线，加上对角线一侧组成的三角形里的3+2+1=6个），它只能解释在爱因斯坦的理论里有10个分量的引力场。定义电磁场需要另外6个附加的方程，这当然正好是在对角线的另一侧组成的三角形里的分量数量。只要假设度量是对称的，就像在广义

---

1 直译有远程传物的意义。——译者注

相对论以及作为其基础的整个黎曼几何数学理论中的那样，那么这6个分量就等于对角线另一侧的6个分量。然而，如果度量是非对称的，这6个分量将不受束缚。一个困难在于这种非对称理论的数学还未发展出来，这迫使爱因斯坦及其助手——他们中的大部分人更像是数学家而不是物理学家——要为自己提出数学框架。

在这个研究项目进行中间，爱因斯坦就去世了，其助手布鲁莉娅·考夫曼在1955年他逝世后不久召开的纪念广义相对论50周年的研讨会上，给出了他工作的最后报告。具有讽刺意味的是，这次研讨会聚集了许多热衷于探索引力的量子理论可能性的年轻物理学家，而这一发展统一场理论的尝试和爱因斯坦的设想南辕北辙。

原子

当爱因斯坦1900年从瑞士联邦理工学校毕业时，物质的原子结构已经被化学和物理学家广泛接受。然而，也还有包括恩斯特·马赫和威廉·奥斯特瓦尔德在内的著名的怀疑论者，爱因斯坦很熟悉这两人的观点。

只要原子被认为是没有内部结构的不可渗入的基础粒子（希腊语中原子意味着"不可分割"），那么科学的宏观图景（在其中不需要有原子概念）和微观图景（基于原子思想）的区别，尽管有很多争议，就并非至关重要。微观观点中最激进的统计物理方法，认为物理现象（特别是热力学）完全可以理解为统计上可预测的大量原子全体行为导致的结果，其中单个原子遵守牛顿运动定律。即使是这种统计物理的支持者，也完全致力于证明他们的计算符合以现象学为基础的宏观物理学结果。于是，他们采取防御型的态度，坚持认为不可能否定原子的存在，因为原子图景在每个细节上都合乎宏观图景。类似的，当时也无法证明原子的存在，但是在爱因斯坦开始他的研究事业之前，似乎没有人考虑这样反过来论证。爱因斯坦后来在回顾时，觉得自己之前无人在这里着手，不免有些意外。

1900年之前几年内发生的一个大事件是电子的发现，这是J.J.汤姆逊（J.J.Thomson）最出名的贡献。这个发现使人们燃起原子确实有结构且电子来源于原子内部的期望。电子等基础粒子的发现大大加速了人们对原子假说的接受。原子没有成为理解宏观现象的有用概念，反而变成没有任何宏观对应的微观物理的全新分支的舞台。

不过在这一新领域成熟之前，爱因斯坦已经通过论证宏观现象的统计涨落可以证明原子存在，强力推动了原子概念的发展。正如爱因斯坦指出的，每一个这类新实验，都提供了测量阿伏伽德罗常数的新方法；后者代表着一摩尔物质中的原子数量，是原子理论中最重要的数值。

162 值得注意的是，爱因斯坦在1905年发表的5篇论文中，引用最为频繁的是涉及证明原子和分子存在的两篇（那年的另外文章包含了狭义相对论和光量子论的起源）。亦见"布朗运动"和"分子大小"词条。

黑体(热)辐射

在19世纪晚期和20世纪早期的物理学发展中，关于黑体（或者热）辐射的研究发挥了重要作用。19世纪物理学的两大领域——热力学和电磁学都与这个问题有关。它对新出现的微观物理理论——也就是原子物理学——来说，也是个问题。表面上看，利用原子假说很容易解释黑体辐射，在这个理论中，物体的热量只是组成它的原子和分子的动能的量度。因此，如果该物体的温度升高，其原子和分子的往复振动会更快，又因为原子由带电粒子组成，这自然会导致电磁辐射的发射。关键的实验结果是该物体在某一给定温度下会在特定频率处发射出它热辐射的峰值。在此频率上下，它辐射出的能量会消失。谱线低频的表现在原子图景中似乎很好理解，但在高频末端有一个棘手的困难。

固体对黑体实验或理论的研究来说，太过复杂，因此人们转而集中研究金属体的内部空腔。此腔有一个小孔，辐射可以通过小孔逃逸，此辐射在本质上是热辐射，它的特性由腔内的温度决定。从概念上讲，可以期望空腔内的电磁场由一系列在腔体内壁往复反射的驻波构成。既然从小孔中泄露的能量必然只由这些驻波频率的某个取样构成，因此只需要计算空腔中能生成驻波的频率，就能给观测到的热辐射建立正确的模型。因为只有特定波长能适应腔内壁间的空间，人们已经可以期望模型中允许存在一系列的离散频率值，差不多和在给定长度的小提琴弦上只能弹奏出特定的音符一样。

在此复杂计算中用到的关键概念是均分定理。此理论坚持认为如果空腔中允许存在一系列频率（每一个频率就是系统所谓的一个自由度），则（由空腔温度决定的）拥有的能量将被这些自由度等额均分。那么，在黑体频谱的低频端，很容易明白为什么辐射会存在极限，因为较长波长的频率不太容易适应空腔，于是可能的模式数量或者自由度就很少。既然频谱低频部分的全部能量依赖于可能的模式数量，模式数量少就意味着低频辐射能量较低。另一方面，在高频段，能挤进空腔壁间距的波长的数量似乎是无限的。随着频率越来越高，波长变得越来越小，人们很容易找到任意模式数。如果均分定理确实有效，空腔就会被迫把它所有的能量都分给这些高频率。实际上，这样的模式数量似乎是无限的。这个问题就是著名的"紫外灾难"，因为它似乎暗示着所有的物体，无论温度多低，都只能把它们的大部分辐射以破坏性的高频形式发射出来。

这就是1900年，在两位英国物理学家瑞利勋爵（Lord Rayleigh）和詹姆斯·金斯（James Jeans）的发现之后，物理学所面临的境况。在1905年，德国物理学家马克斯·普朗克针对紫外灾难想出了一个解决办法，看来强烈地违反直觉，却奠定了几乎所有20世纪物理学的基础。普朗克设想腔体内的驻波必须以量子的形式吸收可用的能量，量子是离散能量小块，其能量大小取决于辐射的频率。他提出了现在已成为普朗克定律的概念，认为每个量子的能量 E 必须等于吸收辐射的频率 f 乘以一个常数 h，h 称为普朗克常数。所以，$E=hv$ 就是普朗克定律，这奠定了后来由爱因斯坦和他人进一步发展的全部量子理论的基础。

考查普朗克定律，我们发现在低频段很容易激发一个辐射模式，因为 f 较小时，量子非常小。然而在高频段，量子要大得多，所以用可用能量激发即使是数量最小的这种模式也是不可能的。于是，均分定理被量子定律推翻。虽然能量本该在所有可能模式间均分，但是总有一些分到的部分不足以换取哪怕一个能量量子的模式。这些模式将不被激发，很显然它们就是最高频率的模式。利用这一量子假设做适当计算，普朗克发现他能在物理学的统计原子方法的理论基础上，推导出实验所观测到的黑体谱线。

然而，量子的分立粒子属性强烈地背离19世纪的电磁理论精神，后者坚持和场相关联的辐射在本质上是似波的和连续的。普朗克的创新，看来还是有些合乎情理的，因为腔体内辐射本来具有离散特性，所以只能形成特定频率的驻波。然而他和其他人都觉得，这是特定情境下的尝试，不可能也不应该用它来处理在空间中自由传播的辐射。

然而1905年爱因斯坦在他关于光电效应（参见后文相关章节）的论文中正是再次借用了普朗克的诀窍。后来，他在一些未解决的热力学问题上都利用了下列经验：只要是碰到低温（没有足够的热量被均分）或者高频（这样即使有大量热量也不足以均分给难以激发的高频成分）情形，就用量子原理来修正均分定理。（参见后文，"比热容"。）

玻色-爱因斯坦凝聚

玻色-爱因斯坦(B-E)凝聚是一种处于非常规状态的物质，该状态下几乎所有的组成原子或粒子都处于同一能量（而不是在某些能量平均值附近的随机分布）。1995年在实验室中首次产生了极低温下弱相互作用原子气体构成的纯粹B-E凝聚态。这种状态下物质的某些相关性质也体现在超流体(superfluidity)概念中，在超流体状态下液氦在低温下经历相变，完全失去黏滞性，因而在没有自身阻力的情况下完美流动。超流体中开始的流动几乎会无限地连续循环下去。B-E凝聚态的非常规表现的一个原因是，所有原子处于同一量子态，并且表现为单个相干实体，没有寻常物质的碰撞和耗散。B-E凝聚态是物理学家们能够观测到的一种最引人注目的物质状态。它由爱因斯坦在1925年首次提出，是其对印度物理学家萨特延德拉·纳特·玻色的统计思想的一个发展结果，也是玻色-爱因斯坦统计的关键预言之一。

玻色-爱因斯坦统计

直到20世纪20年代，普朗克定律在运动学理论中的统计应用还不是很令人满意，因为新统计方法的逻辑还不甚明了。普遍认为量子统计给出和经典统计不同的预测，并且清楚的是很多真实的物理情境中的原子都遵守这些量子统计，但支撑这类统计的基本规则还未被发现。本质上，物理学家们还只能盲目地把普朗克的直觉当作量子统计上正确的能量分布。

1924年，印度物理学家萨特延德拉·纳特·玻色寄给爱因斯坦一篇论文，提出一种计算普朗克分布函数的新方法。玻色一直无法让他的论文被任何期刊接受，所以请求爱因斯坦帮忙发表。爱因斯坦意识到该论文是理解量子统计学的根本性突破。根据关于此事的某个说法，玻色在自己教授的一门课程中试图重演一个统计计算时犯了错误，继而发现了他的统计。这个错误在于把原子或者基础粒子看作不可区分的。这在经典统计中是不允许的。举例来说，如果有人认为硬币是可区分的，那么抛两枚硬币就有四种可能的结果，都是正面（HH），都是反面（TT），先正面后反面（HT），或者先反面后正面（TH）。如果每个结果出现的可能性相同，那么这个可能性就是25%，所以就有25%的可能性¹⁶⁵出现双个反面以及50%的可能性出现一正一反。现在设想，有人把硬币看作不可区分的，就会只有三种可能的结果，两次正面HH，两次反面TT，以及一次正面和一次反面HT。如果每种可能性都一样大，那么抛硬币时每种情况都有1/3的可能性，两次同面的可能性是2/3。

引人注目的是，这种逻辑上的明显瑕疵却给出了正确的量子结果。

爱因斯坦不仅成功使玻色的论文得以发表，还继续发表了两篇后续论文，他把玻色的结果应用于光（光子气体）和低温气体的统计，并预言指出一种新的极端的物质状态，玻色-爱因斯坦凝聚。他使用的统计方法被称为玻色-爱因斯坦统计，它们被认为是支配所有具有整数自旋的量子粒子的统计。（非整数自旋粒子受若干年后发现的费米-狄拉克统计支配。）

因为它们的不可分辨性，玻色-爱因斯坦粒子（包括多数原子）只有在具有不同能量时才能彼此区分。在低能量时，只存在特定的量子能态，但这已足够使粒子彼此分开，全部粒子整体的表现仍旧是很经典的。然而，在极低温时，所有粒子都要落入可用的最低能态，即所谓的基态，并变得完全不可区分。这就是"玻色-爱因斯坦凝聚"，这样一种物质表现出违反直觉的行为，成为现实生活中一种非常奇怪的统计行为的宏观表现。玻色的论文因而也被拒绝。近年来，玻色-爱因斯坦凝聚（参见上文）已在实验室中被制备出来，证明了玻色和爱因斯坦的预言。

布朗运动

布朗运动是一种在液体中观察到的悬浮的微小粒子（比如灰尘）的随机运动。虽然液体的分子运动论宣称这样的粒子在液体中的运动完全是因为它们受到液体分子的持续撞击，但这些碰撞是如此之多，而且平均下来如此相似，因此运动是连续的。因此，粒子可能在液体中流动，或者悬浮在不流动的液体中保持静止。

布朗运动发生是因为足够小的粒子可能不时与运动特别剧烈或不均匀的液体分子碰撞，这是分子运动中随机涨落的结果。结果就是粒子会展现出一系列突然和无法解释的，但通常距离和持续时间都很短的运动。这些小而随机的运动首次被苏格兰植物学家罗伯特·布朗（Robert Brown）观察到，因而以其名字命名。

爱因斯坦能够证明，涨落理论预测了这类由液体的分子运动论导致的表现，并证明该现象验证了原子在物理上的存在。之前原子物理图景的支持者经常回避验证原子是否确实存在的想法（参见前文，"原子"）。他精确地预测了应观察到的运动类型，并证明运动的细节如何与一定量流体中原子的数目之间产生联系。这样，他提出了一个测量阿伏伽德罗常数——也就是一摩尔物质中的分子数量——的方法。在1905年爱因斯坦发表其布朗运动的论文时，人们还不知道这个数值的准确大小，不出几年，法国物理学家让·佩兰（Jean Perrin）采用爱因斯坦的计算从实验上确定了阿伏伽德罗常数。物理学家首次感觉到他们能精确地知道原子实际上有多小。

极隧射线[1]

在20世纪20年代早期，爱因斯坦曾试图一劳永逸地确定光在何种情况下具有粒子的性质，何时又表现得像波（参见后文，"波粒二象性"）。他致力于设计一系列实验，希望能明确判定涉及物质的光发射时，光的波动和粒子理论

---

1 极隧射线（canal ray）是1886年由德国物理学家欧根·戈尔德斯坦（Eugen Goldstein, 1850—1930）首先发现的。1886年，戈尔德斯坦采用了有着穿孔阴极的阴极射线管进行实验，结果就发现有与阴极射线反方向的射线产生，称它为极隧射线。后来证明是带正电的粒子流，又称阳极射线。——译者注

哪个是对的。事实证明，要找到一个实验能让两个理论直接给出可验证的不同的预测且在理论上又没有毛病，是非常困难和令人沮丧的。在某个例子中，爱因斯坦通过更仔细的考察，发现波动和粒子理论实际并没有给出相反的预测结果。爱因斯坦计划测试的基础概念的差别在于，光的发射究竟是一个延续的过程，需要足够的时间以便光源能发出整个波长的光；抑或是一个瞬时的过程，只需要极短的时间发出一个光量子或粒子。

在20世纪20年代中期，爱因斯坦已选定了使用极隧射线作为光源用于实验测试的想法。极隧射线是气体放电管中产生的，并被电场加速到极高速度的离子。因此爱因斯坦需要一位在极隧射线的干涉性质方面有成就的实验家，而年轻的德国物理学家埃米尔·鲁普被选中了。

爱因斯坦提出一项实验让鲁普来实施。他起初期望能证明光的量子论是正确的，光是瞬间发射的。然而，在和鲁普的讨论中，他意识到鲁普之前得到的结果只能解释为光是依照经典理论持续地发射。由此爱因斯坦期望他亲自建议的鲁普的新实验也能证实这个结果。爱因斯坦和鲁普在实验期间有着密集的通信交流，但爱因斯坦从未进过鲁普的实验室，原因是怕惹恼鲁普的导师、强烈反对爱因斯坦理论的菲利普·勒纳德(参见"同事"一节)。最后，鲁普宣称已证实了经典图景的正确性，他和爱因斯坦同时分别发表关于实验(鲁普)以及理论解释(爱因斯坦)的论文。

10年后，人们突然发现鲁普伪造了自己所有的近期结果，这使他名誉扫地。[167]虽然不可能确定，但他和爱因斯坦的通信过程强烈暗示，他提供给爱因斯坦的实验结果很可能也是伪造的。正如耶罗恩·范东恩最近的历史研究所展示的那样，鲁普在通信中回应爱因斯坦对他的结果或主张批评的时候，一再宣称自己已经无意识地做了爱因斯坦建议的事情，或者是突然取得了突破，以此来减轻爱因斯坦在信中表达的疑虑。非常可能的是，他只是在告诉爱因斯坦希望听到的内容。一个骗子与像爱因斯坦这样严谨诚实的人之间的彼此运动的复杂性，导致了一个证明了与爱因斯坦起初期望相反的发现。因为要解释鲁普以前宣称的结果，只能假定波动理论预测是真的，所以爱因斯坦一开始很自然地转向波动理论。然后鲁普只要提供有利于此新预期的证据就行了，唯一的困难是他自己无法正确理解爱因斯坦对实验的理论解释。

宇宙常数

爱因斯坦广义相对论的场方程起初只包括两个参数——一个描述物质和引力场的其他源，一个描述这些源产生的时空曲率。1916 年，他在一篇宇宙学的论文中引入第三个量，其中包括所谓的宇宙常数，有时也称为 Λ 项，因为当时爱因斯坦用这个希腊字母来表示宇宙常数。爱因斯坦引入这一项来解决他新宇宙学中的一个问题。他假定宇宙是不变而恒定的，但引力本身会使得所有物质由于自身引力聚集在一起，这排除了恒定状态的可能。

Λ 项在方程中起着有趣而非凡的作用。它抵制引力的吸引，有着排斥物质和增大物体间空间间隔的倾向。（我们认为这种效应作用在星系间而不是在星系和较小结构的内部。）

一个很自然的问题是：引力在所有其他方面起的都是完美的纯粹的吸引作用，为什么 Λ 项有这样的反引力效应？爱因斯坦很快在另一篇论文中谈到了这个主题，他指出宇宙常数的作用是引入一个渗透到所有空间的负压力。当我们想到反引力，就会自然地想到它必然由具有负质量的某物所产生，但是这样的一种物质并不存在（或者至少还没被发现）。

然而，在发展他的理论时，爱因斯坦表明并不仅仅由物质才会产生引力效应。首先，所有物质都产生引力，这也意味着所有的能量都产生引力。其次，他指出物质流产生一种额外的新型引力效应，很像法拉第（Machael Faraday）和麦克斯韦发现的磁场。但所有这些效应仍由正的物质或能量产生。最后，他指出应力和压力也产生引力吸引。现在，虽然物质永远不可能是负的，压力却是可以的。一个正的压力向外推，就像一个热气球尽力膨胀一样。负压力向内拉，就像一个被拉伸的橡皮圈内部。然而和负压力有关的引力，本身是负的或排斥性的。这样，如果空间弥漫着负压力，引力效应会把宇宙中每个物质推离其他物质。近年来，暗能量这个名称被用来描述这种负向压力流体，它和（正）能量有联系。爱因斯坦的宇宙常数和暗能量的一种特殊形态相关联，它可以被想象为真空能量，时空结构本身所具有的能量。

在引入 Λ 项时，爱因斯坦明显没有注意到宇宙中所有常规物质-能量产生的引力和宇宙常数（或者暗能量）产生的斥力之间的平衡是脆弱和不稳定的。

对一定尺寸的宇宙，平衡的存在需要有特定的 Λ 项。然而，如果你让宇宙稍小些，吸引力会增加（因为所有常规质量-能量会靠得更近），它就会逐渐战胜暗能量，导致宇宙坍塌。另一方面，如果你让宇宙稍大些，因为常规物质-能量的密度减小，吸引力会减弱。但是宇宙常数的暗能量的密度不是一样因为宇宙的尺寸变化而受影响？不会，因为爱因斯坦的宇宙常数和真空能量相关联，当宇宙尺寸变大时其密度永不改变。增大时空的总体积只是简单地制造更多的真空。这样，当宇宙膨胀时，宇宙常数项（如果确实存在的话）就会逐渐主导其演化，迫使它以一种不断增加的速率膨胀，直到所有星系逐渐彼此失联。

当爱因斯坦开始接受埃德温·哈勃给出的宇宙在膨胀的证据时，他不再支持 Λ 项，并决定应从自己的场方程中将其去除。大爆炸理论的一位创建者乔治·伽莫夫（George Gamow）讲过一个著名的故事，宣称爱因斯坦曾说引入宇宙常数是自己"最大的失误"。人们知道伽莫夫喜欢开玩笑，而且只有他一个人说爱因斯坦有此感受，不过他可能确实表达了这样的情绪。当大爆炸理论的另外一位主要创建者乔治·勒梅特（George Lemaître）建议在场方程中重新引入宇宙常数（因为当时勒梅特发现需要让宇宙以一个比它正在进行的更慢的速率膨胀）的时候，爱因斯坦警告他说这是个坏主意。他写道，他一直觉得一开始引入此项"感觉不对"，可能是因为它破坏了原始场方程的简单性，应该予以舍弃。其他人，像亚瑟·斯坦利·爱丁顿，不同意此观点，最后 Λ 项也没有消亡，近年来又随着人们发现宇宙膨胀看似加速而强势回归，因为重新引入 Λ 项最容易解释这一结果。

宇宙学

公平而论，可以说是爱因斯坦创建了现代宇宙学领域。虽然人们对宇宙问题的兴趣可追溯到远古时代，但该学科一直停留在一种相对不成熟的水平，直到爱因斯坦于1916年开创了它的现代阶段。之前的半个世纪中，几个重要概念的显著进展，铺就了现代宇宙学之路。星云假说——认为太阳系是从一团气体和尘埃通过引力坍塌演化而成——在19世纪晚期成型，虽然它早在200多年前就被提起过。这个时期的另一个备受关注的主题，是宇宙的未来演化必然导致该系统的熵之热寂。最后，19世纪中期开始，随着最早的一批真正大型望远镜的研制，科学家们逐渐意识到银河系比邻近的可见恒星系统要大得多（即使对大多数望远镜来说，我们的银河系的其他部分也是模糊的，因为有尚未坍塌成恒星的气体和尘埃的云团阻碍观察），而且我们的银河系只是很多相似星系中的一个。（在爱因斯坦的时代，"galaxy"这个词还只是专指银河系，他使用名称"岛宇宙"〔island universes〕指代除我们之外的其他星系，而在1916年这些星系还是有争议的实体。）

不过，爱因斯坦决定创立的首个现代宇宙模型的概念，其浩瀚多样的新奇性是显而易见的。该模型是有限静态的。此时，天文学仍然觉得，宇宙作为一个整体，本质上是不变和永恒的。虽然已有人提出空间上无限的宇宙的概念，爱因斯坦却因为哲学上的原因不喜欢它。他对马赫原理的理解，使他觉得空间不可能作为独立的实体存在。它不过是由我们对于物质实体相关事件之间距离（时空间隔）测量的诠释组成的。爱因斯坦受到他那个时代天文学的思想影响，想象我们生活在一个广阔的星系（银河系）中，在此之外是本质上空无一物的太空。既然对他来说时空不能远在银河系的物质之外存在，接下来的解释就是我们的宇宙必然是空间有限的。但是有限的宇宙怎么可能没有边界呢？这个悖论早在传统时代就已为人所知，爱因斯坦认为自己终于找到了答案。

在1916年宇宙模型中，爱因斯坦试图回答的关键问题是：宇宙的形状是什么？还没有人在如此复杂的理解层次上提出这一问题。除了19世纪数学家之外，所有人认为时空是欧几里得式的平坦时空。在爱因斯坦（于1915年年底完成）的广义相对论理论中，几何学以及时空的曲率是由其中的物质决定。爱因斯坦很快意识到宇宙（在四维时空中）的整体形状，由分布于宇宙中的物质的平均密度决定。（爱因斯坦关于其宇宙模型的另一项基本假设，是物质分布的均匀各相同性，今日依然流行。）如果密度合适（临界密度），没有边界的宇宙应该是平坦而无限延展的。密度太小的话，宇宙会有负曲率而仍然是无限的。然而，如果密度大过临界值，宇宙会有正的曲率并且在形状上呈球形。（其他封闭形状，例如甜甜圈环状，也是可能的，但很少被提到。）严格而言，因为我们谈的是四维球体，爱因斯坦的宇宙在形状上是超球面的。这样一来，宇宙会包含有限的体积，但依然没有边界。

以其一贯的洞察力，爱因斯坦意识到在其模型中存在一个问题。这样的宇宙会由于内部物质的引力吸引而自我坍塌。为了解决这个问题（因为他确信宇宙必须是静态和永恒的），他在广义相对论的场方程中引入了一个新的项：宇宙常数（参见前文），或者说 Λ 项。此项在这个问题上的用处，在于它有着排斥的反引力效应。它趋向于通过增加物体间距离而把它们推开。如果小心选择它的值，就能正好平衡向内的引力。然而，爱因斯坦忽视了这一平衡的脆弱性，在任何方向上最轻微的推动都会导致宇宙或者向自身坍塌，或者向四周无限扩展。

　　几乎在同一时间，反对爱因斯坦宇宙论的意见四起，一场热烈的争论开始了，导致现代大爆炸宇宙学的诞生。爱因斯坦受到自己对马赫原则的理解的鼓舞，坚持认为没有物质来定义时空的存在，就没有时空，从而也就没有宇宙。然而他自己的宇宙常数，提示时空在某种程度上有其自己的实在，并且能够自发推动生长。实际上，荷兰天文学家威廉·德西特很快指出，爱因斯坦方程的另一个解描述了一个根本没有物质，并将无限增长的宇宙。

　　后来，俄国物理学家亚历山大·弗里德曼（Alexander Friedmann）指出另一个解，这基本上就是我们今天的宇宙模型所采用的解。爱因斯坦起初试图证明这些解有问题，但未能成功。之后在1930年前后，美国天文学家埃德温·哈勃证明了我们邻近的星系正在离地球远去，其方式符合德西特和弗里德曼的膨胀宇宙。爱因斯坦在1931年首次前往加利福尼亚时仔细地检查了哈勃的工作，得出的结论是：宇宙膨胀的事实无可辩驳。他撤回了对这些宇宙的反对意见，放弃了到那时为止对马赫原则的强烈支持。他也舍弃了宇宙常数，原因是觉得当初引入它的动机已经无效。具有讽刺意味的是，在发现宇宙不仅在膨胀，而且是在加速膨胀之后，今日宇宙常数在宇宙学中扮演着主要角色，因为它可以巧妙地解释观测结果。

　　今天我们对爱因斯坦宇宙论的看法已经反转。我们不再相信宇宙是有限但永恒的，转而相信它在空间意义上是无限，但寿命有限。我们现在有证据显示宇宙是完美的平坦，或者非常接近，爱因斯坦理论坚持这样的宇宙必然是无限的——除非它有着边界，或者有非常轻微的不平坦，因此严格说来是有限的，但比我们所能看到的要广阔得多。另外，我们现在有强有力的证据显示宇宙在膨胀，暗示着在遥远的过去它曾经非常之小（除非有其他可能，但是现在看起

　　　　　　　　　　　　　　　　　　　　　爱因斯坦百科

来不太可能）。于是，宇宙开始于所谓的大爆炸，因为把整个宇宙的全部能量置于这样的小体积中，必然与一场难以想象的高热而剧烈的初始膨胀有关。

决定论

人们经常提到，当量子论发展到量子力学时，造成爱因斯坦与之分道扬镳的问题的根本，就是这个决定论的概念。它是说，给定一个系统完美的初始条件（每个粒子在哪儿以及它在做什么），我们应该能够应用物理方程精确预测系统中的所有未来事件。然而严格来说，促使爱因斯坦反对量子力学的，是可分离性（separability）问题。整个系统的未来历史可以提前描绘，这一直是个相当可疑的命题。爱因斯坦坚持一个独立粒子的未来轨迹应该是可以从它的当前状态推导出来的，与其他粒子无关，除非它后来与其他粒子有相互作用。但是量子力学允许纠缠态，其中两个或更多的粒子共用一个波函数，哪怕它们不再相互作用，它们在未来对其性能的测量中也被束缚在一起。爱因斯坦与其合作者们选择在"爱因斯坦–波多尔斯基–罗森论文"中突出强调的，正是量子力学的这一特性。（参见前文，"超距作用"。）具有讽刺意味的是，现在有些物理学家提出，对多数原子一举产生纠缠态的最好方法是采用爱因斯坦最先预测存在的玻色–爱因斯坦凝聚（参见前文）。

绝对平行性

广义相对论给物理学带来的难题之一，是矢量如何在弯曲空间中从一个位置移向另一个位置的问题。在平坦空间，矢量总是在运动时保持平行于自身，我们可以用平坦空间自身定义的方向来作为过程中的引导。然而在弯曲空间，当从一个地方移到另一处时，时空自身的维度矢量也变换了方向。这显示矢量的"平行传输"依赖于时空自身的结构，在爱因斯坦之前数学家们对此已经有过仔细研究。在广义相对论中，用度规（描述如何在弯曲时空中测量距离）的细节来确定描述矢量平行传输方式的"连接"。爱因斯坦在其"绝对平行性"（Distant Parallelism）理论中采用的一个替代方案，是让时空平坦（这样度规不提供有用信息），但将理论基础变量包含在定义矢量平行传输的仿射联络中。通过允许不对称仿射联络，爱因斯坦在理论中引入现在所谓的挠率（torsion）。这个挠率 172 和基础粒子（比如电子和质子）的自旋概念有关。

爱因斯坦的这个理论之前已由法国数学家埃利·嘉当（Élie Cartan）提出。嘉当甚至曾在爱因斯坦1922年巴黎之行时尝试向他解释这个理论。爱因斯坦当时似乎没有理解嘉当的工作，他也没有把嘉当和他自己后来10年里做出的理论联系起来。此理论被称为"爱因斯坦–嘉当理论"。爱因斯坦一般是宁愿自己研究出来，而不是去阅读数学文献，这就解释了他为什么没有认识到嘉当的贡献。

在爱因斯坦版本的理论里，他引入了一个四元矢量组（tetrad），即四维的、矢量类的实体，用以描述矢量如何在时空传输。这个四元矢量组场有16个相关的自由度，爱因斯坦觉得这个数目正好可以包括引力场的10个自由度和电磁场的6个自由度。然而，对于此四元矢量组非常难以形成实际的场方程，爱因斯坦发现那些场方程似乎也无法还原到正确的物理规律。不过他还是坚持下来，与他的助手，数学家瓦尔特·迈尔合作，从特奥多尔·卡鲁扎（Theodor Kaluza）的书中获取信息。他在自己的绝对平行性框架中加入了第五个维度，以便向四元矢量组引入额外的向量。在他的新框架中，爱因斯坦和迈尔幸运地导出了正确的万有引力和电磁场方程，但没有发现对应已知粒子的解，也没有为量子问题带来新的理解。

$E=mc^2$

毫无疑问，科学中最著名的方程是爱因斯坦的质能等价公式，一般写作 $E=mc^2$。爱因斯坦在1905年发表论文确立相对论理论后，立即意识到这个方程是相对论的一个推论结果。随后他写了一篇新论文，论证一个物体的动能对其质量或惯量有贡献，这是他在奇迹年里发表的又一篇著名论文。他证明，自己前一篇论文里导出的相对论方程暗示，如果一个粒子发射光束，相对该物体运动的观测者会自然地观察到该物体的能量的损失（等于 E），但也会观测到其质量的变化，能量和质量的变化关系为 $E=mc^2$。

理解爱因斯坦结果的一个方法如下。考虑到爱因斯坦在第一篇关于狭义相对论的论文里显示的时间膨胀和长度收缩，运动体相对于其他观测者的速度不能达到光速，因为不然的话观测者会看到该物体的长度缩为零，同时时钟停止运行，也就是在时间上被冻住了。为什么不能用常规方法简单地把一个物体加速到光速呢？原来当该物体从运动中收获动能时，（在其他观测者看来）其质量同时也增加了，使得进一步的加速更加困难。当一个物体达到光速时，其质量增加到无穷，使得无论消耗多少能量，都不能实现（相对于那些观测者的）进一步的加速。

爱因斯坦接下来设计出一个思想实验，以一种概念上非常清楚的方法巧妙地展示了为什么光必须具有质量。自从麦克斯韦以来人们知道了光具有动量并会对吸收它的物质产生压力（被称为辐射压）同时发射体也会有相应的反冲。爱因斯坦指出，如果光没有质量，就可以一遍又一遍地使用同样的光能量从内部推动一艘宇宙飞船——只要把光从飞船的一端传输到另一端，然后通过电流把能量送回到飞船前端。从飞船前端发出的光，会通过它的反冲启动飞船。这一运动会因为光在飞船后端被吸收而停止，但在此之前飞船已经移动了一小段距离。如果能量可以被送回飞船前端的光源处，一个人就能无限重复这个动作，除非飞船的质心并没有实际移动（这是我们的通常经验，就是要移动飞船就必须把某些物质推离飞船）。但既然只有光束改变了位置，如果我们假定飞船质心有所移动，那光束就必须具有质量。一个简单的计算，就能显示需要的光的质量是多大，从而产生了著名的质能关联公式。

尽管该方程已广为人知，有意思的是爱因斯坦在他的任何一篇早期论文里都没有这样写。他并没有使用 E 代表能量，而是用的 L，因为他开始的论证里涉及的是光能的质量，经常用这个字母 L 表示（和 luminosity［光度］有关系）（当他讨论到动能［kinetic energy］时则使用 K）。他没有把转换因子 c^2 放在质量一侧，而是写成 $m=L/c^2$，原因是他论证的主旨是如果有人知道一束光的能量，就可以用这个方程计算出它的质量。（亦见附录 C 的第 181 篇。）

埃伦费斯特悖论

1909 年，保罗·埃伦费斯特（参见第一篇"朋友"一节）注意到狭义相对论中长度收缩现象引起的一个难题。假定有人用金属或其他硬质材料制造了一个圆盘，然后让其开始运动。一个不随圆盘旋转的观测者，可以通过在圆盘上放置米尺来测量它的直径和周长，米尺随圆盘旋转，观测者则数出需要多少米尺来涵盖所涉及的距离。因为沿直径放置的米尺是在沿垂直于它们长度的方向运动，它们不会收缩。然而沿周长放置的米尺则会收缩。既然这些米尺会变短，就会需要更多的米尺来覆盖圆盘的完整周长。不旋转的观测者就会认定圆盘旋转时其周长比其静止时大。既然直径没有改变，那么周长和直径的比值，即通常所说的 π，就会在旋转和不旋转的圆盘间有所不同。如果圆盘是真正硬质 174 的，就会在运动时迸裂。大多数回应埃伦费斯特想法的人集中在对刚体概念的含义上。

最后的结论是狭义相对论中不存在严格意义上的刚体，因为刚体的定义要求其内部的声速比光速还大。另一方面，爱因斯坦关注的却是旋转圆盘上的几何特性有所不同这一有趣事实。他的结论是不同的几何特性来源于旋转运动的加速度。他的等效原理指出，如果加速度会产生几何（即时空曲率）变化，那么引力场也会。这种旋转圆盘的分析似乎使爱因斯坦首次确信，引力的相对论必须基于一个被巨大质量物体改变的弯曲的或非欧时空几何概念。

爱因斯坦-波多尔斯基-罗森佯谬

1936年，爱因斯坦和另外两位在普林斯顿高等研究院（爱因斯坦在 3 年前已经在这里就职）工作的年轻物理学家，提出了一个思想实验，致力于探讨爱因斯坦反对量子力学的其中一个核心观点。这个思想实验影响重大，在物理学的两个不同领域启发了人们的工作。

第一个是寻找所谓隐变量理论，希望它们能通过证明下列想法来解释量子行为：一些储存在量子粒子的信息对我们是隐藏的，而一旦这些信息都为我们所知晓，粒子间的相互作用就仍然可以用基本上是经典的图像来描述。这个工作路线，虽然更贴近爱因斯坦的观点，但是最终不如 EPR 论文引入的量子力学纠缠概念更有成效，后者认定超过一个的量子粒子能够进入一种状态，即使它们在物理上已经相距很远，但是其物理特性依然被测量定理所绑定。此概念引发了现代物理的大量工作，包括量子计算机。该论文纯粹只是用典型的爱因斯坦风格写就的思想实验，近年来也形成了好几个著名的实际实验的基础，这些实验证明，如果量子力学确实成立，爱因斯坦及其合作者预言的悖论效应确实在自然中发生。

ERP佯谬（EPR Paradox）据信是建立在海森伯不确定性原理的基础上，该原理强调特定的一对可测量由量子力学的规律联系在一起。因此，如果两个粒子相互作用，例如彼此碰撞分开，我们可以认为它们的能量之和遵守物理的守恒定律。但是如果现在两个粒子离开之前我们并没有测量其动量，那么，我们就很不确定它们的动量是多少。

根据玻尔主张，但爱因斯坦高调反对的量子力学哥本哈根诠释，只有通过测量才能打破粒子的位函数并确定其动量到底是多少。现在假设，粒子分开一定距离之后，我们定位一个粒子并测量其能量，这样一来，守恒定律可以告诉我们另一个粒子的能量，虽然我们并未测量它。我们在某种程度上从远处瞬时打破它们的波函数。

难道这种瞬时效应意味着向另一个粒子发送了信号，从而推翻了爱因斯坦的没有信号会比光速更快的相对论定律？爱因斯坦论证说，如果要保留定域实在论的信条，量子力学就必然是一个不完备的理论。这个论调后来被理解为一个论断，即存在一个更完备的，包含了决定粒子间整个相互作用细节的隐变量理论，其具体方式现在人们还未知晓。

后来，亚基尔·阿哈罗诺夫（Yakir Aharonov）和戴维·玻姆（David Bohm）修正了这个思想实验，以两个粒子的自旋作为纠缠量。贝尔定律表明，如果有可能在现实生活中实现思想实验，它就确实会违反物理学中的非定域性（甚或是违反了对实在的适当定义）。此后人们进行了数个实验，结果全都符合量子力学纠缠的预测。

爱因斯坦、波多尔斯基和罗森可以说是以荒诞结论反证量子力学不可能成立，因为它预测的结果是不可能出现的。这成了科学史上一个有趣的案例，就是一个荒诞结论反而正好揭示了自然规律；另一个这样的例子就是和发现光的波动性有关的所谓"泊松斑"。

爱因斯坦-罗森桥

爱因斯坦-罗森桥（Einstein-Rosen bridge）是由爱因斯坦及其助手罗森在1936年的一篇论文中提出的一种时空结构。今天它更多地被称为虫洞（wormhole）。在其论文中，爱因斯坦和罗森为亚原子粒子寻求一种有用的模型，来避免在引力场中出现所谓的奇点。他们意识到如果把宇宙想象成包含两片独立的时空，则粒子可被视为两片时空间的小管道或隧道（或者是他们所谓的桥）。进入桥中的电场线会在另一片中出现，这样，一片中的观测者会看到电场线在桥所在的位置消失或出现，正如我们观测一个质子或电子的电场线时所看到的。爱因斯坦的动机在于看这样的模型是否能提供一种方法，让广义相对论可以解释基本粒子的量子行为，而不需要使他感到不安的量子力学。这个桥模型从未被作为一种亚原子模型而接受，但仍很流行，因为可以想象它的存在会给人们提供一个去往宇宙远处的捷径(超光速旅行的一种方式)。更吸引人的是，20世纪80年代以来的研究显示，如果存在虫洞，人们就可能构造"封闭类时曲线"（closed timelike curves），也就是时间机器。¹⁷⁶

均分定理

爱因斯坦对均分定理（Equipartition Theorem）的使用和精通，是他早期物理工作最具有代表性的特征之一，尤其是在对自然的诠释和量子概念的应用中。均分定理认为当一个包含大量粒子的系统达到平衡态时，其可用能量将被均分到所有可能的自由度，或者系统的各种运动状态。这当然意味着，平均来说，每个分子群都拥有和其他群一样的能量。它还意味着分子的不同运动方向也会得到等量的能量。因此，分子向上运动和向侧边运动的趋向是一样的。如果它们能旋转，它们的旋转能也会和任意方向的平动能相等。

正是因为基于均分定理的计算无法推导出正确的黑体辐射曲线，才导致马克斯·普朗克引入了量子假说。他这样做是因为，在这一特殊的情况下，有大量的高能态，似乎黑体中的所有能量会落到高能高频态。既然每一个态都接受与其他态相同的能量，如果有某些部分，比如那些高频态，拥有大得多的态密度，它们就会拥有大部分能量。因此，这似乎表明，大多数物体，甚至冷的物体，都会发出紫外线，但是所有的经验都告诉我们，只有很热的物体才会发射紫外线。

爱因斯坦的解决方法，是认为普朗克的量子显示能量均分定理存在一个重要例外。如果个体的能量只能以小块(或量子)形式存在，最小数目是一个，那么当能量很少时，可能都不够给高频提供一个量子——因为根据普朗克定律，高频就是高能态。于是，在黑体例子中，数目近乎无限的高能态都分不到能量，因为比一个量子的能量更少的就只能是零个。在比热容的例子中，爱因斯坦认为当温度下降，全部能量降低时，越来越多的能量态都分不到能量，因为哪怕一个量子的能量也会超过拥有的平均能量。结果就是后来所谓的热力学第三定律——当温度趋向绝对零度时，所有物质将失去热容，因为它们的比热容会变成零。

涨落理论

爱因斯坦早期的物理学工作中另一个显著特征是他对统计物理学的精通，以及对统计涨落的物理效应的开创性研究。19世纪见证了建立在微观物理图景上的物质的分子运动论的发展，该图景认为物质由基本粒子(原子和分子)组成，这些粒子个体服从牛顿定律，但是其整体性质只能用统计行为来理解。

和19世纪的这一发展相关的两个最著名人物是詹姆斯·克拉克·麦克斯韦和路德维希·玻尔兹曼。他们创立的统计物理学让人们清楚地看到，作为物理学的一个重要的宏观理论(也就是说，和整体物质行为相关的理论)热力学，其大多数问题都可理解为大量(阿伏伽德罗常数级别的)原子的平均行为。于是，在1900年，物理学的统计方法已经集中于显示没有方法能证明原子并不存在，因为基于微观物理学原子理论的预测平均值，和当时基于宏观理论的预测和实验结果是一样的。

爱因斯坦为了证明原子的存在，将这一问题抛在脑后。他问自己，统计理论能以何种方式预测出与人们对连续的且不包含原子的理论预测出的不同效果。他通过发展涨落理论，也就是分析由原子和分子的运动导致的随机偏离平均的不寻常表现，找到了这一区别。在1905年，爱因斯坦证明可以用这类涨落来理解自己所知甚少的布朗运动现象（参见前文）。

从1905年开始，爱因斯坦以一种更加革命性的方法，改变了物理学的微观理解。他采用了普朗克的一种不可分的能量包的量子概念，提出光实际上是由这样的量子组成。这不仅最终导致了光子概念的诞生，也使人们意识到支配原子（以及原子的构成粒子）之类的基本粒子运动的，实际上根本不是牛顿定律，而是一套不同的量子定律。发展量子力学定律的征程艰难而漫长，因为它试图描述小得看不见的粒子的行为，其遵循的定律只能通过观测这些粒子发现。具有讽刺意味的结果，这些20世纪20和30年代出现的新的量子力学，显示出不但是粒子系综，甚至是个体粒子，也需要用物理学的统计方法解释。爱因斯坦是统计物理最有名的大师之一，但却未能接受这种观点，这使得他的很多年轻¹⁷⁸崇拜者感到意外。

幽灵场

因为爱因斯坦从未写过相关文字，所以很难了解他关于幽灵场（*Gespensterfeld*）的观点。所有已知信息都来源于其他人（主要是洛伦兹，参见"同事"一节）对其想法的评论。证据显示爱因斯坦的幽灵场理论在量子力学的早期诠释——也就是所谓的波动力学——方面，起了促进和激励作用；波动力学认为每个粒子有一个相关的波，这个波被诠释为粒子位置的概率函数。换句话说，某个量子粒子的精确位置是未知的，但最有可能位于其关联波函数振幅特别大的地方。这个波就是幽灵场。

引力波

引力辐射的概念很大程度上是受到狭义相对论发展的启发。在爱因斯坦公开讨论引力波之前，这个领域的好几位重要研究者，包括昂利·庞加莱和马克斯·亚伯拉罕（Max Abraham），都曾提到过它，并辩论其存在的可能性。当爱因斯坦在1916年开始公开讨论引力波时，他在当时自己新的广义相对论的框架内，首次提出了具体的数学描述。这第一份论文存在错误，未免美中不足，不过1918年发表的第二份论文进行了修正，在其中爱因斯坦提供了理论和公式，一直到今天都是引力波研究的基础。

爱因斯坦在20世纪30年代和助手罗森合作，重新回到这个主题。因为爱因斯坦的早期论文研究的只是这些方程的近似（线性近似），他们希望提高早期的工作，进一步发现代表这些波的爱因斯坦方程的精确解。两位物理学家合作向《物理学评论》（*Physics Review*）提交了一篇文章，题目是"引力波存在吗？"，提出否定的答案并给了证明。期刊将论文退回爱因斯坦，附上了10页审稿批评意见。爱因斯坦被激怒了，在给该期刊编辑的一封愤怒的信中撤回了论文，并转投另一家期刊。在发表前，他不得不进行了全面修改，推翻了原来的结论。普林斯顿的一位同事，霍华德·珀西·罗伯逊（Howard Percy Robertson），使他相信自己实际上已经得到了正确的引力波的精确解，但却没有意识到这一点。罗伯逊和爱因斯坦的新助手，罗森的继任者利奥波德·英费尔德关系友好，看来是后者使他得以指出爱因斯坦论断中的瑕疵。

₁₇₉ 具有讽刺意味的是，我们现在从《物理学评论》的记录中得知，罗伯逊就是之前指出论文问题的审稿人，但爱因斯坦当时没有采纳他的意见。在和罗森修改论文之外，爱因斯坦心境的变化也使他放弃了继续完成一篇草稿，其内容是探索自己与罗森合作得到的意外结果的后果。然而，在最终呈现的付印的论文版本中，对于双星系统这一引力辐射最有可能的实际来源是否会发射引力波的问题，爱因斯坦仍然留下一定的余地。他也给出了情况未必一定如此的一些原因。

爱因斯坦去世后，引力波的话题引发一些争论。爱因斯坦的两个早期助手，罗森和英费尔德，捍卫的观点是双星不可能发射引力波，因此引力波在关于现实世界的物理学中永远不会有什么意义。渐渐地，进一步的理论工作削弱了这种观点，不过到了20世纪70年代中期罗森终于写了一篇标题为"存在引力辐射吗？"的文章。

然而也是在20世纪70年代中期，普林斯顿大学的罗素·赫尔斯（Russell Hulse）和约瑟夫·泰勒（Joseph Taylor）首次发现了脉冲双星系统，这是一种由超致密脉冲星（或称中子星）组成的非常近距离地快速围绕彼此旋转的双星系统。在1979年，泰勒和赫尔斯显示此系统的轨道在不断衰减，其衰减速率与爱因斯坦在其1918年的论文中使用的著名的四极公式预测的结果符合得很好——后来升级为符合得极好。这是引力波存在的第一个实验证据。因为赫尔斯和泰勒对新类型的脉冲星的发现，为研究引力波提供了更多的可能性，二人分享了1993年度的诺贝尔物理学奖。

探测引力波的努力开始于20世纪60年代前后，乔·韦伯（Joe Weber）是先行者。20世纪70年代韦伯宣称用自己的仪器探测到了引力波，遭到其他实验者的质疑和反驳，使得这一努力陷入争议。从地球上探测引力波的努力不断继续，展开了一些大型项目，比如美国的加州理工学院、麻省理工学院、华盛顿州立大学和路易斯安纳的激光干涉仪引力波探测器（LIGO）（探测器最初由加州理工和麻省的团队设计和研发），以及位于意大利比萨附近的欧洲引力天文台（EGO）的用于引力波探测的室女座（Virgo）干涉天线。（亦见肯尼菲克：《传播，以思想的速度》［Kennefick, *Traveling at the speed of Thought*］。）

引力-磁性

爱因斯坦的广义相对论不仅仅是以一种能兼容自己的相对论思想的新版本来替代牛顿引力论，这是一个彻底的新理论。值得注意的是，它对所有传统引力实验给出的预测，都恰好非常接近于牛顿引力论的结果。不过广义相对论也提出了一整套牛顿理论无论如何也想不到的新的引力效应。这是因为爱因斯坦理论作为一个场理论，也和麦克斯韦的电磁场理论有很多相似之处。当然麦克斯韦理论预言的电场性质很像传统的牛顿引力。爱因斯坦的广义相对论也提出，正如麦克斯韦理论中移动电荷会产生麦克斯韦磁力一样，移动的物质也会产生类似效应。这些效应通常被称为"引力-磁性"（Gravito-Magnetism）。它们一直令人非常关注，部分原因是其相比于传统的牛顿引力的新颖之处，另外部分则是因为它们很难被观测到或者在实验室中重现。迄今为止的检测水平，只能勉强探测到引力-磁性，所以爱因斯坦居然能够预测得如此精确，就显得更加非同凡响。

引力-磁性最著名的预言实验是兰斯-蒂林效应（Lense-Thirring effect），或者说参考系拖曳效应，这是一个由旋转的引力体引起的其他物体的进动。

一个旋转的恒星、行星或黑体不仅仅通过引力吸引其他物体，也会拖曳这些物体的惯性框架，导致它们做某种形式的进动。可以设想这种参考系拖曳是一个旋转体对其附近区域时空自身的撕扯。尽管该效应在快速旋转的黑洞附近应该相当显著，在太阳系中却很难探测到。像美国国家航空航天局引力探测B项目这样的一些探测已经发现该效应存在的证据，强度也和爱因斯坦理论预言相近，但精确度相当低。其他一些太阳系内的测试也提供了一些证据，证实了效应的真实性。

另一个引力-磁性现象是引力辐射，也是广义相对论的一个出名的难以探测的效应(参见前文，"引力波")。

空洞论断

爱因斯坦在研究广义相对论场方程的正确形式的后期阶段，开始担心可能无法找到一个广义协变方程。

在1913年发表自己的"提纲理论"(和格罗斯曼合作，参见第一篇"朋友"一节)时，他放弃了寻求对所有观测者都有着同样形式的协变的张量方程组(广义协变性)这个目标。为了解释他最初规划中的这个失败，他提出了空洞论断(Hole Argument)，该论断指出广义协变方程会允许在同一个物质系统（比如，太阳系中的太阳和行星们）的星体之间的空间(空洞)给出不同的场。不同的观测者会在这些空洞中看到引力场的不同数学形式。于是，一个广义协变理论就不能对类似太阳系这样的一个系统给出特解。在1915年年底，当爱因斯坦成功地为其理论找到了一个广义协变张量形式时，他意识到了空洞论断的错误。对引力场的纯粹数学描述是观测不到的。一旦两个不同的观测者试图（每个人都按照他们自己的坐标系来）真去计算穿过空洞的粒子的轨道，他们就会发现算出的实际的轨道是一样的。

这样爱因斯坦可能是第一个意识到了规范不变性对现代场理论的重要性的人。场本身是不可观测的，因而在选择不同的坐标系或"规范"来表达时就有着一定程度的灵活性。尽管有着选择规范的自由度，对物理粒子运动的预测仍然是不变的。

长度收缩

相对论的长度收缩，也称为洛伦兹-斐兹杰惹（Lorentz-Fitzgerald）收缩，是狭义相对论的关键实验预言之一。它提出运动中的物体，考虑到测量者的因素，（和其相对观测者静止时的长度相比较）在其长度上会产生一种收缩，或者说变短，收缩量依赖于物体的速度和真空中光速之比的平方。这一效应在 1905 年前就被提出过，其中最重要的是在荷兰物理学家 H.A.洛伦兹的文章中。

早期的物理学家，例如洛伦兹，认为长度收缩是一种动力学效应，应该理解成电磁场对运动物体施加力的结果。爱因斯坦的理论彻底把它重新解释成一种纯运动学效应，不过是我们试图用光作为一种介质去测量运动物体的长度的结果。对爱因斯坦来说，长度收缩是同时性的相对性的直接结果，因为他认识到长度的测量实际上是对两个事件时空间隔（而不是两个地点的纯粹空间距离）的测量。这两个事件就是对长度待测物体两端的当前位置的测定。

如果某人相对于待测物体是静止的，那么同时测量物体的两端就很简单。在这种情况下，两次测量之间的时间间隔是零，因此两个事件之间的时空距离（或间隔）就是相对论的术语中物体的静长度。然而如果物体是运动的，有人想要从一端接收另一端的测量信息，最快的方式是用一束光。然而在光束到达的时间内，由于物体的运动另一端的位置已经发生了改变，在测量运动物体的长度时，时间和空间是交织在一起的。爱因斯坦认识到是两个事件之间的时空间隔是一个不变量，也就是运动的和非运动的观测者测出来都一样的量。纯粹意义上的空间长度不是不变量。从这个见解出发，用简单的几何推导就能得出洛伦兹收缩的公式。

爱因斯坦和洛伦兹之间的关键不同，是洛伦兹认为运动物体是真的收缩了。对爱因斯坦来说，两个彼此相对惯性运动的人，每人都会坚持另一个人收缩了，因为收缩仅仅源于他们所做的测量，而不是物体真正从物理上变短了。[182] 爱因斯坦理论中所设想的长度收缩的概念，也涉及物理学家们习惯谈论的物理意义上的完美刚体是否存在的问题（参见前文，"埃伦费斯特悖论"）。

度规

时空的度规（metric）是一种描述如何将坐标测量转化为时空中的实际距离（或间隔）的数学方法，因此也是一种用这些测量来描述时空几何的方法。我们可以把度规想象成毕达哥拉斯定理的推广。如果想要在常规地图（墨卡托投影）上测量两个城市之间的距离，我们可以使用地图上的经线和纬线作指导，测量一个地方在另一个地方的东边多远，以及北边多远。它们之间实际直接距离的平方或直线距离的平方，应等于东向距离的平方加上北向距离的平方。

然而，我们不是必须使用这一种类型（笛卡尔）的坐标距离。如果地图使用的是极坐标系，我们就可以测量城市间的径向距离（一个城市离极点的距离比另一个远多少），以及它们的角（每个城市到极点连线间的角度）距离。一个有所不同，但本质上相似的公式，将给出它们之间物理距离的平方。度规是一个简捷的方式，来描述以两种（分别在笛卡尔和极坐标系中的）方式书写毕达哥拉斯定理的不同。

如果不用地图，而是用一个地球仪来描述两个城市的位置，我们还可以把经纬线组成的坐标系加在地球仪上。然而，任何把城市间坐标值转化为实际距离的公式，都必须考虑以下事实：几何不再是平面的几何形状，而是球体的曲面。不过在这种情形下，度规还是可以提供一种记住正确公式的简捷方法。

度规是由赫尔曼·闵可夫斯基引入相对论的。他发现爱因斯坦的狭义相对论非常像上文讨论的第一个例子——具有不同坐标系的平面图。彼此之间没有加速运动的不同惯性观测者，会遇到相同的"平坦"的时空几何（现在称为闵可夫斯基时空），但是根据各自相对速度的不同，会用不同的坐标轴来测量空间和时间。就像两个作图者，一个使用北极星来指北，而另一个使用磁罗盘，他们的北轴线可能略有不同（地球的磁北极和旋转轴的北极不重合）。两位处于相对运动中的惯性观测者，在闵可夫斯基空间中各自时间轴的方向会不一致。不过，即使他们的坐标系不同，度规却是一样的，其数学语言会让他们基于不同坐标系的测量得到一致的度量结果。他们可以把各自的时间和空间的测量值转换为对二者都一样的时空间隔。与此类似，上文提到的两位地图作者，他们得到的两个城市间北向距离值不同（别忘了他们的北向和东向的实际方向是不同的），但只要二者的北向和东向距离值都是可靠的，经过正确的整合计算后，城市间的实际距离是一样的。

爱因斯坦起初对闵可夫斯基重构自己狭义相对论思想一事并不热心。然而，在处理广义相对论问题时，他很快意识到这种方法的威力。因为狭义相对论只适用于非加速惯性观测者，广义相对论却要提供一种方法，让（处于加速运动状态的）非惯性观测者和处于引力场的观测者（爱因斯坦根据等效性原理把他们也计为非惯性观测者）能够在时间和空间的测量值上达成一致。爱因斯坦意识到这种情况类似于使用地球仪来测量两个城市间的距离。对非惯性观测者，时空不再是闵可夫斯基的平坦时空，它是弯曲的。人们从根本上来说还是可以把不同的坐标系加于其上，但现在不同的观测者实际上可能得到不同的时间和空间的测量值，因为他们的局部几何实际上是彼此不同的。

比如，一个位于巨大行星表面上的观测者身处一个（轻微的）弯曲的时空，反之一个处于空洞空间的人则感受着平坦时空。度规再一次提供了让他们得到同样测量值的语言。对爱因斯坦来说幸运的是，19世纪的数学家们已经（尤其是在黎曼几何和张量计算中）构建了相关的数学语言，使他能够发现一套方程（爱因斯坦方程），其解是恒星或行星之类的巨大物体产生的弯曲时空，或者其他弯曲时空的度规。一旦运用爱因斯坦方程找到了度规，就可以开始理解不同观测者在该时空中进行测量的方法。

分子大小

（参见爱因斯坦的博士论文，载附录C中的第7篇。）

超定方程组与统一场论

爱因斯坦关于最终的统一场论的一个观点是，它应该是一个基于场方程组的经典理论，这些场方程基本上和广义相对论（GR）的场方程差不多。然而，它对方程组的解有一定的限制条件，对许多可测量的量，方程只能给出离散值。像广义相对论这样的经典理论的解是连续的，一个特定量可以在解定义的 ¹⁸⁴

曲线上取任意值。然而量子理论要求光子的能量之类的量只取特定的离散值。既然解一般都是连续的，怎么从经典理论得到这些离散值？

爱因斯坦早期想到的解决方案，是场方程组可能是超定的。一般情况下一个方程组中的变量和方程的数目是相等的，这样的方程组被称为适定的，它对每个变量给出单一的连续解。超定方程组的方程数目超过未知变量数，所以一般来说，解不可能是一个连续的方程。可能根本就没有解，但爱因斯坦希望解可能是数目有限的某些值。他最早提出这一观点是在1923年，当时爱因斯坦开始探索规范场理论，不过在这一方面他毕生都未能有所成就。

在20世纪30年代，爱因斯坦发现广义相对论可能本身会在可能的解上施加非常严格的限制。人们从研究像电磁之类的理论中得出经验，认为广义相对论的线性近似允许多个解。但爱因斯坦和罗森在引力波上的合作中，曾一度以为自己已经证明了这些波的准确解在广义相对论中并不存在，这使得爱因斯坦逐渐产生希望，觉得完整的理论会指向更加严格的一组可能解。他开始沿着类似的思路写一篇（如今只剩下一篇草稿的）新文章。不过后来他意识到自己和罗森的引力波论文中有一个错误，使得引力波不存在的证明不再成立。

EPR论文启发了这类想法的一个版本，在爱因斯坦去世后还继续被人关注，这就是寻找量子效应的隐变量理论。其想法是量子力学中对特定量的限制，实际上是具有特定隐变量的经典场理论支配自然的结果，这些隐变量目前还不为人所知，它们消除了普通场理论的许多可能解。虽然隐变量理论在20世纪中叶吸引了大量注意，但是最后发现它们未能像当初设想的那样解决问题。

光电效应

马克斯·普朗克在1900年引入其量子假说的时候，在很大程度上似乎把它当成了一个权宜之计，就算包含一些物理真理，也只是和涉及空腔中电磁辐射的黑体实验的那些特定条件有关。虽然他认为腔壁原子显然只是以小量子包来吸收和发射光能量，但是拒绝接受光本身就是由量子包所组成的观点。他和其他物理学家还是坚持认为光是一种遵从麦克斯韦方程的电磁波，其能量由波的振幅决定。普朗克定律把单个的能量单元和光波的频率联系起来（频率越高，单个包的能量越多），但这只限于空腔中的驻波，而不适用于与光有关的一般现象。

爱因斯坦采取了激进的措施，认真对待普朗克定律，认为它对光是普遍成立的。他注意到在某些现象中，似乎只有高频光或辐射才能释放出足够的能量来引发一个化学反应。最简洁直观的例子是光电效应，也就是照到金属表面的光在金属上激发出电流的现象。明显的解释是光提供了足够能量从金属体内释放电子；电子在某些条件下自由流动形成电流。如果是这样的话，那么根据经典模型，人们增加光的幅度或强度，就可以释放更多的电子来得到更大的电流。

然而实验却倾向显示，在某个特定频率以下就不可能得到任何电流，不管照射到金属的光强度有多大。爱因斯坦的解释是需要一个特定的最小能量来释放金属中的电子。既然光的能量以量子包的形式进来，根据普朗克定律，撞击一个电子的包需要具有足够高频率，来提供所有的能量。如果光频率低于一个特定值，那么光量子的能量就会小于释放电子所需的最小能量。于是，只有大于某个特定频率的光才能激发出光电流。爱因斯坦意识到这个想法很大胆，实际上它确实也遭到怀疑。

在爱因斯坦写给朋友的一封信里提到自己1905年（他的奇迹年）的几篇论文，认为只有光电效应这一篇才是具有革命性的（参见写给康纳德·哈比希特的信，1905年5月18或25日，《爱因斯坦全集》，第五卷，文件27；爱因斯坦档案编号12—420）。

伟大的实验家罗伯特·密立根（Robert Millikan）决定检验爱因斯坦的理论。密立根后来承认，他确定自己可以证明爱因斯坦是错的。实际上，他证明了后者是完全正确的。从这个意义上，爱因斯坦1905年的论文经常被认为是量子革命的开始。这是第一个自信的宣言，宣称基础粒子遵从的物理学可能不同于宏观物体的经典物理学。

光子(光量子)

爱因斯坦在很多方面都像是科学共同体的一个局外人，尤其在他科学生涯的早期和晚期。不过通常的局外人的概念，是某人孤立地坚持受到排斥和争议的想法，直到最后自己被证明是对的，这却很少适用于爱因斯坦。狭义和广义相对论除了爱因斯坦自己之外还有很多重要的早期捍卫者，虽然他对规范场理论的追求确实是孤立的，但他在这一领域的想法从未得到验证，无论生前还是死后。可能最能表现爱因斯坦作为一个局外人的观点的，是光量子〔light quantum〕（现在所谓的光子〔photon〕）概念。

爱因斯坦1905年关于光电效应的论文引入了光波以量子能量包的形式传播的概念。虽然普朗克在1900年关于热辐射的论文中曾提出光以量子形式完成发射和吸收，他和其他物理学家还是坚持不接受光波以类似粒子的实体传播的想法。既然所有物理学家都同意光具有波的属性，那么说它也会表现得像粒子的观点就令人怀疑。爱因斯坦关于波粒二象性概念（参见后文）的想法，是从1900到20世纪20年代早期分阶段形成的，在20世纪整个20年代量子力学快速发展的时期开花结果；而量子力学爆发的起点，就是德布罗意（De Broglie）坚称波粒二象性是所有亚原子现象的一个基本特征。

具有讽刺意味的是，爱因斯坦却拒不接受此时出现的量子力学。这使得他年轻的同行们感到震惊，对他们来说波粒二象性这个新理论正好验证了爱因斯坦多年来所做的一切努力。

据说，爱因斯坦对波动-粒子概念的看法，是口头传达给同行的，并没有付诸文字。在20世纪头10年，他开始谈到波粒二象性的一个诠释，认为光确实是由粒子组成，但是粒子的准确位置是未知的。那么波动就是一种统计学意义上的概率引导，告诉粒子去哪儿。爱因斯坦显然是把这种伴随的波称为粒子的"幽灵场"（参见前文）。我们只从爱因斯坦的同事的文章和信件中知道了这个故事。他们提到了这个想法，大概是基于和爱因斯坦本人的口头讨论。

强有力的证据显示，爱因斯坦的幽灵场的想法在量子力学的玻恩-海森伯（Born-Heisenberg）描述的早期发展中发挥着中心作用。不夸大地说，对这样一个他戏剧性地拒绝接受并一再试图颠覆或否认的理论，爱因斯坦在其早期发展中发挥了中心作用。

"光子"这一术语是到20世纪20年代才被引入的，当时这一概念已被广泛接受。从爱因斯坦1905年关于光电效应的论文开始，他使用的是"光量子"这一字眼。

相对论的四个原理

众所周知，爱因斯坦把自己的相对论建立在四个原理的基础上，他把这些原理当作公理，从中逻辑地推导出该理论的主要特征。这种物理上的公理性发展方式非同寻常。像电磁场理论这样的理论是通过观测和推导相互促进逐步建立的。然而，这种发展方式上的明显区别或许仅仅是爱因斯坦对该主题有超强的把握，以及同时借鉴看来不同的物理学领域经验的能力。四项原理中的两个构成狭义相对论的基础，另外两个用于作为发现广义相对论的向导。[187]爱因斯坦选定的三个原理基于可靠的实验结果。他把这些观测结果上升到普适定律的高度，而不仅仅适用于具体的实验环境。他继而可以构想思想实验（参见后文），从原理出发推导得到假定结果，用于指导整个理论的发展。第四个原理，也就是马赫原理，和一系列著名的观测相关，它对这些观测结果提供了一个和其他理论不同的理论解释。数十年来，关于马赫原理是否或者在什么程度上属于广义相对论的一个不可或缺的部分，产生了相当多的争论，也不足为奇。

相对性原理

相对性原理（Principle of Relativity）适用于惯性观测者，也就是那些处于非加速运动的观测者。它指出，在没有外界物体作为参考的情况下，惯性观测者无法判别自己是否处于运动中。因此在一个封闭的空间，没有任何实验能让人测量该空间的运动状态，除非该空间经历某种形式的加速。人们需要透过一个窗口来观测外界物体的相对运动。那么对惯性观测者，就只有相对运动。没有绝对惯性系运动这回事。迈克耳孙-莫雷实验（Michelson-Morley experiment）就是一个尝试，希望在一个封闭空间内，人们可以探测到地球相对于不可见的以太海洋——也就是光传播的介质——的运动。多数物理学家认为相对性只适用于粒子，未必适用于波动，因而期望迈克耳孙-莫雷实验能够成功。爱因斯坦把相对性原理提升到普适原理的地位，认为迈克耳孙-莫雷实验的失败是不证自明的。

光速不变原理

该原理指出，所有的惯性观测者测到的真空中的光速都是相同的，无论其自身的运动状态如何。这个原理把光（和光粒子属性有关）的发射理论和波动性理论的特点结合起来。前者强调光速的测量与人相对于光介质的速度无关，后者强调光速与一个人相对于光源的速度无关。此项原理认为两种情形都是正确的。在 1905 年，爱因斯坦意识到根据同时性的相对性（参见后文），光速不变原理和相对性原理是相容的。

等效原理

1907 年，爱因斯坦在伯尔尼撰写一篇狭义相对论的综述文章时，产生了他自称的"我一生中最快乐的思想"（翻译并引自派斯，《上帝难以捉摸》，178 页）。他考虑到如果有人从屋顶掉下来，那么和他一起掉下的所有东西都会以完全相同的加速度下落。如果落下的那个人只能看到随着他落下的那些东西，那甚至就可能意识不到自己处于运动中。唯一的变化是感觉引力消失了。即使人们脚下有块地板（就像油漆工站在悬挂在屋顶下的平台上，绳子突然断了），也不会对他们的脚产生任何支撑力，因为地板也会随他们以完全相同的速率下落。这种引力场的特殊特征，称为自由下落，是惯性和引力质量等效的结果。爱因斯坦再一次提起这个广为人知的物理事实，把它变为一个普适原理。如果简单的下落动作能使人感到失重，这就意味着加速度能抵消引力场的可感知的效应。这继而暗示加速度和引力是彼此等效的。一个小型密闭空间的非惯性观测者感觉到了加速度，却无法通过实验判定决定该空间是在加速（可能在外太空的宇宙飞船里）或者仅仅是在行星表面上。于是，等效性原理也可以对非惯性观测者发挥同样的作用，和对于惯性系一样。后者曾导致狭义相对论，前者将爱因斯坦领向广义相对论。

马赫原理

恩斯特·马赫是一位享有盛誉的奥地利物理学家（今天声速的单位就是以他的名字命名的），也是一位有影响力的实证主义科学哲学家。他反对将一切不能为人们感知的假想实体引入物理学中，这导致他反对原子假说。他也不喜欢牛顿的绝对空间概念。牛顿曾提出个思想实验，称为牛顿桶，指出处于封闭的旋转空间的某个人能够通过观测一个水桶的水面判定自身的运动状态，因为水面将会因为和水桶的旋转运动相关的离心运动而变成曲面。牛顿指出这个水桶、观测者和空间相互之间并无相对运动，但实验仍旧显示它们都处于一个（非惯性）加速状态，这个加速运动应该是相对于作为背景的绝对空间。马赫反对那种看到宇宙在围绕你转说明是自己在转的常规想法。你会看到恒星显然是在围着运动，难道水桶中神秘的离心力（有时被称为虚力[fictitious force]，因为这个力没有明显的来源）不可能是由那些恒星本身作用在水上的吗？这样一种力只可能是引力，爱因斯坦认为马赫的想法是宣称物质的惯性是源于每个物体和宇宙中所有其他物体的引力相互作用。因为类似于科里奥利力的虚力不一定是沿着径向，马赫原理使得爱因斯坦预想理论也应该包括类似于参考系拖曳的引力-磁性（参见前文）。通过这样或那样的方式，马赫原理发挥了重要的启发作用，引领爱因斯坦走上正确的理论之路。然而，后来的理论本身和爱因斯坦对马赫原理的初始理解不是很符合，他最终得出结论，说自己的理论实际上并不支持马赫原理。 ¹⁸⁹

量子力学

量子力学出现于20世纪20年代中期，主要通过维尔纳·海森伯（Werner Heisenberg）和埃尔温·薛定谔（Erwin Schrödinger）的著名贡献，是他们两人发现了这个新理论的主导方程。尽管人们都知道爱因斯坦对这个新理论的主要内容持反对态度，但他也为其发展做出了显著的贡献。除了作为原始量子论主要构建者之一外（该理论缺乏对量子粒子的力学解释，转而关注此类的粒子的产生或吸收，而不是它们的普遍运动），他也是波粒二象性概念的创始者（参见后文）。二象性概念是量子力学发展的基础，对量子统计也非常重要（参见前文，"玻色-爱因斯坦统计"）。

对多数物理学家，尤其爱因斯坦的挚友们，比如马克斯·玻恩和保罗·埃伦费斯特等人来说，爱因斯坦对量子力学的反对令人惊讶。从许多方面来看，爱因斯坦在物理学中引入或拥护的思想［此时］似乎达到了顶点。爱因斯坦是物理学中统计学方法的大师，他尤其强调涨落（对粒子统计系综平均值的）偏离的性质能够提供对微观世界的认识。具有讽刺意味的是，正是量子力学这一新理论的统计方面，让他感到不满。他总是坚信自然的某些方面只表现在整体系统中（参见前文，"时间之矢"）。基本理论（fundamental theories）及其方程并不包含像时间之矢和不可预测的个体涨落这些基于统计的现象。对爱因斯坦来说，由于量子力学只是包含了对个体粒子行为的一个概率预测，它不可能是一个真正的基本理论。他几次尝试证明该理论是不完备的，因为另有更基本的理论藏在后面，他总是相信这样的更基本的理论会保留基本粒子的可分离性。知道一个粒子的完全信息，该理论就能分析粒子未来的行为，而不受其他粒子的影响（除非它后来又和那些其他的粒子发生碰撞或相互作用）。

然而量子力学坚持认为众多量子粒子的行为是彼此纠缠的，所以它们只能被看作一个统计上的整体。爱因斯坦对于量子最有力的批评（在EPR伴谬中）试图表明，这种量子系统的不可分离性是站不住脚的。

最后，尽管爱因斯坦从未认同过量子力学，他却未能找到一个经典理论来取而代之（亦见后文，统一场理论）。

₁₉₀ 辐射计效应

辐射计（Radiometer）是一个包含数个叶片的小装置，每个叶片一面涂银，一面涂黑，置于一个部分抽空的玻璃灯泡内。叶片被平衡排列，以便它们在暴露于光源或红外线时能够旋转。此装置在19世纪中期由威廉·克鲁克斯（William Crookes）爵士发明，从此成为理论关注或争论的主题，许多人错误地相信这种传统装置（经常被当作一个新奇装置出售，有时被形容为"光磨坊"）能运转是因为辐射对叶片产生压力。早期的理论家们，比如詹姆斯·克拉克·麦克斯韦和奥斯鲍恩·雷诺（Osborne Reynolds），曾论证说叶片旋转至少部分是源于气体从叶片冷的一侧沿叶片边缘向热的一侧流动（深颜色的一侧，会更有效地吸收光而发热）。这种效应被称为热流逸(thermal transpiration)。

1920年，爱因斯坦将这一研究选作堂妹埃迪特·爱因斯坦（Edith Einstein）的博士论文主题。1922年，她在保罗·爱泼斯坦的指导下完成了她的博士学位论文，但爱因斯坦本人也做出了相当大的贡献。爱因斯坦对她发表的相关论文不是完全满意，并亲自回来证明此效应可以通过边缘效应来解释。剩余气体分子撞击叶片热的一侧获得能量，造成的反冲比冷侧分子的撞击反冲大，因此从较热一侧对叶片产生一个净推力。然而，叶片表面大部分的区域在真空度相对较低的情况下，由于在较热一侧飞来空气分子受到从叶片反弹回来的更高能分子的碰撞散射更剧烈，这一面能够撞上叶片的分子数目也较少，这样就抵消了前述热侧强反冲影响，平衡了叶片两面的力。

然而，正如爱因斯坦所证明的，在叶片的边缘处反弹分子较少，所以仍有一个净力作用在叶片的外部边缘上。和雷诺的热流逸相结合，这种边沿效应能推动叶片惊人的快速旋转。在灯泡内真空度更高的情况下，气体分子相互干涉较少，爱因斯坦的效应在大部分的叶片表面都起作用，可以完全解释所观测到的现象。这正是埃迪特·爱因斯坦在她的论文中分析的情况。

同时性的相对性

根据爱因斯坦自己的记述，他是在1905年访问朋友米凯勒·贝索之后，才最终克服通向彻底的相对论物理的概念障碍。他和贝索讨论了自己在试图调和自己的相对论原理和已知的光运动的实验时遭到的挫折。这些实验似乎显示所¹⁹¹有惯性观测者看到的真空光速都是一样的。爱因斯坦认识到并不是所有的观测者，在空间不同位置的两个事件是否同时发生这个事情上，都有一致的看法。

原因在于任何遥远事件的信息到达观测者都需要一定的时间。如果两个观测者处于相互运动中，但每人都认为光速是 c，那么他们会在测量这些遥远事件的距离和时间的细节上产生分歧。于是，惯性系中彼此处于相互运动的观测者有着相当不同的时间和空间概念。时间和空间被认为是坐标量，是我们强加到周围时空中观测到的事件的参数，但并不是时空基本结构中的本质。因此，如果一列火车在9点高速通过一个小站台，意味着同时发生了两个事件，即火车通过了站台和站台候车室的钟表指针到了9点。然而，火车上的某人，可能就观测不到这个巧合，因为钟表反射的光追上火车需要时间，而这个时间火车也在运动。对观测者来说，火车到站时间稍晚于9点。爱因斯坦能凭直觉萌发这一惊人想法，显得非同寻常，因为这些效应只有人的运动状态和光速可比拟时才可能观测到。

时空

把时间看作类似三个空间维度的第四维度的想法，在爱因斯坦之前就出现了，也许可以归源于19世纪的几何学家们的贡献，比如伯恩哈德·黎曼（Bernhard Riemann）。具有讽刺意味的是，爱因斯坦在1905年发展他的统一空间和时间的想法时并不知道黎曼的工作。（说它具有讽刺意味，是因为当爱因斯坦后来努力推广1905年发展的狭义相对论时，黎曼的工作起了核心作用。）

爱因斯坦的时空（spacetime）——现在的相对论领域专家们把这个术语写作一个词——不仅仅是一个命名的约定。按他的观点自己的相对论应该叫不变量理论（他自己没有提到过相对论，只提到相对性原理，这是相对论的基石）。对于所有观测者来说，无论他们的出发点在哪里，不变量都具有同样大小。爱因斯坦意识到要找到这样的不变量，就必须把空间和时间平等地看作是一个四维连续统。于是，（如果两个观测者相对彼此运动）不同的观测者看到的两个事件的空间距离以及时间间隔可能不同，但时空间隔是一样的。时空间隔可由推广的毕达哥拉斯定理得到，也就是间隔的平方等于空间距离的平方减去时间间隔的平方(参见前文，"度规")。

192 这样，空间位移的矢量——指示空间中一点到另一点的方向和距离——就被从时空中一个事件到另一个事件时空位移的四维矢量所取代。类似的，其他矢量，比如速度和动量，被不变的四维矢量所取代。爱因斯坦理论中的能量和一般三维动量不是不变量，但在某个四维矢量时间点上结合了三维动量和能量值的四维矢量就是不变量。不变量是通过正确地构建四维量实现的。

爱因斯坦提出他的理论后不久，赫尔曼·闵可夫斯基提出了一个正式的数学版本，巩固了这个新的时空图景。刚开始持怀疑态度的爱因斯坦数年后才发现闵可夫斯基的方法可以指引通向新的广义相对论的道路。现在不仅有可能描述在相同时空内不同的观测者测量不同量的方式，也有可能描述由巨大物体产生的引力引起的具有不同几何的时空。

比热容

研究各种物质的比热容是19世纪的一项主要的科学工作，并在热力学的发展中扮演着重要的（如果模糊一点讲的话）作用。一方面，很多物质都遵守简单的一般规律，相当符合经典统计物理学的预测。比如，皮埃尔·杜隆（Pierre Dulong）和亚力克西·珀蒂显示了固体一般具有相同的比热容，一开始似乎还与物体的温度无关。单原子气体看来容易从理论上理解，然而双原子气体却表现出令人困扰的温度灵敏性。

高温时，双原子气体具有理论所预测的比热容，但在低温时它们表现得好像是单原子。海因里希·韦伯的研究（参见第一篇，"老师"一节）显示固体也有某种程度上类似的温度依赖特征。在高温时，它们表现符合预期，就像多数固体一样[1]符合杜隆-珀蒂定律。然而在低温时，它们的比热容稳定地下降，这使得德国化学家能斯特推测在绝对零度时所有物质的比热容都趋近于零。爱因斯坦首先解决了这个难题，用马克斯·普朗克的量子原则解释了比热容这种神秘的温度依赖性。

当一个包含众多原子或分子的系统的能量增加时，经典理论期望均分定理（参见前文）适用于所有情形。这个定理要求新能量被均分给所有可能的自由度。爱因斯坦观察到量子定律要求一个特定的最小能量（一个能量子）去激发和一个给定自由度关联的运动状态。如果在低温，（按均分定律）可用能量值对给定自由度来说小于这个最小能量，则该状态将不能激发。既然普朗克定律规定量子的大小和激发态的频率有关，那么在温度降低时，最先失去的就是那些更高频率的激发态。

在双原子分子的情况中，最先失去的是振动能态，继而是转动能态，直到更低的温度，分子就会表现得像单原子一样。在固体情况中，爱因斯坦清楚地表明，通过自己对能量均分定理的澄清，修正后的经典统计学就能够解释韦伯曾描述过的比热容随温度下降的现象。爱因斯坦的这项工作使得能斯特得到了后来所谓热力学第三定律的一个清晰的表述，也让很多人认识到，量子定律的

---

1 此处原文表达不太准确。实际上，应该是某些固体在低温下违反杜隆-珀蒂定律。因为低温实验只测试了某些固体，很多固体在低温下不再是原来的性质，根本无法测试。——译者注

爱因斯坦百科

重要性，将会对整个物理学产生广泛的影响。它还对索尔维会议的成立起到了一定作用。

热力学第三定律

热力学第三定律发展于爱因斯坦的科学生涯早期，在很大程度上是他贡献的结果。它基本上是德国物理化学家瓦尔特·能斯特的思想产物，后者是年轻的爱因斯坦最早的崇拜者之一。能斯特关于第三定律的早期思想，来自于观察到很多固体的比热容在温度降低时开始持续下降。换句话说，这些固体开始失去吸热的能力。在能斯特看来，好像温度接近绝对零度时，固体就会完全失去吸收热量的能力。然而，当时想不出为何会发生这个过程。实际上，比热的经典理论难以解释这个现象。

已有的理论基于均分定理（参见前文）。它强调一个多自由度的系统获得的热量，将会在这些自由度间均等地分配。因此，如果一种气体的分子能够自由地前后左右和上下运动，并且能在空间中旋转，系统拥有的热能，也就是每个分子的动能，将会均等地分给这四种运动状态。因此，平均而言，分子有可能在三个方向中的任何一个方向上更快地移动，并且由于热量增加而更快地旋转。似乎无法解释的是，随着温度的降低，分子将以某种方式完全失去运动的能力。

在1907年，爱因斯坦把马克斯·普朗克量子假说背后的思想用于解释低温下固体比热容（参见前文）的问题。普朗克的最初想法是，如果能量只能以称为量子的小包形式发射或吸收，且量子的大小和能量的相关频率成正比（参见前文，"黑体辐射"），就能解释黑体光谱的问题。这样一来，量子理论会减少高频态所得到的能量，就像爱因斯坦在其光电效应的解释中也曾注意到的那样。

如果能量均分定理要求全部可用能量在所有可能的态或自由度中等分，那么当给一个态的可用量小于一个量子时将发生什么？在这种情况下，这个态压根就不会被激发。爱因斯坦意识到固体中个体原子的振动模式包含很多态。在高能量（也是高温度）时，可用能量的数量允许许多态被激发，甚至是高频态也能被激发。然而当温度下降时，可用能量的总数在平分给所有原子和它们的振动模式之后，变得越来越小。这意味着能激发的高频振动越来越少，因为可用的平均能量已经降到一个量子之下。于是，爱因斯坦的量子理论预测固体连续吸热的能力会随着温度下降而下降。

基于这种清晰的理论图景，能斯特提出这种效应可能对所有物质都适用，因此可能构建一个热力学第三定律。

后来在20世纪20年代，爱因斯坦利用其新的量子统计定律（玻色-爱因斯坦统计，参见前文）证明当温度下降时气体也会失去它们的比热容，为这个新定律提供了最终的理论支撑。

时间

在努力构建一个新理论，也就是后来所谓的狭义相对论的过程中，爱因斯坦发展了关于时间的一个激进的新理解。他不再把时间看作一个普适的进程，给所有观测者带来同一的也许有点神秘的体会，而是认为它不过是一个术语，用以表达观测事件之间的一系列巧合。于是，当我们说火车9点到站，意思是同时发生了两个事件，一个事件是火车到达站台，另一个是站台钟指针指向9点的位置。

钟表仅仅是一种产生周期性系列事件的装置，为测量不那么具有周期性的事件的发生以及发生的顺序提供一种方便的标记。这种理解为爱因斯坦在发展相对论中的根本突破奠定了基础，这个突破就是认识到不同运动状态的观测者可能在事件是否真正同时发生上意见相左。

这种"同时性的相对性"（参见前文）使人们能以一种真正的相对方式去理解时间。和空间一样，时间不能独立于人们对可观察的物理对象的行为的观察和测量而存在。这些事件组成了时空的实际结构，没有它们，时空将不再存在。[195]

时间膨胀

爱因斯坦在1905年中期清楚地理解到时间在相对论中发挥的作用，这使他意识到对观测者来说，运动中的物体不仅测量长度与其静止时不同（这已被包含到洛伦兹的电子理论中），而且与运动物体关联的物理过程，也比静止物体的同样物理过程要慢。这种基于时空的相对性，而不仅仅是空间相对性的完全出人意料的现象，后来被称为"时间膨胀"。

爱因斯坦还意识到，时间膨胀之类的效应不是发生在运动物体上的物理效应。相反，它们是测量的产物，发生在测量者和被测物体有相对运动时。因此，只要两个物体都处于惯性运动中（速度不变，没有加速度），无论是测量者在运动而被测物体静止，或是被测物体在运动而测量者静止，都无所谓。两种情况下，时钟以及置于测量物体上的一切物理过程，都会显得比测量者和被测物体相对静止的情况要慢。于是，两个彼此相对运动的惯性观测者，每个都会宣称自己的时钟是好的，但对方的时钟走慢了。

以这种方式变慢的物理过程的例子包括光波的发射。光波的颜色和发射过程的频率有关。一旦发射体处于运动状态，观测者就会看到其过程变慢，所以频率（该过程的发生速率）就会降低。相应地，发射光的频率也会降低，光变得更红。众所周知，发光物体相对于观测者远离时会产生红移，而接近时则产生蓝移，这被称为"多普勒效应"或"多普勒频移"。和时间膨胀关联的爱因斯坦红移，甚至在发射体只有横向运动，并未接近或远离观测者的时候，也能观察到。人们一般称之为"横向多普勒频移"。

既然变老的过程可以作为类似时钟的一个物理机制，那么两个相对彼此运动的惯性观测者，每人都会认为对方老得更慢（因为每人都认为对方处于运动中）。当两个观测者返回后彼此相会时会是什么情况？这个问题就是双生子悖论的实质。简单的答案是相对于宇宙中其他部分处于静止的观测者，将会是更老的那位。

波粒二象性

量子力学最具革命性的方面之一，是解决了长期以来波动和粒子间的二元对立，支持物理现象同时具有两者的特征的观念，即波粒二象性的思想。这个关键思想的构建，刚好在量子力学之前并为整个量子力学理论奠定了基础。亚原子实体既是粒子又是波这一概念的清晰构建，是旧量子论的顶点，也是新的量子力学的基石。虽然20世纪20年代中期形成的波粒二象性概念，拥有数个创始者（包括路易·德布罗意、维尔纳·海森伯、埃尔温·薛定谔、马克斯·玻恩和尼尔斯·玻尔），可以公平地说爱因斯坦是第一个出来鼓吹这种激进提议的人，这点所有其他人都承认。

关于光是由波还是粒子组成的争论，从牛顿时代以来就很普遍，牛顿本人支持粒子观点。在19世纪早期，支持光的波动性的证据占据压倒优势，到爱因斯坦的时候这个问题已经被认为是无可辩驳的。不再有人相信光由粒子组成，当然也就没有人考虑光可能既由波动又由粒子组成的这种违反直觉的想法。

1905年爱因斯坦在光电效应上的工作自然地提出了光具有粒子和波动双重性质的观点。实际上，爱因斯坦有好几种方式把光看作微粒，不仅仅是在量子论中。即使在经典理论中，他对相对论的想法也倾向于一般和微粒模型相关联的光的发射理论。不过，爱因斯坦当然也接受波动理论及其在麦克斯韦理论现代表达的成功，在这方面他自己还是专家。以典型的爱因斯坦式的清晰观察力，他直接面对着自己观点的矛盾之处，开始论证光量子（我们现在称为光子）的表现既像粒子也像波的一部分。

在20世纪10年代，爱因斯坦开始谈论到幽灵场（Gespensterfeld，参见前文，"幽灵场"）。如果光确实由粒子组成，那么电磁场的类波动性质又是什么？根据洛伦兹和玻恩等同行们的说法，爱因斯坦提出波动是一种指导光粒子运动的概率函数。这种幽灵场不携带场的能量，能量只存在于粒子中，但是不同量子粒子的幽灵场以波动方式互相干涉。由于粒子不会在幽灵场中干涉相消的地方出现，结果就表现出干涉或者衍射之类的光的波动性质。爱因斯坦从来没有发表过这种想法，但他和关系密切的同行们进行了讨论，而且看起来他的想法对于玻恩、海森伯、玻尔等人关于量子力学的诠释的发展过程，具有非常的影响力。

十多年中，爱因斯坦孤军奋战地宣扬波具有双重性质的想法。然后在20世纪20年代中期，经过有着强烈爱因斯坦风格的一个步骤，物理学家们以另一种方式接受了这个观点，从而颠倒了事情的逻辑。爱因斯坦曾主张过去被视为波的光也是一种粒子，现在路易·德布罗意则反过来宣称像电子这样的粒子也有波动的属性。

博士论文

（参见附录C中第7篇。）

影响爱因斯坦的科学先辈及同代人

爱因斯坦最早受到的科学技术方面的影响，来自于他的家庭：父亲和叔叔在新兴的电力生产及传输领域拥有并经营着生意。我们许多人都熟悉这个故事，在爱因斯坦小时候父亲给了他一块罗盘，给他留下不可见力的深刻印象。在青少年的时候，他在家人的工厂里尝试解决各种各样的技术难题，这一经历给他的电学技术打下了非常宝贵的实践基础。最晚到十一二岁的年纪，爱因斯坦就开始热衷于阅读，读过的书有：阿伦·伯恩斯坦所著的通俗科学丛书（《自然科学大众读本》），路德维希·毕希纳（Ludwig Büchner）的科学唯物论的著作（《力和物质》[*Kraf und Stoff*]），一项有关力与物质的自然属性的研究，以及亚历山大·冯·洪堡（Alexander von Humboldt）关于科学和自然的五卷本专著《宇宙》（*Kosmos*）。

作为一名学生，爱因斯坦对瑞士联邦理工学校的传统物理学课程感到失望，并着手进行独立学习课程以向大师们学习第一手资料。爱因斯坦尤其喜欢物质的分子运动理论（参见下文的"分子运动论"），以及詹姆斯·克拉克·麦克斯韦和路德维希·玻尔兹曼的著作，后两者是他最感兴趣的领域的创立者。由于麦克斯韦对电磁学的贡献也对他的另一个强烈的科学兴趣——相对性——起到了中心作用，所以可以说这位苏格兰人对爱因斯坦的思想影响最大。除了保罗·德鲁德（Paul Drude）和玻尔兹曼的德文著作（让爱因斯坦得以了解麦克斯韦的贡献）外，他还在这段时间里孜孜不倦地阅读赫尔曼·冯·亥姆霍兹（Hermann von Helmholtz）、海因里希·赫兹（Heinrich Hertz）、古斯塔夫·罗伯特·基尔霍夫（Gustav Robert Kirchhoff）、威廉·奥斯特瓦尔德和马克斯·普朗克的著作。他也承认自己受惠于牛顿这样的更早的科学家。"牛顿……你创造的概念至今仍指导着我们的物理思考，尽管现在我们知道必须要替换它们"，他在他的《自述》（*Autobiographical Notes*）（31—33页）中写下自己这样的沉思。

有一位科学家的科学哲学给他留下了不可磨灭的印记，他就是实证主义者恩斯特·马赫（参见下文的"科学哲学"）。在苏黎世瑞士联邦理工学校上学时，爱因斯坦就读过并且欣赏马赫关于力学和热力学的历史性批判研究，正像他在马赫的悼词中写的那样，它们"极大地影响了我们这一代自然科学家"（《恩斯特·马赫》，1916年3月14日，《爱因斯坦全集》，第六卷，文件29）。然而，毕业后不久，爱因斯坦就拒绝了马赫对原子假说的怀疑，原因是这位老人不愿把无法感知的东西引入物理学。爱因斯坦后来为最终接受原子的存在做出了重大贡献。

198

马赫反对将空间作为一个与物质分开存在的实体的观点，被证明是更有成效的，它影响了爱因斯坦对广义相对论的探索。和他的导师[1]的想法类似，爱因斯坦感到空间不是一个容纳物体的预存容器。它只是测量到的物体之间关系的名称。如果你拿走物质，空间就将停止存在。尽管爱因斯坦坚信马赫的这一思想，而且这也是他努力推翻光以太学说的根本原因，但后来他转而认为自己早期对马赫的热情是一个错误。他的结论是，广义相对论确实从根本上将空间当作一种独立存在的东西。

据爱因斯坦自己讲，10年前他在研究狭义相对论的时候，深受自己所阅读的大卫·休谟（David Hume）的《人性论》第一卷：《论知性》（*A Treatise of Human Nature*，Part One:Of tht Understanding）的影响。"在［1905年的］发现前不久"，他曾在伯尔尼"奥林匹亚科学院"中"充满热情和钦佩"地研究这本书，"……很有可能，如果没有这些哲学研究(休谟和马赫)，我无法得出答案"（致莫里茨·施里克［Moritz Schlick］，1915年12月14日，《爱因斯坦全集》，第八卷，文件165；爱因斯坦档案编号21—610）。

昂利·庞加莱也影响了爱因斯坦的相对论思想。和休谟一样，爱因斯坦曾在"奥林匹亚科学院"的部分"课程"中阅读了庞加莱论文选集第一卷（参见第三篇"组织联系"一节）。庞加莱在书中的观点可能鼓励了爱因斯坦拒绝以太，以及清楚阐明相对性原理，并理解时间测量不是绝对的。由于没有现成的途

---

1 这里指马赫。——译者注

径获取这卷论文集之外的庞加莱的其他论文，所以爱因斯坦并不了解这位法国人本人在相对论方面的工作。(亦见加里森《爱因斯坦的时钟和庞加莱的地图》[Galison, *Einstein's Clocks and Poincaré's Maps*]。)

"科学哲学"一节中评价了康德影响的重要性；关于 H.A.洛伦兹和马克斯·普朗克的重要性，参见"同事"一节。

分子运动论

物质的分子运动论认为，所有物质都是由遵循同样基本运动规律的原子构成的，原子数量非常多，所以其整体行为可以在统计学上以接近完美的概率确定。经典分子运动论是在 18 世纪末和 19 世纪初发展起来的，在 19 世纪晚期麦克斯韦和玻尔兹曼的著作中得到成熟的表述。该表述中，每个粒子遵循的是牛顿力学定律，统计上则遵循可分辨粒子(distinguishable particles)的经典统计(也就是说，假设原则上可以精确追踪每个粒子的运动，以至于我们总能知道是哪个粒子)。该运动论的主要目标是表明，如热力学领域中理解的一样，物质的总体性质可以从运动学原理推导出来。

爱因斯坦就是作为一名物质的分子运动论专家开始了他的科学生涯。他精通麦克斯韦-玻尔兹曼理论，并且其早期论文以多种方式推广了这一理论。这些早期的论文足够给爱因斯坦吸引一些有利的关注，但不会带来持久的名声；他不知道的是，自己的大部分工作已经被伟大的美国理论家约西亚·威拉德·吉布斯(Josiah Willard Gibbs)所完成。爱因斯坦非常了解围绕分子运动论的争论。一些著名的物理学家反对分子运动论和原子假说。甚至玻尔兹曼的自杀也部分是因为对自己的工作受到敌视而感到绝望。然而 1905 年，爱因斯坦大胆采用了一种与该领域之前的特点截然相反的研究方法。他不是去尝试说明分子运动论完美地符合热力学的预测——原子数量太多，永远都观测不到涨落，也就是说，偏离最可能发生的结果——而是去寻找那些涨落(参见"概念"一节)显著到可以观测得到的稀有情形。这就是他关于布朗运动(参见"概念"一节)论文的主题。爱因斯坦后来奇怪为什么在他之前没有人这么做。和早先对分子运动论的研究相比，爱因斯坦在布朗运动研究上运气要好些，因为他成功地比波兰物理学家马里安·斯莫鲁霍夫斯基（Marian Smoluchowski）早一年发表新的基于涨落方法来解决这一问题的论文。

由于爱因斯坦的早期工作，关于原子存在的争论（参见"概念"一节）在很大程度上得到了解决。1905年期间，他在关于分子大小的论文（参见"博士论文"，附录C中第7篇）和布朗运动的论文中提出了确定阿伏伽德罗常数的新方法，阿伏伽德罗常数是一摩尔某物质的原子数。这是他帮助定量确立原子大小的另一种说法，而原子大小的确立是原子论被接受成为物理世界观的一部分的过程中的一个跃进。现在，像马赫这样反对原子假说的人的观点通常被说成相当愚蠢；可是，他们的反对有严肃的一面。马赫作为一名实证主义者，反对将物理学家感官经验之外的物理实体引入物理学。

在涉及光以太的问题上，爱因斯坦同意马赫的这一观念。考虑到在1900年物理学家们无从知道牛顿力学定律是否适用于原子（或像电子这样刚被发现不久的亚原子粒子），我们可以更理解马赫的观点。源于宏观物体的力学定律也适用于微观物体，这在当时只是一个假设，但后来证明这个假设是错误的。最终，人们不得不发展一个全新的力学理论——量子力学（参见"概念"一节）——来描述电子的行为。具有讽刺意味的是，爱因斯坦却拒绝接受这一新力学理论的隐含结论，因它与经典力学的原理激烈冲突。所以，在某种意义上，马赫笑到了最后。的确，即使是经典统计学理论也不适用于电子，因为它们是不可分辨的粒子。（量子力学中，我们被迫接受这样的事实：当电子相互穿越时，即便从原理上讲，也不可能确定哪个电子是哪个。）爱因斯坦认识到这个问题，并且和印度物理学家萨特延德拉·玻色一起构建了一个新的量子统计理论（参见"概念"一节中的"玻色-爱因斯坦统计"）。

爱因斯坦精通分子运动论，包含对均分定理（参见"概念"一节）作用也有深刻的洞察。均分定理指出对原子和分子的可用能量将在它们以及它们可能运动的不同方向和方式之间进行平均分配。尽管均分定理已经成功地得到广泛的应用，但在分子运动论中存在一些问题，爱因斯坦逐渐认识到它们有着同样根本的问题：由于普朗克量子定律，均分定理不再适用。这一认知使他能够解释物质比热容随温度降低而减小的神秘原因，并催生了热力学第三定律。爱因斯坦以统计观点考察物理问题的思路也影响了他对时间起源的思考。（关于以上主题的更多内容，参见"概念"一节。）他坚信时间之矢，即时间的单向流动，完全是因为统计学的考虑而产生的。因此，如果宇宙中只有几个粒子，那时间倒流就和向前一样容易。（亦见布拉什，《统计物理学》[Brush, *Statistical Physics*]。）

主要的科学演讲

（在附录C中附有演讲的内容摘要，数字指其中的序数。）

已出版的演讲

1922年普林斯顿大学斯塔福德·利特尔演讲（The Stafford Little Lectures）。"关于相对论理论的四次演讲，1921年5月于普林斯顿大学举行"。参见附录C中第97篇。

1922年12月14日京都。"我是如何创造相对论的"。不要与12月10日在京都举行的另一场未出版的公开演讲相混淆。参见附录C中第101篇。

1923年瑞典哥德堡诺贝尔演讲。"相对论的基本思想和问题"。参见附录C中第106篇。

1931年加州理工学院。"科学与幸福"。参见附录C中第129篇。

1933年牛津大学赫伯特·斯宾塞演讲（Herbert Spencer Lecture）。"论理论物理学的方法"。参见附录C中第146篇。

1933年格拉斯哥大学乔治·A.吉布森基金演讲。"论广义相对论的起源"。参见附录C中第148篇。

未出版的演讲

201

1922年东京庆应义塾大学。"狭义和广义相对论概述——我的相对论中的狭义和广义原理"（"Overview of Special and General Relativity——The Special and General Principles of My Relativity Theory"）。尽管这次在三田大讲堂（后来毁于战争）的演讲有三千多人参加，但讲义从未发表过。

1931年5月牛津罗德讲座。"相对论：正式内容和现在问题"（"Theory of Relativity: Its Formal Content and Its Present Problems"）。根据爱因斯坦的说法，这些演讲之所以从未发表，是因为它们"过于流水账"，不适合发表(参见席尔普，《阿耳伯特·爱因斯坦》[Schilpp, *Albert Einstein*]，722页)。

1934年匹兹堡卡内基理工学院[1]约西亚·威拉德·吉布斯讲座（*Josiah Willard Gibbs Lecture, Carnegie Tech, Pittsburgh*, 1934）。在美国科学促进会上的演讲。"质能相当性的初浅推导"（Elementary Derivation of the Equivalence of Mass and Energy）。演讲的德文摘要保存在爱因斯坦档案馆，编号1—123。

诺贝尔奖

众所周知，以炸药闻名的瑞典发明家阿尔弗雷德·诺贝尔（Alfred Nobel）于1895年以自己的名字设立了诺贝尔奖。它是一项奖励在特定文化及科学领域中作出突破性贡献的人士的最负盛名的国际奖项。授奖程序由瑞典科学院诺贝尔委员会负责，该委员会邀请专家们提名自己领域的候选人。在衡量每份提名的价值后，委员会选定获奖人并将附有选择理由的推荐报告提交瑞典科学院。科学院全体对推荐投赞成票或反对票，它还可以选择完全不同的人，只要是大多数人同意。有时，奖项由不止一个人分享，尤其在科学领域。第一届诺贝尔奖于1901年12月颁发。

---

1 1900年美国钢铁大亨安德鲁·卡内基(Andrew Carnegie, 1835—1919)创立，最初名为卡内基技术学校。1912年，学校发展为卡内基理工学院，并开始授予四年文凭。1967年，与原属于匹兹堡大学的梅隆工业研究学院(Mellon Institute of Industrial Research)合并，成为卡内基梅隆大学。——译者注

在爱因斯坦获得1921年度诺贝尔物理学奖之前，曾获九次提名：

1910年，被威廉·奥斯特瓦尔德（1909年度化学奖得主）提名。

1912年，被奥斯特瓦尔德、恩斯特·普林斯海姆（Ernst Pringsheim）、威廉·维恩（Wilhelm Wien）和克莱门斯·舍费尔（Clemens Schaefer）（1911年度物理学奖得主）提名。

1913年，被奥斯特瓦尔德、维恩和伯恩哈德·瑙宁（Bernhard Naunyn）提名。

1914年，被瑙宁和奥列斯特·赫沃尔森(Orest Chwolson[1])提名。

1916年，被菲利克斯·埃伦哈夫特(Felix Ehrenhaft)提名。

1917年，被阿图尔·哈斯（Arthur Haas）、埃米尔·瓦尔堡（Emil Warburg）和皮埃尔·外斯(Pierre Weiss)提名。

1918年，被埃伦哈夫特、瓦尔堡、维恩、马克斯·冯·劳厄（1914年物理学奖得主）、埃德加·迈耶(Edgar Meyer)和斯特凡·迈耶(Stefan Meyer)提名。

1919年，被瓦尔堡、冯·劳厄、埃德加·迈耶、马克斯·普朗克（1918年物理学奖得主）和斯凡特·阿伦尼乌斯(Svante Arrhenius)（1903年化学奖得主）提名。

1920年，被瓦尔堡和其他六人提名，其中包括H.A.洛伦兹（1902年物理学奖得主）。

1921年，被普朗克、瓦尔堡、哈斯和一长串名单的人提名。

诺贝尔奖迟迟不颁给爱因斯坦，一个最常被提到的原因是科学院院士没能力正确评价相对论，但因为爱因斯坦的许多其他成就，科学院受到要求颁奖给他的压力与日俱增。即使在1919年广义相对论得到验证之后，怀疑论仍然大行其道。委员会最终决定转而以其他理由——"因为他对理论物理学的贡献，特别是发现光电效应规律"，这是首次将量子理论应用于纯辐射以外的系统——提议科学院给他授奖。科学院批准了这一提议。

当爱因斯坦收到消息时，他正在远东，不过他没有在旅行日记中提到这件

---

1 奥列斯特·赫沃尔森(Orest Chwolson, 也作Orest Khvolson, 1852—1934)，俄罗斯物理学家，是苏联科学院名誉院士，最先研究引力透镜效应的人之一。——译者注

事（参见第一篇"旅行和旅行日记"一节）。

1921年的诺贝尔奖推迟到了1922年，而这一年的获奖者是尼尔斯·玻尔。直到1923年夏天，爱因斯坦按照授奖要求到瑞典哥德堡发表诺贝尔演讲时，才将诺贝尔物理学奖颁给他。尽管这个奖项不是专门授予相对论的（虽然"因为他对理论物理的贡献"这句话可能包含了这项工作），他还是决定在演讲中谈这个话题。爱因斯坦给大约两千名普通听众做了一场关于"相对论的基本思想和问题"的演讲，听众中包括瑞典国王古斯塔夫五世（King Gustav V），另外还为50名对相对论更多细节感兴趣的少数观众做了一场更专业的报告。

资料来源：派斯，《上帝难以捉摸》；艾辛格，《爱因斯坦的诺贝尔奖》（Elzinga, *Einstein's Nobel Prize*）；诺贝尔基金会网站。

专利与发明

从1902年到1909年，爱因斯坦在瑞士专利局工作。他的专业领域是电气和机电设备，他从家族生意中对这两个领域有过一定的了解（参见前文"影响爱因斯坦的科学先辈及同代人"）。他在这个位置上似乎做得不错，即使是任职学术界后，仍然被邀请在专利审判中做专家证人。其中一次是美国公司斯佩里（Sperry）挑战德国实业家赫尔曼·安许茨–肯普费持有的陀螺罗盘专利。爱因斯坦几次出庭为肯普费作证，甚至一度考虑在他的公司任职。后来他又为肯普费的一些后续设计出力。

爱因斯坦几乎一辈子都保持着对专利的兴趣，他自己也有专利。最著名的也许是他与物理学家利奥·西拉德合作发明的一种新型的静音制冷设备专利（参见"合作者"一节）。他们设计了两个制冷系统，一台气冷冰箱和一台让它运 ₂₀₃转的泵，但他们的想法从未实现商业化。爱因斯坦和西拉德一起在几个国家申请了10多项专利，差不多全都被授权。爱因斯坦的其他专利有用于骨传导助听器的磁致伸缩声音复制机械装置（与鲁道夫·古德施密特开发；参见"合作者"一节），以及用于相机上的可移动的自动光圈（与古斯塔夫·布基合作；参见"合作者"一节）。

关于以上及更多的爱因斯坦专利和实验小发明，参见约瑟夫·伊力的《务实的爱因斯坦》。另外关于爱因斯坦和利奥·西拉德的合作，亦见丹嫩，"爱因斯坦-西拉德冰箱"（Dannen，"The Einstein-Szilard Refrigerators"）以及拉努埃特与塞拉德的《阴影下的天才》（Lanouette and Silard，*Genius in the Shadows*）。亦见下文的"广泛的科学涉猎"（Scientific Sidelights）一节，以及第一篇"错误看法与误解"一节下面的"只是一位理论家"。

科学哲学

（斯坦福大学托马斯·里克曼［Thomas Ryckman］撰稿）

爱因斯坦在任何熟悉意义上都不是一位哲学家，而是一位物理学家，至多算一位"哲学家—科学家"（席尔普，《阿耳伯特·爱因斯坦：哲学家—科学家》）。在他的著作中，有大量的哲学性质的评论，反映出作为一名理论物理学家的成功视角，尤其是有关广义相对论方面。哲学家通常在与其他哲学家或传统的对话或回应中发展自己的观点，就像康德在回应休谟的经验主义和莱布尼兹的理性主义时所做的那样。但是从20世纪20年代开始直到1955年去世，爱因斯坦在提出科学中的哲学问题时，头脑中总是想着高度具体的专业问题，几乎毫无例外。面对20世纪20年代末量子论以及在他看来是其背后指导的实证主义哲学的挑战，爱因斯坦力图激发和系统阐述一种根深蒂固的对立观念，它关乎物理理论本质以及科学探究的根本目的。

虽然爱因斯坦的哲学声明确实反映了几十年的哲学阅读对他的影响，但他的科学哲学却是受一种关于物理理论的意义和重要性的指导思想所支配，而不是反过来；正如他所说的，"（物理学家）自己最了解……（哲学的）鞋哪里硌脚"。结果是，爱因斯坦的科学哲学无法被归于任何先前的哲学主义；他自己承认，对于"有体系的认识论者"而言，他看起来肯定是一位"肆无忌惮的机会主义者"，而他的哲学则像是实在论者、唯心论者[1]、实证论者的混合体，而就其

---

1 此处原文为idealist，也译为"观念论者"。——译者注

把"逻辑的简单性"提升为理论选择的有效标准来说，又像是"柏拉图主义者或毕达哥拉斯主义者"（席尔普，《阿耳伯特·爱因斯坦》，684页）。

爱因斯坦关于科学哲学的最广泛的阐述，见于1935年的一篇文章：《物理学与实在》，以及写于1946年，后来出现在1949年席尔普（Schilpp）书中的内容。在后者中，爱因斯坦在"对批评的回答"一文中回应了当时对量子力学波函数的正统解释，即禁止考虑无法测量的物理量。他断言这种实证主义态度与贝克莱的"存在就是被感知"（*esse est percipi*）几乎别无二致。然而，在抨击贝克莱的主观唯心主义何其荒谬之时，爱因斯坦也应邀就如何理解物理理论的假设给出了一个更满意的说明，哪怕仍有唯心主义嫌疑：

> "存在"［*Das 'Sein'*］始终是我们在智力上构造［*von uns gedanklic Konstruiertes*］的某种东西，也就是说，是我们自由地假定［*Gesetztes*］（在逻辑意义上）的某种东西。这种构造［*Setzungen*］的根据并不在于它们是派生于感觉所给予的东西。（在逻辑的可推演性的意义上）从来没有，甚至在任何地方都没有这种派生过程，即使在近代科学出现以前的思想领域里也不会有的。对我们表现为"实在"［*das 'Reale'*］的这种构造的合理性，仅仅在于它们能够更完美地，或毛病最少地使感觉上给予的材料变得可以理解的那种性质（因我力求简洁，所以在这里不得不采用这种模糊的表述）。（席尔普，《阿耳伯特·爱因斯坦》，669页）[1]

"简洁"（Brevity）没有给爱因斯坦带来好处。举个例子，大概是由于他对量子理论众所周知的反对立场（认为其不完备），爱因斯坦时常并且继续被认为是一个"规范实在论者"（paradigm Realist）。那么，爱因斯坦一直给"真实"或"物理实在"加提示性引号，有什么意义呢？实在论者怎能认为"存在"或"实在"是一种"智力构建"？另外，"自由假定"又是什么意思？

---

1 译文参考了许良英、李宝恒、赵中立、范岱年编译的《爱因斯坦全集》（增补本）第一卷，商务印书馆，2009年，第627页。——译者注

　　　　　　　　　　　　　　　　　　　爱因斯坦百科

要完全令人满意地回答这些问题，就必须考虑爱因斯坦对物理理论特点的理解。这种理解受到狭义和广义相对论的公理（或"原理"）结构的指导，但也吸收了19世纪末20世纪初的经典物理理论家们，特别是亥姆霍兹、赫兹、玻尔兹曼、洛伦兹、普朗克、庞加莱、迪昂对该主题的哲学讨论。在这里无法尝试给出这样一个答案。尽管如此，在上述评论中仍可能指出更为明显的趋势。亥姆霍兹、赫兹和普朗克（后两位是亥姆霍兹的学生）强调了大体上是康德的观点，也就是我们能够了解的物理实在，是智力的一种"构造"（或由智力"构造"）；几页之后，爱因斯坦同样引述了康德的"真正有价值"（"truly valuable"）的意义，认为其意思是"有这样一种人与人之间相互理解的概念构造［begriffliche konstruction］，其权威完全在于它的被确认［Bewährung］。这种概念构造（通过定义）确切地谈到了"实在"［Wirkliche］，而关于"实在的本性"的每一个进一步提问都显得空洞无物。（席尔普，《阿耳伯特·爱因斯坦》，680页。）

庞加莱的约定论首先强调了经验主义的局限，尤其是几何学公理决不能通过测量空间距离和角度来唯一地决定，而是"自由选择"的约定，选择的标准是"简易"或方便。赫兹、普朗克，尤其是迪昂强调方法论的事实，即经验观察和理论假设的关系常常是间接的，物理理论因此是作为一个"整体"被假设性演绎地加以检验，方式是检验由理论假设导出的经验预测。玻尔兹曼和普朗克反对实证主义，认为物理理论的目的是"把握"实在，尽管他们不可避免地（对普朗克来说，是清醒地）认识到这种目标不可能实现。在世纪之交，爱因斯坦深为钦佩的H.A.洛伦兹，实质上明确表达了爱因斯坦1919年提出的关于"原理性理论"（比如相对论理论）和"构建性理论"（比如气体分子运动论，它试图从基础性的简单规律和假设出发推导出观测现象来解释这些现象）之间的差别。爱因斯坦为这些倾向增添了一种与众不同的特征风格，对基本物理理论产生了持续的影响，尤其是在1933年6月牛津的赫伯特·斯宾塞演讲中：在对称性和美学思考的引导下，数学推测可能成为一种发现的模式。然而富有启发性的是，爱因斯坦认为这种理性主义冲动是"温和"的，并且意识到自己在统一场理论上的堂吉诃德（Don Quixote）式的失败（参见1950年4月15日，致米凯勒·贝索；爱因斯坦档案编号7—396）。

量子理论

爱因斯坦自己承认花在思考量子理论问题上的时间超过其他任何物理学领域。如果不是因为他非常公开地反对20世纪20年代中叶出现的量子力学的某些方面，爱因斯坦的名字会更加普遍地和量子联系在一起。然而，量子力学之前的旧量子论的很多部分都是爱因斯坦的工作，远超任何其他物理学家的贡献。

量子论始于马克斯·普朗克(参见"同事"一节)关于黑体谱线(参见"概念"一节)理论的研究。之前的黑体（只发射热辐射的那些物体）热辐射发射谱线的理论，在解释实验室中所观测到的光谱的高频端时遇到了问题。普朗克用一种似乎有点临时性的方法解决了这个问题。他提出，当电磁波以困在物质腔壁之间的空腔中的驻波形式出现时，其能量只能以量子，也就是能量包的形式存在，每个包的大小与辐射频率成正比。因此，辐射能量（至少在这种特殊情况下）以离散包而不是连续的形式存在。由于高频区能量包更大，量子效应只出现在高频辐射中。这样，普朗克就解释了为什么经典理论在解释黑体频谱的低频端时没有困难，但只有他的量子假设能解释高频端。

爱因斯坦通过提升普朗克量子假设的意义而迈出根本性的一步。他提出，如果量子假设适用于腔内驻波的特殊情况，就没有理由不适用于一般的电磁辐射。1905年，他在研究光电效应(参见"概念"一节)时首次应用了量子假设。他认识到，光照射在金属表面时产生电流的现象，是光的行为违反连续现象预期的另一个例子。在光电效应的研究中发现，小于某一频率的光，打到特定的金属上时没有产生电流的能力。爱因斯坦注意到，如果光像一列波那样被连续吸收，就很难解释这一现象。即使让原子释放一个电子来产生电流需要一定的能量，如果能量能随时间不断累积，那么我们只需等待其吸收足够的能量，就会产生电流。但实际上，电流总是要么在光照射金属的时候立即产生，要么就在光的频率低于某个临界值时干脆一点没有。这一现象显示，电子吸收了普朗克所提出的量子包中的光。所以，电子要么一次得到所需的全部能量，要么一点能量都没有得到。如果辐射量子携带的能量太少，不足以释放一个电子，那么它们就永远无法做到，时间再长也没用；如果它们能释放电子，那就不需要等候期。

精通基于统计物理学的旧分子运动论(参见前文)的爱因斯坦，开始研究该理论在其他领域是否也遇到困难。他在物质的比热容（参见"概念"一节）研究中发现了这样一处困难。实验表明，一些材料随着温度降低会开始失去吸收热量的能力。爱因斯坦认识到，这是进入量子领域时经典理论开始失效的另一个例子，这里出问题的是能量均分定理（参见"概念"一节）。均分定理是分子运动论的基础，它强调在统计系统中，能量在所有可能模式中是均等共享的。然而，如果能量以离散包的方式出现，那么，当拥有的能量值变小时（低温下就是这样），就完全没有充足的能量去激发一种模式。因此，更高频率的模式将困在基态，不能吸收任何能量。随着温度再降低，将失去越来越多的模式，物质原来吸热的能力也随之失去了。爱因斯坦通过用这种方式解释观测到的效应，巧妙地为阐明热力学第三定律（参见"概念"一节）的表述打开了一扇门。热力学第三定律指出，随着温度接近绝对零度，在那里根本没有任何热量，所有物质的比热容将接近零。

爱因斯坦版本的量子理论存在一个明显问题，那就是存在大量实验证据表明光确实具有波的表现。然而，爱因斯坦基本上是在回归牛顿倡导的光粒子（我们现在称之为光子）的旧图景。作为回应，爱因斯坦着手提出一种早期形式的波粒二象性。他认为光的波动表现为一种幽灵场，该幽灵场在概率意义上告诉小粒子或光量子应该去哪里。（有关这些主题，参见"概念"。）

为了设法证明发出的光是一种波还是粒子，爱因斯坦在20世纪20年代早期寻找一种实验性判决，即可以决定这个问题的判决性实验（experimentum crucis）。可当他提出让埃米尔·鲁普完成极隧射线实验（参见"概念"一节中的"极隧射线"）时，却碰上了科学骗局。鲁普本人是一名有前途的年轻实验家，却在多年后承认一些实验结果完全是自己伪造的。当代历史学家认为，对于爱因斯坦所要求的实验，他很可能也以欺诈的方式伪造了结果。

大约在同一时间，爱因斯坦迈出了最后至关重要的一步，将他对统计物理学一直以来的兴趣与量子理论的研究相结合起来。他回应了印度物理学家萨特延德拉·玻色的工作。玻色寄给爱因斯坦一封私人信件，信中说明了如何从第一原理推出普朗克黑体辐射定律。爱因斯坦比玻色更敏锐地认识到，后者推导的关键是将所有粒子都视为不可区分的。经典统计假设从原理上总是可以单独跟踪每个粒子，从而知道哪个粒子是哪个。但理解量子统计的关键是认识到，由于粒子是一样的，而且太小不能跟踪(光子显然就是如此)，所以在任何给定时刻，人们都不知道哪个粒子是哪个。这一事实对统计有意义深远的影响。因此，我们今天把玻色-爱因斯坦统计(参见"概念"一节)称作一种用来描述一大类基本粒子的统计方法。这类粒子（称为玻色子）都具有在低温下凝聚成一个单一状态的特殊性质。在研究了玻色的想法后，爱因斯坦首先认识到这种效应，现在它被称为玻色-爱因斯坦凝聚(参见"概念"一节)。

此时，受爱因斯坦思想启发，并欣然认同的新一代年轻物理学家们，已经发展出了量子力学的成熟理论（参见"概念"一节）。当爱因斯坦拒绝这个新理论时，许多人感到震惊和意外，因为这一理论与爱因斯坦自己的思想看起来是这么的一致！具有讽刺意味的是，作为统计物理学大师的爱因斯坦，居然反对量子力学的这样一个主要结果：在许多情况下，波函数结合在一起的粒子的命运是不可能区分的。爱因斯坦最终信奉了一幅经典图景，主张至少从原理上，总是可以认为系统中的粒子从根本上是独立的，各自的未来命运与其他粒子是可区分的。他试图用一系列精妙的思想实验来破坏这个新理论，其中很多实验是在索尔维会议(参见后文)上提出的，而爱因斯坦的朋友和同事尼尔斯·玻尔则机智地回答了这些问题，从而支持了新理论。

爱因斯坦对这场对话的最后回应是在20世纪30年代中期提出的著名的爱因斯坦-波多尔斯基-罗森(Einstein-Podolsky-Rosen)(EPR)佯谬(参见"概念"一节)。这里，他提出了自己对纠缠（两个粒子有一个联合的波函数）的最大胆的指控，说明它要求某种超距作用(参见"概念"一节)，因而违反了信息不能超光速传播的相对论原理。尽管EPR论文最终没有形成对量子理论的挑战，但在爱因斯坦逝世后的岁月里，它确实为一系列非常富有成效的理论和实验努力提供了基础。²⁰⁸

晚年的爱因斯坦对量子力学的主要回应是，希望努力找到统一场理论(参见后文)，用一种能设法解释量子效应的，根本上来说属于经典的理论来最终取代量子力学。他这一希望未能如愿。现代对统一理论的尝试采取相反的路线，希望用本质上是量子的最终理论取代像爱因斯坦广义相对论这样的经典理论。(亦见卡西迪，《爱因斯坦与我们的世界》[Cassidy, *Einstein and Our World*]；库恩，《黑体理论》[Kuhn, *Black Body Theory*]；以及惠特克，《爱因斯坦、玻尔和量子困境》[Whitaker, *Einstein, Bohr, and the Quantum Dilemma*]。)

相对论

狭义相对论

这一理论可能是爱因斯坦对物理学的最大贡献。尽管他获得诺贝尔奖是因其在量子理论方面的工作，并且因广义相对论的成功而享誉全球，但是爱因斯坦1905年两篇关于狭义相对论的论文对20世纪物理学各个方面产生的影响，超过他自己其他任何具有可比性的工作。

20世纪初，人们越来越意识到需要检视电动力学中的相对运动问题。像H.A.洛伦兹和昂利·庞加莱这样的重要理论家已经在这个方向上迈出了一系列关键的步伐。洛伦兹已经发现了一组(以他的名字命名的)转换关系，把在一种"参考系"中得到的一组物理方程转换成一组适用于另一种框架的有效方程组。这两个参考系被理解为两个相互运动的不同观测者做出的测量或观测的一种数学表达。他还证明了一个物体在运动时可能比在静止时要短，这是由于它相对电磁场运动(参见"概念"一节中的"长度收缩"，也称为洛伦兹长度收缩)。庞加莱已经认识到这些问题关系到测量的意义这一微妙问题。如果考虑到像测量长度这样的量，本身就涉及空间中信息传递的过程，会引起什么问题？如果这些信息的传递速度是有限的，测量本身就会受到影响。

然而爱因斯坦意识到，看起来是电动力学的研究中出现的一些有趣怪事，实际上却对现代物理学的基本主题之一的运动学研究产生了革命性影响。事实上，在爱因斯坦之前没有人做过这样研究的一个原因是，大多数物理学家都满足于忽略这些基础性问题——他们已经解决得很好，懒得再去思考它们。例如，尽管从麦克斯韦方程组中导出的电动力学理论遵守的相对运动转换关系与牛顿力学中的不同，却没有引起很多物理学家的关注。他们的期望是既然电磁学是一种描述波状现象的理论，那么用来处理粒子或抛体运动的相对理论并不适用于它也没有什么奇怪。

对粒子的相对性和波的相对性之间存在差别的这种理解，意味着许多物理学家期待能有一个实验，比如"迈克耳孙-莫雷实验"(参见下文，"狭义相对论的实验检验")，应该能测定地球在以太中运行的速度。当这一尝试遭到失败时，他们感到很惊讶。相反地，作为一个深信不疑的相对论者，爱因斯坦相信的相对性，比其他物理学家的相对性更强。他认为不看地球之外的物体，只在地球上做实验，应该是不可能测定地球的运动状态。这就是爱因斯坦的相对性原理。因为迈克耳孙-莫雷违反了这一原理，所以爱因斯坦应该预期实验会失败。尽管人们常常说这个实验对爱因斯坦有很大的影响，实际上在他试图发展狭义相对论时，该结果对他的思考没起到什么作用。一旦接受了自己的相对性原理，迈克耳孙-莫雷实验的失败就完全在意料之中，不过是表明了原理很可能是正确的。爱因斯坦要解决的问题，是如何说明这个原理与其他物理实验结果和理论是兼容的。

爱因斯坦所面临的问题就是，在相对论中光的行为既不像波也不像粒子。如果它表现得像一个粒子，人们就会期待一颗快速移动恒星发射的光（比如在一个双子星系统中）会比一颗静止恒星发射的光跑得更快。如果它表现得像波，那么迈克耳孙-莫雷就应该得出某个肯定结果，因为地球相对波的介质应该有移动(麦克斯韦本人相信以太是光波的传播介质)。这两种期望都没有得到实验的支持。这使得爱因斯坦提出他的第二条原理——光速不变原理。

为了调和这两条原理与已知的实验结果，爱因斯坦不得不像之前的庞加莱一样认真思考时间问题（参见"概念"一节）。大多物理学家假定不同观测者对两个事件之间的时间间隔的测量结果总是一致的。某一天，爱因斯坦意识到要证明不同地方同时发生了两件事，必须等待有关这两件事的消息的到来。消息必须由光(电磁)波"带来"，而这些波本身就是研究的对象。爱因斯坦认识到如果正确理解了同时性的相对性(参见"概念"一节)，那他的两条原理就没有矛盾了。不同观测者可能会在两个事件是否真的同时发生的问题上产生分歧。结果，不同观测者测到的两个事件之间的时间间隔，可能并不一致（参见"概念"一节中的"时间膨胀"）。

这种情况似乎让整个问题陷入了一场毫无希望的混乱之中。一切都是相对的，所有测量都不可靠。爱因斯坦却意识到，不变量的数值还是保持不变的，这里不变量的意思是所有观测者测得的数值都是相同的。不过单独的空间和时间，都不是不变量。只有将这两个概念统一到单一的时空统一体中(参见"概念"一节)，并且只有在测量事件之间的时空间隔，而不是测量距离和时间的时候，才能找到不变量。爱因斯坦觉得这些不变量才是理论的基础，故而对物理学家们用"相对论"称呼整个理论感到失望。他最初只谈到了相对性原理。后来他声称假使要为整个理论取名字的话，他会将其称为"不变量理论"。

在提出以同时性的相对性为具体表现的概念性突破后，爱因斯坦很快地发表了完整的理论（因为他已经花了数年时间反复思考这个问题）。在完成第一篇论文之后不久，他意识到新理论隐含了一个更重要的结果。就像相对静止观测者来说，一个运动物体会缩短(长度收缩)，其时钟会变慢一样，这个物体的质量也会比它静止时更大。原因是它拥有更多的能量（因为它运动，所以有动能）。并且爱因斯坦意识到能量产生惯性，进而拥有质量。所以，他提出了著名的方程 $E = mc^2$（参见"概念"一节）。这毫无疑问是所有物理学中最著名的方程，它表明了狭义相对论的重要性。(亦见施塔切尔，《爱因斯坦的奇迹年》[Stachel, *Einstein's Miraculous Year*]；马丁内斯，《运动学》[Martinez, *Kinematics*]。)

狭义相对论的实验检验

众所周知，某些实验结果在爱因斯坦于1905年发表的理论的发展过程中起了重要作用。其中包括伊波利特·斐索（Hippolyte Fizeau）关于流水中光速的实验以及恒星光行差的天文学研究。他也受到了迈克尔·法拉第（Michael Faraday）电磁感应定律的影响，特别是其中不管是移动磁铁还是移动电线圈都会引起电流，结果都是一样的，说明起作用的是相对运动而不是绝对运动。然而事后被许多人认为是引发了爱因斯坦理论的迈克耳孙-莫雷实验，在爱因斯坦的思考中几乎没起什么作用。他只是在后来的岁月中偶尔以谈话的口气让人觉得他在研究自己的理论时已经知道了这个实验。实际上，这个实验只是给他已有的信念提供了额外证据——他确信相对性原理适用于自然界的所有物理效应。

在爱因斯坦发表狭义相对论后的10年里，大多数物理学家，特别是那些想用实验检验相对论的物理学家，认为它是 H.A.洛伦兹电磁理论的一个版本。所以，早期的实验性证实或证伪的尝试集中在爱因斯坦-洛伦兹理论上。主要竞争理论是马克斯·亚伯拉罕的电子理论(参见后文，"对手")。早期最著名的实验是瓦尔特·考夫曼完成的，他通过尝试测量不同速度的电子质量，实际上检

验了公式 $E=mc^2$。考夫曼 1905 年的结果声称符合亚伯拉罕的理论，而不支持爱因斯坦的理论，但普朗克重新分析了考夫曼的研究结果，并对这一结论提出了质疑。爱因斯坦似乎没有因明显的挫折而不安。

到 1915 年为止，一些其他实验者进行了类似的检验，所有结果都符合爱因斯坦理论。这些实验难度很大，其结果并非无懈可击，但是氢原子谱线精细结构的细节与基于爱因斯坦质能方程的计算结果非常接近。

狭义相对论的预言中，归功于爱因斯坦个人的贡献是时间膨胀现象。然而，直到爱因斯坦预言该效应（1905 年）的几十年之后，才有足够精确的时钟。通常认为 1938 年的艾凡斯−史迪威实验（Ives-Stillwell experiment）是这一预言的首次验证。今天的一些技术系统，如全球定位系统（GPS），必须考虑到时间膨胀，或者也叫横向多普勒频移。总体来说，时间膨胀是狭义相对论的特征之一，设计验证它的实验相对较少，但是当代物理学许多重要结果都取决于它是正确的假设。

广义相对论

爱因斯坦的狭义相对论（参见前文）在物理学界受到欢迎。到 1907 年，有人请他写一篇评论文章，总结这一领域的研究现状。他利用这个机会讨论了广义相对论作为理论合乎逻辑的进一步发展的可能性。狭义相对论基于的原理及原理衍生出的结果，都局限于惯性观测者的情形，也就是观测者处于恒定速度、没有加速度的运动状态。如果只和这样的观测者打交道，狭义相对论的变换关系（洛伦兹变换）就能将和一位惯性观测者相关的物理方程组转换成另一惯性观测者有效的方程组。很明显，这些惯性观测者们会一直沿直线以恒定速度做相对运动。爱因斯坦相信有可能实现广义协变，使得即使观测者彼此相对加速，也有可能找到一种（普遍适用的）变换关系，把对其中一人适用的正确方程组转换成对另一人有效的方程组。

爱因斯坦认为可能构建这样一种理论，这本身就体现了他对推广相对性观念的信念。大多数物理学家不相信加速观测者与其他观测者看到的世界也能有某种意义上的相同之处，因此觉得即使有可能存在广义协变，也不会有什么特别用处。然而在撰写评论文章的时候，爱因斯坦有了一个深刻的洞见，他后来自述为"我一生中最快乐的思想"（参见附录C中第89篇，以及派斯，《上帝难以捉摸》，第9章的讨论）。他意识到，等效原理提供了一组可以和加速观测者进行适当的比较的观测者。这些观测者处于一个引力场中（例如，在一个行星的表面）。因此，相对性原理在无加速运动的特殊情况下告诉我们哪些观测者是等同的，而等效原理却在更普遍的情况下指出哪些观测者是等同的。因此，在探索一个更普遍的理论的时候，等效原理将取代相对性原理。广义相对论同时也必将是一个新的引力场理论。

不仅相对性原理不适用于这个广义理论（因为它只用于惯性观测者），还有狭义相对论的第二个基本原理（或公理）：光速不变原理，也不适合。根据马赫（参见"影响爱因斯坦的科学先辈及同代人"一节）光速不变原理仅适用于惯性观测者。加速中的或者处于引力场中的观测者，测出的真空光速不必一定是 c。为了替广义理论找到第二条原理，爱因斯坦采用了他所谓的马赫原理，并把它当作等效原理的一种推论。众所周知，处于转动（旋转）参照系的人经历的某些力（离心力，科里奥利力），在惯性观测者看来是不存在的。爱因斯坦提出这些力是由全部宇宙质量的引力场以某种方式产生的。由于科里奥利力是一种切向而非径向的力，爱因斯坦从一开始就预见到他的新引力理论将会展示我们现在所谓的某些引力-磁性（参见"概念"一节），比如参考系拖曳，它类似于麦克斯韦电动力学理论中磁场的性质。

早在1907年，爱因斯坦就意识到等效原理可以使人们将狭义相对论的某些预测推广到引力研究中。如果位于引力场中和处于加速运动状态二者是等效的，那么引力场外的观测者将会看到引力场中的时钟变慢（参见"概念"一节中的"时间膨胀"）。他们看到空间距离也改变了的时候，自然就会开始怀疑（参见"概念"一节中的"长度收缩"），但怀疑什么呢？考虑了狭义相对论中旋转圆盘例子（参见"概念"一节中的"埃伦费斯特悖论"），爱因斯坦得出了这样的结论：既然旋转圆盘的圆周与直径之比不再是 π，加速度和引力确实会扭曲空间维度。

在这里要注意狭义相对论和广义相对论存在一个重要的区别。狭义相对论中，两个惯性观测者全都声称是另一个人在"真正"地移动，他们自己则是静止的。因此，每一个惯性观测者都认为是另一个惯性观测者的时钟变慢、米尺缩短。但在广义相对论中，每个人都认同谁是在真正地加速，或谁在引力场中。因此，他们对谁的时钟变慢和谁的空间扭曲是有共识的。因此在广义相对论中，空间和时间的扭曲不能仅仅通过改变坐标系统来消除。广义相对论的扭曲不是测量的把戏，也不只是由个人视点造成的人为现象。它们是空间和时间的客观的真实扭曲。爱因斯坦意识到是引力改变了时空的度规（参见两者的概念）。

狭义相对论中，距离和时间的测量依赖于观测者的视点，不过时空间隔总是通过毕达哥拉斯定理用距离和时间算出。然而广义相对论中，当引力存在时，时空不再是平坦的，因此需要修正毕达哥拉斯定理。利用空间和时间的测量值来定义时空间距的修正形式，就是时空的度规，需要修正的原因在于存在时空的曲率（偏离平坦的程度）。213

到1912年，爱因斯坦已经意识到他需要一种基于弯曲时空几何的四维度规理论。因为自己不是高等数学专家，他向自己的朋友马塞尔·格罗斯曼（参见第一篇，"朋友"一节）求助。格罗斯曼很快将他指向黎曼几何。二人共同努力，为广义相对论寻找场方程，使之在表达出广义协变的同时，也能针对太阳系得出牛顿引力的已知的结果。结果他们失败了。

爱因斯坦提出空洞论断（参见"概念"一节）来解释自己的失败，并放弃了对广义协变的追求。1913年，他和格罗斯曼发表了引力的提纲理论。两年后爱因斯坦访问格丁根大学，在那里和数学家大卫·希尔伯特（参见"同事"一节）广泛地讨论了自己的想法。希尔伯特让他相信，广义协变是一个崇高、可实现的目标（大多数物理学家完全不清楚这一点）。爱因斯坦抛弃了提纲理论，并且很快地在1915年11月找到了正确的场方程。

他发现的重要结果，是这个（现在已经是完全协变的）理论不仅在极限情况下符合牛顿引力定律，而且在一个例子——水星的近日点进动；参见下文的"广义相对论的实验验证"——中与牛顿的差距，正好符合天文学家的观测数据。爱因斯坦从一开始就认为这是新理论的实验验证，但在确定理论可以通过检验之前，他避免在文字上提到它。

在接下来的几年里，爱因斯坦在对这一新理论的探索中，在必要的地方进行修正（参见"概念"一节中的"宇宙常数"），发现了两个全新的物理领域（参见

"概念"一节中的"宇宙学""引力波")。实验上，理论通过了另外两个他提出的检验。日食检验（英国天文学家亚瑟·斯坦利·爱丁顿因此而闻名）广为人知，使得爱因斯坦闻名世界，被誉为自牛顿以来最伟大的物理学家。（亦见艾森施泰特，《相对论的奇妙史》[Eisenstaedt, *The Curious History of Relativity*]；扬森和雷恩，"解开绳结"[Janssen and Renn, "Untying the Knot"]；诺顿，"爱因斯坦如何寻到他的场方程"[Norton, "How Einstein Found His Field Equations"]；还有雷恩和舒尔曼，《阿耳伯特·爱因斯坦与米列娃·马里奇情书集》[Renn and Schulmann, *Albert Einstein, Mileva Marić The Love Letters*]。)

广义相对论的实验验证

爱因斯坦有时被描绘成对自己理论的实验验证漠不关心的人。有一个著名的故事说，在向一个博士生展示关于1919年日食观测结果的电报后，他被问到如果这个理论被证伪了会怎么想，他回答道："那我就不得不怜悯我们亲爱的上帝了。这个理论反正是正确的"。（伊尔莎·罗森塔尔·施耐德，《实在与科学真理》[Ilse Rosenthal Schneider, *Reality and Scientific Truth*]，74页）（亦见第一篇"错误看法与误解"一节中的"广义相对论的验证对爱因斯坦来说并不重要"。）类似的故事可能只能说明，爱因斯坦对把自己描绘成一个极端自信理论家的新兴神话感到好笑，而且乐得配合着表演一番。在理论发展的早期，他非常努力地劝说天文学家进行观测来验证自己的理论。

广义相对论的实验验证所带来的挑战，与狭义相对论验证者所面临的挑战一样困难。广义相对论的预言与牛顿理论的不同，主要表现在速度接近光速和引力场特别强烈的时候，而这两个条件都非常难以达到。爱因斯坦认识到紧邻太阳是最有可能进行成功测试的地方，因此他需要呼吁天文学家来做验证。早在1907年，他就提出了两个可行的理论检验：一个是测量太阳光谱线的引力红移，另一种是测量经过太阳附近星光的引力偏折。这两种方案涉及的测量都将接近检测能力的极限。后一种方案中，由于靠近太阳的恒星只有在日食的时候才可见，测量需要在日食期间进行；而在前一种方案中，则存在某些竞争效应，比如太阳大气中正在上升和下降的气体造成的多普勒频移。

一开始爱因斯坦发现天文学家对验证自己想法并不感兴趣，不过他找到了一位年轻的德国天文学家，埃尔温·芬利·弗罗因德利希，他愿意接受这一挑战。爱因斯坦筹集了资金，好让弗罗因德利希带领一支探险队前往克里米亚，在1914年8月的日食中来检验光线弯曲的预言。不幸的是，第一次世界大战刚好在日食之前爆发，导致弗罗因德利希被俄国人当作敌国公民拘留。第一次世界大战和德国的战败，使得弗罗因德利希一时无法继续着手日食观测工作，直到1919年著名的英国日食观测之后（参见前文，"同事"，"亚瑟·斯坦利·爱丁顿"）。他尝试观测1922年的日食，又被云雾所阻。具有讽刺意味的是，他尽管在后来的几年中对理论进行了检测，但却与爱因斯坦发生了争执。弗罗因德利希是一个脾气暴躁的人，和很多同事不和，而爱因斯坦似乎已经对这种敌对关系感到不耐烦。也许是由于他与爱因斯坦的关系已经疏远，弗罗因德利希确信自己后来的日食观测结果不符合广义相对论，但是天文学家同行们不接受他的观点。

除了参与日食检测，弗罗因德利希还从事太阳红移检验。在柏林附近的波茨坦的爱因斯坦塔（一座太阳观测台）于1924年建成之后（参见第一篇"声望"一节中的"艺术和商业主义"），弗罗因德利希成为其台长，直到后来因为躲避纳粹逃离德国。

对于最终成功的红移检验来说，可能更为重要的是位于波恩的两位物理学家莱昂哈德·格雷贝（Leonhard Grebe）和阿耳伯特·巴赫姆（Albert Bachem）的工作。为了消除太阳天文学家们对相对论的怀疑，爱因斯坦鼓励他们解决这个问题。他们的努力也确实为问题最终的解决指明了方向。美国太阳天文学家查尔斯·埃弗拉德·圣约翰（Charles Everard St.John）对太阳红移给出了最明确的解释：太阳中光谱线的红移是两个不同效应的复杂叠加，这两个效应分别是太阳大气中气体柱上升和下降所引起的多普勒频移，以及太阳强引力场所引起的爱因斯坦的引力红移。

似乎爱因斯坦私下里也把解释当时天文学中最著名的反常现象作为一个早期目标，这就是水星的近日点进动，既有的牛顿引力理论完全无法解释这一现象。因此，广义相对论的经典检验有三个，在它们之后又过了几十年的时间，其他的检验方式才成为可能。

新理论通过了三个检验，其中第一个是水星的近日点进动。爱因斯坦于1915年11月发现场方程的最终形式后，立刻开展计算证明其结果符合水星的近日点进动的天文观测数据。19世纪的天文学家们对水星轨道中这一微小反常的大小已经有了足够精确的结果，与爱因斯坦的计算结果符合得非常好。爱因斯坦能够证明水星的轨道并没有形成闭合的椭圆，因为太阳的引力场扭曲了时空。在太阳附近的弯曲几何中，没有足够空间让水星像其他行星一样绕行。这令人信服地证明了，强大的引力场真的让时空弯曲。

对于第二个检验，在爱因斯坦之前，天文学家就已经注意到太阳光谱线中有一个微小而可变的红移。尽管这一红移的大小符合关于爱因斯坦理论的预测，但它在不同的光谱线和太阳表面不同位置之间的变化似乎与爱因斯坦的预测相冲突。

第三个检验是最具有决定性的一个，也就是星光的偏转。1919年英国日食远征队对理论的证实，鼓励天文学家以倾向支持理论的方式重新解释已有的太阳红移的数据，还促使他们获取来自太阳和白矮星的新数据，而新数据似乎提供了进一步的证实。（关于广义相对论实验验证的一个详尽讨论，参见《爱因斯坦全集》第九卷，xxxi—xlii 页；以及克瑞林斯滕，《爱因斯坦的陪审团》。）

这三个让爱因斯坦闻名世界的成功的经典验证，也是20世纪50年代前仅有的检验。物理学和天文学中的新发现，使得人们可能开展进一步的检验，最开始的是20世纪50年代的庞德-雷布卡实验（Pound-Rebka experiment），它最终明确地证明了引力红移。在20世纪70年代，由于射电天文学能观测到为太阳所掩蔽的类星体，使人们可能进行许多更精确的光偏折观测。新的检验出现了，包括由太空旅行实现的夏皮罗时间延迟效应(Shapiro time delay)，以及1974年发现脉冲双星PSR 1913+16。尤其是后者证明了引力波的存在（参见"概念"一节），这是爱因斯坦广义相对论中更为新奇的预测之一。

爱因斯坦成功推翻了牛顿引力理论，引来了其他人的效仿，提出了几十种其他的引力理论。20世纪50年代以来的理论检验实验的主要目标之一，就是检验这些相对论的竞争替代理论——最著名的是布兰斯-迪克理论（Brans-Dicke theory）。到21世纪初为止，广义相对论通过了所有这类检验。所有其他理论要么在一个或更多的检验上失败了，要么被迫和广义相对论的预言保持紧密一致，以致在现阶段的实验水平上测不出差别。即使是全球定位系统也必须考虑这一理论——特别是引力时间膨胀——才能正确运行。（亦见克瑞林斯滕，《爱因斯坦的陪审团》；厄尔曼和格里姆，"相对论和日食"和"作为广义相对论的一种检验，引力红移"[Earman and Glymour, "Relativity and Eclipses" and "The Gravitational Redshift as a Test of General Relativity"]；亨切尔，"爱因斯坦对实验的态度"[Hentschel, "Einstein's Attitude towards Experiments"]和《爱因斯坦塔》[The Einstein Tower]；威尔，《爱因斯坦是对的吗？》[Will, Was Einstein Right？]以及《引力物理学中的理论和实验》[Theory and Experiment in Gravitational Physics]。）

反相对论运动

1920年里发生了一系列针对爱因斯坦和相对论的事件。这些事件是由物理学家菲利普·莱纳德和右翼宣传家保罗·魏兰发起的赤裸裸的反犹攻击。他们指控爱因斯坦拥有"某个特定报纸，某个特定团伙"来负责吹捧夸大自己。实际上，报纸中某些描述爱因斯坦及其工作的文章，确实有夸张之处，而这些文章经常出自犹太作者之手。然而，对爱因斯坦这样一个以厌恶公众关注著称的人来说，这类文章只能让他感到不快。旨在揭露爱因斯坦是个宣传者和骗子的系列演讲，于8月24日在柏林爱乐厅举办了第一场。两位演讲者，魏兰和光谱学家恩斯特·格尔克（Ernst Gehrcke）极力贬低爱因斯坦和他的工作。当时在观众席的爱因斯坦于8月27日在《柏林日报》（Berliner Tageblatt）上发表了一篇文章予以回应。文章中，他谴责了这一针对自己的攻击活动，逐条驳斥了演讲者的论点，并列出了最受尊敬的物理学家们对自己理论的认可。尽管如此，爱因斯坦还是受到惊吓，以至于考虑离开德国，并且收到了来自其他国家的工作邀请。

事件之后，德国的科学家们和其他仰慕者纷纷表达支持和愤怒，并且要求他留在柏林，继续与反相对论者斗争。拟定的20多场演讲，仅仅只进行了一场就无疾而终，而魏兰的努力也没有获得科学界太多支持。爱因斯坦觉得反对自己的运动已经陷入崩溃，所以决定留在柏林，并且支持科学家之间继续讨论相对论。（参见附录C中第84篇；亦见罗，"爱因斯坦的盟友和敌人"[Rowe, "Einstein's Allies and Enemies"]，华兹克和科比，《爱因斯坦的反对者》[Wazeck and Koby, Einstein's Opponents]。）

对手

尽管一些伟大的科学家在其职业生涯中曾卷入和其他科学家的臭名昭著
的竞争和论战（艾萨克·牛顿就是一个特别突出的例子），爱因斯坦却没有。
也许是因为其性格特点，人们看到的更多的是他（和像尼尔斯·玻尔、马克
斯·玻恩和保罗·埃伦费斯特等人）的科学友谊，而不是和谁的对立。尽管如
此，爱因斯坦却也不是一个能掩饰对他人的恶意的圣人。偶尔，他在想到人际
冲突时体验到一些快乐，而且确实讨厌某些人。但是，他一般不嫉妒别人，并
且对那些和他一样热衷于物理的人非常和善，不管他们有什么分歧。

可以说，爱因斯坦唯一的职业竞争对手是才华横溢的物理学家马克斯·亚
伯拉罕，二人是同一代人，有相似背景（都是德国犹太人，等了很多年才在德国
获得学术职位），在类似的领域里工作。亚伯拉罕在比爱因斯坦更幸运的情况
下开始其职业生涯。他是马克斯·普朗克的学生，因其电子理论而声名鹊起，
而该理论在一段时间内正是爱因斯坦狭义相对论的主要竞争对手。事实上，一
开始的实验似乎支持亚伯拉罕的理论，以至于和爱因斯坦结论一致的洛伦兹
（他俩的理论被认为在电动力学上是一样的）都感到绝望，而爱因斯坦展示了他
一贯的镇定，预言实验结果最终会支持自己，事实也确实如此（参见前文，"相
对论"，"狭义相对论——狭义相对论的实验检验"）。随后，亚伯拉罕着手发展
一个相对性的引力理论，以取代牛顿的理论。这再次将他放在和爱因斯坦直接
竞争的位置上，结果广义相对论的成功再次使他的理论完全黯然失色。尽管命
运将这两个人安排在平行轨道上，成为理论界的竞争对手，可是爱因斯坦深信
自己的理论是正确的，亚伯拉罕的是错的。

亚伯拉罕在第一次世界大战期间回到德国之前，在意大利待过多年。战争
结束后，他终于在德国找到了一个永久职位，却在开始新工作之前突然发现自
己患了脑瘤，不久后便去世了。

唯一和爱因斯坦卷入类似优先权之争的人，是他的同事，数学家大卫·希
尔伯特。然而，他的名字被放在这一卷的"同事"章节中，也没有什么好奇怪的，
因为二人之间争论的表象更多是出于当代历史学家们的描述，而不是爱因斯坦
和希尔伯特之间有什么敌意。

菲利普·莱纳德，如果不算是对手的话，也算是一个更严肃的反对者。他是一位物理学家，对爱因斯坦很了解，却因为政治分歧和民族主义情绪的驱动而反对他。正因为此，爱因斯坦反过来也反感莱纳德。尽管他们彼此厌恶，但莱纳德还是被包括在本篇的"同事"部分里。莱纳德为了证明有些人在爱因斯坦几个发现上的功劳比爱因斯坦更大，花了大量精力去寻找证据，但却没法断言他莱纳德自己就是那些人中的一个。所有他提到的人都已经去世，不能反对他们作为爱因斯坦的代理对手的角色。他们当中包括了普鲁士天文学家约翰·格奥尔格·冯·索尔德纳（Johann Georg von Soldner）（他发表了一个解释太阳引力下导致光偏折的公式，与爱因斯坦的公式类似；参见"相对论"一节，"广义相对论——广义相对论的实验检验"）；奥地利物理学家弗里德里希·哈泽内尔(Friedrich Hasenöhrl)（他在一个具体实例中推导出著名的公式，在第一次世界大战期间阵亡）；还有一位德国物理老师保罗·格伯（Paul Gerber）（他或多或少偶然得出了一个公式，类似于爱因斯坦的水星近日点进动预测公式；参见"相对论"一节，"广义相对论——广义相对论的实验检验"）。

在爱因斯坦余下的职业生涯中，他在物理学领域里的大多数对手都绝对不够资格以任何有意义的方式挑战他的工作。这些人有爱因斯坦在伯尔尼专利局时的老同事，爱德华·纪尧姆(Edouard Guillaume)。不要把此人和他的亲戚夏尔-爱德华·纪尧姆(Charles-Edouard Guillaume) 混为一谈，后者是一位瑞士发明家，较爱因斯坦早一年获得了诺贝尔奖。和爱因斯坦关系不错的纪尧姆死心塌地地反对相对论，尤其是在广义相对论发表之后的那个时期（尽管他的反对主要是针对狭义相对论的）。爱因斯坦写了一封很长的信，耐心地向纪尧姆解释其反对相对论的论证不成立。纪尧姆的反对是因为他未能正确理解这一理论，这和许多其他反相对主义者的情况一样。与爱因斯坦关系非常好的弗里德里希·阿德勒(参见"同事"一节)也试图证明相对论是错的。

对爱因斯坦的工作更有见识、也更猛烈的批评家是杰出的波兰裔美国物理学家卢迪威格·席柏斯坦。尽管他的相对论教科书有助于在美国大力普及这一理论，席柏斯坦也想试着通过实验推翻它。20世纪30年代，他与爱因斯坦进行了一场关于相对论的辩论，认为爱因斯坦-罗森桥的两端是两个独立的粒子，它们不能互相接近，这违反了我们对引力的认识。事实上，桥在时空中形成了一个单一的几何结构，对外部观测者来说，其末端将出现在两个不同的区域中（参见附录C中第157篇）。席柏斯坦因物理学家不愿参与论证而感到恼火，转而召集媒体来报道他对爱因斯坦理论的质疑。但是，最终，席柏斯坦和纪尧姆都收回了他们的声明，而爱因斯坦对他们的友好也一如既往。

在统一场理论上，爱因斯坦的唯一对手是波动力学的发现者埃尔温·薛定谔。爱因斯坦在柏林的最后几年里，和薛定谔彼此已经很了解了。从30年代起，两人都对统一场感兴趣，并就这一话题通信往来。然而，在1947年两人都已经离开德国之后，他们在媒体上互相指责，因为薛定谔声称用爱因斯坦之前试过的方法发展了一个理论。薛定谔想让媒体说他在爱因斯坦失败之处取得了成功，这让爱因斯坦感到恼火。这一插曲似乎对他们的亲密关系造成了一些伤害，也无益于推进物理统一场理论的研究。

反相对论运动的相当大一部分是各种怪人和政敌，这些人从任何专业的意义上讲，都算不上是爱因斯坦的对手。

219 科学论文

参见附录C。

广泛的科学涉猎

爱因斯坦作为一名物质的分子运动论的专家开始他的职业生涯，并以相对论和量子论方面的研究而著名。然而，在漫长的职业生涯中，他对科学的兴趣比这些成就所能体现的更广泛、更全面，并且许多其他学科也引起了他的兴趣。这些兴趣包括他曾几次试图从理论上解释却未能成功的超导现象；还有河道蜿蜒，为此他试图解释人们所谓的北半球河流右岸受到的水流侵蚀超过左岸的原因。尽管不可能给出这些工作的详尽清单，但人们能感受到他的一生工作的广泛性。

爱因斯坦的一些业余兴趣仍在他的主要研究领域之内，但是和他在这些领域的著名贡献并无很大关联。一个例子是关于辐射计效应（参见"概念"一节）的论文，这显然与他最初对分子运动论的喜爱有关，但是这个题目不像布朗运动，从来没有人觉得它有什么重大意义。

爱因斯坦非常喜欢参与实验或实践事务。他从自己在瑞士专利局分析技术设计的工作中获得了丰富的经验。他经常抓住参与实验的机会，尤其是有合作者的时候。他最有名的涉足实验的工作是与万德尔·德哈斯（参见"合作者"一节）的合作，导致了爱因斯坦-德哈斯效应的发现。通常说来，他不太可能亲自在实验室里工作，但会通过与实验者通信来修改实验装置以达到预期的结果。这类合作的例子包括和埃米尔·鲁普以及奥居斯特·皮卡德的合作（参见"合作者"一节）。

他对这些"涉猎"的兴趣经常涉及自己的某个重要研究项目，但最后结果却没有很大关系。这样的一个例子是他与鲁普关于极隧射线（参见"概念"一节）的研究，本来打算是要成为针对光子发射的量子特性的一次判决性实验。相似的，1936年他与内森·罗森的论文引入被称为爱因斯坦-罗森桥（参见"概念"一节）的一种几何时空结构，也叫虫洞。按照爱因斯坦的想法，该结构应该是一个从纯粹时空中产生基本粒子的可能模型（因此它与他的统一场论有关；参见后文）。然而它反而成了爱因斯坦方程的解中最具娱乐性和科幻性的一个，时下它与时间旅行的可能性密切相关。 ₂₂₀

一个类似的例子是爱因斯坦与皮卡德的合作，他们研究了爱因斯坦年轻时的一个想法。19世纪末统一电场和引力场的诸多尝试中，有一个是假定电磁场吸引力和排斥力之间存在不平衡。这样两个中性物体之间实际上将产生一个净吸引力，或许就是引力的来源。到了20世纪20年代，这一想法已被放弃，但是爱因斯坦又把它提出来解释物理学中的另一个异状——地球的磁场。要解释地球为什么会有一个稳定持久的磁场是非常不易的，因为即使地核中的电流运动可以产生这样的磁场，但这些磁场应始终起到抑制产生磁场的作用。爱因斯坦指出不平衡的想法是不能忽视的，哪怕这种不平衡可能是非常小的，却仍可以解释与地球一样大的物体的磁场。在与爱因斯坦的通信中，皮卡德进行了非常灵敏的实验，以证明这种不平衡如果有也非常小，不足以解释地磁场的存在。尽管爱因斯坦仍然想用地核中可能的中性电流来解释地磁场，但在这一研究中，他的想法被证明是徒劳的。我们现代的解释依赖于一个复杂的地球动力模型，其中多个电流回路产生的场强化着彼此的运动。

爱因斯坦在其职业生涯的早期，对天文学几乎没有兴趣。数年后，当这一领域可以提供证明广义相对论的方法时（参见"相对论"一节，"广义相对论——广义相对论的实验检验"），他甚至向同事承认，"我私下里经常嘲笑天文学的精密不过是学究气而已，但在这里却帮了我们大忙"（1915年12月9日致阿诺尔德·索末菲，《爱因斯坦全集》，第八卷，文件161；爱因斯坦档案编号21—383.1）。

当广义相对论的研究迫使他寻找这一理论的天文学检验时，爱因斯坦自然地对某些天文问题有了了解。因为想知道是否能在比太阳系大得多的规模上检验理论，他开始对包含数千颗恒星环绕银河系中心运行的球状星团感兴趣。尽管它们从来没有能够被用来证明广义相对论宇宙学（参见"概念"一节中的"宇宙学"），爱因斯坦还是发表了相关的论文。在寻找牛顿理论和太阳系运动测量之间的异常和分歧时，对一些主要在月球复杂运动中显现的现象（图40），他是最早提出这些现象可能来源于一天时间长度不是恒定的人之一。现在我们知道，地心旋转的扰动能减缓地壳转动，却被天文学家误解为附近天体运动速度的改变；实际上，这只是因为我们的主要天文时钟丢失了一两秒。

最后，在鲁迪·曼德尔（参见"合作者"一节）的催促下，爱因斯坦不情愿地发表了引力透镜论文。尽管他对此期望不高，这篇论文却成为现代天文学中一个主要领域的基础，它已经帮助天文学家在太空中看得更远、在时间上回溯更长，超越了爱因斯坦生前的想象。

索尔维会议

索尔维会议是杰出的物理学家们和化学家们参与的一个系列会议，起源于1911年首次成功召开的特邀专家会议。由富有的比利时实业家和发明家欧内斯特·索尔维（Ernest Solvay）赞助的这一会议，最初主要是在瓦尔特·能斯特（参见"合作者"一节）的鼓动下召开的，目的是谈论如何协调量子物理与经典物理学主体的重要问题。

1911年，尽管爱因斯坦只是出席会议的最年轻的科学家之一，却已经被视为这一主题最具洞察力的思想家。首次会议讨论了辐射和量子的问题。由于爱因斯坦已经证明了量子假说可以在（参见"概念"一节中的"光电效应"）普朗克原始概念（参见"概念"一节中的"黑体辐射"）的局限范围之外取得成功，考虑到光的众所周知的波动性质，就有必要讨论光在什么程度上表现粒子性质。

早在1909年，爱因斯坦就曾主张光具有波和粒子的双重本质，并继续在像 ₂₂₂

图40　爱因斯坦月球陨坑。尽管爱因斯坦对月球研究只发表了一篇论文，他的名字却被用来命名这一非凡特征。这里所见的被侵蚀的外环是一个相当古老的陨石坑。一个更年轻的陨石坑出现在中心，这一次撞击在旧环内部形成了一个近乎完美的靶心。这个陨石坑位于月球的边缘，只有在月球天平动（Lunar Libration）时人们才能从地球上偶尔看到它。（美国国家航空航天局图片，由詹姆斯·斯图比［James Stuby］从两个月球轨道飞行器的4张照片组成。）

爱因斯坦百科

索尔维会议的场合，向同行们推介这一想法。但是，这一观点得到普遍接受，还需要10年的时间(参见"概念"一节中的"波粒二象性")。

第二次会议于1913年举行，讨论了物质的性质。这是爱因斯坦应用量子论开展研究的另一个新领域(参见"概念"一节中的"比热容")。这次会议上的讨论促进了他提出的热学定理的进一步发展，通过能斯特的研究，这一定理变成了热力学第三定律。爱因斯坦拒绝了1921年第三次会议的邀请，以抗议因第一次世界大战期间形成的国家间敌意而排斥其他德国科学家的行为。(在德国之外，爱因斯坦被视为是一名放弃了自己德国国籍并保留瑞士国籍的反战的德国人。)

索尔维会议在量子理论发展所起到的重要的早期作用，已经被爱因斯坦与玻尔关于量子力学的著名争论所掩盖。公开的争论发生在1927年（第五次）和1930年（第六次）的会议上。爱因斯坦在争论中试图证明，由薛定谔、海森伯和其他人发展的量子力学理论必然会导致矛盾。他提出了一系列的思想实验，但每一个都被玻尔在量子力学内以合乎逻辑的方式解释清楚。在1930年的那次或许是最著名的交锋中，玻尔在前一天被爱因斯坦的论证难住了，却能够在一夜之间找到爱因斯坦思想实验的答案(参见下文"思想实验")。

这些会议上辩论的结果是，爱因斯坦被迫接受量子力学目前为止是一个自洽的理论。然而，他继续坚持这个理论是不完备的，最终将为一个从基本原理上与经典理论更为一致的新理论所取代。索尔维会议在1930年后继续进行（1933年到1948年之间空缺），但爱因斯坦不再参与。起先是由于纳粹掌权造成的破坏，后来则是因为年事已高。

思想实验

爱因斯坦式"科学"风格的一个标志性特征是对所谓思想实验（Gedanken-experimente）的创造性运用。思想实验在爱因斯坦物理研究中起了重要作用。他喜欢抓住一个被广泛证实的实验结果，例如对每一个被测物质来说，测出的惯性质量和引力质量总是完全相等的。然后将其提升到原理的高度（等效原理）。接着，他能设计一些实验，尽管实际上做不到，但可以根据等效原理预言其结果。

　　一个可能在广义相对论的发展中起到了作用的思想实验，就是其中一例。在回应一些试图用符合狭义相对论的修正理论来取代牛顿定律的天真想法时，爱因斯坦指出（由他年轻同事贡纳尔·诺德斯特伦［参见"合作者"一节］提出的）新定律要求接近光速运动的物体要比从静止掉落的物体下落更慢。爱因斯坦指出，要是伽利略在那个著名的比萨斜塔实验中扔下两个弹丸，如果其中一个不是被放下任其下落，而是被从一口加农炮中水平发射出去，那么这个弹丸会比另一个落得更慢。没人能做这个测试，因为除非加农炮弹以近乎光速发射，否则下落速度的差异可以忽略不计。爱因斯坦仍然认为等效原理要求它们以相同速度下降，因此诺德斯特伦的理论既然违反了这个原则，肯定是错的。

　　和爱因斯坦有关的一项特别著名的思想实验，据说是他年轻时就已构想出来的。实验假设你可以光速运动，这样就可以与光束保持同步。你将看到什么？你将看到构成光束的电场和磁场的矢量被冻结在原地。电磁场不再会时刻前后振荡，而是与你一起运动，因此永不会变化。但是，爱因斯坦反驳道，麦克斯韦方程组说一个静态的电磁场只能来自附近的电荷，它不可能存在于波能穿透的真空中。因此，光速旅行让我们看到这一理论表现出一种不可能的形式。很自然地，我们由此得出，不可能以光速旅行，这后来成为爱因斯坦狭义相对论的中心特征。

　　通常情况下，爱因斯坦会通过计算发现一个结果，接着用一个聪明的思想实验，有力地论证这一结果的真实性。方程 $E = mc^2$ 是一个很好的例子（参见"概念"一节）。尽管他在1905年第一次提出这个定律，但在第二年爱因斯坦又写了一篇新论文，提出了思想实验（参见"概念"一节中的" $E = mc^2$ "）。这一思想实验显示可以通过将光从一端发射到另一端来移动一个空心圆筒。物体内部的自身运动是不可能移动圆柱体质心的。爱因斯坦证明，解决这个矛盾的唯一方法是假设光拥有和能量成比例的质量。这个概念再次阐明了爱因斯坦的方法。他提出牛顿第三定律和动量守恒，目的是坚持一个普遍原则，即一个人不去推系统之外的某个东西就不能移动自身的质心——一个人不能拎着自己鞋带就把自己拉起来。一旦我们承认这一点就会发现，如果光在吸收或释放时传递动量，那么它一定有和自身能量成正比的质量。

关于爱因斯坦思想实验一些最有名的故事，涉及到他与尼尔斯·玻尔在量子力学新理论上的辩论。这些辩论主要发生在20世纪20年代中晚期的索尔维会议上（参见前文）。这些辩论中提出最著名的思想实验是爱因斯坦的盒子，爱因斯坦认为在盒子里一定有办法绕过那时新提出的海森伯不确定性原理。这个原理声称一个人永远不能拥有某些特定可测量组的完整信息——例如，一个人永远不能同时精确地测量一个事件的能量和它发生的精确时间。在这个思想实验中，其中一个量是一个光子在特定时间从盒子发射的能量。爱因斯坦认为，即使不能确定地测出光子能量（根本上说，因为它是如此小），一个人仍然可以称重发射前后的盒子以确定其质量的变化。用定律，我们就能计算出从盒子系统出去的光子的能量。一开始玻尔被这个思想实验弄傻了；但是，经过一晚上的沉思后，他意识到解决方法在于恰当地应用爱因斯坦最著名的思想之一的等效原理。为了称量这个盒子，必须把它放在引力场中的一个磅秤上，并且我们必须测量盒子放上时磅秤刻度的位置。所以，这是一个涉及位置测量的问题。然而，等效原理要求记录光子发射时间的时钟速度必须依赖于引力场的局域强度，这样它的运行速度必须依赖于它在引力场中的精确位置。于是，秤位置中的任何不确定性，通过等效原理转化为时钟速度的不确定性，进而转化为光子发射时间的不确定性。所以，正如海森伯所要求的那样，任何有关光子能量方面的知识的增加都会损失测量发射时间上的精确性。用这样的方法，玻尔有力地回答了爱因斯坦——在物理学家们的通俗印象中，这一胜利标志着爱因斯坦挑战量子力学正确性的终结。

统一场论

从20世纪20年代中期到他生命尽头，爱因斯坦的研究主要集中在寻找一个引力和电磁学的统一场理论（Unified Field Theory, UFT）。这一理论一直是19世纪末物理学家们的主要关注点，但他们的工作却因爱因斯坦狭义相对论带来的场论的变革而失去意义，因而被完全忽略了。1910至1916年，努力发展一种兼容爱因斯坦相对论的引力理论，在某些方面可以被看作是这一工作的恢复。这一时期的顶峰就是爱因斯坦广义相对论，它再次让像马克斯·亚伯拉罕（参见"对手"一节）和贡纳尔·诺德斯特伦(参见"合作者"一节)这样的其他人的工作失去意义——除了诺德斯特伦的工作在某种程度上被爱因斯坦改造成了自己建立的引力度规理论的新语言之外。

一旦爱因斯坦提供了这个框架，其他理论家们很快在框架内继续追求引 力与电磁学的统一。发现广义相对论之后的10年内，赫尔曼·外尔（Hermann Weyl），特奥多尔·卡鲁扎和亚瑟·斯坦利·爱丁顿都提出了可能包含引力理论场和电磁理论场的不同度规理论。有趣的是，在最初的几年，爱因斯坦似乎对这一探索表现出了一些抵触，直到1923年才改变。他强烈反对三个理论中最先出现的外尔的理论；在接受卡鲁扎的有影响力的五维理论的过程中，他一开始也表现出了相当的谨慎；在回应爱丁顿的工作时，他似乎仍然不愿意在这个问题上花太多时间。然而，似乎正是因为需要考察这些想法，才让他陷入破解谜题的兴奋中，并在余生越来越致力于追寻统一场。20世纪30年代中，甚至连他的次要工作也经常是被他的统一场目标激发出来的，而且从1940年开始，他的大部分科学出版物都与其统一场目标有相当明确的联系。这些目标从本质上讲有三点：

1. 找到一组场方程，可以从中推导出引力和电磁场各自的场方程。

2. 消除场和粒子的二元性。他主要是想证明粒子实际是场的副现象，它们归根结底是由纯场构成的。因此，在只存在纯场的意义上说，物理学是统一的。所谓的场源(粒子)本身就是由场组成的复杂结构。

3. 证明量子效应最终可以解释为经典物理理论的推论。因此，他心目中的统一场理论将是一个能够解释明显不连续量子效应的经典理论。

随着时间推移，他感兴趣的其他物理问题也被归在这些目标之下。经过20世纪20年代末与尼尔斯·玻尔关于新量子力学的辩论，爱因斯坦仍然关注量子论，当他设法让理论产生类似量子效应约束的解时，对量子论的兴趣就和对统一场理论的探索结合在了一起。而当他设法让理论的解看起来像当时已知的基本粒子

（主要是质子和电子）时，他对亚原子物理的兴趣也在统一场工作中发挥了作用。

这一时期的各种统一场论工作的基本方法是，采用广义相对论中包含的几何方法，在定义了引力场的度规张量（参见"概念"一节）中的十个独立变量之外，再找到一些"额外"基本变量，用以定义电磁场。

在1919年，爱因斯坦相当消极地回应了外尔的统一场理论，从那时起到1922年，爱因斯坦研究了其他人的工作，包括特奥多尔·卡鲁扎的五维理论和爱丁顿的仿射理论。1923年前后，他开始积极地精心构建自己的理论，首先选择进一步发展爱丁顿的仿射理论。在这个阶段的早期，他首先考虑的是探索超定场方程组是否可能产生类似量子效应的解，这已成为他的理论的一个特征。

在20世纪20年代后期，他转向卡鲁扎的五维方法，然后尝试将其与受爱丁顿启发的仿射方法结合起来。1928年，爱因斯坦引入他的"绝对平行性"的思想，并在其中重新发明了之前由埃利·嘉当和其他人发现的数学概念挠率（该理论现在称为爱因斯坦–嘉当理论）。几年来，他和一位早期助手瓦尔特·迈尔积极地追求这一很有希望的概念。20世纪30年代初，狄拉克旋量（一种能描述基本粒子的一些行为的数学构造）引起了人们的兴趣，爱因斯坦提出了自己发明的半矢量（semivectors）与之竞争。20世纪30年代，他回来研究量子力学和广义相对论，但其方式和他寻找一个未来统一场理论的形式线索的纲领密切相关。到了30年代末，爱因斯坦回到五维理论。从那时起他继续和他的助手在统一场论的计划上密切合作，直到去世。他首先尝试引入一个自己称为二重矢量（bivector）的新的数学构造，然后选定一种方法，能消除来自广义相对论的时空度规的对称性条件。爱因斯坦和他的最后一个助手也是唯一的女助手布鲁莉娅·考夫曼一直研究这一理论，直到他去世为止。

具有讽刺意味的是，当物理学的新发展超越了爱因斯坦参与的统一场计划时，后者也变得无关紧要了。现代的统一场论的不同之处在于：（1）它追求统一更多的力场（包括爱因斯坦熟悉的两种力以外的强核力和弱核力），（2）它必须解释更多的基本粒子，数目远超过爱因斯坦所想，（3）完全颠倒了爱因斯坦的第三个目标。现代统一理论者希望找到一种能取代广义相对论的量子理论，而不是能取代量子力学的广义相对论。这样的结果是现代物理学不再关心爱因斯坦在其统一场理论论文中提出的大多数观点。尽管如此，当时的一些发展在今天仍有意义，尤其是卡鲁扎的五维理论，可以看作弦论的先驱。（亦见绍尔，"爱因斯坦的统一场理论计划"［Sauer, "Einstein's Unified Field Theory Program"］和范东恩，《爱因斯坦的统一》［van Dongen, *Einstein's Unification*］。）

影响爱因斯坦的早期统一场理论

具有讽刺意味的是，尽管爱因斯坦后来对这个计划的热情很高，他在20世纪20年代早期对寻找一个统一场理论（UFT）的计划居然持有几分怀疑态度。尽管爱因斯坦也有兴趣跟踪这个方向的早期发展，但在20世纪20年代中期自己被卷入寻找统一场论之前，他对此还是抱有相当批判的态度。这一时期，有三个理论对爱因斯坦和其他人产生了特别的影响。

赫尔曼·外尔的理论

外尔第一个意识到，测量空间和时间中距离的度规决定了引力场，而我们如何比较弯曲时空不同点之间的矢量（或是矢量在时空表面如何平移）的细节提供了一组可能的未知量，它们可以用来确定电磁场。他发现在黎曼几何中，当一个矢量以平行方式传输到一个新位置后，长度不变，但其方向可能已经改变了。外尔提议在理论中加入一个新的概念，当矢量在空间中移动时，也能改变其长度，并且将这个新概念与电磁场联系起来。爱因斯坦在欣赏外尔数学方法的聪明之处的同时，也批评了外尔的理论，因为它似乎暗示了测量杆和钟表的行为取决于它们过去的历史——也就是它们过去的位置以及到达它们所在的位置的方式。

特奥多尔·卡鲁扎的理论

1919年4月，一位名叫特奥多尔·卡鲁扎的年轻数学家给爱因斯坦寄去了一篇论文，里面概述了自己的想法，在以爱因斯坦广义相对论为基础的时空几何中引入时空的第五维度。其目的是给度规提供5个额外分量，其中4个可以和电磁场有关。爱因斯坦对这一新奇提议的反应是既兴奋又怀疑，并且与这位年轻人进行了不少通信。他提出各种各样的反对意见，也考虑了各种各样的解决办法，使得这篇论文推迟了大约两年才发表。

其中一个疑问是爱因斯坦基于卡鲁扎的理论计算得到的电子受到的电磁力和引力。计算表明对于典型的场，引力反而要比电磁力强得多，而我们在自然中看到的正好相反（因为这个原因，引力常被称为自然中最弱的力）。

卡鲁扎在提出他的理论时，已经意识到要找到额外变量将电磁力纳入度规理论，一种方法就是简单地增加维数。四维对称张量有10个独立变量（4+3+2+1），这正是爱因斯坦理论中定义引力场所需的数量。增加第五维度会立即得到5个新变量，其中4个能用来定义电磁场。除了一个额外维度之外，还留下了一个额外变量。数学家奥斯卡·克莱因（Oskar Klein）提出，这个额外维度可能自身紧紧地卷起来，以至我们无法感知它。这个提议为爱因斯坦本人所接受，并且直到今天还为（那些通常会玩弄超过5个维度的）弦理论家所使用。事实上，该理论就是今天所谓的卡鲁扎-克莱因（Kaluza-Klein）理论。这个额外变量通常与一个只有一个分量的标量场有关，相比之下，电磁矢量场有4个分量，引力张量场有10个分量。爱因斯坦在关于卡鲁扎-克莱因理论的工作中，几乎预想了这种现代诠释，但是他似乎已经不愿意考虑这样一个标量（或胀子[1]）场，原因很可能是人们在自然中并未发现这样的场。

亚瑟·斯坦利·爱丁顿的理论

爱丁顿在统一场理论上的尝试和外尔的方法有一些相似之处，二者都关注时空中移动矢量的问题。爱丁顿注意到仿射联络的作用。仿射联络是一个专业术语，指的是如何比较位于不同位置的矢量的规则。在他的理论中，仿射联络比处于广义相对论核心位置的度规更加根本。它提供了许多变量——过多的变量——用来定义电磁场和引力场。爱丁顿预见性地想到这些额外变量最终是否能给我们对基本粒子中的作用力带来一些深刻的认识，尽管他当时想的是电子，而不是质子。与更早两个理论相比，爱丁顿理论对爱因斯坦的激励更大。它激发了爱因斯坦在统一计划中的最初努力，并且在他随后多年的许多工作中起到了非常重要的作用。

---

1 高维理论中当允许紧致化的维度的体积变化时产生的一种假想粒子，卡鲁扎-克莱因理论中是引力标量子。——译者注

第三篇

身份与原则

民权与人权

爱因斯坦开始了解民权（civil rights）的概念是在1919年，在他刚刚开始参与政治活动之时。他第一次接触到这个概念时对之印象不佳。爱因斯坦觉得德国社会中对于犹太人，尤其是东欧犹太人的歧视无处不在，因此在法庭捍卫他们的民权对他们来说没有什么用处。相反，他认为这只会延长继续融入德国社会的幻想。（参见"爱因斯坦的信仰声明"["Einstein's Confession"]，《爱因斯坦全集》，第七卷，文件37，1920年9月24日出版；以及后文"犹太身份和纽带"一节的"文化犹太复国主义理想"。）只有和统治阶级主流保持距离，才能保护犹太血统的德国人。具有讽刺意味的是，爱因斯坦也没有按自己的建议行事。他自己直到1932年年底才离开德国。

当纳粹在德国剥夺了犹太人和公开持不同政见的非犹太人的民权，并开始系统性的迫害和清盘之时，爱因斯坦正住在新泽西的普林斯顿，为那些日益受到威胁的人们争取进入美国的渠道，其主要方式就是为支持移民签证申请签署宣誓书。爱因斯坦档案中包含了大量的这方面的内容。他签署的宣誓书太多，很快就削弱了他在当局眼中的分量。他承认自己不能"再签更多的宣誓书了，不然的话会危及那些正在处理中的申请……那些可怜的人们给我们带来很大压力，让人面对无底的痛苦，无力帮助，感到绝望"（参见致米凯勒·贝索，1938年11月10日；爱因斯坦档案编号7—376）。纳粹大屠杀真相的披露使他感到震惊，他决心对抗美国国务院将日益绝望的难民拒之门外的各种措施。爱因斯坦在其富有影响力的朋友怀斯拉比（Rabbi Wise）的帮助下，得以说服罗斯福总统于1944年设立战时难民委员会。到战争结束，共有20万犹太人被解救到美国（参见第一篇"朋友"一节中的"斯蒂芬·怀斯"）。

在公众心目中，人道主义的爱因斯坦形象和他为纳粹暴行受害者所做的努力紧密相关，但他热心捍卫弱势者民权的行动不限于此。在20世纪30年代中，爱因斯坦越来越担心犹太复国主义阵营中一些人野心勃勃的构想，这些构想会危及阿拉伯人的权利和他心目中的巴勒斯坦的社会公正。他谴责狭隘的民族主义，它们试图剥夺阿拉伯人公民权并危及自己的两个民族共处的目标（"犹太人-阿拉伯人友好的目标"["The Goal of Jewish-Arab Amity"]，《纽约时报》，

1935年4月21日；草稿存于爱因斯坦档案馆，编号28—305）。

在20世纪30年代早期，爱因斯坦在帕萨迪纳度过了三个冬天，目睹了美国社会丑恶的阴暗面，也就是针对黑人，剥夺其基本民权和人权的猖獗的种族歧视。"少数族群被周围的多数族群当作劣等人，这是一个普遍的事实"，他认为偏见是这一事实的一个方面。它不仅导致被歧视者经济和社会关系的不利处境；更可悲的是，"那些被人歧视的人自己也默认这种不公正的看法……并开始把像他们一样的人视为低人一等"。爱因斯坦显然觉得美国很多黑人和德国的犹太人的情况类似，不过十年后他的结论正好相反。他觉得犹太人在德国前途渺茫，而在美国，他曾希望"能够实现少数族群的精神解放"（"给美国黑人的信"["To American Negroes"]，《危机》[*The Crisis*]杂志，1932年2月；爱因斯坦档案编号89—262），不过后来承认自己"并不认为可以很快清除这一根深蒂固的罪恶"（"黑人问题"，《盛会》月刊[1] ["The Negro Question"，*Pageant*] 1946年1月；爱因斯坦档案编号28—640）。

在他30年代初期的激进和平主义时期，爱因斯坦做了著名的"百分之二演说"，鼓吹以不合作主义来使义务兵役制瘫痪（参见后文"和平主义"）。尽管面对纳粹他很快就放弃了这种甘地式的消极抵抗，到了50年代早期的麦卡锡时代，激进和平主义再次成为爱因斯坦的道德立场的核心。他坚定地认为那些被要求公开自己政治观点的人，应当拒绝从命，理由是政府的听证会侵犯了个人的民权（参见"政治背景"一节中的"战后和冷战"提及的致威廉·弗劳恩格拉斯[William Frauenglass]的公开信，以及附录C中的第202篇）。他告诫社会主义者诺曼·托马斯（Norman Thomas）不要继续支持"歇斯底里地追捕极个别共产主义者（其中还包括那些赤色倾向很弱的公民同胞，如持杰斐逊思想的人[2]）"（参见致诺曼·托马斯，1954年3月10日；爱因斯坦档案编号61—549）。

一个月之前，爱因斯坦在对一个律师群体的致词中，总结了自己关于民

---

1 《盛会》(*Pageant*)是1944年11月至1977年2月间在美国出版的月刊，为了增加视觉效果，经常将魅力四射的照片与题材广泛、内容丰富的文字结合在一起。——译者注

2 这里指那些坚信托马斯·杰斐逊(Thomas Jefferson, 1743—1826)总统的(资产阶级)民主理想的人。爱因斯坦将之描述为共产主义理想的温和形式。在麦卡锡主义猖獗时代，即使持这种温和信念的人也免不了受迫害。——译者注

权和人权这一主题的看法："人权的存在和合法性并不是上天注定的。关于人们彼此相处的方式以及理想的社区结构的观念，是在历史进程之中，由进步的个人构思出来并教导给大众。这些观念和信仰来自于历史经验，以及对美与和谐的渴望，它们已经在理论上被人们欣然接受，但同样的人受动物性本能的驱使，又始终在践踏这些理念。因此历史的很大一部分都充满着为了人权的斗争；这是一场永无止境的斗争，永远不会有最后的胜利。但是一旦厌倦那种斗争，就意味着社会的毁灭"（"人权"［Human Rights］，1954年2月20日；爱因斯坦档案编号28—1012）。

爱因斯坦关于教育的观点

"噩梦"

爱因斯坦关于教育的看法，与他自己在学校作为学生和教师的经历密切相关（参见第一篇"所受的教育与就读的学校"一节）。由于自己早年深受正统的课本学习之苦，他强调通过师生之间的个人交流传授"一个美和善的生动观念"的重要性。另外，他认为"过分强调竞争体系以及过早分化……会扼杀所有文化生活所依赖的精神"（《观念与见解》［Ideas and Opinions］，第67页）。在"噩梦"中他极力重申这一点（《柏林日报》1917年12月25日；参见《爱因斯坦全集》，第六卷，文件49；爱因斯坦档案编号78—205），并且抨击中学毕业考试的强制性。他论证说这道难关让学生望而生畏，从而破坏了教育的中心目标，也就是培养和鼓励创造性。下面是其论述全文，原文中强调的部分用楷体表示（承蒙耶路撒冷希伯来大学准许引用）。

我认为普通学校教育的中学毕业考试不仅没有必要，而且是有害的。说它不必要，是因为学校教师显然能够判断一个在学校已经读书几年的年轻人的成熟度。一个学生读了这么多年书，肯定也经过无数书面考试，在教师那里留下的印象，作为用来全面衡量一个学生的基础，肯定比任何精心布置的考试都更好。

　　说中学毕业考试有害，有两个理由。对考试的恐惧，以及大量的需要死记的科目，对很多年轻人的健康造成相当程度的损害。这一事实众所周知，毋须多言。不过我还是要指出一个众所周知的事实，那就是各行各业的人一直到老年时都饱受源于中学毕业考试的噩梦之苦。而这些人在生活中都能自立，绝非精神衰弱者。

　　中学毕业考试还有更多的害处，因为它降低了学生在校最后一学年的教学水平。人们往往为了应付考试对学生进行肤浅机械的训练，而不是完全地以科目的教学内容为中心。或多或少地像排戏一样，为了在考试官面前给班级增添一些光彩，而不是深入地教学。因为这些理由，应该取消中学毕业考试！

"讲堂中的骚动"

　　作为普鲁士科学院院士，爱因斯坦没有教学义务，但是偶尔也在柏林大学讲课。1920年2月，他的一个关于相对论的讲座课程被骚动打断，消息还上了当地报纸。当爱因斯坦宣布了一项违反大学规定的课程开放政策后，骚动开始了。按照规定，只有大学注册学生、旁听生和讲师才有资格听课。但是在广义相对论被证实之后，爱因斯坦讲座的吸引力无远弗届。拥进来的听众超过1500人，包括了一大批没有注册的东欧犹太人。课程之后，爱因斯坦让听众讨论他刚刚宣布的新的准入标准。大部分讨论都很礼貌得体，最后进行了有序的表决，支持向公众开放课程。

　　在向一份自由派报纸（《八点钟晚报》[8-Uhr Abendblatt]，1920年2月13日；参见《爱因斯坦全集》，第七卷，文件33，这里采用其译文）陈述此事时，爱因斯坦淡化了某些讲堂嘘声的反犹性质，但是承认背后的反犹意味也不是无中生有。学生会批评当地媒体，认为这一事件显示了当该报——不论其政治倾向如何——试图通过扭曲的报道来利用大学中发生的事件达到自己的目的时，学术群体显得脆弱不堪。下面是近乎完整的文本。（承蒙以色列耶路撒冷希伯来大学爱因斯坦档案允许引用。）

我关于相对论的通俗讲座，听众中除了学生，还有许多实际上没有获得批准听课的人。因此学生会宣布它不能容忍这一现象。我指出，讲堂有足够的空间给所有想听的人，应该不会引起任何问题。学生会对此并不满意，并将此问题转呈校长。校长给我发了一封信，指出根据现行规定，这些人无权进入讲堂。从公事公办的角度，这无懈可击。但是我认为，在没有充分理由的情况下就拒绝这些人的听课权，是应该受到谴责的。所以昨天我没有讲课，而是开始与听众讨论，不过没有得到明确的结果。因此，我觉得有必要取消之后的讲座，并向学生团体声明他们可以申请退还学费。但是，一般来说我并不想取消讲座；我计划以不同的方式恢复讲课……如果像昨天这样的事件再次发生，我将完全停止讲课……反犹主义的言论本身并没有出现，但是也可以说暗含有那么一点意思。

犹太身份和纽带

旧的和新的归属感

爱因斯坦孩提时代在慕尼黑时，在一个远亲的家中接受了犹太宗教教诲，不过到了 12 岁，宗教影响就被自然科学的魅力所取代。比如在 1901 年获得瑞士公民身份之后，他声称自己"没有宗教倾向"。他在瑞士生活的 20 年中，包括完成中学教育，在大学读书和教书，以及在瑞士联邦专利局工作，他都没有对犹太宗教或者文化群体有归属感。他"不觉得自己身上有什么犹太人特征，瑞士也没有什么事物曾经影响或者激发自己的犹太人的敏感"（"Wie ich Zionist wurde"［我是如何成为一个犹太复国主义者的］，《犹太评论》［*Jüdische Rundschau*］，1921 年 6 月 21 日；转载于《爱因斯坦全集》，第七卷，文件 57）。

爱因斯坦于 1911 到 1912 年在布拉格德语大学三个学期的时间里，宗教归属受到了特别关注。奥匈帝国皇帝弗兰茨·约瑟夫（Franz Joseph）的特别嗜好就是要求包括大学员工在内的所有公务员，必须宣称效忠帝国内的四个被认可的主要宗教之一——罗马天主教、路德教、加尔文教或者犹太教。无神论是不可容忍的，伊斯兰教也是不可容忍的，这与爱因斯坦一直以来不入任何教派的声明看起来格格不入。不过作为一个一直讲求实际的求职者，他意识到如果按照自己的信仰从事，就会丢掉在布拉格的职位。他安之若素地声明，"回归亚伯拉罕的怀抱"也没有什么了不起，"不过就是在一张纸上签个名而已"（引自保罗·埃伦费斯特致塔蒂亚娜·埃伦费斯特 [Tatiana Ehrenfest]，1912 年 2 月 25日，莱顿博尔哈夫博物馆 [Museum Boerhaave，Leyden]）。

在柏林期间以及之后，爱因斯坦继续声称自己不相信任何可以被称为"犹太信仰"的东西，并拒绝成为犹太教会的成员。同时，在战后的德国，那些从东欧来的弱势犹太移民遭到越发猖獗的反犹主义迫害，使他感同身受，将注意力从犹太宗教方面转向犹太文化；而在犹太文化方面，他有着原则性的坚定信念。

尽管自己对宗教漠不关心，但爱因斯坦觉得犹太宗教与科学的观念并不矛盾。在他心目中，犹太教并不要求展示信仰，它关注的仅仅是生活中的或者针对生活的道德态度，完全可以被科学家采用分享。他觉得斯宾诺莎的严苛理性令人舒服，并对一个超然的上帝持怀疑态度。（关于爱因斯坦在宗教和伦理问题上的更多思考，参见"信条：'我的信念'"，以及后面的"宗教"部分。）巴鲁赫·斯宾诺莎（Baruch Spinoza）是 17 世纪的犹太哲学家，生活在荷兰；他叛离犹太主流教义，认为旧约律法已经过时，因此他被自己的教会作为异端逐出。对犹太教不感兴趣的爱因斯坦却免遭同样命运。

催化剂：库尔特·布卢门菲尔德的作用

库尔特·布卢门菲尔德是德国犹太复国主义联合会的主要思想家，在爱因斯坦 1919 年转向支持犹太国家主义事业中起了关键的催化作用。经过与这位能言善辩的犹太复国主义领袖的大量细致讨论，以及年初参加了他的一个演讲之后，爱因斯坦用下面的比喻宣布了自己刚刚找到的忠诚："我反对民族主义，但是支持犹太复国主义事业……如果一个人有两臂，但是不断声称'我有一只右臂'，那么他是一个沙文主义者。但是如果一个人缺了右臂，他就应该尽力补偿缺失的肢体部分。"多年之后，布卢门菲尔德就是这样回忆爱因斯坦突然转向支持犹太复国主义事业的经过。这一轶闻的魅力在于它捕获了一种情感的飞跃，而不是对爱因斯坦的思想转变的精确历史描述(参见布卢门菲尔德的《所经历的犹太问题》[Blumenfeld, *Erlebte Judenfrage*]，第127—128页)。在爱因斯坦眼中，犹太复国主义可能实现的国际主义目标，即用共同的目的将欧洲支离破碎的犹太社区连接起来，淡化了它的民族色彩。这样一来，犹太复国主义的国家主义事业，与他内心强烈认同的知识分子理应为国际团结而努力的信念就不再矛盾。

布卢门菲尔德还说服爱因斯坦于1921年陪同世界犹太复国主义组织(WZO)领袖们访问美国，为耶路撒冷的希伯来大学筹款。在活动中，他向领袖们指出，爱因斯坦首先是一个特立独行之人，虽然可以相信他一定会支持犹太复国主义事业，但是让他在美国做演讲要格外小心，因为他可能说出不利于事业的话。

在爱因斯坦的余生中，布卢门菲尔德一直是他关于犹太复国主义事务的一位指导人，尽管他并不赞同布卢门菲尔德对犹太复国主义目标的更为激进的和政治化的解读。(下文就是爱因斯坦关于犹太复国主义的不同观点的讨论。)在1944年中，爱因斯坦写道，自己有时候觉得布卢门菲尔德是他的书面替身(Doppelgänger)[1]："从下面的事实可以清楚地看到这一点：您可以轻松地模仿我的风格，以至于经过一段时间后，我都不知道谁是作者"(泽利希编辑的《光明的时代——黑暗的时代》，第77页中提到布卢门菲尔德)。离自己去世不到一个月的时候，爱因斯坦再次感谢布卢门菲尔德"帮助自己认识了犹太人的灵魂"(参见致布卢门菲尔德，1955年3月25日；爱因斯坦档案编号59—274)。

文化犹太复国主义理想

到了1920年，对于让犹太人融入德国社会的同化主义立场，爱因斯坦已经公开表示轻蔑。他尤其鄙视那种摒弃自己的犹太文化身份，却保持宗教活动

---

1 Doppelgänger在德语中意为"面貌极相似的人"。——译者注

的策略。这一策略的制度性体现就是"犹太信仰德国公民中央协会"(Central Association of German Citizens of the Jewish Faith)，该协会认为适应主流是保障犹太人公民权利的一个方式。爱因斯坦对该协会的蔑视，在很大程度上是他看不起一个德国犹太人的精英组织审判自己的低层弱势同胞的做法。单从名字上，它就要把自己的东欧同胞拒之门外。1920年春，爱因斯坦受邀对该群体发表演讲，他拒绝了，理由是向德意志文化霸权让步，等于是祈求外族人的认可。他认为这是对反犹当局的致命妥协，会让犹太人永远受辱。只有通过向坚持犹太传统的东欧犹太人表达团结的愿望，已经归化的德国犹太同胞才能重新获得族群价值感（参见"爱因斯坦的信仰声明"，载于《瑞士犹太人周刊》[*Israelitisches Wochenblatt für die Schweiz*]，1920年9月24日，重印于《爱因斯坦全集》第七卷，文件37）。犹太复国主义就承载了这一希望。

　　犹太复国主义是19世纪末兴起的一场运动，它提出了犹太人是一个民族，有权拥有自己的国土。所有犹太复国主义分子都同意，要避免被同化的致命幻想，最好的方式是参与共同的事业，而巴勒斯坦就是这个事业的核心。然而问题仍然在于，如何才能达到最佳效果，以及如何现实地实现这一目标。

　　1917年的《贝尔福宣言》(Balfour Declaration) 承认了为犹太人建立一个民族家园（national home）的犹太复国主义目标。3年后在巴勒斯坦建立英国托管政府的时候，国际联盟也采用了同样的"民族家园"这个字眼。之后30年间犹太复国主义的发展，在很大程度上关系到对这个字眼的解读。犹太复国主义阵营中主要有两个不同的出发点。一个强调犹太复国主义的精神和文化方面，另一个则强调其政治性质。文化犹太复国主义者们主要致力于建立一个能够重新激发散居各地的犹太人自我价值的巴勒斯坦，并与散居各地的犹太人建立持续的精神互动关系。他们寻求相对适度的资金，来支持渐进主义的定居方案，发展巴勒斯坦的社会和经济，使之成为世界犹太人的精神源泉。而政治犹太复国主义者们则或多或少地公开表示希望推行建立一个独立的政治实体，也就是一个国家的议程。他们强调了大规模移民的重要性，并为实现这一目标制定了雄心勃勃的支持预算。爱因斯坦很明显地将巴勒斯坦看作犹太文化统一的一般象征，而不是一个政治独立国家的萌芽。

　　虽然他主要关注犹太复国主义事业的文化方面，爱因斯坦也认识到，要付诸实现，还需要建立行政、经济和社会组织。但是在定居的早期阶段，他觉得运用权力不会危及作为这一事业核心的道德目标。

因此可以这样讲爱因斯坦的犹太复国主义理想：巴勒斯坦是传统和现代的一个综合体，它把犹太人的传统社区热情与世俗启蒙的理性联系起来。这一构想还能消除文化和政治犹太复国主义者之间的隔阂，协调正义的热忱和先驱者的实用主义，并充分发挥知识分子的分析严谨性。

耶路撒冷希伯来大学

尽管爱因斯坦是在第一次世界大战之后，才积极关心犹太人的问题的，但他对希伯来大学的热诚，在青年时代就奠定了基础，并根植于某种责任感。根据他妹妹的说法，在很小的年纪，他就感觉到自己有责任帮助那些未能拥有"一个独立的领地"来发展自己的智力才华的欧洲犹太人同胞（参见玛雅·温特勒-爱因斯坦的回忆录："阿耳伯特·爱因斯坦——为他的生平事略而作"，1924年2月15日，《爱因斯坦全集》，第一卷，第lx页）。解决的方案就是创立一所高等学术机构，建立拥有国际声望的研究部门："这所大学将不仅成为犹太巴勒斯坦的学术中心，而且会有力地增强散布全球的犹太学术工作者的团结意识。在巴勒斯坦建设项目的早期阶段就提供一个自由研究的场所，这符合我们民族对知识的特别热爱。"（参见致西尔维奥·德·梅奥[Sylvio de Mayo]，1923年8月22日；爱因斯坦档案编号36—866。）对爱因斯坦来说，希伯来大学就是他文化犹太复国主义愿景的核心。

1921年春，爱因斯坦得到机会，着手实现这一愿景。当收到请求要他陪同哈伊姆·魏茨曼以及其他世界犹太复国主义组织领袖访问美国为希伯来大学筹款的时候，他很快就答应了，"连5分钟考虑时间都没有用"（参见致弗里茨·哈伯，1921年3月9日，《爱因斯坦全集》，第十二卷，文件88；爱因斯坦档案编号12—332）。这趟筹款之旅，在财务上只能说取得了部分成功。爱因斯坦在1923年唯一一次访问巴勒斯坦之时建立了与希伯来大学关系的基础，但是他后来与大学的关系并非是友好愉快的。他与希伯来大学管理层的争执，既是个人性质的，也关系到原则问题。他对大学第一任校长犹大·马格尼斯（Judah

Magnes）的一些伎俩很不耐烦，更觉得后者不仅不称职而且还顽固不化。爱因斯坦最关心的是，大学应该成为国际学术中心，而不是穷乡僻壤的死水一潭。不顾马格尼斯的反对，爱因斯坦努力使大学的学术和行政控制权保持在有名望的欧洲学者手中，同时贬低那些耶路撒冷的学术权威。20世纪20年代后期，他几次威胁从大学管理机构辞职，并且确实数次辞职，而且不愿意重新接受监管职责。这些都困扰着他与大学的关系。结果是恼怒的爱因斯坦彻底疏远了这个当初吸引他加入犹太复国主义阵营的机构。（关于爱因斯坦和该大学关系的一个精彩的讨论，参见罗森克兰茨，《以色列建国前的爱因斯坦》[Rosenkranz, *Einstein before Israel*]，第五章和第七章。）

犹太人问题及其解决方案

爱因斯坦在1920年卷入了围绕犹太人问题的政治旋涡，当时他断然拒绝向"犹太信仰德国公民中央协会"致辞。而在公开质疑世界犹太复国主义组织试图建立一个犹太国的政治性犹太复国主义目标之时，他也和后者发生了纠纷（参见前文的"文化犹太复国主义理想"一节）。随着爱因斯坦关于巴勒斯坦没有能力吸收大规模移民的预言与后来的事实发展大相径庭，他与该组织的立场区别也变得越发明显（参见致里斯·索洛文，1923年5月20日；爱因斯坦档案编号80—845）。

遭到残酷迫害和大规模屠杀的欧洲犹太人，在20世纪30年代大规模拥入英国托管的巴勒斯坦；加上西方国家无情地限制他们入境，提高了巴勒斯坦作为一个潜在的避难所的重要性。然而在阿拉伯人的压力之下，英国拒绝接纳大规模的犹太移民。在终于认识到犹太人移民巴勒斯坦的可行性之后，爱因斯坦开始严厉谴责英国冷酷无情地拒绝接纳欧洲犹太人前往巴勒斯坦避难，并且在犹太人和阿拉伯人之间制造对立的政策。在第二次世界大战之间和之后，他坚持不懈地投入解救犹太难民免于大屠杀命运的事业，签署了大量宣誓书，以帮助他们进入美国获得职位。

有的时候，爱因斯坦也对那些参与土地投机，并粗暴地无视巴勒斯坦的阿拉伯人权利的激进犹太复国主义者们身上的狭隘民族主义表示担忧。在他看来，社会正义是犹太教的根本特征，从这一前提出发，爱因斯坦的政治言行经常令犹太复国主义领袖们感到不快，而这正是库尔特·布卢门菲尔德之前预料到的（参见前文"催化剂：库尔特·布卢门菲尔德的作用"一节）。由于担心巴勒斯坦犹太人社区的精神会因为建立犹太人国家而受到损害，他直截了当地表示反对建国（"我们对犹太复国主义欠下的债"，《新巴勒斯坦》，第28卷，第16期[1938年4月29日]，第2页["Our Debt to Zionism," *New Palestine* 28, no.16[April 29，1938]：2]）。爱因斯坦对犹太复国主义事业的道德根基的强调，其国际主义和和平主义的观点，与犹太复国主义运动的主流越来越不合拍。

爱因斯坦在犹太人故土的性质上所持的温和立场，越来越受到各种事件的冲击。1942年5月，犹太事务局的巴勒斯坦行政官、后来以色列的第一任总理大卫·本-古里安公开号召成立犹太军队，将战后巴勒斯坦变成一个独立的犹太国家实体。爱因斯坦一直抵制这一号召，呼吁寻求一个双民族的解决方案，但是随着针对欧洲犹太人的系统性种族灭绝暴行被公之于众，支持建立犹太国家的动力越发变得不可阻挡。爱因斯坦最终接受犹太国家的建立，条件是它必须坚持"建立在理解和自律基础上而不是依靠暴力的和平"的道德理想（"以色列的犹太人"，1949年11月27日，载于《爱因斯坦晚年文集》["The Jews of Israel," November 27，1949，*Out of My Later Years*]，第274—276页）。

在巴勒斯坦的政治前景这一问题上，爱因斯坦最关心的是犹太人和阿拉伯人建立和解的必要性。他寻求在和平共处的基础上与阿拉伯人达成合理的协议，而不是以建立一个有边界和军队以及世俗权力手段的犹太国家为前提，后者只能破坏双方的和解。

他接受了于1948年成立的以色列国家，但是从来没有动摇过自己的信仰，也就是犹太人在巴勒斯坦存在的最高道德考验，就是"我们对待阿拉伯少数族群的态度……这是我们道德标准的真正的试金石"（参见致兹维·卢里[1]，1955年1月4日；爱因斯坦档案编号60—388）。

---

1 兹维·卢里(Zvi Lurie, 1906—1968)，出生于俄罗斯帝国的罗兹(Łódź, 今属波兰)，1924年移民至巴勒斯坦，巴勒斯坦托管区的犹太政治人物，创建了恩谢默(Ein Shemer)基布兹，曾在以色列独立宣言上签名。——译者注

对英国人让犹太人和阿拉伯人都感到不满的分而治之的策略，爱因斯坦毫不掩饰自己的鄙视。而他反复声明自己反对建立犹太国家，并号召寻求巴勒斯坦问题的双民族解决方案，也使得很多犹太复国主义者感到惊愕。1946年1月初，为考察巴勒斯坦问题，爱因斯坦向一个调查巴勒斯坦和欧洲的犹太人问题的英美联合委员会作证。该委员会的目标，是评估与犹太移民及定居问题相关的巴勒斯坦托管地的政治经济和社会状况。英国政府建议进行这一调查，因为担心阿拉伯人抵制犹太移民拥入巴勒斯坦，并且希望美国能够对其巴勒斯坦政策承担共同责任，但遭到后者拒绝。英国人于是又转向联合国。下面是爱因斯坦对该委员会证词的节选，该听证会于1946年1月11日在华盛顿特区的国务院大楼举行。

　　爱因斯坦：我想解释一下，为什么我认为犹太人和阿拉伯人之间的困难是人为制造的，而且是由英国人制造的。我认为，如果巴勒斯坦的人民能够有一个真正诚实的政府，把阿拉伯人和犹太人团结起来，就没有什么可担忧的。我没法说服你们，先生们，我只能讲讲自己为什么会这么想。

　　首先我想声明自己对英国殖民统治的看法。我发现英国人的殖民统治是依靠当地人。你们知道这是什么意思吗？在英国人进入内陆之前当地人已经受到剥削。当然，英国人有两个利益诉求。首先是为自己的工业寻求原料，还有那些国家的石油。我发现不管在什么地方都有大地主剥削本族人。这些大地主，当然都缺乏安全感，总是担心自己会被赶走。英国人总是和这些压迫其他从事各种职业的同胞的地主们结成负面同盟。我的印象是，巴勒斯坦就是一个小号的印度。在少数官员的帮助下，有人试图控制巴勒斯坦人民，在我看来，英国人的统治绝对就是这种情况。很难想象还有其他可能的方式。[……]

　　委员会成员弗兰克·艾德洛特（Frank Aydelotte）：如果阿拉伯人拒绝同意让这些难民进入巴勒斯坦，你会怎么做？设想阿拉伯人已经准备好武力阻止难民进入，你会用武力迫使他们接受难民？

爱因斯坦：如果没有人操弄政治，就永远不会出现这种情况。不过不光是阿拉伯人中有政客，犹太人中也有。

委员会成员詹姆斯·麦克唐纳（James McDonald）：你想要把犹太人和阿拉伯人的政客都清除掉吗？

爱因斯坦：不，没办法清除掉他们。你把他们除掉，会有10倍多的新的政客成长起来，替代他们。[大笑]［……］

委员会成员约瑟夫·哈奇森（Joseph Hutcheson）：我问过很多不同的人，前往巴勒斯坦是否属于犹太人的核心权利或者特权；对真正的犹太复国主义来说，先把政治方面的问题抛开不提，是否一定要制定好一个计划，不管阿拉伯人的看法如何，都要让犹太人能够拥有一个犹太国家，在其中成为多数族群。你是否同意这一看法，还是觉得此事还有别的解决方案？

爱因斯坦：是的，肯定是这样。我内心不支持建国的想法。我不觉得这是必要的。这涉及很多困难以及狭隘的心态。我觉得这个想法不好。

组织联系

爱因斯坦没有加入任何组织。但是他支持一些组织的目标，允许这些组织利用他的名义；这就给人留下一个错觉，以为他也是一个积极的组织成员。作为一个独立的思考者，他不会毫不含糊地效忠任何党派。哪怕是犹太复国主义者，也知道爱因斯坦并不是一个会屈从的人。

但他的确积极参加了下列组织。

奥林匹亚科学院

这个"科学院"是由三个年轻人组成的一个讨论组，由爱因斯坦和莫里斯·索洛文于1902年的复活节在伯尔尼成立，康拉德·哈比希特随后加入（图

图41　奥林匹亚科学院成员，约1903年。康拉德·哈比希特、莫里斯·索洛文和爱因斯坦。（维基共享资源）

41）。半个世纪之后，在致信这个团体的时候，他说"成立……的目的是要同你的那些庞大的、老旧的、自以为是的老大姐们开玩笑"[1]（参见致"不朽的奥林匹亚科学院"，1953年4月3日；爱因斯坦档案编号21—294）。爱因斯坦被选为名誉院长，并以"A，尾骨骑士"（"A，Ritter v. Steissbein"）[2]的名义签署"正式"文件（参见致康拉德·哈比希特，1909年12月14日，《爱因斯坦全集》，第五卷，文件191；爱因斯坦档案编号12—412）。该小组最初起源于索洛文对爱因斯坦在伯尔尼的一份报纸上刊登一则广告的回应。这则广告提供物理学私人辅导，价钱是一小时三法郎（参见"私人授课广告"["Advertisement for Private Lessons"]，《爱因斯坦全集》，第一卷，文件135，其中只提到第一课是免费的）。在上了几次课之后，爱因斯坦告诉他的学生："你不用再跟我学习物理了；我们从学习物理中引发的讨论，要更加有趣得多。只要你来找我，我就会很高兴地和你讨论。"他们开始阅读卡尔·皮尔逊（Karl Pearson）的《科学规范》（*Grammar of Science*），很快哈比希特也加入进来，他当时正在伯尔尼攻读数学

1　这里的"你"指的是"奥林匹亚科学院"。"老大姐"指的是那些历史悠久、声名显赫的科学院。从这个意义上讲，"Akademie Olympia"译成"奥林匹亚科学院"比"奥林匹亚学院"更合适。——译者注

2　这是爱因斯坦用自己的名字玩文字游戏，给自己取的外号。——译者注

博士学位，爱因斯坦是在沙夫豪森认识他的。这一群朋友后来阅读讨论一系列高深的著作，包括马赫的《感觉的分析》和《力学》；密尔（Mill）的《逻辑学》，尤其是第三卷（涉及归纳法）；休谟的《人性论》；斯宾诺莎的《伦理学》；亥姆霍兹的一些回忆录和讲义；安培的《哲学论》中的一些章节；黎曼的《论作为几何学基础的假设》；阿芬那留斯（Avenarius）的《纯粹经验批判》中的一些章节；克利福德（Clifford）的《论事物的本性》；戴德金（Dedekind）的《数论》；庞加莱的《科学与假设》；索福克勒斯（Sophocles）的《安提戈涅》（*Antigone*）；拉辛（Racine）的《安德洛马克》（*Andromaque*），狄更斯（Dickens）的《圣诞故事集》（*Christmas Tales*）；《堂吉诃德》的大部分，等等。他们在一起兴奋地分享"堪称简朴典范"的晚餐，"通常包括一根博洛尼亚腊肠，一块瑞士格鲁耶尔干酪，一个水果，一小盒蜂蜜，还有一两杯茶"（《写给索洛文的信，1906—1955年》，第5—15页）。1903年夏天，哈比希特完成其在伯尔尼的博士学业，并在瑞士东部就职之前回到沙夫豪森，该小组也开始解散。可能到了1904年索洛文开始在里昂大学旁听课程之后，爱因斯坦还继续和他进行一些断断续续的讨论，但是到1906年索洛文搬到巴黎之后，肯定就停止了。

"新祖国联盟"

"新祖国联盟"（BNV）是一个和平主义组织，成立于1914年11月，第一次世界大战爆发后不久。它吸引了从中间到左派政治立场的人士，并鼓励欧洲文化团体成员之间在政治和经济上互相了解。最吸引爱因斯坦的，是它努力重建国际"学者共和国"（republic of letters）以及交战国知识分子之间合作的纽带。

1915年3月，爱因斯坦第一次作为嘉宾，与他的表姐爱尔莎·勒文塔尔一起参加该组织的会议。当时爱因斯坦正在致力于广义相对论的工作，很可能是为了帮爱尔莎的忙而陪她去的。可能他的政治导师格奥尔格·尼柯莱（参见第一篇"朋友"一节）也劝他参加。到了6月初，他就成为一名会员。该组织在成立后的第一年中，高声谴责德国的吞并政策，并与荷兰的反战理事会关系密切，导致在1916年2月被当局解散。

在战争结束之际的1918年9月，该组织重新成立。作为其执行委员会的成员，爱因斯坦呼吁在民主的基础上建立一个致力于国际和解的德国社会主义共和国。他还和其他人一道，在"新祖国联盟"的支持下，于1918年11月发表演讲，坚持立即召开具有立法权的国民大会并警告说可能产生无产阶级专政（参见"论召集国民议会的紧迫性"［Need for a National Assembly］，1918年11月13日，《爱因斯坦全集》，第七卷，文件14；爱因斯坦档案编号28—001）。听众超过1000人。另外，重建的"新祖国联盟"寻求解决的问题还包括战争责任，以及如何在国内革命左派和国外报复性索求的两个极端之间采取中间立场的同时，帮助建立公民自由权利。

一年之后，爱因斯坦以"新祖国联盟"发言人的身份欢迎法国"光明运动"（Clarté movement）的一位理事会成员，后者在前普鲁士贵族院（Prussian House of Lords）就建立一个"智囊团"以促进国际和解一事发表演讲。爱因斯坦甚至还一度考虑过让自己担任"光明运动"的德国分部负责人的建议。当魏玛共和国的自由主义宪法生效后（1919年8月），在1921年2月在"新祖国联盟"的支持下出访阿姆斯特丹时，爱因斯坦促请国际工会联合会[1]在协约国关于魏玛共和国沉重的战争赔款负担的辩论中为德国说话。

爱因斯坦作为"新祖国联盟"公开活动的积极分子的绝唱，是在1922年6月间于柏林召开的德法两国代表团的联合和平大会。当时"新祖国联盟"已经改名为"德国人权联盟"。他在演讲中再次提到自己多次重申的主题，呼吁人们把各自国家的需求置于更大的欧洲联盟的利益之下，以此来建立跨越文化隔阂的一座桥梁（参见"在法德和平大会上的发言"［Address to the French-German Peace Meeting］，1922年6月11日，《爱因斯坦全集》，第十三卷，文件228）。1926年初，爱因斯坦以其他责任压力繁重为由，要求退出德国人权联盟的执行委员会（参见致奥托·莱曼·鲁斯比尔特［Otto Lehmann-Russbueldt］，1926年1月3日；爱因斯坦档案编号44—328）。

---

1 国际工会联合会（International Federation of Trade Unions），也称作阿姆斯特丹国际（The Amsterdam International），是1919年至1945年得到第二国际、社会主义工人国际支持的欧洲工会组织。——译者注

国际智力合作委员会

除了和"新祖国同盟"的关系之外，在20世纪20年代初期和中期，爱因斯坦对于政治组织活动的参与，主要限于和从属于国际联盟的国际智力合作委员会（International Committee on Intellectual Coopertion，ICIC）的合作。他与这一精英组织时断时续的关系，不仅反映了欧洲政治的不稳定状态，也反映了他对国际联盟软弱无能的不同程度的失望。作为一个有强烈主见的人，爱因斯坦也倾向于认为自己只代表自己个人，而不是国家政策的发言人。尽管他同意知识精英应该有一个平台来表达自己关于人道事务的观点，但是后来觉得国际智力合作委员会囿于国家利益的限制，无法达成这一目标。²⁴⁴

爱因斯坦的朋友，犹太裔的德国外交部长瓦尔特·拉特瑙于1922年6月遇刺，以及关于他本人也在刺杀名单上的流言，导致爱因斯坦在参加该委员会不到一个月的时候，第一次宣布辞职。当该委员会的同事居里夫人挽留他的时候，爱因斯坦同意了。他第二次辞职是在1923年春，从远东之行回国之后。这一次退出是因为面对法国和比利时占领德国工业核心的鲁尔地区，国际联盟无能为力造成的（参见致皮埃尔·科梅尔[Pierre Comert]，1923年4月11日，《爱因斯坦全集》，第十四卷，文件10；爱因斯坦档案编号34—799）。一年之后，一个更具有和解意愿的法国政府上台，使得爱因斯坦再次回心转意。他表示后悔自己"一时过于沮丧"，并请求再次加入国际智力合作委员会（参见致吉尔伯特·默里[Gilbert Murray]，1924年5月30日，《爱因斯坦全集》，第十四卷，文件258；爱因斯坦档案编号34—808）。

在1924年7月底参加该组织的第四次会议之后，爱因斯坦向德国的一家大报解释委员会的目标："我们不关心乌托邦式的计划，而是已经开展一些适度的更有成效的具体工作：组织国际科学研究成果报告会，出版物的交流，知识产权的保护，各个国家教授和学生的交换，等等。工作的重点是科学成果的报告交流。"他承认，公众最关心的是德国加入国际联盟的问题，他是该联盟的坚定支持者（参见"论国际联盟"[On the League of Nations]，1924年8月29日，《爱因斯坦全集》，第十四卷，文件314）。

1926年该委员会的工作被设在巴黎的智力合作研究所接管，这才使得爱因斯坦最初的疑虑逐渐加深，他怀疑该小组缺乏必要的决心，无法在改善国际关系方面取得实质进展。他觉得该研究所经费全部来自于法国政府，这是国家利益对委员会工作赤裸裸的干涉，有损其国际主义使命，是不可接受的。由于未能说服马克斯·普朗克成立一个温和派的德国国家委员会来抗衡法国的影响，灰心丧气的爱因斯坦于1932年最后一次从国际智力合作委员会辞职。

原子能科学家紧急委员会

在1945年8月终结第二次世界大战的广岛和长崎原子弹爆炸事件之前很久，爱因斯坦就非常关注如何控制自己帮助参与研制的新式武器（参见后文，1945年3月25日的信，见"政治背景"一节中的"希特勒掌权与第二次世界大战——给罗斯福总统的信"）。其他同样抱有疑问的人中包括利奥·西拉德，后者于1939年夏天成功说服爱因斯坦在第一封给罗斯福总统的信上签名，这封信在两年后间接促成了曼哈顿计划。1946年5月，爱因斯坦接受担任根据西拉德的构想而刚刚成立的原子能科学家紧急委员会（Emergency Committee of Atomic Scientists，ECAS）的主席职务，该委员会的目的是减少美国和苏联这两个战后首要的强权之间的不信任，增进谅解。爱因斯坦和西拉德认识到，美国长期垄断原子弹是一种幻觉，苏联很快就会加入原子俱乐部。（1949年8月底，苏联进行了自己的第一次原子武器试验，并于4年后试验了一枚热核武器，也就是氢弹。）

原子能科学家紧急委员会最初由8位著名物理学家和化学家组成，并不负责制定政策。其主要目的是加强原子能科学家与公众之间的交流。为此它发布了一个"目的声明"（Statement of Purpose），其中包括声明全体科学家在下列事实上达成共识。原子弹可以被廉价和大量地制造，其破坏力会迅速增加；从军事上，没有针对原子武器的军事防御方法，以后也不会有；其他国家很快就能够复制原子武器的制造方法；没有防备原子战争的方法，试图防备原子战争会摧毁社会结构；在任何冲突中，一旦使用原子弹，人类文明就会被摧毁；因此唯一的解决方案，在于原子能的国际控制，并最终根除战争。

原子能科学家紧急委员会成立一个月后，爱因斯坦接受了一次访谈，最初发表在《纽约时报》的"星期天杂志"（Sunday magazine）上，后来由原子能科学家紧急委员会重印，并在其筹款活动中散发。下面是该访谈的一个节选：

> 在进化过程中，一个物种往往必须适应新环境才能生存。今天原子弹已经深刻地改变了我们所知的世界的本质，因此人类已经处于一个新的环境当中，必须调整自己的思维……能够保护我们的，不是武器，不是科学，也不是躲到地下。能够保护我们的，是法律和秩序。因此我们必须从以下考虑，来衡量每个国家的外交政策的每一要点：它是把我们引向一个法律和秩序的世界，还是要把我们带回混乱和死亡？我认为战争和一个世界共同体是水火不相容的。一旦人类掌握了可以毁灭自身的武器，我觉得加强武器的破坏力就是增加灾难的可能性……科学带来了这一［原子战争的］风险，但是真正的问题在于人的思想和心灵。我们无法用机制来改变他人的心灵，但是通过改变我们的心灵，并勇敢地陈述自己的想法，是可以奏效的。（"真正的问题在于人心"，《纽约时报杂志》["The Real Problem Is in the Hearts of Men," *New York Times Magazine*]，1946年6月23日；重印于内森和诺登，《爱因斯坦论和平》[Nathan and Norden, *Einstein on Peace*]，第383—388页。）

246

根据委员会的一名成员、诺贝尔奖得主莱纳斯·鲍林的说法，该委员会成立不到5年后，于1951年正式解散，主要是由于该组织的工作给年迈的爱因斯坦带来压力。虽然这也许是一个因素，但该组织的消亡在本质上更多是政治和财务方面的原因。支持核不扩散活动的捐助开始减少。更重要的是，随着原子能科学家紧急委员会内部的共识破裂，美国和苏联之间的分歧越来越大。很多委员会成员对美国政府研发并制造氢弹的意图抱有彼此对立的看法。类似的，尽管所有人都认为要防止原子能战争，必须有一个世界政府，但是如何组织并且实现这样一个世界政府，看法却大相径庭。该委员会最后一次召开理事会，是在1951年9月8日。

政治背景

第一次世界大战与魏玛共和国，1914—1932年

    爱因斯坦参与政治活动的第一阶段，以犹太意识的觉醒和尝试性地强调国际主义态度为特征。1914年春，从瑞士搬到柏林，以及第一次世界大战的爆发，激发了他多年因为专心致力于物理学研究而沉睡的情感。来到德国首都之后，他对来自东欧的犹太移民遭受的迫害感到愤怒，因而为后者第一次在大众报纸上发表政治文章。由于担心战争会对科学的国际性造成不可弥补的伤害，他在开战后立即签署了一份公共呼吁书，抗议德军侵犯中立的比利时（参见下文《告欧洲人书》）。参与短命的和平主义组织"新祖国联盟"的活动，使他能够接触科学世界之外的一群志同道合的人们（参见前文"组织联系"一节中的"新祖国联盟"）。1918年，他发表了一篇文章，其中认同托尔斯泰把爱国主义看作一种精神失常的比喻（"我对战争的看法"，《爱因斯坦全集》，第六卷，文件20；爱因斯坦档案编号70—457。亦见附录C中的第59篇）。

    尽管许多帝国机构和精英完好无损地在战争之后的魏玛共和国中继续存在，但爱因斯坦认识到，他自己在战争时期主要在私人信件中论及，只是偶尔公开的关于道德和政治问题的看法，可以在全世界传播，产生很强的影响力；尤其是现在，他已经闻名世界。在这种情况下，他开始公开发表言论，更深入地参与政治。

247   在战后时期，爱因斯坦主要是以"德国科学和学术应急协会"会员的身份，参与为战败国的科学研究筹集资金的各项活动。他在私人通信以及公开发表的文字中谴责《凡尔赛和约》中的苛刻条款，并且认为协约国只是两个魔鬼中罪孽稍轻的那一个，显示了其逐步形成的独立判断。战争结束后不到一年之内，他做出后来成为自己毕生言论主题的声明："我觉得人性本质是无法改变的，但是我相信有可能，甚至必须结束国际关系中的无政府状态，尽管每个国家将要承受重大的主权损失。"（参见致海德薇希·玻恩，1919年8月31日，《爱因斯坦全集》第九卷，文件97；爱因斯坦档案编号8—254。）

    起初爱因斯坦对超国家的国际联盟抱有很高期望。但是美国拒绝加入该组

织，以及国际联盟一再把经济制裁当作最后手段，使他感到懊恼。1922年，他被任命为国际联盟下属的智力合作委员会委员（参见"组织联系"一节），在之后与该组织时断时续的十年关系中，他试图反抗国家利益侵入该组织的活动。

1922年6月德国外交部长瓦尔特·拉特瑙遇刺，他是一名犹太人。作为朋友，爱因斯坦曾劝他放弃这一高风险的职位。这一事件最终导致爱因斯坦决定自己也要退出政治活动。如爱因斯坦所言，德国的政治环境已经恶化到这种程度，"犹太人最好在参与政治事务方面保持克制"（内森和诺登，《爱因斯坦论和平》，第59页）。一直到1924年，他都置身于政治之外。

从漫长的远东之行（1922—1923）归来之后，尽管爱因斯坦极少写下关于欧洲政治的文字，但是1924年德国经济稳定，带来一段在外交部长古斯塔夫·施特雷泽曼（Gustav Stresemann）领导下的短暂的平静时期，使爱因斯坦感到鼓舞。

他认为政治太重要了，不能完全留给政治家们："我相信现在有这样一个政治理想和政治任务，每一个自认为没有与世隔绝的人都不应逃避。这里的任务指的是恢复各个国家之间被世界大战彻底破坏的团结……我相信参与其中是每个人责无旁贷的义务，无论他在任何领域有多大的成就"（与《新苏黎世报》[Neue Zurcher Zeitung] 的访谈，1927年11月）。

1933年1月纳粹上台，使得爱因斯坦对德国完全绝望。当时他正在帕萨迪纳的加州理工学院，决心此生再也不返回他的故土。

《告欧洲人书》

在第一次世界大战的头几个月，93位最著名的德国文艺界和科学界人士签署了一份《告文明世界书》（"Manifesto to the Civilized World"），声援德国军队入侵中立的比利时。这一狭隘的民族主义诉求激怒了爱因斯坦，尤其是因为它出自一群文化精英之手，而爱因斯坦本人也刚刚受邀加入这一个行列。作为回应，他帮助草拟了一份致所有欧洲人的反宣言。该宣言的初稿，由爱因斯坦的朋友和同事格奥尔格·尼柯莱草拟，而最后的版本则由爱因斯坦、尼柯莱以及另外两位人士在1914年10月中旬"集体确定"（Nicolai 1917，第12页）。该反宣言的正式题目为《告欧洲人书》，曾在大量学术界人士中间流传，但是除了作

248

者之外，只有一位研究生[1]愿意签名。德国的战时审查当局规定该宣言3年内不得发表，因此到了1917年才得以公之于众。当年，这一反宣言发表在尼柯莱撰写的一本题为《战争生物学》（*The Biology of War*）的书的前言中，在中立的瑞士出版。下面的引文由尼柯莱翻译，摘自罗与舒尔曼合著的《爱因斯坦论政治》，第64—66页：

> 虽然技术和商业显然迫使我们认识到所有国家之间都存在互相联系，因而存在一种共同的世界文化，但是这场战争以前所未有的程度，严重破坏了文化合作。也许我们对这一破坏感到如此痛苦的急切认识，就是由于我们曾经共享过众多共同纽带。
>
> 即便这种状况不会让我们感到惊讶，那些觉得共同的世界文化不是毫无价值的人们，也应该加倍努力坚持这些原则。然而，那些我们期待应该持有这样信念的人——特别是科学家和艺术家们——到目前为止只是表明了，一旦相互关系被破坏，他们维持关系的愿望也已经随之消失。他们发言中包含可以理解的敌对意识，但缺乏和平之意。
>
> 任何民族激情都不能成为这样一种情绪的借口；它不符合整个世界到现在为止对文化这个词的理解。如果受过教育的阶层，都受到这种情绪的影响，那将是一个灾难。
>
> 这将不仅仅是文明的灾难，我们坚信，它也是每个国家民族生存的灾难——归根到底，这种野蛮行为，是以民族生存的理由释放出来的。
>
> 技术使这个世界变得更小了；今天，欧洲这个大岛上的国家互相影响，看起来就像古代的地中海半岛上，各个小城市之间互相影响一样。通过复杂的相互关系，在每个个人的需求和经验的基础之上，欧

---

1 作者有误。这里应该是四个签名者中最年轻的人，德国新康德主义哲学家、作家、翻译家奥托·毕克(Otto Buek，1873—1966)。他比爱因斯坦大5岁多，此时不可能是研究生。有关毕克的简历，可参见 https://de.wikipedia.org/wiki/Otto_Buek。——译者注

洲呈现出统一体的倾向——人们可以肯定，整个世界也是如此。[1]

因此，受过教育的或者心存善意的欧洲人都应当负起责任，至少要努力避免让欧洲由于整体组织上的缺陷，招致古希腊陷入的那种悲惨命运。难道欧洲也要在手足相残的战争中逐渐精疲力竭，最终分崩离析吗？

当前的冲突很可能不会产生胜利者；它可能只会留下被征服者。因此，**所有国家的知识分子都必须（而不是应当）施加自己的影响力**——无论现在还不明晰的战争的结果如何——**使得和平的条款不再为未来的战争埋下隐患**。实际上，经此一战，欧洲关系在某种程度将难以预料，也更加具有可塑性，应当利用这一点来促使欧洲成为一个有机整体。而相关技术和知识条件已经成熟。

如何实现这一欧洲的秩序，不是我们这里讨论的话题。我们只是想强调一个原则，那就是我们坚信现在已经到了**欧洲必须一体行动来保护自己的土地、人民和文化**的时候。

我们相信这一行动的意愿潜藏在很多人心中。我们希望能够通过表达这一意愿来集合力量。

出于这个目的，当前所有的衷心热爱欧洲文明的人，换句话说，那些用歌德的先见之明可被称为**"好的欧洲人"**，都必须团结起来。无论如何，我们不能放弃这样一个希望，那就是哪怕这些人集体发出的声音被武器的喧嚣声所掩盖，也不会湮没无闻，尤其是在这些"未来的好欧洲人"中，我们可能找到所有那些在受过良好教育的同侪中享有威望和尊重的人。

但是首先欧洲人必须集合起来，而如果如我等所望，我们能在欧洲找到足够多的欧洲人，那些把欧洲不仅仅当作一个地理名词，而是一个值得热爱的对象的人，那么我们就应当努力召集一个欧洲人的联盟，让这个联盟来发言并做出决定。

我们只是想为此而呼吁和鼓动。如果您也有同感，决心让**欧洲人的意愿得到最广泛的响应**，那么请您在此签名。

249

---

1 此处参考德文原文译出。——译者注

致西格蒙德·弗洛伊德的一封信（选自《为什么会有战争？》）

爱因斯坦作为国际联盟的相关人员的最后一个积极行动，发生在1932年，那时他已经递交了辞呈。当受邀发起和另一位有影响力的知识分子通信讨论人类面临的任何重大问题时，他选择邀请西格蒙德·弗洛伊德探讨国家进入交战状态时起作用的心理因素。爱因斯坦的文章重点讨论了正常情况下潜伏而在战时涌现出来的深层的非理性冲动。这与他在第一次世界大战中写下的自己"对于战争的看法"一脉相承（参见附录C中第59篇）。（承蒙以色列耶路撒冷希伯来大学爱因斯坦档案馆惠允。）

波茨坦附近的卡普特，1932年7月30日

亲爱的弗洛伊德教授：

国际联盟及其设在巴黎的国际智力合作研究所提议由我自己选择邀请一位人士，来开诚布公地交换在我可能会选择的任何问题上的看法。这给了我一个可贵的机会，与您商讨现在看来是人类文明所面临的最迫切的问题，也就是：能否把人类从战争的威胁下解救出来？众所周知，随着现代科学的进步，这一问题已经关系到我们所谓的文明的生死存亡；虽然如此，不管人们展现了多大的热情，所有想要寻求答案的努力，都遭到可悲的失败。

而且我觉得那些有责任从专业和实践上解决这些问题的人，也慢慢认识到自己能力不足，现在很希望了解那些埋头钻研科学的人士以超脱的距离看待世界问题的观点。就我个人来说，自己平常思考的目标，无关人类意志和感觉的阴暗面。因此，在当前提出的这一探讨中，我只能尽力把问题描述清楚，为更明确的答案提供条件，使您能够利用您对人类本能生活的广博知识来探讨这一问题。有一些心理学上的障碍，精神科学之外的人只能模糊地感觉到它们的存在，但无力了解其相互关系以及神秘之处；但是我相信您能多多少少提出一些在政治领域之外的教育方法，来克服这些障碍。

作为一个没有民族主义偏见的人，我个人觉得有一个简单的方式来处理这一问题的表观(也就是行政)方面，那就是通过国际共识建立

一个立法和司法机构来处理国家间出现的每一个冲突。每个国家都须要遵守这个机构的决定，遇到任何争端都提请并无条件接受它的裁决；对于法庭认定执行其法令所必要的所有措施，各国都应实施。但是一开始我就遇到一个难题；仲裁法庭是一个人类机构，它拥有的权力不足以保证其判决得到执行，很容易受到法庭之外压力的影响。我们必须认识到这样一个事实：法律和权力一定是联系在一起的，只有当一个共同体具有足够的力量来维护其法治理想的权威时，法律的裁决才会更加符合这个共同体所要求的理想正义（法律裁决本该就是为共同体及其利益服务的）。不过目前我们离拥有一个能够以不可置疑的权威来做出并执行判决的超国家组织还差得很远。从这里我得到自己的第一个公设：要想得到国际安全，就需要每个国家无条件地从某种程度上放弃自己行为的自由，也就是说放弃自己的主权；除此之外，没有其他办法可以获得国际安全。

在过去的10年中，尽管人们显然在真诚地努力达成这一目标，但是全都失败了。这使我们确信，某种强大的心理因素在起作用，挫败了这些努力。某些这类因素并不难找。每个国家统治阶级的权力欲敌视所有对国家主权的限制。这种政治上的权力饥渴习惯于利用另一群人唯利是图的经济活动。我这里指的，尤其是一小撮顽固不化的群体，在每个国家都很活跃，他们不顾社会影响和制约，把战争以及武器的生产和销售仅仅看成谋取个人利益和扩大自己权威的机会。

但是认识到这一明显的事实只是了解实际状况的第一步。紧接着就是另一个问题：这一小撮人如何扭曲大多数人的意志为自己的野心服务？大多数人从战争中得到的只能是损失和灾难。（这里我把各级军人排除在外，因为他们选择作战作为自己的职业，相信这是为了捍卫民族的最高利益，而且进攻往往是最好的防御方法。）这个问题的一个明显答案，就是少数人，也就是现在的统治阶级，牢牢控制着学校和新闻界，通常还有教会。这使得他们能够组织和操纵群众的情绪，并利用群众。

但这也不是最后的答案。随之而来的是另一个问题：这些工具为何能够如此成功地激起人们的狂热，以至于甘愿牺牲自己的生命？

对此只有一个可能的回答，那就是人类的内心存在着仇恨和破坏的欲望。在正常情况下，这种情感处于潜伏状态，只有在不正常情况下才表现出来；但是把它调动起来并提升到集体精神错乱的程度，并非难事。也许这里就是我们正在考虑的所有复杂因素的关键之处，只有人类直觉领域的专家才能解开这个谜。

这样就引出了我们的最后一个问题。有无可能控制人的精神进化，使之免于仇恨和破坏的精神病态？这里我指的绝不只是那些所谓没有教养的大众。经验证明，那些所谓的"知识分子"才最容易受这类可怕的集体暗示的影响，因为他们脱离实际生活，其体验限于书本这一最简单的和最容易掌握的形式。

最后结语：到目前为止，我谈及的只是国家间的战争，也就是国际冲突。但是我明白侵略本能还可以在其他情况下以其他形式起作用。（比如我还想到内战，以前由于宗教狂热引发，现在则是出于社会因素；或者还有对少数族群的迫害。）但是我有意集中关注国际战争这一最典型、最残忍张狂的冲突形式，因为从中也最有可能发现杜绝所有武装冲突的方法和手段。

我明白从您的著作中，我们也许可以找到所有这些紧迫而又引人注目的问题的直接或者隐含的答案。但是如果您能够结合您最近的发现来展现世界和平问题，将会对我们所有人大有裨益，因为它很可能指引新的富有成效的行动方向。

您诚挚的，A.爱因斯坦

资料来源：爱因斯坦和弗洛伊德：《为什么会有战争？》（Einstein and Freud，*Why War*？）

希特勒掌权与第二次世界大战，1933—1945年

从希特勒掌权到1945年轴心国战败的12年间，爱因斯坦的政治活动，以对犹太同胞命运的极度关怀和不情愿地放弃和平主义为主要特征。随着欧洲犹太人在德国受迫害之后再被集体屠杀，爱因斯坦全力协助犹太人的移民和重新安

顿工作。轴心国战败之后，他的国际主义情感促使他为寻求一个和平和没有核武器的世界而不懈努力。

作为对 1933 年纳粹上台掌权的反应，爱因斯坦断绝了与德国的联系，还发表声明表明自己对政治宽容的看法并谴责纳粹政府犯下的暴行。在一份题为"政治宣言"的声明中，他把德国社会肌体中的病害比作一种侵害了动物的瘟疫，说它消灭了"政治自由、宽容以及所有公民在法律面前的平等"（"政治宣言"，1933 年 3 月 11 日；爱因斯坦档案编号 28—235.1）。类似的声明引发德国媒体的强烈否认，并导致他在来年丧失了德国公民身份（参见第一篇"公民身份与移民美国"一节）。

希特勒暴行的另一个牺牲品，是爱因斯坦曾热情支持的激进的和平主义。面对德国独裁者日益增长的敌意行为，爱因斯坦放弃了个体层面的消极抵抗，转而致力于那些反抗德国的国家之间的协作。"我觉得目前情况下哪怕是最勇敢的消极抵抗的方式也是无效的。时代不同，方式也不同，虽然最终的目标是不变的。真正的和平主义者们现在应该寻求与以前和平时期不同的行动方案。他努力的目标应当是让那些倾向和平的国家尽可能地团结起来，杜绝好战的政治冒险方案的实施可能。"（"重审和平主义"，载于《政体》["A Re-Examination of Pacifism", Polity]，1935 年 1 月；重载于内森和诺登的《爱因斯坦论和平》，第 254—256 页。）

正当欧洲进入一个新的危机时期，爱因斯坦提出了可以作为他个人成熟政治观念试金石的三个原则。尽管魏玛共和国最近陷入困境，爱因斯坦重申了自己的民主信念，坚决反对专制的政府形式；他认为一个社会最宝贵的财富是富于创造性的个体而不是政府；他还认为军事心态（military mentality）是现代社会中"群体意识"（herd mind）最恶劣的表现（参见"信条：'我的信念'"）。

到了 1933 年秋，爱因斯坦在普林斯顿安顿下来，在那里他很快就进入一个全新角色：不为人信的预言家（Cassandra）。[1] 他警告盟国"德国人正在秘密大规模地重新武装自己。工厂日夜开工制造（飞机、轻型炸弹、坦克和重型武器，部

---

1 来自希腊罗马神话。卡珊德拉（Cassandra）为特洛伊的公主，阿波罗的祭司。因神蛇以舌为其洗耳（也有说因阿波罗的赐予）而有预言能力，又因抗拒阿波罗，预言不被人相信。——译者注

分是在瑞典的领土上生产）。正在偷偷训练一百万军队"。这一警告是通过一封私人信件发出的，但是爱因斯坦极力主张应该"低调地组织起来影响美国当局和媒体"（参见致斯蒂芬·S.怀斯，1933年6月6日；爱因斯坦档案编号35—133）。

1938年《纽约客》图书编辑约请爱因斯坦为其8年前的文章"我的信念"（参见"信条"）写一篇续文，以反映近年来世界上发生的变化，爱因斯坦描绘了一幅令人压抑的图景："在这10年中，对稳定的信心，也就是人类社会存在的基础，都已消失大半。我感到不但人类文化遗产受到威胁，而且人们不再珍视所有那些应该不惜一切代价捍卫的东西。"（"决定命运的十年"["Ten Fateful Years"]，载于法迪曼编，《我相信》[Fadiman, ed., *I Believe*]，第367—369页；重印于爱因斯坦的《爱因斯坦晚年文集》[*Out of My Later Years*]，第6—8页。）

20世纪40年代欧洲发生的大屠杀对爱因斯坦的影响是决定性的。他再也不怀疑德国人作为整体在政府所犯罪行中扮演的集体共犯的角色。犹太人几乎被屠灭也使他确信巴勒斯坦对犹太人幸存者的生活至关重要，不过还是坚信不应在那里建立犹太人民族国家（亦见"犹太身份和纽带"一节中的"面对英美委员会的证词"）。盟国的胜利和联合国的成立，使他再次看到希望，即通过将彼此冲突的不同国家整合在一个更高的主权或者世界政府之下，最终可以实现持久的和平。

就原子弹问题给罗斯福总统的信

在第二次世界大战爆发前不久，爱因斯坦从移民美国的物理学家利奥·西拉德那里得知德国科学家可能会利用刚刚发现的核裂变现象开发新型炸弹。1939年7月末，在利奥·西拉德和同为匈牙利移民的尤金·维格纳敦促之下，爱因斯坦帮助起草了一封给罗斯福总统的信，警告他这一威胁。因为这封信，也因为其著名的质能公式 $E=mc^2$ 描述了核裂变释放巨大能量的理论基础，爱因斯坦有时被错误地称为"原子弹之父"（参见第一篇"错误看法与误解"一节下的"对原子弹负有责任"）。

正如战后爱因斯坦向日本和平主义者篠原正瑛（Seiei Shinohara）解释的那样，"原子弹之父"一说名不副实。他给罗斯福的信，只是促成曼哈顿计划的众多因素之一。该计划的目的是制造核武器，由莱斯利·格罗夫斯（Leslie Groves）

将军领导，技术负责人是罗伯特·奥本海默。实际上爱因斯坦的警告在其中所起的作用甚微。在他的信发出两个月后成立的铀顾问委员会，最初由利奥·西拉德、爱德华·泰勒（Edward Teller，代表恩里科·费米）和尤金·维格纳等核裂变专家组成，到了1940年6月由国防研究委员会取代。后者的主席万尼瓦尔·布什（Vannevar Bush）对核研究采取了观望态度。只是当布什和其他人在1941年10月读到英国政府的MAUD（铀爆炸的军事应用）委员会关于"铀炸弹"的实际可能性报告之后，局面才得以改观。铀爆炸的军事应用委员会领导着英国原子弹计划，并促使美国也在新墨西哥的洛斯阿拉莫斯沙漠开始自己的相关项目。1941年12月6日，珍珠港事件前夕，曼哈顿计划终于得到批准，这离爱因斯坦签署致罗斯福总统的信件（实际上是由利奥·西拉德在与尤金·维格纳商讨后起草，交给爱因斯坦签字）已经有两年多时间。曼哈顿计划一旦上马（英国科学家也在其中参与合作），就和爱因斯坦不再有什么关联。在一份美国陆军的秘密报告中他被列为存有安全隐患，在整个第二次世界大战期间都被官方排除在核研究之外，并不知情。无论如何，爱因斯坦在其中的话也起不了什么作用，因为他并未紧跟20世纪30年代核物理迅速发展的脚步。不过他的确曾向美国海军部提供关于高爆炸药的建议。

下面是爱因斯坦给罗斯福的四封信中的两封的内容。第一封信在经历一些耽搁之后，于11月11日由经济学家、罗斯福的密友亚历山大·萨克斯（Alexander Sachs）亲手递交给总统。（罗斯福图书馆中的所有信件，参见http://fdrlibrary.marist.edu/；第一封信，爱因斯坦档案编号39—468。）（下面的两封信 255 都承蒙以色列耶路撒冷希伯来大学爱因斯坦档案馆惠允引录。）

长岛皮科尼克（Peconic），1939年8月2日

阁下：

费米和西拉德两位先生曾把他们最近的一些研究报告的手稿送交给我。这些报告使我深信铀元素在不久的将来将成为一种新的重要能源。从目前发生的某些方面的情况来看，我们政府应该引起警觉，同时在必要时采取迅速行动。因此，我认为有责任提醒您注意下列一些事实，并提供自己的一些个人建议。

在过去的4个月中，通过法国的[弗雷德里克·]约里奥[·居里][1]和美国的费米及西拉德的工作，使得人们有可能在大块铀中建立一种链式核反应。在这种反应中，能产生极大的能量以及大量新的类似镭的元素。现在我们几乎可以确定，这在不久的将来就可以实现。

这一新现象也可以被用来制造一种新型炸弹。虽然还不能确定，但是这种新型炸弹有可能威力极大。将一颗这样的炸弹用船运送到一个港口引爆，可以炸毁整个港口以及四周的一些地区。不过这些炸弹可能因为重量太大，不便于空中运输。

在美国，仅有中等数量的贫铀矿。在加拿大和前捷克斯洛伐克有不错的铀矿，而最重要的铀矿则是在比属刚果。在这种情况下，也许您会想到，政府行政机构与在美国致力于链式反应研究的科学家之间，最好能有一些固定的联系。实现这一目标的一个可能办法是您将这项任务委托给一个您信任的人，以非官方的身份行事。他的工作可以包括下列数项：

a) 联系政府各部门，告诉他们进一步的发展，并对政府的行动提出意见，尤其要注意保证美国得到铀矿供应的问题；

b) 加速目前在几所大学实验室通过预算支持的实验工作；如果需要资金，可以通过自己的关系向一些愿意支持这一事业的私人筹款，也许还能争取一些拥有必要设备的工业实验室的合作。

据我所知，德国人在事实上已经停止出售他们接管的捷克铀矿开采出来的铀。他们之所以如此早地采取行动，可能是因为德国外交部国务秘书[恩斯特·]冯·魏茨泽克的儿子[卡尔·弗里德里希][2]任职

---

1 让·弗雷德里克·约里奥-居里(Jean Frédéric Joliot-Curie, 1900—1958)，法国物理学家。他与妻子伊雷娜·约里奥-居里(Irène Joliot-Curie, 1897—1956, 居里夫人的长女)共获1935年诺贝尔化学奖。——译者注

2 恩斯特·海因里希·冯·魏茨泽克(Ernst Heinrich von Weizsäcker, 1882—1951)男爵，德国海军军官、外交官、外交部国务秘书。因参与将法国犹太人送往奥斯威辛集中营，在纽伦堡审判中被定为战争罪犯。他有两个非常有名的儿子。长子卡尔·弗里德里希·冯·魏茨泽克 (Carl Friedrich von Weizsäcker, 1912—2007)，德国物理学家、哲学家、和平研究者。他曾师从物理学家海森伯，与哲学家哈贝马斯(1929—)一起主持过马普科技世界生活条件研究所。三子理夏德·冯·魏茨泽克(Richard von Weizsäcker, 1920—2015)，1984年至1994年担任德意志联邦共和国第六位总统。——译者注

于柏林威廉皇帝研究所，那里正在重复着美国关于铀的某些实验。

您的十分忠实的

阿耳伯特·爱因斯坦

罗斯福于1939年10月19日做出部分回复："我觉得您的这封信非常重要，已经召集国家标准局局长和陆军海军代表组成一个小组，来彻底调查您关于铀元素建议的可能性。"（爱因斯坦档案编号33—088。）

爱因斯坦还间接地给罗斯福写了另外两封信。一封是1940年3月7日（爱因斯坦档案编号39—475）写给亚历山大·萨克斯，以便由后者转交罗斯福；另一封则于1940年4月25日寄给秘密的"铀委员会"主席以及标准局局长莱曼·布里格斯（Lyman Briggs）（爱因斯坦档案编号39—484），目的也是要转交给罗斯福。两封信都建议加强核研究工作。5年半之后，由于开始担心铀可能被滥用，他于1945年3月25日直接致信罗斯福（同样由西拉德起草）（爱因斯坦档案编号33—109），该信不如前几封那样知名。

阁下：

我写这封信给您的目的，是要介绍利［奥］·西拉德博士，他想向您提交若干想法和建议。由于下面将要描述的原因，我在尚不知晓西拉德博士将要提交的想法和建议内容的情况下，就写信给您。

1939年夏天西拉德博士向我介绍了他自己关于铀的潜在国防意义的看法。他非常担心其中的可能性，并急切地希望尽快告知美国政府。铀中子发射是目前所有铀研究的基础，而西拉德博士是这一现象的发现者之一。他向我描述了一个自己设计的具体系统，认为可能很快在未分离的铀中形成链式反应。通过对其科学工作和个人的20多年的了解，我相信他的判断。正是基于他和我自己的判断，我冒昧地给您写信谈及此事。针对我1939年8月2日的信，您任命了一个以［莱曼·］布里格斯博士为主席的委员会，开始了政府在这个领域的活动。

西拉德博士目前工作的保密条款，不允许他向我透露自己工作的

257

信息；但是我清楚他目前非常担忧的是，目前从事这一工作的科学家们与您内阁内负责制订政策的成员缺乏足够的联系。在这种情况下，我觉得自己有义务为西拉德写下这封介绍信，并希望您能对他的事情给予个人关注。

您真诚的，A.爱因斯坦

罗斯福于1945年4月12日因脑溢血去世。他可能没有读到这封信。

资料来源：fdrlibrary.marist.edu; dannen.com; hypertextbook.com/eworld/einstein.shtml; http：//www.mphpa.org/classic/COLLECTIONS/MP—Einstein~Sachs/Pages/Ein—Sachs_Gallery_01.htm；关于有关的信件往来，参见拉努埃特与西拉德，《被阴影笼罩的天才》（Lanouette with Silard, *Genius in the Shadows*），第261—262页；亚历山大·萨克斯，"与罗斯福总统有关的原子工程的早期历史，1939—1940：阿耳伯特·爱因斯坦和亚历山大·萨克斯从思想的产生到提出"（Alexander Sachs, "Early History of the Atomic Project in Relation to President Roosevelt, 1939–1940：From Inception to Presentation of Idea by Albert Einstein and Alexander Sachs,"）1945年8月8日至9日，爱因斯坦档案编号39—488.1。亦见内森和诺登，《爱因斯坦论和平》，第292—306页。

战后与冷战，1946—1955年

在爱因斯坦看来，对于第二次世界大战结束之际的军备控制问题，答案很明显："原子弹的秘密，应当交给一个世界政府，而美国应当立即声明自己愿意如此行事。"（"论原子弹，接受雷蒙德·斯温采访所述"，《大西洋月刊》["On the Atomic Bomb, as told to Raymond Swing," *Atlantic Monthly*]，1945年11月，第43—45页。）在1945年年底，尽管苏联已经在秘密地拼命研发原子弹，但他们还未拥有这种武器，因此看上去有可能通过建立互信的方式，使得苏联相信一个世界政府可以保障他们的安全。这一点很快就被证明是一种幻想，但是爱因斯坦坚持继续宣称，要实现世界和平就必须剥夺所有国家的军事机构，以及作为其存在理由的武器。（参见"组织联系"一节中的"原子能科学家紧急委员会"；以及下面的"和平主义"和"世界政府"。）

在苏联人于1949年9月爆炸了自己的第一颗原子弹之后，美国被笼罩在对苏联和共产主义的恐惧之中。随着冷战紧张局势的加剧，爱因斯坦对美国政治制度也失去了信心。他回想起当初自由民主制度在德国遭受类似攻击，使得希特勒得以"轻松地给予其致命一击"的情形，并预言说"除非有远见和牺牲精神的人奋起捍卫之"，美国也会发生类似的情况（参见致诺曼·托马斯，1954年3月10日；爱因斯坦档案编号61—549）。对那些不忠于美国生活方式的活动，进行严厉镇压，这在爱因斯坦看来，就是一种意识形态的暴政："对共产主义的恐惧引发的行为，在其他文明人看来，已经不可理喻，让我国沦为笑柄。"（人权，1954年2月20日；爱因斯坦档案编号28—1012。）

尽管他本人并未被迫在众议院非美活动委员会（House Un-American Activities Committee，HUAC）以及参议员麦卡锡的下属常设调查委员会前作证，但在1953年，爱因斯坦公开谴责这类审查方式："作为少数的知识分子应当如何抵制这一恶行？坦率地说，我觉得只有甘地式的激进的不合作运动。每个被委员会传讯的知识分子都应该拒绝作证……准备好坐牢或者破产，简单地说，就是为了国家的文化福祉而牺牲个人的福祉。"（"致威廉·弗劳恩格拉斯的公开信"，《纽约时报》，1953年6月12日；参见附录C的第202篇。）《纽约时报》自身在第二天发表编者按，强烈反对爱因斯坦的立场，认为"采用怪异的和非法的不合作主义"来试图"用一种邪恶攻击另一种邪恶"是非常不明智的（内森和诺登，《爱因斯坦论和平》，第550页）。（亦见前文"民权与人权"。）

联邦调查局的爱因斯坦档案

爱因斯坦逝世25年后，联邦调查局（FBI）透露埃德加·胡佛（J.Edgar Hoover）至少从20世纪30年代初期开始，就一直在秘密调查记录爱因斯坦的政治活动。原因是爱因斯坦曾经与共产主义者一起参加和平主义者的会议，在西班牙内战中支持共和派。爱因斯坦并不知道自己一直到死都在被人监视。这份1427页的材料已经解密，分为14个部分，在下列网址公开：http://vault.fbi.gov/Albert%20Einstein。

该档案主要是联邦调查局人员彼此之间关于"调查对象"或者"所指个人"情况的备忘录。其中有爱因斯坦参加的会议以及组织的记录和评述。大部分文件实际上都显示他既不是一个共产主义者也不是"颠覆者"，但是一直并未撤销监视。早在1933年9月永久离开欧洲之前不久，爱因斯坦就在给伦敦《泰晤士报》的信中公开澄清了自己对共产主义的观点，声称自己从来没有赞成过共产主义，现在也不赞成（参见附录C中第144篇）。在爱因斯坦成为美国公民之前大约2个月的时候，在1940年7月26日的一封信中，乔治·斯特朗(George Strong)准将拒绝批准他的安全许可。联邦调查局不是第一个，也不是唯一一个关心爱因斯坦政治活动的机构：德国人也曾监视他（参见格伦德曼的《爱因斯坦档案》[Grundmann, *The Einstein Dossiers*]，相关讨论见附录A，"专题图书"）。

在所有保密的备忘录中，一些单词和段落被屏蔽，主要是为了保护仍未去世的相关无辜人士。尽管文件解密时这些单词被划掉了，但各种各样的带有橡皮戳记的文件警告读者该页面是"秘密"或"机密"。此外，记录中还包括几十个爱因斯坦活动报道的剪报。下面是文件的一些条目的例子。

一份备忘录讨论了"千人委员会"，也就是哈佛大学的哈洛·沙普利(Harlow Shapley)召集包括爱因斯坦在内的1000位美国名人推动废除众议院非美活动委员会(HUAC)的计划。

一份备忘录讨论了《反击》(*Counterattack*)，这是一份由纽约的美国商业咨询公司（American Business Consultants Inc.of New York）经营的新闻周刊。该周刊登载了一篇关于美国犹太作家、艺术家和科学家委员会（American Committee of Jewish Writers, Artists, and Scientists）的文章，声称该委员会是一个共产党前线组织，并且坚持认为爱因斯坦已被人说动加入该委员会。

一份备忘录声称爱因斯坦于1947年12月作出如下声明："我来到美国的原因是听说这个国家有伟大得不得了的自由。选择美国作为自由之土是我犯的一个错误，一生都难以弥补。"

日期为1950年2月13日和15日的文件声称爱因斯坦没有原子能委员会或者曼哈顿工程师特区（Manhattan Engineer District）授予的正式的安全许可，这证明爱因斯坦不可能曾经参与原子弹计划。其中一份备忘录认为"联邦调查局的文件中找不到曾经因为任何原因调查爱因斯坦教授的记录"。

该备忘录接着声称爱因斯坦"以各种方式"参与的至少33个组织都被司法部长、众议院非美活动委员会或者加州议会非美活动委员会列为共产主义组织。他还参与了50个未被列入以上名单的组织。"从他和以上组织的联系来看，他基本上是一个和平主义者，可以认为是一个自由派思想家。"

该文件提示爱因斯坦同情苏联科学家，同情苏联。补充的手写备注提到爱因斯坦的儿子在苏联。另一份备忘录引用线人的话说，爱尔莎·爱因斯坦在1944年左右听说爱因斯坦的儿子汉斯·阿耳伯特待在苏联，因而可能被当作人质胁迫爱因斯坦采取某种特定的行动，被"吓个半死"。（爱尔莎死于1936年。并无记录显示她的继子汉斯·阿耳伯特当时或者任何时候去过苏联。显然是有人把汉斯·阿耳伯特和爱尔莎的女婿、俄国移民德米特里·马里亚诺夫搞混了。）

1950年3月13日的一个备忘录声称，爱因斯坦在柏林的办公室在20世纪30年代早期他离开德国之前曾被用作苏维埃共产国际特工和其他苏共附属机构的电报地址，而且他还雇用了一群同情苏俄的打字员和秘书。（事实上，海伦·杜卡斯是他当时唯一的秘书。）该备忘录声称爱因斯坦的一个秘书曾把电报（"阴谋性的信件"）交给一名到各个据点收取电报的"特务人员"（苏维埃信使）。爱因斯坦的地址被当作一个有用的掩护投信口，因为他收到来自全世界的电报。这些电报都是加密的，而爱因斯坦应该是不知道其内容的。（西格弗里德·格伦德曼［Siegfried Grundmann］在其著作《爱因斯坦档案》［*The Einstein Dossiers*］里仔细分析了这些指控，认为它们毫无根据。）

1950年9月14日的一份备忘录声称："尽管该归化公民是一名世界闻名的 260科学家，但仍可对其进行适当的调查，以吊销其公民身份……看来为此目的展开适当的调查是必要的。"该调查被批准的原因是所谓的爱因斯坦柏林地址被苏联利用一事。

1950年11月23日的一份出自J.埃德加·胡佛本人的备忘录，要求调查海伦·杜卡斯是否"过去曾为苏联服务"（指作为爱因斯坦秘书期间）。

后来的备忘录指责爱因斯坦允许保罗·罗伯逊[1]将自己的信件递交给杜鲁门总统，表达自己反对私刑的立场。罗伯逊是"美国终结私刑运动"（American Crusade to End Lynching）的主席，而该组织被指控是一个共产党前线组织。另

---

1 保罗·罗伯逊（Paul Robeson, 1898—1976），美国歌手、运动员、演员、作家和民权活动家，因其在政治激进主义及美国民权运动中的活动而出名。他对于反帝国主义的呼吁，与共产主义的关系，以及他对美国政府的批评，导致他在麦卡锡主义盛行的时代上了黑名单。——译者注

一份备忘录列举"爱因斯坦同情共产党的表现"。

更详尽的讨论，亦见R.A.施瓦茨的"爱因斯坦与美国陆军部"（R.A.Schwartz, "Einstein and the War Department"，《爱西斯》[*Isis*] 第80卷 [1989]，第281—284页），以及弗雷德·杰罗姆的《爱因斯坦档案》（Freed Jerome, *The Einstein File*）。

《罗素–爱因斯坦宣言》

在爱因斯坦个人生命的最后几个月中，他直接参与了一个新的旨在打破东西方之间僵局的政治行动。随着1952年氢弹的问世，核灾难的威胁变得比以往任何时候都更加紧迫。这一情况促使伯特兰·罗素（Bertrand Russell）通过广泛宣传以他和爱因斯坦名义发布的声明，来展开一项世界范围内的行动以避免灾难发生。《罗素–爱因斯坦宣言》号召世界各国政府"公开宣称他们不可能通过世界大战来达到自己的目的"并"通过和平方式解决彼此之间的所有争执"（内森和诺登，《爱因斯坦论和平》，第635页）。尽管在宣言发布之前他就去世了，但哪怕只是签名支持该文件，爱因斯坦已经帮助吸引公众关注这些紧迫的政治问题。

这份讨论核世界危害的文件由伯特兰·罗素起草，爱因斯坦在1955年4月去世前几天签上了自己的名字。这也是爱因斯坦最后署名的文件。其他著名知识分子和科学家也参与签名之后，罗素在1955年7月9日伦敦的一个新闻发布会上发布了该宣言。其时正值冷战期间，两年之内它导致了"帕格沃什科学和世界事务会议"（Pugwash Conferencs on Sciences and World Affairs）的创立，怀有各种不同政治倾向的科学家们聚集在一起讨论大规模杀伤性武器对文明的威胁。这一大会目前每年仍在举行。下面是《罗素–爱因斯坦宣言》的全文。

在人类面临的这个悲惨的境况下，我们觉得科学家应当召开集会，评估由于大规模杀伤性武器的发展所带来的危害，并按照所附草案的精神讨论一项决议。

在这个场合，我们不是作为哪个民族、哪个大洲或者哪个宗教的成员，而是作为人类这个连生存都受到威胁的物种的一员发言。这个世界充满了冲突，而共产主义与反共产主义之间的殊死斗争让其他小

261

冲突相形见绌。

几乎每个有政治意识的人，都对某个或者更多的这类问题有强烈的感受。然而我们希望你能够尽量把这些感受放到一边，把自己当作一个生物物种的一个成员。这个物种具有非凡的历史，我们谁也不愿意看到它就此消亡。

我们不想说出任何一个集团爱听而另一个集团不爱听的字眼。所有人都同样地处于危险之中。如果我们能认识到这一危险，就有希望一起避免受害。

我们必须学习新的思维方式。我们必须学着思考的，不是采取什么步骤才能让我们支持的集团取得军事胜利，因为这样的步骤已经不复存在；我们需要自问的是，需要采取什么步骤，才能防止一场给所有各方带来灾难的军事竞赛。

普罗大众，甚至很多位高权重的人，都没有意识到使用核弹的战争会产生何种后果。普通民众想到的仍然是城市的毁灭。大家知道比起老式炸弹，新型炸弹的威力更加强大。既然一颗原子弹能够摧毁广岛，那么一颗氢弹就能摧毁像伦敦、纽约或者莫斯科这样更大的城市。

毫无疑问，在一场使用氢弹的战争中，会有大城市遭到毁灭。但这只是即将来临的灾难的次要一面。如果伦敦、纽约以及莫斯科的所有居民都被杀死，这个世界也许经过几个世纪就能恢复过来。但是现在我们知道，尤其是在比基尼岛实验之后，核炸弹的危害逐渐扩展的区域，比原先设想的大得多。

相当权威的声明指出，当前制造的炸弹，威力是广岛原子弹的2500倍。如果在地面附近或者水下引爆这样一枚炸弹，将会把放射性颗粒送到大气上层。颗粒逐渐下沉，以致命的尘埃或者降雨的形式落到地表。使得日本渔民和他们捕获的鱼致病的，正是这种尘埃。

没人知道这些致命放射性尘埃的散布范围，但是最可信的权威们一致认为氢弹战争可能会毁灭人类。如果使用大量氢弹，恐怕会造成普遍死亡，少数人可以死得很快，但是大多数人会被疾病慢慢折磨崩溃致死。

很多杰出科学家和军事战略权威都发出了警告。但是没有人会说最坏的结果是必然的，他们只是说，这些结果是可能的，没人能保证不会发生。到目前为止，我们还没有发现这些专家在这个问题上的观点和他们的政治观点或者偏见有任何关系。我们到目前为止的研究表明，他们的观点只和具体个人的相关知识有关。我们发现了解得最多的人最悲观。

现在我们就要向你们提出一个尖锐的、沉重的、但是无法回避的问题：我们应该让战争消灭人类，还是让人类摈弃战争？人们不愿正视这一选择，因为消灭战争太困难了。

要消灭战争，就要限制国家主权，而这是不受欢迎的。但是阻碍人们理解当前状态的最主要的原因，还是"人类"这个字眼让人感到模糊和抽象。人们在想象中很少能意识到，面临危险的是他们自身、他们的子孙，而不仅仅只是一个概念模糊的人类。他们很难明白，自己个人以及亲友正面临痛苦死亡的紧迫危险。因此他们希望，只要现代化武器被禁止了，也不一定要杜绝战争。

这个希望是不现实的。即使在和平时期达成了任何禁止使用氢弹的协议，到了战时也没有约束力了；一旦战争爆发，双方都会开始制造氢弹，因为如果只有一方制造氢弹而另一方却没有，制造氢弹的一方就肯定会赢得战争。

作为普遍削减军备的一部分，声明放弃核武器的协议尽管算不上是最终的解决方案，它还是可以达到某些重要的目的。首先，东西方之间的协议只要是倾向于缓和紧张局势，就总是有益的。其次，就消除热核武器来说，如果双方都觉得对方在认真执行，就可以降低对类似珍珠港事件那样的突然袭击的防备心理，目前正是这种心理让双方都处于紧张的忧虑状态。因此我们应当欢迎这样一个协议，尽管它只是第一步而已。

我们中大多数人在情感上并不是中立的，但是作为人类的一部分，我们必须记住，如果要以可能让任何人（无论共产主义者或者反共产主义者，无论亚洲人、欧洲人或者美国人，无论白人或者黑人）满意的任何方式解决东西方的问题，那么这个方式决不可能是战争。我们希望东西方都能明白这一点。

如果我们有机会做出选择，不断增长的幸福、知识和智慧就摆在我们面前。反过来，难道我们因为无法忘记我们之间曾有过的争执，竟然要去选择灭亡吗？我们作为人，向人类同胞呼吁：牢记你的人性，忘记其余。如果你能做到，通向新乐园的大道就会敞开；如果做不到，就会面临普遍死亡的风险。

决议

我们发起召开本届大会，并通过这次会议向全世界的科学家和普通大众发出邀请，签名支持下面的决议：

"考虑到未来的世界大战肯定会运用核武器，而这类武器威胁着人类的继续生存，我们敦促世界各国政府认识到并公开宣布，他们不能通过世界大战来达到自己的目的，因此我们敦促他们找到和平手段解决他们之间的所有争执。"

［签名］

马克斯·玻恩、珀西·布里奇曼（Percy W.Bridgman）、阿耳伯特·爱因斯坦、利奥波德·英费尔德、弗雷德里克·约里奥-居里、赫尔曼·穆勒（Hermann J.Muller）、莱纳斯·鲍林、塞西尔·鲍威尔（Cecil F. Powell）、约瑟夫·罗特布拉特（Joseph Rotblat）、伯特兰·罗素、汤川秀树[1]

政治哲学

和平主义

和爱因斯坦所有的政治思想一样，他的和平主义也应该被看作是一个道德

---

[1] 签名者当中，当时除利奥波德·英费尔德(1898—1968)和约瑟夫·罗特布拉特(1908—2005)外，均是诺贝尔奖获得者。1995年，罗特布拉特因致力于消除核武器威胁而获得诺贝尔和平奖。——译者注

立场的表现，而不是某种特定的政治承诺。对他来说和平主义是"一个本能的直觉，因为杀人总是令人厌恶的。我的态度不是来自于任何理论，而是基于对所有残忍和仇恨的反感"（参见致保罗·哈钦森［Paul Hutchinson］，1929年7月，收录于内森和诺登，《爱因斯坦论和平》，第98页）。随着时间的推移，他的立场的表现形式也有不同。在第一次世界大战爆发8个月后的1915年3月中，爱因斯坦加入了昙花一现的和平主义组织"新祖国联盟"（参见"组织联系"一节）。不过他断续投入研究的陀螺仪以及飞行器设计也有明显的军事用途，自己显然对此却不太在意，这与一直以来认为爱因斯坦是一位一贯的坚定的和平主义者的流行观点，未免有些矛盾（关于爱因斯坦的和平主义立场和他不太在意自身工作的军事用途之间的矛盾，参见弗尔辛所著《阿耳伯特·爱因斯坦》，第446—449页）。1922年4月，爱因斯坦在战后第一次访问德国的西邻法国，最明显地表现了其热烈的和平主义情怀的动机所在。目睹法国东部的战场和被战争毁坏的村庄的凄凉景象，他希望把所有德国和其他国家的学生都带去参观战争遗留的恐怖景象(图42)。

264   在20世纪30年代初的世界裁军大会期间，爱因斯坦一开始被可能签署协议停止军备竞赛的希望所鼓舞，认为应该由有关公民自愿组成协会来配合政府倡议（"关于凯洛格联盟声明"，1931年7月，载于列夫编辑的《反战》，第42页。［"Statement on a Kellogg League," July 1931, in Lief, ed., *The Fight against War*, p. 42]）。更大胆的建议是其所谓的"百分之二方案"，他在其中设想"如果应该参加兵役的人中间有百分之二的人宣布抵制战争"，政府就会束手无策，监狱系统也会瘫痪(在新历史学会发表"百分之二演讲"，1930年12月14日，纽约市；参见罗与舒尔曼编，《爱因斯坦论政治》，第240页)。大国之间未能达成协议，使得爱因斯坦的单方面和平主义的希望破灭。但是他已经对各个强权遮掩不住的重整武备产生警惕，这正是裁军大会未能达成协议的关键所在。希特勒掌权之后（图43），爱因斯坦认识到自己必须改变策略："我仍然认为杜绝战争是人类最重要的目标之一。在另一方面，我意识到不能再支持拒绝服兵役，因为在某些国家已经不可能再抵制强制兵役……我觉
265 得实现［和平主义的］目标的唯一方式是由国际组织来为全世界实现军事安全。"（参见致约翰·摩尔［John G. Moore］，1942年3月30日；爱因斯坦

图42　观看第一次世界大战中法国东北部多尔芒（Dormans）附近被毁的村庄。该照片摄于1922年4月9日。（巴黎《图片报》[*l'Illustration*]，1922年4月15日；国会图书馆）

档案编号123—384。）

　　面对美国和苏联之间的冷战对峙，爱因斯坦再次调整了自己的和平主义号召内容。他相信像原子武器这样的军事技术的发展，已经改变了游戏规则，因此呼吁建立一个有效的世界政府来为人类的生存提供必要的保障："我是否担心世界政府带来的暴政？当然担心。但是我更担心下一场战争的到来。"（"论原子弹，接受雷蒙德·斯温采访所述"，《大西洋月刊》，1945年11月，第43—45页。）为实现这一愿景，爱因斯坦于1946年秋同意担任原子能科学家紧急委员会主席，并开始积极地为核能控制的国际框架而奔走游说（参见"组织联系"一节）。1952年氢弹的问世，使得核灾难的威胁变得更加紧迫。这一情况促使伯特兰·罗素以他和爱因斯坦以及其他著名科学家的名义发布声明，号召加强

图43 爱因斯坦得知希特勒于1933年3月（在德国国会纵火案后一个月）获得紧急授权后，放弃了他先前的和平主义立场。这是1933年发表在《布鲁克林鹰报》（*The Brooklyn Eagle*）上的漫画："爱因斯坦拿起了剑"（"Einstein takes up the sword"）。（由查尔斯·雷蒙德·麦考利[Charles Raymond Macauley]绘制。国会图书馆编号：LC—USZ62—42467）

努力来避免灾难发生。声明发布的时候爱因斯坦已经去世。（参见前文《罗素-爱因斯坦宣言》。）

266 社会主义

爱因斯坦最初赞成的是经济物资分配的供求原理，不过后来开始后悔自己的这一立场。1944年爱因斯坦主张，为了满足社会的物质和精神需求，某种程度的强制、组织和官僚机构是必要的。大萧条之后的经济萎靡使他深信，必须要有政府的"限制和调控力量"来制衡无节制的利己主义和竞争对社会产生的不良影响，把劳动者之间的竞争限制在健康范围之内（"生产与劳动"["Production and Work"]，1932年9月22日，载于《观念与见解》[Ideas and Opinions]，第92—93页）。他对资本主义的主要批评是其消极潜能，使得个人的精力不被用于充分发展其创造力，而这又阻碍人们对公共利益作出创造性的贡献——具有讽刺意味的是，他认为，在资本主义与其对立面——也就是官僚主义的苏维埃政权——身上都能看到这一特征。

在一篇写于冷战早期的题为"为什么要社会主义？"（《每月评论——一份独立的社会主义期刊》["Why Socialism？" Monthly Review, an Independent Socialist Magazine] 第一卷第一期[1949年5月]，第9—15页）的文章里，他抨击"私人资本的寡头统治"，主张为了实现平等的目标，需要某种计划经济作为工具。他认为社会主义能为社会的每个成员带来最大的物质利益，但是容易产生强大的官僚主义，侵蚀个人权利。爱因斯坦拥护的社会主义，是一个社会伦理哲学，而不是政治经济意义上的意识形态。他也没有把社会主义当作一个安慰剂，或者"能解决所有社会问题的万能方案；它只是一个框架，在其中有可能找到这样一个解决方案"（"对苏联科学家的答复"，《原子科学家公报》["A Reply to the Soviet Scientists," Bulletin of the Atomic Scientists]，1947年12月，第35—37页；重载于《爱因斯坦晚年文集》[Out of My Later Years]，第169—175页）。

爱因斯坦社会主义观念中的一个核心矛盾，是他并非一个坚定的平等主义者，而是更倾向于精英主义。尽管他经常显示自己对具有人道主义色彩的社会主义的哲学上的同情，包括对很多社会主义经济原理的欣赏，作为一位19世纪的自由主义者，他从未认同欧洲劳工运动的思想传统与其马克思主义遗产有联系。正像他在1930年毫不掩饰地宣称的："在我们生命的喧嚣里，真正有价值的……是富有创造力和感受力的个体，是独特的人格——是这些人创造了卓越与崇高的事物，而芸芸众生则总是思想贫乏，感情迟钝"（"信条：'我的信念'"）。一个信奉阶级斗争教育的人，很难说出这样的话来。

世界政府

　　爱因斯坦第一次用到这个字眼，是在1932年的裁军大会之前；当时他宣称为了消除战争，每个国家必须向一个国际机构交出部分主权。第二次世界大战之后，这一概念成为他政治哲学的试金石。广岛和长崎的核爆，特别是埃默里·里夫斯（Emery Reves）的著作《剖析和平》（The Anatomy of Peace）的出版，激发爱因斯坦发动一场宣传活动，不仅试图控制核武器，还要建立一个世界政府的框架。这个世界政府需要拥有足够的资源和权威，来遏制国家间的武力冲突和暴力。爱因斯坦尤其强调采用了里夫斯对"所有已经发生的错误步骤（在单纯民族主义观点下秘密发展军备，尤其是在制造原子弹一事上，以及由美国独家控制太平洋的重要战略区域）"的批评（参见致埃默里·里夫斯，1945年8月28日；爱因斯坦档案编号57—292）。

　　与抱有同感的美国广播公司通讯员雷蒙德·格拉姆·斯温（Raymond Gram Swing）的一个访谈发表在1945年11月的《大西洋月刊》上，最尖锐地公开表达了爱因斯坦的观点（参见附录C中第178篇和第183篇）。从只要存在拥有强大实力的主权国家，战争就不可避免这一前提出发，爱因斯坦论证说，随着原子武器的出现，只有把所有军事资源交付给一个世界政府，才能避免战争，除此之外别无他法。他认为，像莱纳斯·鲍林和其他一些人提议的那样，宣布战争本身为非法，是"没用的，哪怕能够发起一场以此为口号的群众运动，如果没有某种拥有足够实力和独立性的世界政府，要防止军备竞赛和战争危险，显然也是不可能的"（参见致莱纳斯·鲍林，1954年6月8日；爱因斯坦档案编号60—874）。他建议由三大强权——美国、苏联和英国——为这样一个政府起草一份章程，自己签署之后，再鼓励其他小国加入。除了军事管辖权外，世界政府还应拥有权力干涉那些少数人压迫大多数人的国家，这样的国家存在不稳定性，可能导致战争。虽然爱因斯坦声明世界政府也有可能带来暴政，但他更担忧一场新的战争。在第二年春天给他最好的朋友的一封信中，爱因斯坦解释道，尽管"浪费很多精力参与缺乏成效的政治活动"是很令人遗憾的，但重要的是让公众了解"世界政府的必要性，没有它，所有人类的成就都将泯灭"（参见致米凯勒·贝索，1946年4月21日；爱因斯坦档案编号7—381）。

虽然苏联拒绝了美国提出的旨在巩固自己原子技术垄断地位的1946年"巴鲁克计划"（Baruch Plan），爱因斯坦的决心也没有动摇。在1947年10月发表的一封"致联合国大会的公开信"中，他呼吁无论苏联支持与否，美国都应致力于加强该组织的改革，为将来的世界政府做准备。只有这样，才能通过大胆的决定加强联合国的道德权威，保障全人类的安宁和福祉。他进一步指出，应当增加联合国大会的权力，让安理会服从于联合国大会；联合国大会的代表应由民众直接选举产生，而不是由政府指定；在过渡期间，联合国大会应保持运作。但是随着"巴鲁克计划"的失败，大势已去，美国和苏联都全力展开武器开发、创新、生产和测试计划，作为冷战时期整个核军备竞赛的一部分。

宗教

爱因斯坦1930年10月的那篇关于其信条的文章"我的信念"中，包含了他在这个问题上的观点（文章全文，请参见第Ⅷ页）。所有宗教体验的源头和核心，是神秘的［知觉］："认识到确实存在让我们费解的事物，它自身表现为最高的智慧和最耀眼的美，以我们的愚钝之才只可感知其最基本的轮廓——这种认识与感触，是真正的宗教情怀的核心。从这种意义上讲，也只有在这种意义上，我隶属于虔诚的具有宗教情怀的人之列。"

和斯宾诺莎一样，他拒绝一个超然的上帝(a transcendent God) 的概念，认为自然和上帝是同一的，与他称之为"泛神论"的观点是一样的。他对传统宗教的摒弃直截了当："我只是从历史和心理学的角度来看待那些忏悔式的传统；我和它们没有其他关系。"（1922年，给东京的一位基督教青年会［YMCA］成员的回复，《爱因斯坦全集》，第十三卷，文件398；爱因斯坦档案编号28—013。）他同样摒弃惩罚世人的上帝这一概念，认为那不过是人类脆弱性的一个表现。他也完全不相信存在一个不朽的灵魂，认为那是人类恐惧和自大的产物："只要能思索智慧生命永恒的奥秘，考察现存世界的神奇的结构，窥见它的一鳞半爪，并谦卑地努力去领悟在自然界中显示出来的那个理性的一部分，即使只是其极小的一部分，我也就心满意足了。"（参见"信条：'我的信念'"。）

除了拒绝宗教组织——他在瑞士期间就宣称自己不属于任何教会——爱因斯坦也拒绝无神论，认为无神论的偏执和宗教狂热分子是一样的，他们"听不到天体音乐"[1]（1941年；爱因斯坦档案编号54—927）。在1929年10月26日与《星期六晚邮报》[2]的一个访谈中，他直截了当地声明"我不是无神论者"，但是他也不知道自己是否是一个泛神论者："这牵涉到的问题对于我们有限的头脑来说，是太大了。"但是他认为一个人的信仰后面应该是有理由的："仅仅不相信一个人格化的神，完全算不上是基于哲学。"（致V.T. 阿尔托宁[3]，1952年5月7日；爱因斯坦档案编号59—059。）他宣称从根本上来说自己在神的问题上是一个不可知论者："我相信，为了让人的生命更加美好高贵，对道德原则的首要意义的清晰认知，并不需要一个规则制定者的概念，尤其不需要靠奖惩来维持规则的统治者。"（致莫顿·伯科维茨［Morton Berkowitz］，1950年10月25日；爱因斯坦档案编号59—215。）1954年，在临近生命终点的时候，爱因斯坦给哲学家埃里克·古特金德[4]写了一封信，表露了自己的宗教情感。他写道，和其他宗教一样，犹太教"体现了最幼稚的迷信……而圣经就是一部传奇的集合，这些传奇故事虽然可贵，但还是很原始、幼稚"（1954年1月3日；爱因斯坦档案编号33—337）。这封手写的信，还包含更多的关于他的信仰的声明，在2008年伦敦以超过40万美元拍卖成交，是拍卖前估值的25倍。

---

1 天体音乐(music of the spheres)，又称天球和谐(harmony of the spheres)，是一种古老的哲学概念，最早来自毕达哥拉斯，开普勒将这一概念发扬光大。按照这一概念，宇宙是一个整体，可以通过数学比例来优化排序，天体中各个行星的距离是按音程比例确定的，因此在天文学中会显示出与音乐中相同的原理。——译者注

2《星期六晚邮报》(*The Saturday Evening Post*)是美国一份创刊于1897年的双月刊杂志，内容覆盖小说、非虚构作品、漫画和特写。在20世纪20年代到60年代，它是美国中产阶级流传最广、影响力最大的杂志之一，每周发行量能达到数百万份。——译者注

3 维克托·托伊沃·阿尔托宁(Viktor Toivo Aaltonen, 1889—1955)，芬兰森林科学家，芬兰森林研究所教授。1954年至1955年担任自由思想家协会主席，并发表了几本批评宗教的著作，例如《为什么我不是基督徒》。此处原文将名字误拼为Altonen。——译者注

4 埃里克·古特金德(Eric Gutkind, 1877—1965)，出生于柏林的德国犹太裔哲学家、神秘主义者。——译者注

附录

附录A　爱因斯坦传记、专题图书、儿童读物和电影资料选

作为一个谦虚的、个人事务方面重视隐私的人，爱因斯坦对撰写一部自传的书没有兴趣。不过自传式的回忆还是有的，读者可以参见他的"自述"，该文载于保罗·希尔普（Paul Schilpp）所编、1949年出版的《阿耳伯特·爱因斯坦：哲学家—科学家》（*Albert Einstein: Philosopher-Scientist*），其内容被爱因斯坦诙谐地称为"我的讣告"。诸如《我眼中的世界》[1]（*The World as I See It*）与《爱因斯坦晚年文集》（*Out of My later Years*）等书虽然听起来像是自传，但是它们仅是由爱因斯坦的一些思想与文章汇编而成，其中的绝大部分都已收录进在1954年出版的通俗选集《观念与见解》中。爱因斯坦一向不喜欢撰写传记的想法，尤其是讨论个人生活的那种。他曾向作家马克斯·布罗德（Max Brod）抱怨道："一堆关于我的厚颜无耻的谎言与彻头彻尾的虚构杜撰早已出版，假如我当时真把它们当回事，早就进坟墓了。"（1949年2月2日；爱因斯坦档案编号34—066.1。）但是就在这一年，他的朋友菲利普·弗兰克（Philipp Frank）发表了一部获得他本人同意的传记。

许多作家都试图补正爱因斯坦在记录自己生平事迹时为了自我保护而有意忽略的方面。我们在此总结了我们最喜爱的与并不太喜爱的英文版的爱因斯坦传记与其他书籍以及电影，以作者姓氏的字母为序。其中一些是科学性的传记，另外一些是关于个人性质的，还有一些传记的内容则比较广泛，同时涵盖这两个方面。更多的书将重点放在了爱因斯坦生活或研究工作的某个具体方面。早期的传记——在爱因斯坦档案建立并向研究者公开前面世的传记——有点像圣徒行传。它们中的绝大多数早已绝版，但是一些书还是可以从互联网上的二手书销售商那里买到。

---

1 德文版《我的世界观》（*Mein Weltbild*）英译本所取的书名。尽管随着时间变化，不同的德英文版的内容不完全等同，两者之间总有一定的差别。——译者注

传记[1]

丹尼斯·布莱恩的《爱因斯坦的一生》(Denis Brian, *Einstein, a Life*. New York:Wiley, 1996)[2]。在亚伯拉罕·派斯的广受赞誉的爱因斯坦传记于1982年出版后，布莱恩在其著作中又一次试着破除爱因斯坦作为非凡之人、"犹太圣人"的形象。借助于波士顿大学的爱因斯坦档案副本，布莱恩对爱因斯坦进行了详细充分的研究。虽然没有悉数收录派斯提供的科学资料，但是他的书结构更为完善、文字更为流畅，尽管也许有些八卦，却也更适合普通读者。

彼得·布基的《阿耳伯特·爱因斯坦秘事》(Peter Bucky, *The Private Albert Einstein*. Kansas City: Andrews and McMeel, 1992)。作者是爱因斯坦一家的朋友古斯塔夫·布基(Gustav Bucky)的儿子，在书中他回忆了自己一家人与爱因斯坦的接触交往。

戴维·卡西迪的《爱因斯坦与我们的世界》(David Cassidy, *Einstein and Our World*. Atlantic Highlands, NJ: Humanities Press, 1995, 2004)。卡西迪是霍夫斯特拉大学的自然科学教授，曾担任《爱因斯坦全集》丛书的副主编。在这本学术著作中，作者关注的焦点是爱因斯坦的科学工作对当代社会的影响。

罗纳德·克拉克的《爱因斯坦：生平和时代》(Ronald W. Clark, *Einstein: The Life and Times*. New York: World Publishing, 1971)。该著作是爱因斯坦去世后出版的第一部内容广泛并备受好评的爱因斯坦传记。本书广受读者欢迎，曾入选"每月一书俱乐部"(Book of the Month Club)书榜，编辑兼作家克利夫顿·法迪曼(Clifton Fadiman)预言这本书会在一段时间内成为一部标准的爱因斯坦传记。在派斯1982年出版《上帝难以捉摸》一书之前也确实如此。克拉克是一位作家，曾为一些杰出的公众人物写过传记。但是他未能利用《爱因斯坦全集》，也没有获准自由查阅普林斯顿高等研究院的全部爱因斯坦档案。作为一个英国人，克拉克对于爱因斯坦对巴勒斯坦托管地的英国当局的抨击持批评态度。在10年的时间里，这部传记一枝独秀，在1981年之前公众对爱因斯坦的

272

---

1 "传记"中有些书已有中译本，有的甚至不止一个译本。我们尽可能提供其中至少一个译本的信息。——译者注

2 有中译本：《爱因斯坦全传》，[美]丹尼斯·布莱恩著，杨建邺、李香莲译，高等教育出版社，2008年。

了解大多是来自于这部传记。这本书目前仍可买到。

阿尔布雷希特·弗尔辛的《爱因斯坦传》（Albrecht Fölsing, *Albert Einstein.* New York: Viking, 1997[1]）［英文版由埃瓦尔德·奥泽斯（Ewald Osers）译自德文原版，并有所缩减］。该书比丹尼斯·布莱恩写的传记出版要晚一年，大多数爱因斯坦的粉丝和研究者都认为它较后者更为严肃。《爱因斯坦传》最初以德文撰写并出版，并在德国受到广泛好评，在期待已久的英文版问世之前，它的名声已经传到大洋彼岸。在10年后沃尔特·艾萨克森（Walter Isaacson）的著作出版之前，它是读者最喜爱的一部爱因斯坦传记。

菲利普·弗兰克的《爱因斯坦的一生和时代》（Philipp Frank, *Einstein: His Life and Times.* New York: Alfred A.Knopf, 1947, 1953.翻译者为乔治·罗森［George Rosen]）[2]。该书是为数不多的在爱因斯坦生前出版、经过精心研究的传记之一，作者为哈佛大学物理学教授，也是爱因斯坦的朋友。弗兰克的书涵盖了爱因斯坦的生平与20世纪上半叶的物理学，着重于爱因斯坦的科学贡献。这本书算不上是一部完整的爱因斯坦传记，因为作者未能接触爱因斯坦档案与《爱因斯坦全集》中的很多资料。此外，该书也缺乏一手资料。

罗杰·海菲尔德与保罗·卡特的《阿耳伯特·爱因斯坦的私生活》（Roger Highfield and Paul Carter, *The Private Lives of Albert Einstein.* London: Faber and Faber, 1993 ［U.S. edition, San Francisco: St. Martin's Press, 1994]）。本书的作者是两位英国编辑，他们研究了爱因斯坦的家庭和情感折磨,关注点是爱因斯坦与其第一任妻子米列娃的关系。虽然在两人婚姻的后期爱因斯坦对待米列娃相当刻薄，但是在离婚后两人之间的关系还算过得去。（亦见丹尼斯·奥弗比的《恋爱中的爱因斯坦》［Dennis Overbye, *Einstein in Love*] 和于尔根·雷恩、罗伯特·舒尔曼编《阿耳伯特·爱因斯坦和米列娃·马里奇情书集》［Jürgen Renn and Robert Schulmann,*The Einstein/Marić Love Letters*]。）[3]作者不仅利用了现存的传记材料，还煞费苦心地研究新的材料，直接求助于包括《爱因斯坦全集》编辑

---

1 有中译本：《爱因斯坦传》，［德］阿尔布雷希特·弗尔辛著，薛春志译，人民文学出版社，2011年。

2 有中译本：《爱因斯坦传》，［德］菲利普·弗兰克著，吴碧宇、李梦蕾译，长江文艺出版社，2016年。

3 有中译本：《阿耳伯特·爱因斯坦和米列娃·马里奇情书集》，于尔根·雷恩，罗伯特·舒尔曼编；赵中立译，湖南科学技术出版社，2003年。

在内的相关人士。该书的主要缺点是其出版时间距今已超过20年，缺乏最新的研究内容。

在海伦·杜卡斯帮助下，巴纳希·霍夫曼著有《阿耳伯特·爱因斯坦：创造者和叛逆者》（Banesh Hoffmann, with the collaboration of Helen Dukas, *Albert Einstein: Creator and Rebel*. New York: Viking, 1972）。作为爱因斯坦合作者，霍夫曼曾为相对论做出了重要的贡献，他撰写爱因斯坦的早年生活与相对论诞生历程的溯源，值得赞赏。尽管他不能查阅爱因斯坦档案中的全部资料，但是《纽约时报》仍然声称该书"完整表现了这位令人兴奋的科学家"，《出版者周刊》（*Publishers Weekly*）称这是一本"引人入胜的读物……本年度最令人印象深刻的书之一"。

273　　沃尔特·艾萨克森的《爱因斯坦的生活与宇宙》（Walter Isaacson, *Einstein: His Life and Universe*. New York: Simon & Schuster, 2007）[1]。我们的大多数朋友的书架上可能都会有艾萨克森的这本书。尽管该书对爱因斯坦的生活并无新的深入见解，但是依然获得了物理学家与非物理学家们一致的高度赞誉。作者以一个观察者的恭谨方式，涵盖了有关爱因斯坦人生的大多数话题。艾萨克森是一位机敏的研究者，他成功地从所有可利用的资料中收集所需的信息。不过他美化了爱因斯坦移民美国后对美国生活方式的态度，因为爱因斯坦对美国社会，尤其是它的物质主义、社会不平等、种族主义以及麦卡锡时代的警戒主义（vigilantism）等实际上相当不满。艾萨克森利用了前所未有的关于爱因斯坦书籍的媒体宣传活动成功地推销了这本传记。

德米特里·马里亚诺夫与帕尔马·韦恩的《爱因斯坦传：对伟人的深入研究》（Dmitri Marianoff with Palma Wayne, *Einstein: An Intimate Study of a Great Man*. Garden City, NY: Doubleday, Doran, 1944）。这部由爱因斯坦继女玛戈特的前夫马里亚诺夫撰写的传记，在出版后并未受到较多赞誉，可能是因为爱因斯坦本人对之不屑一顾。马里亚诺夫曾涉嫌在德国与美国为苏联从事间谍活动。虽然在书中他努力展示对爱因斯坦的崇拜与尊敬，但是其笔下的爱因斯坦形象并不真实，显得为人孤高，是一位空想家，并且作者也没有提及爱因斯坦

---

1 有中译本：《爱因斯坦传》，[美] 沃尔特·艾萨克森著，张卜天译，湖南科学技术出版社，2012年。

对人道主义、政治与知识的热情。这本书充斥着笔法拙劣的家庭轶事和错误内容，反映的不过是马里亚诺夫对爱因斯坦与爱尔莎结婚后家庭生活的个人看法。据说爱因斯坦既不喜欢马里亚诺夫本人，也不喜欢他撰写的这本传记，并认为它"大体上是不可靠的"，不值得出版。

亚历山大·莫什科夫斯基的《爱因斯坦谈话录》（Alexander Moszkowski, *Conversations with Einstein*. New York: Horizon Press, 1970.英文版由亨利·布罗泽[Henry L.Brose]译自德文原版）。该书收录了爱因斯坦与德国籍犹太裔作家、哲学家与讽刺作家莫什科夫斯基在1916年至1920年之间于柏林进行的谈话。这些谈话内容于1920年由柏林F.冯塔内出版社（F. Fontane & Co.）首次出版。1921年，本书被译成英文，并在1922年由纽约E.P.达顿出版社（E.P.Dutton）出版（1970年由地平线出版社［Horizon］再版）。尽管莫什科夫斯基的这本著作并非严格意义上的传记，但是它是数以百计以多种语言写就的记录爱因斯坦生活的某些方面的书中最早的一部。爱因斯坦在预备出版的系列谈话中展露了他的个人看法和关于他生活的一些实际情况，这在爱因斯坦的朋友们中间引起争议，尤其是德国物理学家马克斯·玻恩与他的妻子海德薇希。因为担忧这本书会激化反犹主义，并可能会被指控是在博人眼球，玻恩夫妇力劝爱因斯坦阻止本书在德国出版。考虑到1920年发生的一场右翼反相对论运动，其拥护者们批判爱因斯坦哗众取宠，相对论只是一个骗局，玻恩夫妇的担心也不是没有道理。虽然手稿并未给爱因斯坦留下很深的印象，他也没有费力去阻止出版该书，但无论怎样，出版商与作者都不会停止正在进行中的出版项目。玻恩在晚年阅读该书之后觉得并不像他担忧的那样糟糕。（参见弗尔辛的传记，第469—471页。）

于尔根·奈佛的《爱因斯坦传》（Jürgen Neffe, *Einstein*. New York: Farrar, Strausand Giroux, 2005.该书英文版由谢利·弗里希［Shelley Frisch］译自德文原版）[1]。这部译笔优美的传记与艾萨克森的爱因斯坦传记同时出版，但是后者广受人们欢迎并且营销更广，使得前者相形见绌。本书的结构是依据主题而非时间顺序，并且没有回避爱因斯坦的"不那么光彩的一面"。奈佛对爱因斯坦的

²⁷⁴

---

1 有中译本：《爱因斯坦传》，［德］于尔根·奈佛著，马怀琪、陈琦译，中央编译出版社，2013年。

心理描写颇为有趣，尤其是涉及爱因斯坦与女性和他的儿子们的关系时。

亚伯拉罕·派斯的《上帝难以捉摸：爱因斯坦的科学与生平》（Abraham Pais, *Subtle Is the Lord: The Science and the Life of Albert Einstein*. Oxford and New York: Oxford University Press, 1982）[1]。迄今为止，这本书仍旧是科学家们最喜欢的爱因斯坦传记。虽然因其太过于专业且内容过于密集而难以被称为"通俗"传记，但是本书的内容经过仔细的研究考证，爱因斯坦的科学家同事们认为如果爱因斯坦在世，他最喜欢的传记就该是这本。派斯与爱因斯坦本人相识，且他本身也是一位知名的物理学家。他首次以接近的且非圣化的视点叙述爱因斯坦个人生活，包括一些以前不为人知的个人事实。本书被《纽约时报》评为年度最佳图书之一，并获得1983年度"美国科学图书奖"（American Book Award for Science）。然而因为派斯在书中多处突然转换话题，所以本书的结构也存在一定程度的混乱。类似于史蒂芬·霍金的《时间简史》（Stephen Hawking, *A Brief History of Time*），每个人都想拥有这本传记，但是能完全读懂它的人却并不算多。

安东·赖泽尔（鲁道夫·凯泽）的《爱因斯坦传》（Anton Reiser［Rudolf Kayser］, *Albert Einstein: A Biographical Portrait*. New York: Boni, 1930.本书英文版由路易斯·茹科夫斯基［Louis Zukovsky］译自德文原版）。该书由爱因斯坦的女婿、其继女伊尔莎·爱因斯坦的丈夫使用笔名撰写，可谓反映了内部知情者的看法。赖泽尔/凯泽运用第一手的家庭叙述内容作为资料，追述了爱因斯坦自童年至成为国际名人的人生经历。正如爱因斯坦在1931年所写的那样，他认为这本书"在我看来，是关于我的传记中最好的一部。它是由一位对我本人深入了解的作者撰写的"（"致埃德加·马格宁［Edgar Magnin］"，1931年2月25日；爱因斯坦档案编号47—569）。爱因斯坦为这本书写了一篇较短的序言，据说是为帮助凯泽与伊尔莎促销。凯泽曾担任柏林的《新评论》（*Neue Rundschau*）月刊总编辑一职多年。本书是我们能够找到的最早出版的"真正"英文版传记（相较于莫什科夫斯基的著作）。因为爱因斯坦认为它是"最好的"，所以当时可能

---

1 有中译本：《上帝难以捉摸：爱因斯坦的科学与生平》，［美］亚伯拉罕·派斯著，方在庆、李勇译，商务印书馆，2017年。

还有以德语出版的其他传记。

杰米·塞延的《爱因斯坦在美国》（Jamie Sayen, *Einstein in America*. New York: Crown, 1985）。该书被学者与大众严重忽视，其作者是爱因斯坦在普林斯顿默瑟街的邻居的儿子。该传记可读性强，文风朴实，资料丰富，直截了当，包含了其他传记作者经常遗漏的信息。尽管本书书名里提到的是美国，但是它也涉及了爱因斯坦在美国之外其他地区的生活。

专题图书

关于爱因斯坦生活和科学的特定方面的书太多了，我们无法在这里一一加以评论。加州理工学院的"爱因斯坦文稿项目"已经收录了约700种以各种语言编写的这类书，毫无疑问，还有更多的书未被收录。而到本书出版时，还会有更多的这类书问世，例如，奈杰尔·考尔德的《爱因斯坦的宇宙》（Nigel Calder, *Einstein's Universe*），杰里米·伯恩斯坦的《爱因斯坦传》（Jeremy Bernstein, *Einstein*），以及利奥波德·英费尔德的《阿耳伯特·爱因斯坦》（*Albert Einstein*）与《物理学的进化》（*The Evolution of Physics*，与爱因斯坦合著），在它们出版之时都属于佳作，但是现在都已过时。在这里我们未按特定顺序列出了一些保存 275 于我们书架上的资料读物。读者可在本书末尾的参考文献一节查看一些书的出版商。

爱因斯坦的《相对论的意义：1921年5月于普林斯顿大学进行的四场演讲》（*The Meaning of Relativity: Four Lectures Delivered at Princeton University*, May 1921.1954年第五版）[1]。该书是基于爱因斯坦1921年在普林斯顿大学进行的五场演讲内容并经过整理而成，尽管在书中只有四篇演讲文本。在德文原始手稿中，爱因斯坦提到五场演讲，但是在英文版中，前两章被合并，副标题也因而改为"四场演讲"。

爱因斯坦的《观念与见解》（*Ideas and Opinions*），英译者为索尼娅·巴格曼

---

1 有中译本：《相对论的意义》，[美] 阿尔伯特·爱因斯坦著，郝建纲、刘道军译，上海科技教育出版社，2005年。

(Sonja Bargmann)。该书收录了爱因斯坦撰写的多篇短文，1954年首次出版，并在几十年的时间内多次再版。其中一些经过翻译的文章与其他基于原文的翻译有所差异。该书中的许多篇文章曾被收录于更早的出版物中，例如《爱因斯坦晚年文集》《我的世界观》《科学论文》（*Essays in Science*）与《宇宙宗教》（*Cosmic Religion*）等。

《爱因斯坦谈人生》（*Albert Einstein, the Human Side*.1979, 1981）[1]一书是海伦·杜卡斯与巴纳希·霍夫曼为纪念爱因斯坦诞辰100周年整理编辑而成，收录了取自于爱因斯坦所撰写文章与通信的文字节选及语录，由普林斯顿大学出版社出版。

《阿耳伯特·爱因斯坦和米列娃·马里奇情书集》（*Albert Einstein/Mileva Marić Love Letters*. 1992），编者于尔根·雷恩与罗伯特·舒尔曼，英文版由肖恩·史密斯（Shawn Smith）译自德文。该书收录了爱因斯坦与第一任夫人米列娃在恋爱时期和婚后第一年内的来往信件，信件的时间跨度为1897年至1903年，并由编者添加了注释。

《爱因斯坦论和平》（*Einstein on Peace*，1968）[2]，编者为奥托·内森与海因茨·诺登（Heinz Norden），该书是一部爱因斯坦的政治类文章的选集。由戴维·罗（David E. Rowe）与罗伯特·舒尔曼编辑的《爱因斯坦论政治》（*Einstein on Politics*，2007）一书因内容更加丰富且包含较新的信息资料而取代了《爱因斯坦论和平》。

马克斯·雅默（Max Jammer）的《爱因斯坦与宗教》（*Einstein and Religion*，1999）。该书是唯一可接受的关于爱因斯坦的宗教信仰及科学与宗教的关系的书。请读者不要理会那些将爱因斯坦描述成从神秘主义者到无神论者的资料。

约翰·施塔切尔编辑的《爱因斯坦奇迹年：改变物理学面貌的五篇论文》（John Stachel, *Einstein's Miraculous Year: Five Papers that Changed the Face of*

---

1 有中译本：《爱因斯坦谈人生》，[美]海伦·杜卡斯、[美]巴纳希·霍夫曼编选，李宏昀译，复旦大学出版社，2013年。

2 有中译本：《爱因斯坦论和平》，[美] O.内森、[美] H.诺登编，李醒民译，商务印书馆，2017年。

Physics, 1998, 2005）[1]。编者是《爱因斯坦全集》出版项目的首任主任兼丛书首任主编。由施塔切尔注释的爱因斯坦在其奇迹年——1905 年撰写的论文的最新译本，被亚马逊网站誉为"译笔优美，编辑出色"，"保持了爱因斯坦的简洁清新的写作风格"。在 2005 年出版的另一部关于奇迹年的优秀书籍《爱因斯坦 1905年》（*Einstein*:1905）中，作者约翰·瑞登（John Rigden）更加深入地解释和讨论了这些论文的内容，不过该书并未给出这五篇论文的文本。

美国学术协会编辑的《简明科学传记大辞典》（American Council of Learned Societies, *The Concise Dictionary of Scientific Biography*, 2000）是《科学传记大辞典完整版》（*The Complete Dictionary of Scientific Biography*）的一部颇有用处的简编版本，读者可在圣智盖尔电子图书馆(Gale Virtual Reference Library)查阅。该书收录了许多关于爱因斯坦的同事和助手的传记资料。

约翰·施塔切尔著《爱因斯坦：从 B 到 Z》（*Einstein from B to Z*, 2002）。该书收录了作者在对爱因斯坦的长期研究过程中发表过的一系列涉及许多主题的学术文章，代表着作者的毕生研究工作。

保罗·希尔普编辑的《阿耳伯特·爱因斯坦：哲学家—科学家》（1949 年首次出版，之后数次再版）。该书是《在世哲学家丛书》（*The Library of Living Philosophers*）中的一册，收录爱因斯坦的《自述》（德文与英文两种文本对照）、爱因斯坦作品目录，以及由爱因斯坦的同时代人，包括路易·德布罗意、沃尔夫冈·泡利、马克斯·玻恩、尼尔斯·玻尔、利奥波德·英费尔德、库尔特·哥德尔等撰写的多篇文章。开庭书局（Open Court Publishers）在 1979 年以小册子形式出版了其中的《自述》。

1979 年是爱因斯坦诞辰 100 周年，因此出版了许多研讨会文集。其中就有杰拉尔德·霍尔顿与耶胡达·埃尔卡纳（Yehuda Elkana）对在耶路撒冷举行的百年诞辰研讨会的会议论文加以编辑而成的《从历史与文化的视角看阿耳伯特·爱因斯坦》（*Albert Einstein: Historical and Cultural Perspectives*, 1981）；哈里·伍尔夫（Harry Woolf）对在普林斯顿高等研究院举行的研讨

276

---

1 有中译本：《爱因斯坦奇迹年：改变物理学面貌的五篇论文》，[美]约翰·施塔切尔主编，范岱年、许良英译，上海科技教育出版社，2007 年。

会的会议论文加以编辑而成的《比例定有异处》[1]；弗伦奇（A. P. French）编辑的《爱因斯坦百年诞辰文集》（*Einstein: A Centenary Volume*，1979）是一部内容广泛的学术文集，内容涵盖对爱因斯坦的回忆以及对他的生活与工作的讨论等，其资料由国际物理教育委员会（International Commission on Physics Education）收集而得。

2005年是爱因斯坦发表狭义相对论并创造他的奇迹年之后第100年，因此出版了更多纪念性的图书。其中就有尔根·雷恩编辑的《阿耳伯特·爱因斯坦——宇宙的总工程师：一百位作者支持爱因斯坦》（*Albert Einstein, Chief Engineer of the Universe: One Hundred Authors for Einstein*）这部优秀的著作。编者曾担任"爱因斯坦文稿项目"的编辑，现任柏林马克斯·普朗克学会科学史研究所所长。他所在的机构提出了创立这一项目的构想。该书最初在德国出版，以配合2005年举办的100周年纪念展览，之后被译为英文在世界各地发行。该书书名令人想起之前由想搞臭爱因斯坦及其相对论的科学家们在1931年出版的一本臭名昭著的书——《一百位作者反对爱因斯坦》（*One Hundred Authors against Einstein*）。爱因斯坦在当时对此感到不解，声称击败相对论只要一个事实就够了，无需100位科学家发声。2005年出版的这本书内容广泛，收录的100篇文章的作者涉及文化、学术和科学领域。此外，该书配有许多插图，制作出色。

之后，在2008年，普林斯顿大学出版社出版了一部收录现今活跃的爱因斯坦研究者的论文集，书名为《爱因斯坦之于21世纪》（*Einstein for the 21st Century*），编者为彼得·加利森（Peter Galison）、杰拉尔德·霍尔顿和西尔万·施韦伯（Silvan Schweber）。书中论文的作者叙述了爱因斯坦与他们自身的工作的相关性，以及爱因斯坦的遗产可能会继续对以后的研究者们产生怎样的影响。

米歇尔·扬森、克里斯托弗·莱纳编辑的《剑桥爱因斯坦指南》（*The Cambridge Companion to Einstein*），由剑桥大学出版社于2014年出版。包括该书两位编者在内的15位学者在书中讨论了爱因斯坦对科学、哲学和政治做出的诸多贡献。

---

1 比例定有异处（Some Strangeness in the Proportion）这个短语最早出现在弗兰西斯·培根（Francis Bacon，1561—1626）的《论美》一文中。这里翻译参考了北京燕山出版社2000年版、曹明伦译《培根随笔集》中《论美》一文。——译者注

《纽约时报》科学专栏作家丹尼斯·奥弗比所著的《恋爱中的爱因斯坦：科学罗曼史》(*Einstein in Love: A Scientific Romance*, 2000)[1]。该书描述了爱因斯坦作为一个普通的年轻人在20世纪前20年于瑞士和柏林的生活，充满热情地完成学业，追求事业和后来成为他妻子的女人。

托马斯·利文森的《爱因斯坦在柏林》(Thomas Levenson, *Einstein in Berlin*, 2003)是另一本描述爱因斯坦的柏林岁月的著作，叙述了爱因斯坦在这座充满生机的德国首都，在艺术家、政治激进分子、自我定义的知识分子和欧洲顶尖科学家云集的城市度过的18年岁月。

胡贝尔·戈纳的《爱因斯坦在柏林》(Hubert Goenner, *Einstein in Berlin*, 2005)[2]成功地抓住了爱因斯坦在柏林时这座城市的环境氛围。戈纳是一位科班出身的物理学家，但却天才地刻画了潜藏于德国首都辉煌繁荣的表面之下的社会张力。不无遗憾的是，该书只有德文版和中译本(2012)。 277

弗雷德·杰罗姆的《爱因斯坦档案》(Fred Jerome, *The Einstein File*, 2002)[3]和《爱因斯坦论种族与种族主义》(*Einstein on Race and Racism*, 2005)涉及之前在很大程度上被人们所忽视的两个主题。在第一本书中，杰罗姆深入研究了美国联邦调查局为爱因斯坦建立的大量档案。在至少15年的时间内，联邦调查局建立的关于爱因斯坦的档案长达1427页，原因是埃德加·胡佛对爱因斯坦怀有固执的仇恨，认为他是一个颠覆分子。联邦调查局的目的在于确认爱因斯坦是一个叛国者，好撤销他的美国公民身份，将其驱逐出美国。第二本书（与罗杰·泰勒［Rodger Taylor］合著）则是关于爱因斯坦终生不渝的对民权的兴趣，作者将爱因斯坦关于这一主题的演讲、信件与思考置于当时的环境进行考察。该书的价值还体现在其收录了爱因斯坦与黑人社区领袖的通信。

泽夫·罗森克兰茨所著的《以色列建国前的爱因斯坦：犹太复国主义者的偶像还是反偶像崇拜者？》(*Einstein Before Israel: Zionist Icon or Iconoclast*？, 2011)关注爱因斯坦与他同时代的犹太复国主义者之间的关系，并且利用了大

---

1 有中译本：《恋爱中的爱因斯坦：科学罗曼史》，[美] 丹尼斯·奥弗比著，冯承天、涂泓译，上海科技教育出版社，2005年。

2 有中译本：《爱因斯坦在柏林》，[德] 胡贝尔·戈纳著，李中文译，中央编译出版社，2012年。

3 有中译本：《爱因斯坦档案》，[美] 弗雷德·杰罗姆著，席玉苹译，广西师范大学出版社，2011年。

量之前未出版的档案材料。作为一个反对任何种类的民族主义的人，爱因斯坦最终还是承认了建立一个犹太人国家的必然性，尽管他并不同意这个国家的建立者提出的政治议程。此外，罗森克兰茨与芭芭拉·沃尔夫合作出版了《阿耳伯特·爱因斯坦：永远的瞬间幻觉》（*Albert Einstein: The Persistent Illusion of Transience*，2007）[1]一书，收录了来自耶路撒冷爱因斯坦档案馆的材料与照片，并添加了对爱因斯坦科学、个人、政治生活的介绍文字。这是一本制作精美的大开本图书。

西格弗里德·格伦德曼的《爱因斯坦档案》（Siegfried Grundmann，*The Einstein Dossiers*，2005）是一部精心研究且内容详尽的介绍爱因斯坦在"柏林时期"所从事的政治活动的著作，收录了联邦调查局的爱因斯坦部分档案作为附录的内容。该书包含了大量的由德国人和之后联邦调查局收集的与间谍活动有关的情报资料。这是一本难啃的书，最初用德文出版，但是对于阴谋类情结的爱好者来说，不失为一部不错的原始资料读物。

杰弗里·克瑞林斯滕的《爱因斯坦的陪审团》（Jeffrey Crelinsten，*Einstein's Jury*，2000）追述了科学家为证实广义相对论而展开的竞争，以及日食远征队在1919年完成任务——这使得爱因斯坦在世界上声名鹊起——之前遇到的诸多困难。这里提到的陪审团指的是那些其专业领域将要被彻底改变的怀疑派天文学家。对广义相对论爱好者来说，该书是一部优秀的著作。

胡大年所著的《中国与阿耳伯特·爱因斯坦》（*China and Albert Einstein*，2005）[2]通过介绍一个此前被忽视的探索领域丰富了爱因斯坦研究，该领域即爱因斯坦与相对论是如何被中国这个亚洲最大的国家所接受的，以及中国的物理学家与政府对相对论的反应。我们得以了解在后来1966年至1976年的"文化大革命"期间，爱因斯坦的理论，还有他关于民主和国际和平的观点都遭到批判，但是随着中国在追求经济发展方面变得愈加务实，这些理论又重新流行起来。

在《爱因斯坦在西班牙》（*Einstein in Spain*，1988）一书中，作者托马斯·格

---

1 有中译本：《阿尔伯特·爱因斯坦：永远的瞬间幻觉》，耶路撒冷希伯来大学阿尔伯特·爱因斯坦档案馆、［以色列］芭芭拉·沃尔夫、［以色列］泽夫·罗森克兰茨编，北京依尼诺展览展示有限公司译，中国科学技术出版社，2010年。

2 有中译本：《爱因斯坦在中国》，［美］胡大年著，上海科技教育出版社，2006年。

利克（Thomas Glick）讨论了爱因斯坦访问西班牙前后的那个时代（1923），以及这次访问如何激发了科学讨论，甚至吸引了以前对科学不感兴趣的人们。

约瑟夫·艾辛格的《爱因斯坦在路上》（Josef Eisinger, *Einstein on the Road*, 278 2011）[1]追述了爱因斯坦在20世纪20年代的多次外国旅行，直到1933年移民美国为止。无论在海上，还是陆地，爱因斯坦都详细认真地写旅行日记，记录遇到的民族和文化，夹杂自己的风趣巧妙的评论，有时也记下惊奇的感觉，尤其是在远东地区旅行时。书中并未完整地收录日记文字本身，但是有一部分可在《爱因斯坦全集》第十三卷中找到。

约瑟夫·伊力的《阿耳伯特遇见美国》（József Illy, *Albert Meets America*, 2006）。作者是"爱因斯坦文稿项目"的一位编辑。该书详细记录了爱因斯坦在1921年进行的旨在为耶路撒冷希伯来大学筹集资金的首次美国之旅，将关注的焦点放在了媒体对他的连篇累牍的报道。此时距离科考队证实广义相对论，爱因斯坦随之声名鹊起不过两年的时间。虽然所有这些关注出乎爱因斯坦的意料，但是他还是大胆地配合，幽默应对记者，引发报章标题新闻。伊力较晚推出的一部著作《务实的爱因斯坦》（*The Practical Einstein*, 2012），是关于爱因斯坦的专利、发明及其（与理论相对的）动手实验方面的倾向和贡献的有用指南。

安德鲁·罗宾逊编著的《爱因斯坦：相对论100年》（Andrew Robinson, *Einstein: A Hundred Years of Relativity*, 2005）[2]是一本装帧精美的大开本咖啡桌读物，为纪念狭义相对论提出100周年而出版。该书收录了罗宾逊本人以及一些杰出物理学家如弗里曼·戴森和菲利普·安德森（Philip Anderson）等撰写的文章。此外，因为书中含有许多黑白和彩色的插图，细读起来的体验不错。

在爱因斯坦与米列娃·马里奇的情书之外，已经出版有三本关于往来通信的英文版图书———《写给索洛文的信：1906—1955》（*Letters to Solovine*, 1906—1955）于1987年出版；《玻恩—爱因斯坦通信集》（*The Born-Einstein*

---

1 有中译本：《爱因斯坦在路上》，[美]约瑟夫·艾辛格著，杨建邺译，上海科技教育出版社，2017年。

2 有中译本：《爱因斯坦相对论100年》，[英]安德鲁·罗宾逊编著，张卜天译，湖南科学技术出版社，2016年。

Letters)[1]于1971年首次出版，新版于2005年面世；《埃利·嘉当—阿耳伯特·爱因斯坦》（*Élie Cartan-Albert Einstein*），内容为埃利·嘉当与爱因斯坦就绝对平行性（absolute parallelism）问题的往来通信，于1979年出版。（罗伯特·舒尔曼编辑的爱因斯坦与友人海因里希·赞格尔的通信只有德文版；参见"参考文献"一节。）

令人感觉轻松且有些怪异的书，有迈克尔·帕泰尔尼蒂（Michael Paterniti）撰写的有趣的《开车送阿耳伯特先生》（*Driving Mr. Albert*，2000）。该书讲述了不大可能发生的一次长途旅行，参与人是作者和托马斯·哈维医生（Dr. Thomas Harvey），后者是一位声名狼藉的病理学家，正是他在为爱因斯坦的遗体进行尸检时将其大脑窃取下来——谎称是为了科学研究。该书提到的"阿耳伯特先生"就是爱因斯坦的大脑，安全存放在盛有福尔马林的特百惠容器内和/或梅森瓶内。哈维在这时已经是80多岁的老年人了，他想与身在加利福尼亚州的爱因斯坦的孙女伊夫琳见一面，并将爱因斯坦的大脑带在身边，打算把一片大脑切片给予伊夫琳，但是他需要一名司机开车把他送到目的地。由于多种因素，帕泰尔尼蒂最终获得了这个差事。因为帕泰尔尼蒂的文笔流畅、风趣，该书描绘的故事让人读来感觉滑稽有趣，哪怕可能有些不太严肃。

关于爱因斯坦家庭成员的著作如下：米兰·波波维奇的《在阿耳伯特的阴影下：爱因斯坦第一任妻子米列娃·马里奇的生活和信件往来》（Milan Popvić, *In Albert's Shadow: The Life and Letters of Mileva Marić, Einstein's First Wife*，2003）；伊丽莎白·罗博兹·爱因斯坦的《汉斯·阿耳伯特·爱因斯坦》（Elizabeth Roboz Einstein, *Hans Albert Einstein*，1991）和罗伯特·艾特玛、科妮莉亚·米泰尔的《汉斯·阿耳伯特·爱因斯坦：一位先驱工程师的一生》（Robert Ettema and Cornelia F. Mutel, *Hans Albert Einstein: His Life as a Pioneering Engineer*）都是关于爱因斯坦的长子（前者由汉斯·阿耳伯特的第二任妻子所著，后者则是由一位水利工程——汉斯·阿耳伯特是这一领域的翘楚——专家与一位科学作家合著）；以及米谢勒·扎克海姆的《爱因斯坦的女儿：寻找丽瑟

---

1 有中译本：《玻恩—爱因斯坦书信集(1916—1955)》，[德] 马克斯·玻恩、[美] 阿尔伯特·爱因斯坦著，范岱年译，上海科技教育出版社，2010年。

尔》(Michele Zackheim, *Einstein's Daughter: The Search for Lieserl*, 1999)。这些书中有一些不是完全可信的, 但是可以提供一些背景线索。

另外也不要忘记我们的书架上也有我们自己的著作:我们已经在前文提 ²⁷⁹ 到过罗伯特·舒尔曼与他人合编的《爱因斯坦论政治》和《阿耳伯特·爱因斯坦和米列娃·马里奇情书集》。丹尼尔·肯尼菲克(Daniel Kennefick)的《以思想的速度传播》(*Traveling at the Speed of Thought*, 2007)¹所讨论的主题是至今未曾被观测到的引力波²——一种时空形式的波动, 以及在爱因斯坦的广义相对论发表后产生的关于引力波的争论。爱丽丝·卡拉普里斯编辑的爱因斯坦关于许多话题的语录的书已经被翻译成全世界多种语言。该书的第四版——《爱因斯坦语录终极版》(*The Ultimate Quotable Einstein*, 2010)——是最终的版本。她的其他著作包括《爱因斯坦年谱》(*The Einstein Almanac*, 2005)³, 该书依据时间顺序介绍了爱因斯坦的作品, 并将它们置于历史情境之中;《亲爱的爱因斯坦教授》(*Dear Professor Einstein*, 2005)⁴收录了一些儿童写给爱因斯坦的信件(亦见下文);《阿尔伯特·爱因斯坦传》(*Albert Einstein: A Biography*, 2005,⁵该书是《格林伍德名人传记丛书》[*Greenwood Biographies*]中的一部), 由卡拉普里斯与特雷弗·利普斯科姆(Trevor Lipscombe)合著, 是专为年轻人写的。

儿童读物

为儿童挑选关于爱因斯坦的图书的最佳方法, 是浏览亚马逊网站或巴恩斯—诺布尔书店(Barnes & Noble)网站列出的向不同年龄段读者推荐的书单。

---

1 有中译本:《传播, 以思想的速度》, [美]丹尼尔·肯尼菲克著, 黄艳华译, 上海科技教育出版社, 2010年。

2 2016年2月11日, 美国激光干涉引力波天文台(LIGO)与欧洲"处女座"(Virgo)引力波探测器合作团队宣布他们首次探测到引力波信号。

3 有中译本:《爱因斯坦年谱》, [美]爱丽丝·卡拉普里斯编著, 范岱年译, 上海科技教育出版社, 2008年。

4 有中译本:《亲爱的爱因斯坦教授——小朋友写给大科学家的信》, [美]爱丽丝·卡拉普里斯编, 李宏魁译, 湖南科学技术出版社, 2005年。

5 有中译本:《一路投奔奇迹:爱因斯坦的生命和他的宇宙》, [美]爱丽丝·卡拉普里斯、[美]特拉沃·利普斯康姆著, 邱俊译, 国际文化出版公司, 2011年。

读者要在经过《学校图书馆杂志》（*School Library Journal*）充分评论的新书中进行选择，而不要去那些被评选为五星的书中挑选，因为后者是基于父母们对爱因斯坦的个人看法。许多旧传记都充斥着错误的信息，而且制作欠佳。一些读者不妨看看卡拉普赖斯编辑的《亲爱的爱因斯坦教授——爱因斯坦和儿童的往来信件》，该书适合年龄较大的儿童及父母们阅读。除了信件，该书还收录了罗伯特·舒尔曼撰写的关于爱因斯坦所受教育的文章，以及已故的爱因斯坦的孙女伊夫琳·爱因斯坦在生前为该书撰写的前言。

纪录片

在2005年狭义相对论提出100周年之际，人们制作了一些关于爱因斯坦的电视纪录片。遗憾的是，迄今为止，还没有一部可靠、权威的纪录片面世。现在所有关于爱因斯坦的纪录片都具有一定的倾向性，或是倾向于讨论爱因斯坦的爱情生活、他歧视女性的倾向、物理学、第一任妻子米列娃的所谓的相对论共同创立者资格、犹太人身份或原子弹。搜索一下网上书店，就会跳出十几部这样的纪录片。最受欢迎的一部纪录片似乎是美国传记频道（Biography TV Channel）制作的关于爱因斯坦生平的纪录片，它尤其侧重于介绍爱因斯坦的个人生活；美国公共电视网（PBS）则出品了《爱因斯坦：一位公共天才的私人思想》（*The Private Thoughts of a Public Genius*, 1979）；《爱因斯坦：我对世界的看法》（*A. Einstein: How I See the World*, 1991）；《走近爱因斯坦》（*Einstein Revealed*, 1997）。这几部纪录片中的一些视频片段很不错，不过一些旁白的解说词有些吹捧过分。美国A&E电视台出品的传记纪录片采用了一些不错的档案影片。

南加州大学安嫩伯格中心（Annenberg Center）于2005年制作了一部有趣的纪录片交互式DVD光盘，名为《阳光下的三个冬天：爱因斯坦在加利福尼亚》（*Three Winters in the Sun: Einstein in California*）。它着重讲述了爱因斯坦于20世纪30年代早期在位于帕萨迪纳的加州理工学院度过的岁月，涉及六个爱因斯坦接触过的"群体"：流亡者、联邦调查局、好莱坞、家人、犹太人和科学；随DVD一同发售的还有一本关于这部纪录片的小册子。有趣的是，洛杉矶的史克博尔中心（Skirball Center）在前一年，即2004年出版了由威廉·克雷默（William M. Kramer）撰写的《孤独的行者：爱因斯坦在加利福尼亚》（*Lone Traveler: Einstein in California*）一书，但是该书与上面的DVD无关。

附录B　版权、官方许可与授权

爱因斯坦在"最后遗嘱"（参见第一篇"死亡"一节的"最后遗嘱"）中，将自己的文献遗产及其全部权利都给了耶路撒冷希伯来大学（HUJI）。这所大学因此拥有了爱因斯坦著作的版权，如果想要引用爱因斯坦所说话语、所写文字，而方式超出了版权法所界定的"合理使用"，那就需要获取耶路撒冷希伯来大学的许可。根据美国著作权法第302条第a项，在2025年，也就是在爱因斯坦去世70年后，他的著作将不再受版权保护。

近年来，用爱因斯坦"肖像"牟利的问题一直存在争议。耶路撒冷希伯来大学一直保存着它收藏的爱因斯坦肖像和文稿。2012年，一位加利福尼亚州联邦法官驳回了耶路撒冷希伯来大学提起的对美国通用汽车公司的诉讼，诉讼原因是通用汽车公司在2009年发布的一则广告中使用了一张获得了使用许可但是被改动了的爱因斯坦照片。法官做出的判决是：出于多种法律因素，爱因斯坦的"公开权"[1]（对其形象的使用）在他去世50年后便不再受版权保护了。如果想要了解这一案件的详情或案件与自己的项目的联系，可以在线浏览丽贝卡·加恩（Rebeccah Gan）撰写的，发表于《GPSolo杂志》（*GPSolo Magazine*）第31卷，第1期（2014年1—2月）的文章：《知识产权法：爱因斯坦的公开权》（*Intellectual Property Law: Einstein Rights of Publicity*）了解相关信息，文章网址为http://americanba r.org/publication s/gpso lo /2014/January-february/intellectual_property_law_einsteins_rights_publicity.html；另一篇可供参考的文章是南希·沃尔夫（Nancy D.Wolff）与尼古拉斯·塔里夫（Nicholas J.Tariff）合著的《加利福尼亚州联邦法院判决爱因斯坦公开权失效》（*Einstein Publicity Rights Deemed Expired by California*

---

1 "公开权"（Right of Publicity），是一项知识产权，它保护人们不因商业利益而盗用某人的姓名、肖像、外形、声音或其他个人身份标志，如绰号、假名、签名、照片等。——译者注

Federal Court）。这篇文章于2012年10月17日发表在美国考恩、德拜茨、亚伯拉罕与谢泼德有限责任合伙公司(Cowan, DeBaets, Abrahams & Sheppard LLP)网站的法律博客、诉讼、商标和品牌（Legal Blog, Litigation, Trademarksand Brands）这三个版块上，文章的网址为http://cdas.com/einstein-publicity-rights-deemed-expired-by-california-federal-court/。

个人或机构如想使用爱因斯坦的文稿作品，包括例如他原本并非为出版而写的信件在内的文本等，应与耶路撒冷希伯来大学的爱因斯坦档案馆联系，网址为http://albert-einstein.org。档案馆工作人员将会告知意欲使用者，耶路撒冷希伯来大学或普林斯顿大学出版社是否拥有他想使用的材料的版权。一般说来，普林斯顿大学出版社拥有它在1971年之后出版的所有文稿的版权。耶路撒冷希伯来大学与普林斯顿大学出版社曾在1971年签署了一份协议，规定后者拥有首先出版爱因斯坦文稿的权利。这些文稿实际也就是已出版的《爱因斯坦全集》所收录的文稿，及其派生出的所有作品（例如《阿耳伯特·爱因斯坦和米列娃·马里奇情书集》）。耶路撒冷希伯来大学自身被允许出版或允许第三方出版或再次出版在1971年前便已经被出版的任何文本。

想使用爱因斯坦照片的人可以从许多来源获取照片，它们都可以轻易地在网络上查到。其中就有位于马里兰州的美国物理联合会（American Institute of Physics）、位于帕萨迪纳的加州理工学院的档案馆、位于耶路撒冷的耶路撒冷希伯来大学阿耳伯特·爱因斯坦档案馆、位于纽约的利奥·贝克学会、新罕布什尔大学的洛特·雅各比收藏部（Lotte Jacobi Collection）、位于柏林的乌尔施泰因照片库（Ullstein Photo）以及其他可以在网络上找到的照片档案库，包括考比斯图片社（Corbis）及其子公司绿光公司（Green Light）。这些机构将会提供照片的扫描版并收取一定的费用（这些机构收取的费用不尽相同），但是（如果有联系方式）必须联系拍摄者或他的继承人，以求获得使用照片的许可（并支付可能的额外费用），以防这些照片仍然受某些著作权法保护，不能适用于上文提及的判例。使用者应当积极努力寻找版权持有者，并留下寻找过程的纸面记录。照片扫描版的提供者不一定也是版权持有者，尽管有时也代表照片拍摄者，或拥有关于拍摄者的信息。有时候，一些拍摄者的版权可能已经过期失效了。

个人与机构如果是在非营利和教育、科学、学术以及文献性出版物中使用爱因斯坦的照片，并不需要获得考比斯图片社及其子公司、耶路撒冷希伯来大学阿耳伯特·爱因斯坦档案馆或普林斯顿大学出版社的许可。如果一个使用者不能确定一个具体项目是否符合条件，那么我们"建议其寻求法律咨询或联系耶路撒冷希伯来大学"。

如想对爱因斯坦的照片和相关物品进行商业性使用并获取许可，企业家与其他人应该咨询法律专业人士以了解他们计划中的使用是否在上文提及的判决所影响的范围之内。截至笔者撰写本文时，爱因斯坦形象的许可权的管理者是绿光公司。请浏览网站 greenlightrights.com，以获取更多信息。

附录C　附带简短注释的爱因斯坦著作目录[1]

这份按照时间顺序排列的论文目录，对爱因斯坦一生发表的大部分出版物都给出了简要介绍。未予收录的是那些我们认为与本书相关章节的主题讨论没有什么补充作用的文献。此外，我们将爱因斯坦给其他人撰写的书和文章的评论——他写过许多这样的评论，在1902年与1905年之间尤为如此——排除在此目录之外。同样被排除的还有爱因斯坦对其他科学家的文章做出的短评，以及他对别人就他的文章做出的评论的回应。其中最著名的无疑是他撰写的后来又撤回的对两篇关于膨胀宇宙说的重磅论文——一篇由威廉·德西特于1918年所作，另一篇由亚历山大·弗里德曼于1922年所作——的反对文章。我们也排除

---

1 在翻译爱因斯坦文献名称时，参考了下面著作中的相应汉译，但部分著作名称有改动。这些著作是：《爱因斯坦全集·第二卷：瑞士时期（1900—1909）》，John Stachel 主编，范岱年主译，湖南科学技术出版社，2002年；《爱因斯坦全集·第三卷：瑞士时期（1909—1911）》，Martin J. Klein、A. J. Kox、Jürgen Renn 与 Robert Schulmann 主编，戈革译，湖南科学技术出版社，2002年；《爱因斯坦全集·第四卷：瑞士时期（1912—1914）》，Martin J. Klein、A. J. Kox、Jürgen Renn 与 Robert Schulmann 主编，刘辽主译，湖南科学技术出版社，2002年；《爱因斯坦全集·第六卷：柏林时期（1914—1917）》，A. J. Kox、Martin J. Klein 与 Robert Schulmann 主编，吴忠超主译，湖南科学技术出版社，2009年；《爱因斯坦全集·第七卷：柏林时期（1918—1921）》，Michel Janssen、Robert Schulmann、Jozsef Illy、Christoph Lehner 与 Diana Kormos Buchwald 主编，邹振隆主译，湖南科学技术出版社，2009年；《爱因斯坦文集（全三卷）》，[美]爱因斯坦著，许良英、范岱年、赵中立、李宝恒、张宣三编译，商务印书馆，2010年；《爱因斯坦年谱》，[美]爱丽丝·卡拉普里斯编著，范岱年译，上海科技教育出版社，2008年。——译者注

了爱因斯坦纪念科学家同事和其他知识分子的许多文章，除非有些特别值得纪念。至于公开发表过的爱因斯坦致期刊编辑部的信件，这里只列出几篇。

爱因斯坦从20世纪20年代中期开始撰写了许多关于统一场论的论文，但是这里只收录了其中具有代表性的几篇。统一场论是爱因斯坦的研究生涯中相对来说并不成功的方面，如果收录其全部的相关论文，会使这篇文献目录的比例失当。本书第二部分对爱因斯坦的统一场论计划做了概述，这一部分的"广泛的科学涉猎"章节也提到了他撰写的一些并不知名的关于其他主题的论文。

爱因斯坦的科学生涯早期的一些论文很细致，就它们所要处理的主题来说，这些论文可谓是一锤定音。在步入老年时，爱因斯坦更倾向于发表研究尚在进行中的阶段性最新成果。

1901年

1. "从毛细现象所得的推论"（Folgerungen aus den Capillaritätserscheinungen）。《物理学纪事》（*Annalen der Physik*），1901年，第4卷，第513—523页。本文是爱因斯坦发表的第一篇科学论文，完成于1900年12月13日，但是直到第二年3月份才发表。本文探讨了中性液体里的毛细现象，以研究分子间力的性质。本文结合了热力学与分子论方法。

1902年

2. "关于金属同其完全离解的盐溶液之间电势差的热力学理论，以及研究分子力的一个电学方法"（Ueber die thermodynamische Theorie der Potentialdifferenz zwischen Metallen und vollständig dissociirten Lösungen ihrer Salze und über eine elektrische Methode zur Erforschung der Molekularkräfte）。《物理学纪事》，1902年，第8卷，第798—814页。爱因斯坦在本文中讨论了热力学第二定律成立的条件，这对他后来的工作具有重要意义。

3. "关于热平衡和热力学第二定律的分子运动论"（Kinetische Theorie des Wärmegleichgewichtes und des zweiten Hauptsatzes der Thermodynamik）。《物理学纪事》，1902年，第9卷，417—433页。爱因斯坦填补了"一般的热学理论"的力学基础的缺陷，表明了对任何力学体系而言能量均分定理都是有效的。他对这一定理的熟

284

练运用成为他日后解决量子问题的方法的一个特征。

1903年

4. "热力学基础理论"（Eine Theorie der Grundlagen der Thermodynamik）。《物理学纪事》，1903年，第11卷，第170—187页。爱因斯坦表明，只采用原子物理学的基础知识，无须其他物理学假设，就可从能量原理和原子论的假定推导出温度与熵的概念。除了其他结果之外，爱因斯坦还表明，热力学第二定律对非平衡状态的体系是成立的，因此可以处理常规分子运动论所不能充分描述的许多真实世界的体系。

1904年

5. "关于热的一般分子理论"（Zur allgemeinen molekularen Theorie der Wärme）。《物理学纪事》，1904年，第14卷，第354—362页。这篇论文是爱因斯坦概括及扩展统计物理学基础的成就的顶峰之作，也是他最后一篇关于这个主题的专题论文。爱因斯坦不知道的是，离群索居的美国理论家约西亚·威拉德·吉布斯在先前就已经提出了这几篇早期论文中的许多概念。他在后来说道："假如当时我知晓吉布斯的书，也许根本不会发表那些论文，只会限于讨论少数几个问题了。"（《爱因斯坦全集》，第三卷，文件10。）

1905年

6. "关于光的产生和转化的一个试探性的观点"（Über einen die Erzeugung und Verwandlung des Lichtes betreffenden heuristischen Gesichtspunkt）。《物理学纪事》，1905年，第17卷，第132—148页。爱因斯坦在本文中详细阐述了存在于物体与辐射之间的奇怪的不一致性。他引入了光量子的概念，并为后来的量子论的大量研究工作，尤其是玻尔的原子理论打下了基础。在描述光电作用时，爱因斯坦挑战了光的波动论，表明电磁辐射在与物质发生作用时好像粒子一样。他确定为了摆脱将电子限制在金属中的吸引力，需要有一个无质量的光量子，现在被称为光子，来提供普朗克的辐射定律所规定的相应的能量。这一理论是量子力学发展过程中的里程碑之一，它使得爱因斯坦成为这一领域最重要的先驱者，并打开了量子物理学世界的大门。本文是他在1905年发表的五篇伟大的论文中的第一篇，在16年之后，爱因斯坦凭借它获得了诺贝尔物理学奖。

7.《分子大小的新测定法》（Eine neue Bestimmung der Moleküldimensionen）。本文于1906年由伯尔尼维斯出版社（Buchdruckerei Wyss）出版。后稍加修改，发表在1906年《物理学纪事》的第19卷第289—305页，第305—306页是文章附加的补充内容。1911年《物理学纪事》的第34卷第591—592页刊登了对本文的勘误。本文是爱因斯坦的博士论文，于1905年的春季提交给苏黎世大学。之前在1902年，他曾撤回了首次向苏黎世大学提交的关于另一个主题的论文。在这篇文章中，爱因斯坦结合了经典热力学与扩散理论的技术，提出了一种测定分子大小的新方法。因为在19、20世纪之交原子是否存在这一问题仍处于争论之中。爱因斯坦提交这篇论文的目的，是想要发现能够最终证实具有精确、有限大小的原子存在的事实。这篇论文被苏黎世大学批准通过，爱因斯坦因此获得了博士学位。虽然爱因斯坦在1905年发表的其他论文更有名气，但是这篇重要的作品仍然是他被频繁引用的论文之一。

8."热的分子运动论所预测的悬浮小粒子在静止液体中的运动"（Über die von der molekularkinetischen Theorie der Wärme geforderte Bewegung von in ruhenden Flüssigkeiten suspendierten Teilchen）。《物理学纪事》，1905年，第17卷，第549—560页。爱因斯坦在本文中讨论了布朗运动，这是悬浮在液体中的微观粒子所做的一种不规则运动，以首先发现这种现象的一位18世纪苏格兰植物学家的名字命名。正如爱因斯坦在致友人康拉德·哈比希特的信中所解释的那样，他在本文中证明了液体中原子的热运动会使得悬浮在液体中的微观粒子产生可观测到的不规则运动。通过反写玻尔兹曼公式，爱因斯坦描述了这种运动的数学形式，推导出了气体分子分布的宏观态的概率。在这篇论文的影响下，科学家们进行了证实热的分子运动论的实验。本文仍是爱因斯坦引用率最高的论文之一，经常被作为原子存在的最令人信服的证明。

9."论动体的电动力学"（Zur Elektrodynamik bewegter Körper）。《物理学纪事》，1905年，第17卷，第901—921页。这篇在物理学发展史上具有重要的里程碑意义的论文，是爱因斯坦撰写的两篇奠定狭义相对论基础的论文中的第一篇（第二篇即本目录中第10篇论文）。在文章中，爱因斯坦对空间和时间的理论进行了修改。通过假设光速对每个匀速运动的观测者而言都是相同的，他表明空间和时间不是彼此独立的，"时空"这一概念因此诞生。据赫尔曼·外尔在1918年所说，这个理论"使人们认识到时间作为第四个坐标，与其他三个空间坐标具有相同的地位。物质事件发生的场所，即我们的世界，因而是一个四维的可度量连续统"。因其对运动学的重构影响了物理学的几乎所有领域，所以本文可以说是20世纪物理学的最有影响力的一篇论文。尽管本文提出的概念当时正从电磁场论的研究中显露端倪，但是其他理论家，甚至包括昂利·庞加莱，都不具有爱因斯坦的深邃洞察力：这个理论的结果不仅与电磁场效应有关，而且也与我们测量空间和时间能力的局限性有关，因为发生在远方的事件的信息抵达我们这里的速度大小是有限的。286

10. "物体的惯性同它所含的能量有关吗？"（Ist die Trägheit eines Körpers von seinem Energieinhalt abhängig？）。《物理学纪事》，1905年，第18卷，第639—641页。爱因斯坦利用狭义相对论的假设来表明辐射的能量等于损失的质量，数学表达形式即著名的方程：$E = mc^2$。他考虑了位于静止体系与相对其做匀速运动的体系中的辐射物体的能量守恒情况，首次得出这样的结论："物体的质量是它所含能量的量度。"这项工作最终帮助人们解决了太阳发射的巨大的能量究竟来源何处这一令人困惑的问题。狭义相对论为人们更深入理解对称性标准（symmetry criteria）创造了条件，也引入了对空间和时间的新认知。然而其实验证据直到25年之后才出现。爱因斯坦认为伽利略、牛顿、麦克斯韦与洛伦兹都为自己理论的诞生奠定了基础。

1906年

11. "关于布朗运动的理论"（Zur Theorie der Brownschen Bewegung）。《物理学纪事》，1906年，第19卷，第371—381页。在本文中爱因斯坦用更加优美的形式表达了他早些时候对布朗运动的理解，并增加了两个新的应用情形：重力场中的悬浮微粒在液体中的垂直分布，以及关于旋转固体球的旋转布朗运动的计算。

12. "关于光产生和光吸收的理论"（Zur Theorie der Lichterzeugung und Lichtabsorption）。《物理学纪事》，1906年，第20卷，第199—206页。爱因斯坦认

为力学与电动力学的基本概念需要引入量子因素进行大刀阔斧的修改，但是在1909年，他重申这些基本概念不应被完全抛弃。

13. "重心运动的守恒原理及能量的惯性"（Das Prinzip von der Erhaltung der Schwerpunktsbewegung und die Trägheit der Energie）。《物理学纪事》，1906年，第20卷，第627—633页。在一项构思巧妙的关于中空圆柱体中能量输运的思想实验里，爱因斯坦再次讨论了惯性质量与能量间的关系，给出二者的完全等效性的一般证明。他表明在一束光从圆柱体的一端传播到另一端时，除非假定这束光具有质量，它会从内部使圆柱体移动（这与我们基于牛顿第三定律的直觉相悖），因此其位置的变化会影响圆柱体的质心位置。

14. "论测定电子的横向质量和纵向质量比率的方法"（Über eine Methode zur Bestimmung des Verhältnisses der transversalen und longitudinalen Masse des Elektrons）。《物理学纪事》，1906年，第21卷，第583—586页。爱因斯坦建议使用阴极射线对电子运动方程进行实验检验。

1907年

15. "普朗克的辐射理论和比热理论"（Die Plancksche Theorie der Strahlung und die Theorie der spezifischen Wärme）。《物理学纪事》，1907年，第22卷，第180—190页。爱因斯坦在同一卷期刊里的第800页发表了一篇简短的勘误。本文是爱因斯坦的第一篇关于固体量子论的论文。在文中，爱因斯坦对普朗克的辐射公式进行了推导，并首次系统性地将概率因子引入量子论的数学运算中。作为一篇经典的论文，本文完整地解释了从绝对零度到室温以上的固体的比热。根据这个理论，固体温度接近绝对零度时，将会完全不能吸收热量。这篇有着深远影响的论文促进了热力学第三定律的发展。

16. "论热力学平衡定律的适用范围和重新确定基本量值的可能性"（Über die Gültigkeitsgrenze des Satzes vom thermodynamischen Gleichgewicht und über die Möglichkeit einer neuen Bestimming der Elementarquanta）。《物理学纪事》，1907年，第22卷，第569—572页。爱因斯坦运用计算布朗运动涨落的热力学方法来推断电容器中的电压涨落。为了验证自己的理论，爱因斯坦需要一个高灵敏度的新仪器——其灵敏度要高于当时已有的测量精度达到千分之几伏特的静电计。他设计并制造了这个仪器，并给它起了一个精彩的名字：小机器（*Maschinchen*）。他曾想过为自己的这个发明申请专利，但发现制造商们没有兴趣，便打消了这个念头，转而在第二年决定发表一篇关于这个机器的基本特点的论文。

17."关于布朗运动的理论解释"（Theoretische Bemerkungen über die Brownsche Bewegung）。《电化学和应用物理化学期刊》（*Zeitschrift für Elektrochemie und angewandte physikalische Chemie*），1907年，第13卷，第41—42页。爱因斯坦试图让只接受过普通数学教育的读者能够理解自己理论中的基本特征。他讨论了液体中悬浮颗粒的统计运动的一些不利于实验验证的特点。

18."论相对性原理的一种可能的新检验"（Über die Möglichkeit einer neuen Prüfung des Relativitätsprinzips）。《物理学纪事》，1907年，第23卷，第197—198页。爱因斯坦提出了一项被称为"横向多普勒效应"的检验方案，它可以直接测量狭义相对论中的时间延缓。他表明一个相对于观测者视线横向移动的粒子依然会表现出红移，但是其大小与其速度的平方成正比，这与沿着物体运动方向观测得到的常规多普勒现象的线性频移效应不同。

19."论相对性原理所预测的能量惯性"（Über die vom Relativitätsprinzip geforderte Trägheit der Energie）。《物理学纪事》，1907年，第23卷，第371—384页。如同在本目录第13篇论文中一样，爱因斯坦讨论了惯性质量和能量之间的关系，论证了这两者具有完全的等价性，即每一个质量都具有等效的能量，就像每种形式的能量都具有等效的质量一样。这一关系表明一个光子可以转化成带有适当质量的物质，反之亦然。他推导出质量与能量等效性的精确表达形式，即其著名方程 $E = mc^2$。他也重新谈起了超光速的不可能性问题。

20."关于相对性原理及其结论"（Über das Relativitätsprinzip und die aus demselben gezogenen Folgerungen）。《放射性与电子学年鉴》（*Jahrbuch der Radioaktivität und Elektronik*），1907年，第4卷，第411—462页。爱因斯坦第二年在期刊的1908年份第5卷发表了对本文的一些更正，页数为第98—99页。在这篇关于相对论的综述文章中，他总结了他之前撰写的几篇关于相对论的论文所得出的结果，对一些之前的证明做了简化。本文内容涵盖了相对论运动学、光学、电磁理论，以及单个粒子与扩展体系的相对论动力学。爱因斯坦证明了一个物体的惯性质量与引力质量都等于同一个量 E/c^2，因此它们应该被视为彼此等同，此即等效性原理的基础。这个结果成为了1915年发表的广义相对论的重要垫脚石。

1908年

21. "测量微小电量的一个新的静电方法"（Eine neue elektrostatische Methode zur Messung kleiner Elektrizitätsmengen）。《物理学期刊》，1908年，第9卷，第216—217页。爱因斯坦发表了他制造第16篇文章的研究工作中运用的"小机器"的方法的特点。

22. "布朗运动的基本理论"（Elementare Theorie der Brownschen Bewegung）。《电化学和应用物理化学期刊》，1908年，第14卷，第235—239页。人们需要对爱因斯坦的布朗运动理论有个基本了解，尤其是那些设法为这一理论提供实验支持以及经常误解这一理论的化学家们。爱因斯坦尤其详细地阐述了扩散与渗透压之间的关系，并从溶剂液体对被溶解分子的摩擦阻力计算出了扩散系数。

23. "关于动体的基本电磁方程"（Über die elektromagnetischen Grundgleichungen für bewegte Körper）（与雅各布·劳布合著）。《物理学纪事》，1908年，第26卷，第532—540页。作者在期刊同年份第27卷发表了对本文的更正，页数为第232页，并在次年期刊第28卷发表了对本文的内容补充，页数为第445—447页。除了详细阐述了第8篇文章讨论的麦克斯韦真空方程的相对论变换以外，爱因斯坦与劳布还考虑了电位移矢量D与磁感应强度B。亦见第24篇文章。

24. "关于施加于在电磁场中的静止物体上的有质动力"（Über die im elektromagnetischen Felde auf ruhende Körper ausgeübten ponderomotorischen Kräfte）（与雅各布·劳布合著）。《物理学纪事》，1908年，第26卷，第541—550页。爱因斯坦与他的第一位科学合作者雅各布·劳布在三个星期的时间内撰写了第23篇、24篇文章，以解决赫尔曼·闵可夫斯基在前一年首次提出的构造动介质中电磁场的相对论性不变方程的问题。

1909年

25. "论辐射问题的现状"（Zum gegenwärtigen Stand des Strahlungsproblems）。《物理学期刊》（Physikalische Zeitschrift），1909年，第10卷，第185—193页。爱

因斯坦与瓦尔特·里茨在期刊同一卷的第323—324页发表了他们合著的另一篇同名论文，总结了他们在辐射问题上的分歧（爱因斯坦在其中支持这样的观点：物理体系表现出对推迟电磁势的偏好的原因，在于我们的宇宙中存在着大量的带电粒子。后来，约翰·惠勒与理查德·费曼提出的吸收体理论［absorber theory］更具体地描述了这个观点）。

在前一年，H. A. 洛伦兹、詹姆斯·琼斯与里茨都在《物理学期刊》上发表了论文，讨论了各自的关于辐射问题的观点。作为对这几篇论文的回应，爱因斯坦详细说明了在第6篇论文中首次引入的"状态的统计概率"的概念。这份新的材料包含了基于对黑体辐射中的涨落的分析而提出的两条支持光量子存在的论据。这是人们看到他首次尝试寻找能够同时解释物质和辐射的结构的场理论，爱因斯坦在本文中承认他还未能找到一个同时包括物质和辐射的方程组。这个尝试是他日后对统一场论的探索的先声。

26. "论我们关于辐射的本性和组成的观点的发展"（Über die Entwickelung unserer Anschauungen über das Wesen und die Konstitution der Strahlung）.《德国物理学会会刊》（Deutsche Physikalische Gesellschaft, Verhandlungen），1909年，第7卷，第482—500页。本文于次月另外发表在《物理学期刊》，1909年，第10卷，第817—825页。爱因斯坦于1909年9月21日在奥地利萨尔茨堡举办的德国自然研究者与医生协会第81次会议上做了这篇报告，这是他第一次参加这样的会议。他总结了自己关于辐射的观点，并首次将自己关于相对论的研究工作和量子假说联系起来。这一结合第一次展示出相对论所带来的在光的概念方面的深刻改变，以及这一改变对物理学发展产生的重要影响。他重申光就像物质一样，是独立存在的。

1910年

27. "相对性原理及其在现代物理学中的影响"（Le principe de relativité et ses consequences dans la physique moderne）.《物理学和自然科学文献》（Archives des sciences physiques et naturelles），1910年，第29卷，第5—28页，以及125—144页。本文被分成两篇单独的文章，在期刊的同一卷内发表，法文版由爱德华·纪尧姆译自德文原版。这篇论文概括性地考察了相对论的历史、本质及其应用。在一封写于1910年8月27日的致雅各布·劳布的信中，爱因斯坦承认这篇论文并没有任何新的见解，它"只是对相对论的认识论基础的一个相当一般性的说明；没有任何新的观点，也几乎没有什么定量的东西"。

28."论光量子理论和电磁能的定域化问题"（Sur la théorie des quantités lumineuses et la question de la localization de l'énergie électromagnétique)。《物理学和自然科学文献》，1910年，第29卷，第525—528页。爱因斯坦于1910年5月在纳沙泰尔（Neuchâtel）举行的瑞士物理学会议上提交了这篇论文。文章的许多内容是基于他之前关于量子假设的工作，该假设与人们所接受的辐射理论矛盾。

29."论作用在磁场中铁磁性载流导体上的有质动力"（Sur les forces pondéromotrices qui agissent sur des conducteurs ferromagnétiques disposés dans un champ magnétique et parcourus par un courant)。《物理学和自然科学文献》，1910年，第30卷，第323—324页。1910年9月6日，爱因斯坦向在瑞士巴塞尔举行的瑞士自然研究者学会会议提交了这篇论文。他讨论了对处于外部磁场中的铁磁物质的受力的问题，提出了满足作用和反作用相等原理的唯一表达式。

30."论概率计算的一个定理及其在辐射理论中的应用"（Über einen Satz der Wahrscheinlichkeitsrechnung und seine Anwendung in der Strahlungstheorie)。（与路德维希·霍普夫合著)《物理学纪事》，1910年，第33卷，第1096—1104页。爱因斯坦和霍普夫的这篇论文表明，即使提出发光体表面不同点发光的个体事件其实在统计上并非相互独立，而是相互依存的，也无法改善统计力学在辐射定律上的失败。即使假定各个发光点在统计上并非独立，还是会导出同样的常规的傅立叶求和形式的辐射定律。

31."关于辐射场中一个振子的运动的统计考察"（Statistische Untersuchung der Bewegung eines Resonators in einem Strahlungsfeld）（与路德维希·霍普夫合著)《物理学纪事》，1910年，第33卷，第1105—1115页。本文作者利用第30篇文章中的结果证明，即使我们避免了可能需要修正的假设，瑞利-金斯辐射定律也是统计分析的必然结果。换言之，我们不能因为一个错误的结果而指责统计分析。

32."接近临界状态的均匀流体和流体混合物的乳光理论"（Theorie der

Opaleszenz von homogenen Flüssigkeiten und Flüssigkeitsgemischen in der Nähe des kritischen Zustandes)。《物理学纪事》，1910年，第33卷，第1275—1298页。爱因斯坦解释了在流体临界点（此时液相和气相可以共存）和二元液体混合物临界点附近发生的光学效应，这也可以用来解释天空呈现蓝色的原因。这篇论文丰富了为物质的原子构成提供了证据的早期研究，也是他最难理解的论文之一。

1911年

33．"单原子分子固体的弹性性能和比热之间的一种关系"（Eine Beziehung zwischen dem elastischen Verhalten und der spezifischen Wärme bei festen Körpern mit einatomigem Molekül)。《物理学纪事》，1911年，第34卷，第170—174页。爱因斯坦在期刊同一卷发表了一篇对本文的评述，页数为第590页。为了补充物理学家威廉·萨瑟兰（William Sutherland）提出的固体的红外本征频率可能源于这些固体的弹性振动的观点，爱因斯坦提出带电离子是光学振动的根源，整个分子彼此之间的相对振动引发了弹性振动。

34．"关于固体中分子热运动的初步观察"（Elementare Betrachtungen über die thermische Molekularbewegung in festen Körpern)。《物理学纪事》，1911年，第35卷，第679—694页。在本文中，爱因斯坦继续自己在1907年开始的固体比热研究，那次他将固体的热扰动还原为原子的单频振动，由辐射场中振子的量子化来确定其比热。他在本文中解释了自己的公式与低温下的测量结果不符的原因。

35．"论引力对光的传播的影响"（Über den Einfluß der Schwerkraft auf die Ausbreitung des Lichtes)。《物理学纪事》，1911年，第35卷，第898—908页。爱因斯坦继续对引力进行思考，讨论自己关于静引力场的观点，提出了大质量物体(例如太阳)会引发光线偏折的"半移"（half-shift）的预言[1]。在他关于这一主题的早期论文（亦见第37至39篇论文）中，爱因斯坦使用了两个重要的概念：等效原理与光速的作用。在本文中，他拓宽了视角，他说，如果光束在加速参

---

1 据本书作者之一丹尼尔·肯尼菲克介绍，"half-shift"指的是爱因斯坦在这篇论文中所作的经过太阳的光线将会发生角度为0.83弧度秒的偏折的预言，而他后来在广义相对论构架中得到的角度为这一数值的2倍。——译者注

考系中发生弯曲, 那么(如果理论是正确的话) 它也一定会被引力弯曲至相等的程度。

36. "相对论"(Die Relativitätstheorie)。《苏黎世自然研究者协会季刊》(*Naturforschende Gesellschaft in Zürich. Vierteljahrsschrift*), 1911年, 第56卷, 第1—14页。爱因斯坦在1911年份《苏黎世自然研究者协会会议报告》第二部分发表了一份关于光量子假设的声明（第 xvi 页）。他向1911年1月举行的苏黎世自然研究者协会的一次会议宣读了这篇论文, 将其作为自苏黎世大学辞职后, 动身前往布拉格之前的一次告别演讲。这是爱因斯坦第一次在论文中使用"相对论"(relativity theory) 一词, 此前他觉得"相对性原理"(relativity principle) 是更准确的描述。在对狭义相对论的概念和原理的阐述方面来看, 本文类似于第27篇文章, 但是专业性不如后者。

1912年

37. "光化当量定律的热力学论证"(Thermodynamische Begründung des photochemischen Äquivalentgesetzes)。《物理学纪事》, 1912年, 第37卷, 第832—838页。本文的补充发表在了期刊同年第38卷, 第881—884页。爱因斯坦展示了自己对光与物质的相互作用以及光化学问题的研究的进展。与之前的工作相反, 他没有使用量子假设。他证明了如果人们做出某些合理的假设, 从纯热力学论点就可以推论出他所谓的"光化学当量定律"。5个月后, 爱因斯坦在同一份期刊上发表了对这篇论文的补充。

38. "光速和引力场的静力学"(Lichtgeschwindigkeit und Statik des Gravitationsfeldes)。《物理学纪事》, 1912年, 第38卷, 第355—369页。爱因斯坦进一步深化对引力的研究, 基于等效原理, 他愈加清楚地了解到引力与空间及时间的测量问题有着紧密的联系。

39. "静引力场理论"(Zur Theorie des statischen Gravitationsfeldes)。《物理学纪事》, 1912年, 第38卷, 第443—458页。爱因斯坦更加仔细地分析了第38篇文章中的运动方程, 得出如下结论: 这些方程不能与给定的 c（即光速, 在这个理论中扮演着引力势的角色）的场方程相协调, 原因是违反了"作用等与反作用原理"。他修改了 c 的场方程。这篇论文首次初步叙述了"测地线定律", 后者对于引力理论的最终形式很重要。

40."存在一个与电磁感应相类似的引力效应吗？"（Gibt es eine Gravitationswirkung, die der elektrodynamischen Induktionswirkung analog ist？）.《法医学与公共卫生季刊》（*Vierteljahrsschrift für gerichtliche Medizin und öffentliches Sanitätswesen*），1912年，第44卷，第37—40页。

这篇论文展现了爱因斯坦在系统性地从狭义的相对论向更加普遍的相对论进发的过程中，超越自己的静力学理论的第一步。在讨论引力-磁性作用的可能性时，他将马赫原理——物质的惯性是粒子之间产生的引力相互作用的结果——引入了他的广义相对论计划中。这篇论文发表在法医学期刊的原因，是它本来是为一部庆祝苏黎世大学的一所法医学研究所成立的纪念文集（*Festschrift*）而写的，爱因斯坦的朋友海因里希·赞格尔已被任命为这个研究所的所长。

1913年

41."光化当量定律的热力学推导"（Déduction thermodynamique de la loi de l'équivalence photochimique）。法国《物理学期刊》（*Journal de physique*），1913年，第3卷，第277—282页。本文是爱因斯坦于1913年3月底在法国物理学会演讲的发表版本，内容涉及的是他在1912年发表的论文"光化当量定律的热力学论证"的补遗中的主题。

42."对于分子在绝对零度下的扰动假设的某些论证"（Einige Argumente für die Annahme einer molekularen Agitation beim absoluten Nullpunkt）（与奥托·施特恩合著）。《物理学纪事》，1913年，第40卷，第551—560页。在本文中，爱因斯坦与施特恩表明，为了解释常温下实验的结果，固体量子理论要求在绝对零度下固体内具有一定的剩余能量，他们将其称为"零点能"。由此，他们将这一重要概念引入了物理学。

293

43."作为研究者的马克斯·普朗克"（Max Planck als Forscher）。《自然科学》（*Die Naturwissenschaften*），1913年，第1卷，第1077—1079页。爱因斯坦在本文中将德国物理学家普朗克描述为一位艺术家和科学家，阐明后者的科学成就展现出艺术创造性。爱因斯坦之后在1918年普朗克60岁诞辰和1948年普朗克逝世时再次谈论普朗克。

44."关于引力问题的现状"（Zum gegenwärtigen Stande des Gravitationsproblems）。《物理学期刊》，1913年，第14卷，第1249—1262页。爱因斯坦于1913年9月23日在举办地为维也纳的德国自然研究者与医生协会第85次会议上做了这篇报告。除了讨论他自己的工作之外，爱因斯坦在文中也谈及了诺德斯特伦的标量理论，这是爱因斯坦的理论的一个不容轻视的竞争者。他得出的结论是只有经验才能表明这两者中哪一个是正确的。在爱因斯坦的报告结束后，与会者们展开了进一步的讨论。

45.《广义相对论和引力理论提纲》（*Entwurf einer verallgemeinerten Relativitätstheorie und einer Theorie der Gravitation*）（与马塞尔·格罗斯曼合著）。莱比锡托伊布纳出版社（Teubner），1913年。在该书中，爱因斯坦与格罗斯曼研究了引力理论涉及的弯曲空间和弯曲时间。他们实际上给出了广义相对论的所有要素，却犯下了一个明显且关键性的疏忽：他们的引力场方程并非广义协变的。爱因斯坦不久便通过"空洞论据"试图表明广义协变引力场方程缺乏物理学意义，来为广义协变性的缺失辩护。直至1915年，在对广义相对论的最终表述中，爱因斯坦才采用了正确的引力场方程。在该书中，爱因斯坦撰写物理学部分，格罗斯曼则撰写数学部分。

1914年

46."引力理论的物理基础"（Physikalische Grundlagen einer Gravitationstheorie）。本文基于爱因斯坦于1913年9月9日在弗劳恩费尔德（Frauenfeld）举办的瑞士自然科学学会第96次年会上的演讲整理而成。发表在《苏黎世自然研究者协会季刊》，1914年，第58卷，第284—290页。爱因斯坦在文章中再次审阅了引力理论的理论方面。本文中使用的数学运算要多于演讲原文本身，他在演讲中强调物理学内容而略去了数学细节。

47."论比热问题的现状"（Zum gegenwärtigen Stande des Problems der spezifischen Wärme）。这是爱因斯坦于1911年11月3日提交给第一届索尔维会议的论文。被收录在1914年出版的由阿诺尔德·奥伊肯（Arnold Eucken）编辑的《辐射与量子理论》（Die Theorie der Strahlung und der Quanten，克纳普出版

社[Knapp]，德国哈勒，1914年，第330—352页）。在这篇提交给这次国际会议的报告中，爱因斯坦详细地阐述了自己关于量子理论的多方面观点。

48."论广义相对论和引力论的基础"（Prinzipielles zur verallgemeinerten Relativitästheorie und Gravitationstheorie).《物理学期刊》，1914年，第15卷，第176—180页。本文对"空洞论断"进行了详细的阐述，表明了度规张量$g^{\mu\nu}$不能由广义协变场方程组唯一决定。这一论断对重新构建爱因斯坦之前对时空流形的坐标描述与其物理性质的关系的理解有着重要意义。

49."论相对性问题"（Zum Relativitäts—Problem)。意大利博洛尼亚期刊《科学》(Scientia)，1914年，第15卷，第337—348页。爱因斯坦一般性地谈及了在寻找地球运动的影响方面的失败。

50."对量子理论的贡献"（Beiträge zur Quantentheorie)。《德国物理学会会刊》，1914年，第16卷，第820—828页。爱因斯坦试图以一个完全基于热力学的新颖方式推导普朗克的辐射定律和能斯特的热力学第三定律。他的证明过程引入了量子假设。

51."广义相对论的形式基础"（Die formale Grundlage der allgemeinen Relativitätstheorie)。《普鲁士皇家科学院（柏林）会议报告》[Königlich Preußische Akademie der Wissenschaften(Berlin). Sitzungsberichte]，1914年，第1030—1085页。根据约翰·诺顿（John Norton）所著"爱因斯坦如何得出他的场方程"一文，这篇重要的综述文章的目的是展现1913年"提纲"理论（第45篇文章）的完整内容。"主要的创新在于理论的数学表述。凭借着他与格罗斯曼之前的成果，爱因斯坦运用变分原理表述了其引力场方程。利用这个更为丰富的数学结构，爱因斯坦给出了一个证明，据称可以展现自己理论与空洞论据能达到最大程度的协变性兼容。也就是说，对他与格罗斯曼引入的'适应坐标系'（adapted coordinate systems）之间的那种'被证实有意义'的变换，是协变的。"

52."引力理论的场方程在广义相对论基础上的协变性"（Kovarianzeigenschaften der Feldgleichungen der auf die verallgemeinerte Relativitätstheorie gegründeten Gravitationstheorie)（与格罗斯曼合著）。《数学物理期刊》(Zeitschrift für Mathematik und Physik)，1914年，第63卷，第215—225页。为了加强第45篇和第51篇文章所阐述的理论的内在一致性，本文作者在对度规张量$g^{\mu\nu}$的场方程的

推导中运用了作用量原理。

53. "爱因斯坦先生的就职演讲"（Antrittsrede des Hrn. Einstein）。《普鲁士皇家科学院（柏林）会议报道》，1914年，第739—742页。在这篇面向普鲁士科学院的演讲中，爱因斯坦感谢了诸位院士欢迎他进入科学院，可以全身心投入研究之中。他也以相对论为例讨论了一位理论学者的工作方式。

54. "从绝对微分学的观点看诺德斯特伦的引力理论"（Die Nordströmsche Gravitationstheorie vom Standpunkt des absoluten Differentialkalküls）（与阿德里安·福克合著）。《物理学纪事》，1914年，第44卷，第321—328页。爱因斯坦与福克运用张量分析重新构建了诺德斯特伦提出的引力理论。本文中展现的诺德斯特伦理论的版本是科学文献中首次出现的协变度规理论，要早于在第二年问世的广义相对论的完整形式。

1915年

55. "安培分子电流的实验证明"（Experimental Proof of the Existence of Ampère's Molecular Currents）（英文版，与万德·德哈斯合著）。《荷兰皇家科学院院报》（Koninklijke Akademie van Wetenschappen te Amsterdam. Proceedings），1915—1916年，第18卷。本文德文版之前发表在《德国物理学会会刊》，1915年，第17卷，第152—170页。对本文的一篇更正和评论分别发表在这一卷的第203页和第420页。鉴于安培曾假设电荷的微观环路运动是磁性产生的原因，而荷兰物理学家洛伦兹则认为这里旋转的粒子就是电子，本文作者提出了一个设计的实验检验方案。实验的目的是测量铁制圆柱体的磁化方向反转所产生的转矩。爱因斯坦与万德·德哈斯合作撰写了三篇关于他们一起完成的安培分子电流——被称为爱因斯坦-德哈斯效应——实验的文章。在洛伦兹指出原始论文中存在错误后，爱因斯坦很快撰写了一篇更正。

56. "关于广义相对论"（Zur allgemeinen Relativitätstheorie）。《普鲁士皇家科学院（柏林）会议报道》，1915年，第778—786页。在本文发表一星期后，一篇补遗发表在了同一份期刊上。在放弃"空洞论据"，再次关注研究广义协变场方程之后，爱因斯坦撰写了这篇重要文章，在开篇叙述了他为期三年的对正确的引力场方程的探寻。他断言："真正掌握它的人无一不被其魅力所折服，因为它意味着由卡尔·弗里德里希·高斯（Carl Friedrich Gauss）、黎曼、埃尔温·布鲁诺·克里斯托弗尔（Elwin Bruno Christoffel）、格雷戈里奥·里奇-库尔巴斯托罗（Gregorio Ricci-Curbastro）和图利奥·列维-齐维塔（Tullio Levi-Civita）奠定的绝对微分学的真正胜利。"

57. "以广义相对论解释水星近日点运动"（Erklärung der Perihelbewegung des Merkur aus der allgemeinen Relativitätstheorie）。《普鲁士皇家科学院（柏林）会议报道》，1915年，第831—839页。爱因斯坦运用水星的近日点进动作为例子，给出了广义相对论的天文学证明。这个结果使爱因斯坦与其他许多人相信这个新理论可能是正确的，并能够取代统治已久的牛顿引力理论。

58. "引力场方程"（Die Feldgleichungen der Gravitation）。《普鲁士皇家科学院（柏林）会议报道》，1915年，第844—847页。爱因斯坦放弃之前的约束，重写了自己的引力场方程。在全部发表于1915年11月的三篇论文（第56篇和第57篇以及这篇文章）里，爱因斯坦阐述了他的新引力理论和相对论的数学概括。他断言虽然在狭义相对论中时空在几何学上是平的，但是在广义相对论中它是弯曲的，以引力为其决定因素。但是，那篇影响深远的论文（第62篇文章）直到1916年才发表。不过第58篇文章解决了天文学领域内一个长期存在的问题，成为广义相对论的重大胜利之一。本文也包含了对现在我们称为爱因斯坦方程的决定引力场的方程的首次论述。

296

1916年

59. "我对战争的看法"（Meine Meinung über den Krieg）。本文写于1915年10月至11月，但是直到第二年才发表在《歌德的国家，1914—1916年》（Das Land Goethes 1914-1916），并且略去了原稿中的两节。斯图加特与柏林：德意志出版机构（Deutsche Verlags—Anstalt），1916年。爱因斯坦为柏林歌德协会的一部计划发行的"爱国主义纪念册"撰写了这篇文章，"纪念册"号召德国人在国家处于战争之际保卫德国的文化。在文中，爱因斯坦声称战争的根源在于"雄性物种在生物学上的攻击性本能"。他支持和平主义，反对在任何情况下发动战争。

60. "电动力学的麦克斯韦场方程组的一种新的形式阐述"（Eine neue

formale Deutung der Maxwellschen Feldgleichungen der Elektrodynamik)。《普鲁士皇家科学院(柏林)会议报道》，1916年，第184—188页。爱因斯坦运用张量运算术语，并根据他最新发现的广义相对论场方程重新构建了麦克斯韦方程组。在这一年的晚些时候(参见第62篇文章)，他将表明在弱场极限情况下，他的引力场方程与麦克斯韦理论的这一新表述形式具有高度相似性。

61. "恩斯特·马赫"(Ernst Mach)。《物理学期刊》，1916年，第17卷，第101—104页。在追悼对自己具有深刻影响的自然哲学家恩斯特·马赫的这篇长文中，爱因斯坦赞誉马赫是一位富有创意的思想家，对自然科学家的认识论倾向具有极大的影响。他的"哲学研究来源于一个愿望，那就是他想发现一种观点，把……各个不同科学部门看作一个统一的事业"。

62. "广义相对论基础"(Die Grundlage der allgemeinen Relativitätstheorie)。《物理学纪事》，1916年，第49卷，第769—822页。本文于1916年以单行本书籍的形式由莱比锡的巴尔特出版社（Barth）出版。这篇篇幅很长且影响深远的论文首次完整地阐述了爱因斯坦的广义相对论，在爱因斯坦1915年11月的论文中发表了对这个理论的最后修正之后，本文全面地讲解了广义相对论的最终版本。在文中，爱因斯坦将自己推导一般引力场方程时借助的张量分析工具，其中的引力是从属于非欧几里得时空的特性。尽管在发表于1915年的两篇论文(第56篇与第58篇文章)里他已经提及"狭义相对论"，但是在本文中他第一次系统性地使用这个词语。最后，爱因斯坦讨论了这个理论在解释例如光线在引力场中弯曲的现象中所取得的成功。这一成就帮助广义相对论确立起对经典牛顿理论的优越性，并由此重新定义了我们对宇宙的认识。

63. "引力场方程的近似积分"(Näherungsweise Integration der Feldgleichungen der Gravitation)。《普鲁士皇家科学院(柏林)会议报道》，1916年，第688—696页。因为一个严重错误，爱因斯坦不得不在1918年撤回这篇论文中关于引力波的结果。尽管如此，本文依然有意义，因为它引入了一个广义相对论中的重要的近似方案，即线性近似。在这一方案中，爱因斯坦并未试图简单比较广义相对论与牛顿引力理论，而是对自己的新引力场理论和引力场的另一种模型——麦克斯韦电磁场理论——进行了对比。

64. "量子论中辐射的发射和吸收"(Strahlungs-Emission und-Absorption

nach der Quantentheorie)。《德国物理学会会刊》，1916年，第19卷，第318—323页。这篇论文代表着量子论向前迈出的重要一步。在本文中，爱因斯坦建议对于物质与辐射之间相互作用使用量子论的思考方式代替电磁-力学的思考方式。

65. "关于辐射的量子理论"（Zur Quantentheorie der Strahlung）。《苏黎世物理学会通报》（*Physikalische Gesellschaft Zürich. Mitteilungen*），1916年，第18卷，第47—62页。另外也发表于《物理学期刊》，1917年，第18卷，第121—128页。在本文中，爱因斯坦声称只有把单元过程解释为完全定向的过程，才能得到无矛盾的理论。他于1916年8月24日致信好友米凯勒·贝索："推导方法纯粹是量子化的，得到了普朗克公式。由此可以有力地阐明，发射和吸收的单元过程是定向过程。只需要对辐射场中的一个分子的（布朗）运动（在那种推导的意义上）进行分析。"

66. "水波和飞行的初级理论"（Elementare Theorie der Wasserwellen und des Fluges）。《自然科学》，1916年，第4卷，第509—510页。爱因斯坦曾在一场德国物理学会的会议上发表过关于这一主题的演讲，在演讲中他提出了一种机翼设计方案。当一个物体被置于流动的液体中时，它将受到净上升力，从而发挥机翼的作用。1917年，一家柏林的飞机公司测试了这项设计，结果失败了。在距他去世还有几个月的时候，爱因斯坦向试飞该机型的试飞员保罗·埃尔哈特（Paul Ehrhardt）承认，"我常常因我那些日子的愚蠢感到惭愧"。

67. "哈密顿原理与广义相对论"（Hamiltonsches Prinzip und die allgemeine Relativitätstheorie）。《普鲁士皇家科学院（柏林）会议报道》，1916年，第1111—1116页。受到希尔伯特和洛伦兹的工作的启发，爱因斯坦单纯由变分原理推导出了经过新近阐述的广义相对论方程，这一方法被视为带有比较规范的场论的特征。

298

1917年

68. "狭义和广义相对论浅说"（Über die spezielle und die allgemeine Relativitätstheorie［Gemeinverständlich］）。1917年，德国不伦瑞克菲韦格（Vieweg）出版社。（后来面世的本书首个英语版本的译者为罗伯特·劳森［Robert

W.Lawson]，书名为《狭义和广义相对论浅说》[*Relativity: The Special and the General Theory. A Popular Exposition*]，伦敦梅休因[Methuen]出版社，1920年版；本书美国版本：亨利·霍尔特［Henry Holt］出版社，1920年版。）本书通俗地介绍了狭义与广义相对论。爱因斯坦对撰写这个水平的读物感到困难，可是，如果想让别人理解他的理论，他别无选择。本书旨在服务"从一般科学和哲学的观点出发对相对论感兴趣，但是并不熟悉理论物理的数学工具的读者，使其能够准确理解相对论"。"为了表达清晰"，书中内容频繁重复，未免有失流畅。这本书取得了巨大的成功，在1917年至1922年之间前后共有14个版本问世——现在仍然可以买到——在后续版本中只进行了少数修订。在德文版问世后，本书被翻译为其他语言，让世界各地的人们都知道了相对论。

69. "广义相对论中的宇宙学研究"（Kosmologische Betrachtungen zur allgemeinen Relativitätstheorie）。《普鲁士皇家科学院（柏林）会议报道》，1917年，第142—152页。在1917年的春天，爱因斯坦发表了他的第一篇宇宙学论文。他引入了一个"宇宙学常数"，以求试图平衡广义相对论场方程。这使他能够描述出一个符合自己及其他所有人设想的宇宙：一个与银河系有着共同空间范围的封闭且静态的球体。他的主要创新之处在于提出了一个具有整体正曲率的宇宙，它是自我封闭的，因此虽然大小有限，但是没有边界。整个现代宇宙学都可以追溯到这篇论文，爱因斯坦正是在其中第一次将广义相对论应用于解决宇宙学问题。虽然他在后来完全抛弃了宇宙学常数，但是这个常数非但没有销声匿迹，反而数次再度流行。如今，随着科学家发现宇宙在加速膨胀，宇宙学常数再次成为了宇宙学的中心。（这一事件经常被人们称为是爱因斯坦一生中犯下的"最大的错误"，尤其是物理学家乔治·伽莫夫，他发表在《科学美国人》[*Scientific American*] 1956年9月的一篇文章中，声称爱因斯坦曾当着他的面对自己做了这样的评价，然而并没有文献证据表明爱因斯坦是这样想的。参见atlantic.com，2013年8月9日。）

70. "关于辐射的量子理论"（Zur Quantentheorie der Strahlung）。《物理学期刊》，1917年，第18卷，第121—128页。除了对光子的性质进行了深刻分析之外，本文还表明了普朗克的热辐射定律能够轻易地依据跃迁概率的概念，从符合原子结构量子理论的基本思想的假设中推导出来。爱因斯坦大胆地运用这一基于概率的方法来描述原子的自发辐射特征（这一做法具有争议，因为这一方法看起来不仅适用于系综，甚至也适用于单个原子的突然衰变）。他还讨论了原子受适当频率的辐射激发而发生衰变的方式，这一深刻的洞见在后来启发了激光的发展，后者的工作原理就是光的受激发射。

71."论索末菲和爱泼斯坦的量子定理"（Zum Quantensatz von Sommerfeld und Epstein）。《德国物理学会会刊》，1917年，第19卷，第82—92页。爱因斯坦对爱泼斯坦关于玻尔–索末菲量子化规则的形式化表述提出了坐标不变形式。这篇论文在量子力学的发展中具有重要意义，曾被德布罗意与薛定谔引用。在被人们遗忘长达数十年之后，又因其对不遵守量子化规则的所谓混沌系统的深入见解而重获关注。量子混沌这一困难的主题处于当今研究的最前沿，在这一领域中，本文展示的这种半经典的量子化方法被称为爱因斯坦-布里渊-凯勒方法（Einstein-Brillouin-Keller method）。

72.《告欧洲人书》（Aufruf an die Europäer）（1914年10月）（与格奥尔格·尼柯莱、威廉·弗尔斯特［Wilhelm Foerster］和奥托·比克［Otto Buek］共同签名）。这篇宣言直到1917年才作为尼柯莱所著《战争的生物学》（德文版：*Die Biologie des Krieges*，于1917年由苏黎世的奥雷尔菲斯利［Orell Füssli］出版社出版；英文版：*The Biology of War*，译者为康斯坦斯·艾丽斯·格兰德［Constance Alice Grande］与朱利安·格兰德［Julian Grande］，1918年由纽约的世纪［Century］出版社出版）一书的序言而发表。爱因斯坦在这篇广泛流传的，自己首次关于非科学主题的公开声明中，回应了另一篇由93位德国知识分子和艺术家发表的，旨在为德国于第一次世界大战伊始在比利时的军事行动进行辩护的宣言。本条目所介绍的这篇"反对宣言"由和平主义者、医生及医学与生理学教授格奥尔格·尼柯莱起草，他与爱因斯坦以及另外二人共同修改并签名。（参见第三篇"政治背景"一节的"第一次世界大战"——《告欧洲人书》小节。）

73."噩梦"（Der Angst-Traum）。《柏林日报》（*Berliner Tageblatt*），1917年12月25日。在这篇短文中，爱因斯坦谈到是否应废除强制性的中学毕业考试的问题。他赞成终止这项考试，认为它并不能检验学生的知识，而是过于依赖短期的死记硬背。爱因斯坦觉得这项考试没有用处，而且有害。亦见第155篇文章。（参见第三篇中的"爱因斯坦关于教育的观点"一节。）

1918年

74. "论引力波"(Über Gravitationswellen)。《普鲁士皇家科学院（柏林）会议报道》，1918年，第154—167页。爱因斯坦对他在第一次关于这一主题的讨论（参见第63篇文章）中的错误进行了更正，从而提出了首个具体且基本上正确的引力波理论。这些波被视为广义相对论最为引人瞩目的预言之一，因为它们在传统的牛顿理论中完全不存在。1979年，科学家首次观测到脉冲双星，获得了引力波存在的证据。观测结果证实了本篇论文的最为著名的结果——四极公式，其中爱因斯坦预言一个引力波发射体系产生的引力波能量流。只有在最近时期，人们才能在技术上探测经过地球的引力波。几个被设计用于这一目的的探测器正处在开发过程中。

75. "关于广义相对论的原理"(Prinzipielles zur allgemeinen Relativitätstheorie)。《物理学纪事》，1918年，第55卷，第241—244页。1916年3月，爱因斯坦第一次对广义相对论的原理进行了系统性的阐述，本文是从那之后他首次对广义相对论原理进行新的阐述。

76. "探索的动机"(Motive des Forschens)。收录于《庆祝马克斯·普朗克60寿辰》（德文：*Zu Max Plancks sechzigstem Geburtstag*；英文：*On Max Planck's Sixtieth Birthday*）一书，由卡尔斯鲁厄的米勒宫廷书店(C. F. Müllersche Hofbuchhandlung)于1918年出版。重刊于《观念与见解》(1954年版)。作为德国物理学会为马克斯·普朗克60岁寿辰而在柏林举办的特别庆祝会上的一个节目，爱因斯坦做了一个演讲，而本文就是在演讲的基础上整理而成的。普朗克担任柏林大学理论物理学教授一职，最著名的成就是在1900年提出了量子理论，为原子物理学在现代的发展奠定了基础。在本文中，爱因斯坦以普朗克作为科学家的典范，称他为了科学而每日辛勤工作是源于他的内心，而非任何其他动机。

77. "广义相对论中的能量守恒定律"(Der Energiesatz in der allgemeinen Relativitätstheorie)。《普鲁士皇家科学院（柏林）会议报道》，1918年，第448—459页。爱因斯坦在本文中就他人对其广义相对论中的守恒定律及用于表达这一定律的赝张量的批评做出了回应。他认为这个定律的积分形式是恰当的，并表明一个闭合系统内的总能量的积分是不变和守恒的，并且只能在远离来源的地方才能测量。赝张量在爱因斯坦对引力波的分析中扮演着关键的角色。他在第74篇文章中使用赝张量来推导四极公式，证明了爱因斯坦对这一有争议的量的运用是成功的。他在第63篇文章中的错误在于构建了一个不正确的赝张量的形式，警告人们要小心赝张量并非不变量——其取值对不同的观测者(或不同的参考系)是不同的。

78. "关于反相对论的对话"(Dialog über Einwände gegen die Relativitätstheorie)。《自然科学》，1918年，第6卷，第697—702页。这篇关于相对论的佯谬的文章是以爱因斯坦与对其批评者之间的对话形式撰写的。

1919年

79. "引力场在物质的基本粒子结构中起重要作用吗？"(Spielen die Gravitationsfelder im Aufbau der materiellen Elementarteilchen eine wesentliche Rolle？)。《普鲁士皇家科学院(柏林)会议报道》，1919年，第349—356页。在 ³⁰¹这篇公开发表的向普鲁士科学院做的报告中，爱因斯坦构想了球形空间联系，并从宇宙学问题和物质构成问题的角度讨论了广义相对论之中的场方程。他尤其试图发展这一观念：广义相对场方程或许能够解释"庞加莱应力"，后者在当时被认为是稳定电子的必要因素。

80. "东方来的移民"(Die Zuwanderung aus dem Osten)。《柏林日报》，1919年12月30日，晨版，第2版。在这篇文章中，爱因斯坦反驳了那些声称来自东欧的犹太人是造成战后德国产生诸多问题的人。

1920年

81. 《以太和相对论》(Äther und Relativitätstheorie)。于1920年由柏林施普林格出版社出版。在被莱顿大学任命为访问教授之际，爱因斯坦在这所大学发表了这篇演讲，总结了他当时关于以太的观点。他回顾了自己关于空间的物理性质的观点的发展过程，承认自己的狭义相对论虽然排除了光以太，但是其广义相对论可以说引入了一种新的以太，即时空本身的结构。尽管这一结构是无形的，却在广义相对论中发挥着至关重要的作用。

82. "部分离解气体中声波的传播"(Schallausbreitung in teilweise dissoziierten Gasen)。《普鲁士皇家科学院(柏林)会议报道》，1920年，第380—

385页。这篇内容为运用声波传播来测定在部分离解气体中的化学反应速度的论文，对爱因斯坦而言可能似乎是偏离主业，但是他终其一生都在涉猎流体（液体和气体）的问题。在发表之际，这篇论文并没有获得较多的关注，但是分子声学在后来成为了物理化学中一个新颖的研究工具。

83. "致'大众技术教育总协会'"（To the 'General Association for Popular Technical Education'，该新闻报道引用了爱因斯坦的一篇声明）。《新自由报》（*Neue Freie Presse*），1920年7月24日，晨版，第8版。在这篇应此协会请求而发表的声明中，爱因斯坦强调了向学生与公众展示科学与技术在日常生活中的实际应用的重要性。他声称自己相信技术教育与人文学科教育有等同的价值。

84. "我对反相对论公司的答复"（Meine Antwort. Über die antirelativitäts theoretische G.m.b.H.）。《柏林日报》，1920年8月27日，晨版，第1—2版。面对挑衅，爱因斯坦之前一直没有做出公开反击，不过这一次他在这份大众报纸上正式驳斥了自1918年以来施加于他本人和相对论的攻击。最终使爱因斯坦忍无可忍的，是有人于8月24日在柏林音乐厅发表的两篇演讲。其中指责他的人完全不做科学方面的批评，而是攻讦他涉嫌剽窃、渴求博得公众关注、操纵媒体、从事非德意志科学，等等。

85. "爱因斯坦的信仰声明"（Ein Bekenntnisbrief Einsteins）。《瑞士犹太人周刊》（*Israelitisches Wochenblatt für die Schweiz*），1920年9月24日，第10页。本文原为私人通信，撰写于半年之前，但是莫名其妙地为媒体所得。爱因斯坦拒绝了"犹太信仰德国公民中央协会"发出的在其举办的会议上演讲的邀请，并嘲弄了这个协会的精英意识，强调了团结东欧犹太人的必要性。（亦见本书第三篇"犹太身份和纽带"一节下的"文化犹太复国主义理想"条目。）

86. 《狭义和广义相对论浅说》（*Relativity: The Special and the General Theory*）。首个英文版本，1920年。参见第68篇文章。

1921年

87. "艺术经验和科学经验中的共同要素"（Das Gemeinsame am künstlerischen und wissenschaftlichen Erleben）。《人·新艺术杂志》（*Menschen. Zeitschrift neuer Kunst*），1921年，第4期，第19页。在这篇简短声明中，爱因斯

坦着重强调了艺术与科学具有共同的要素，即它们都表达出创造性：科学是凭借逻辑，艺术则是凭借形式。这两者都能帮助人们"超越个人，远离欲望"。

88.《几何学与经验》(Geometrie und Erfahrung)。由柏林施普林格出版社于1921年出版（这本书是爱因斯坦于1921年1月27日在普鲁士科学院发表的演讲的扩展版本）。（英文版收录于《相对论侧记》[Sidelights in Relativity] 一书，由伦敦梅休因出版社于1922年出版。）在普鲁士科学院举办的纪念腓特烈大帝的一个会议上，爱因斯坦发表了这篇演讲，讨论了数学的特殊地位。他总结了自己在物理学与相对论的几何化，以及数学与外部世界之间的关系上的观点。他提出了这样的问题：人类的理性是否能够在没有直观经验的情况下，仅凭思维就理解实在的事物的性质。考虑到为什么数学需要完美描述外部世界这一问题，他给出的结论是："只要数学的定律是涉及实在的，它们就不是可靠的；只要它们是可靠的，它们就不涉及实在。"

89."相对论发展简述"(A Brief Outline of the Development of the Theory of Relativity)。《自然》(Nature)，1920—1921年，第106卷，第782—784页。由罗伯特·劳森从德文手稿翻译为英文版本。在《自然》杂志发行的一期相对论专刊中，爱因斯坦与其他的欧洲投稿者撰写了关于相对论在当时得到的结果和存在的问题的文章，希望在战后恢复国际科学合作。爱因斯坦叙述了导致他的理论诞生的一系列想法，并在文章最后对遗留的问题做了有预见性的评论。

90."我如何成为犹太复国主义者"(Wie ich Zionist wurde)。《犹太评论》(Jüdische Rundschau)，1921年6月21日，第351—352页。在一次与这份犹太人杂志的编辑的访谈中，爱因斯坦认为知识分子是反犹主义的传播者，精英人物出于政治利益而利用反犹主义情绪，但是对犹太人的憎恨却来自于那些"幼稚的"并对与其不同的人"缺乏了解"的人。爱因斯坦也利用这个机会重申他对作为宗教的犹太主义并不感兴趣。

91."阿耳伯特·爱因斯坦教授访谈录"(Een Interview met Prof. Albert Einstein)。《新鹿特丹信使报》(Nieuwe Rotterdamsche Courant)，1921年7月4日。荷兰语原版的英文译本作为附录D收录在《爱因斯坦全集·第七卷》第623—625页中。爱因斯坦结束了美国的筹款之行回到德国后，在柏林接受了一位荷兰记者的访谈，结果却在美国引发了人们的愤怒。最冒犯人的可能是爱因斯坦声称美国男人是"自己妻子的宠物狗，妻子们则花钱无度"。意识到自己说得太过火，爱因斯坦后来声明那位记者错误地引用了他的话。

92. "关于犹太人的巴勒斯坦"（On a Jewish Palestine，根据爱因斯坦于1921年6月27日在柏林发表的演讲整理而成）。《犹太评论》，1921年7月1日，第371页。爱因斯坦强调了巴勒斯坦作为犹太文化统一体象征的重要性要高于其作为犹太人定居点的重要性；这个文化统一体是爱因斯坦在此时支持犹太复国主义的缘由。

93. "关于创办耶路撒冷希伯来大学"（Zur Errichtung der hebräischen Universität in Jerusalem）。《苏黎世中央犹太人报》（Jüdische Pressezentrale Zürich），1921年8月26日，第1版。在这篇文章中，爱因斯坦支持在耶路撒冷建立一所大学，并主张将重点放在科学与卫生职业上。他觉得在犹太人故土上有必要拥有一所既可以向其公民，又可以向那些不被准许就读于其他大学的犹太人提供一个得以学习、执教和进行研究的大学。他也希望当这样一个机构蜚声国际时，犹太人无论在哪里工作，都不再想着去掩饰他们的犹太人群体身份。

94. "德国科学的困境：国家的危险"（Die Not der deutschen Wissenschaft. Eine Gefahr für die Nation）。《新自由报》，1921年12月25日，晨版，第1版。亦见第102篇文章。这篇声明是应《新自由报》的编辑请求而发表，目的在于促进德国与奥地利之间的科学利益。担忧德国的悲惨的经济状况会导致科学研究的崩溃，爱因斯坦呼吁富有的私人捐款者为政府向私人资助的应急基金划拨的款项补充一些资金。他强调了"科学创造的洞察力和方法通常只能以间接方式服务于实用目的，而且往往只能让未来世代受益"。

1922年

95. "论光发射基本过程的实验"（Über ein den Elementarprozeß der Lichtemission betreffendes Experiment）。《普鲁士皇家科学院（柏林）会议报道》，（1921年投稿，但于1922年1月5日发表），第882—883页。在本文中，爱因斯坦提出一项实验来证明自己支持的光量子是真实的。这项实验在当时光的量子化仅有的统计学证据之外，直接借由非统计学现象表明了波动光学的失败。

96. "科学对和平主义发展的影响"（Impact of Science on the Development

of Pacifism）。这是一篇收录于库尔特·伦茨（Kurt Lenz）与瓦尔特·法比安（Walter Fabian）所编《和平运动》（*Die Friedensbewegung*）一书（1922年由柏林施韦特施克出版社［Schwetschke］出版）中的德文投稿文章，在第78—79页。因为源自科学的技术发明产生了包括军事应用在内的国际影响，所以人们必须建立一个组织，以求在任何这类产物可能被用于暴力目的的情况下，能够防止战争爆发。

97.《1921年5月在普林斯顿大学所作的关于相对论的四次演讲》（*Vier Vorlesungen über Relativitätstheorie gehalten im Mai 1921 an der Universität Princeton*）。于1922年由德国不伦瑞克的菲韦格出版社出版。（英文版由伦敦梅休因出版社以《相对论的意义》为书名出版，翻译者为埃德温·亚当斯［Edwin P. Adams］。亦见《普林斯顿科学文库》［*Princeton Science Library*］丛书收录的本书第五版，平装本，于1988年由位于新泽西州普林斯顿的普林斯顿大学出版社出版。）1921年，在第一次美国之旅期间，爱因斯坦在普林斯顿大学作了五场相对论的系列演讲。本书便是基于这五篇演讲，其中两篇演讲在书中被合并为一篇。这本书仍旧在印行，较晚的几个版本中有几处修订补充。

98.“论光在色散介质中传播的理论”（Zur Theorie der Lichtfortpflanzung in dispergierenden Medien）。《普鲁士科学院（柏林）会议报道》（*Preußische Akademie der Wissenschaften*［*Berlin*］. *Sitzungsberichte*），1922年，第18—22页。在这篇呈交普鲁士科学院的论文中，爱因斯坦引入了和论文主题有关的计算内容，并解释了他早先提出的一项实验考虑不周，不能很好地判别两个选择理论的对错。

99.“从量子论来考查施特恩–格拉赫实验”（Quantentheoretische Bemerkungen zum Experiment von Stern und Gerlach）（与保罗·埃伦费斯特合著）。《物理学杂志》（*Zeitschrift für Physik*），1922年，第11卷，第31—34页。本文的两位作者表明，要将于1922年被发现的“施特恩–格拉赫效应”解释为磁场中原子的行为，存在一些难以解决的困难。这就提出了一个不能用当时的量子理论来解决的问题。他们预见了后来产生的量子测量问题。

100.“论理论物理学的当下危机”（Über die gegenwärtige Krise der theoretischen Physik）。《改造》（Kaizō），第4卷（1922年12月），第12期，第1—8页。

在回顾了用于理论物理学的科学概念体系的发展及成长历程之后，爱因斯坦主张为了理论物理学领域的继续发展，物理学的基础需要根本性的变化。

101. "我是如何创立相对论的"（Wie ich die Relativitätstheorie entdeckte）。在日本京都大学的演讲，1922年12月14日。（由石原纯记录，多年后由小野义正［Yoshimasa A. Ono］翻译为英文并发表在《今日物理》［Physics Today］期刊，1982[1]年8月，第45页。）在这篇于日本之行期间的非正式演讲中，爱因斯坦反思了自己提出相对论的历程。日本物理学家石原纯记录下演讲内容，于1923年在京都发表，并于1971年在该城再版。《今日物理》上发表的小野（Ono）［义正］的1982年译本，让爱因斯坦晚年对自己科学旅程的这一重要部分的回忆重新引起人们的关注。

102. "德国文化的危险"（The Peril to German Civilisation）。《新领袖》（New Leader），1922年，第1期，第11页。爱因斯坦回答了这份双月刊意见杂志（opinion magazine）的编辑提出的关于德国经济的问题。他主要关心的是由德国战争债务导致的教师与其他智力工作者（或者他称为"脑力工作者"）的工资降低问题。爱因斯坦担忧中产阶级会受到损害，不能发挥其潜力。

1923年

103. "闲谈我对日本的印象"（Musings on My Impressions in Japan）。《改造》，1923年，第5卷，第338—343页。爱因斯坦在日本之旅中抽出片刻时间，在本文中写下了自己对此行的思考。文中清楚地展现出他陶醉于这个国度以及日本人民。在他看来，这个国家"蒙着神秘的面纱"，所有这个国家自有的东西都是"精致而又轻松愉快的"，并与大自然紧密相连。在后来致儿子汉斯·阿耳伯特的信中，爱因斯坦说道"日本人胜过我迄今所认识的所有其他人：安静、谦虚、聪明"[2]。

104. "关于广义相对论"（Zur allgemeinen Relativitätstheorie）。《普鲁士科

---

1 此处原文误为1932年。《今日物理》是美国物理联合会（American Institute of Physics）的会员期刊，创办于1948年5月。包括美国物理学会（American Physical Society）在内的10个协会都下属于美国物理联合会。——译者注

2 见《爱因斯坦全集》第十三卷文件400。——译者注

学院(柏林)会议报道》，1923年，第32—38页（注释附加于第76—77页）。爱因斯坦于1923年1月在乘坐"榛名丸号"邮轮从日本返回柏林的途中撰写了这篇文章。在文中，他尝试寻找一个能统一引力与电磁力的理论，这是他之后思考的首要科学问题，直至去世。

105."我对巴勒斯坦的印象"（My Impressions of Palestine）。《新巴勒斯坦》（*New Palestine*），1923年，第4卷，第341页。爱因斯坦在本文中讲述了自己在未来的犹太人国家里的体验与感想。他尚未对"阿拉伯问题"表达关切的态度，声称犹太人与阿拉伯人看上去和谐地生活在一起，主要的问题是卫生、疟疾和债务问题。在20世纪20年代末，发生严重的反犹骚乱之后，爱因斯坦开始更多地关注阿拉伯人和他们的委屈。

106."相对论的基本思想和问题"（Grundgedanken und Probleme der Relativitätstheorie）。收录于《诺贝尔基金会：1921—1922年诺贝尔奖》（*Nobelstiftelsen: Les prix Nobel en* 1921-1922）一书，1923年由斯德哥尔摩的皇家出版社（Imprimèrie Royale）出版。这篇文章是爱因斯坦于1923年7月11日在瑞典哥德堡发表的诺贝尔奖演讲。因为不是在诺贝尔奖颁奖典礼上发表演讲，所以这篇演讲没有讨论其获奖主题——光电效应的发现——而是对相对论进行了概述。

107."能用场论来解决量子问题吗？"（Bietet die Feldtheorie Möglichkeiten für die Lösung des Quantenproblems？）。《普鲁士科学院（柏林）会议报道》，1923年，第359—364页。爱因斯坦写道，尽管在四分之一个世纪中量子理论取得了巨大的成功，但是这一理论依然没有逻辑基础，故而人们一定会提出这样的问题：早期理论的持续发展能否解决余下的困难。

306

1924年

108."康普顿实验"（Das Komptonsche Experiment）。《柏林日报》，1924年4月20日，增刊，第1版。爱因斯坦讨论了亚瑟·康普顿（Arthur Compton）在1922年的一项发现：入射X射线被自由电子散射时，波长会增大，暗示散射量子的能量少于入射束的量子能量。这一效应，如今被称为康普顿效应，清晰地表明了电磁辐射的粒子观念的正确性。康普顿凭借这一发现在1927年获得了诺贝尔物理学奖。

109."纪念开尔文爵士诞辰一百周年"（Zum hundertjährigen Gedenktag von Lord Kelvins Geburt）。《自然科学》，1924年，第12卷，第261—267页。开尔文爵士（威廉·汤姆逊，William Thomson）的工作完全是以牛顿力学的基本原理为基础的。爱因斯坦讲述了他的工作对其他研究者，例如麦克斯韦产生的影响。在这篇文章中，爱因斯坦没有对汤姆逊的一生加以概括性的叙述，而是列举了后者的工作中几个他认为尤为有趣的例子。

110."单原子理想气体的量子理论"（Quantentheorie des einatomigen idealen Gases）。《普鲁士科学院（柏林）会议报道》，1924年，第261—267页。其他几篇关于这一主题的文章发表在同一期刊，1925年，第3—14页和第18—25页。爱因斯坦对印度物理学家萨特延德拉·玻色的工作做出回应。应玻色的请求，爱因斯坦亲自将他的论文提交给《物理学杂志》（Zeitschrift für Physik）以确保其能够发表。爱因斯坦提出可以将热辐射（玻色的论文的主题，这篇论文从更加基本的统计学设想出发，重新推导出了热辐射的普朗克定律）的性质与"简并态"气体的性质作精辟的类比。

1925年

111."我们大学的使命"（Mission of our University）。《新巴勒斯坦》，1925年，第8卷，第294页。作为耶路撒冷希伯来大学董事会的一名新成员，爱因斯坦概述了这所他曾为之出力筹款的新建立的大学的目标。

112."引力和电的统一场论"（Einheitliche Feldtheorie von Gravitation und Elekrizität）。《普鲁士科学院（柏林）会议报道》，1925年，第414—419页。这是爱因斯坦第一次在论文题目中使用"统一场论"这一名词。这也是他自己一系列关于这个主题的多篇论文中的第一篇，这样说是因为他之前撰写的涉及这个主题的论文大部分都是研究其他人，例如赫尔曼·外尔、特奥多尔·卡鲁扎与亚瑟·斯坦利·爱丁顿提出的想法。在本文中，爱因斯坦提出将仿射联络和度规作为他的统一场的根据，二者都可以是非对称的（在广义相对论中基本量为度规，必须是对称的）。他认为得到的场中非对称的部分代表电磁场，但未能充分证明自己的观点。在生命的最后十年里，爱因斯坦最终回到这一理论。

307

113. "电子和广义相对论"（Elektron und Allgemeine Relativitatstheorie）。《物理》（*Physica*），1925年，第5卷，第330—334页。与第112篇文章中开启的统一场论计划并行，本文是爱因斯坦在广义相对论范围内探索通往统一场论的可行之路的一系列论文中较早期的一篇，他在这方面的探索持续到去世前。在这篇文章里，爱因斯坦讨论了是否有可能解释电子与质子所携带的电荷量相等而质量不相等这一问题。他指出场方程更自然的解是所携电荷相反而质量相等的粒子，早于后来对正电子的预测和发现（不过是出于不相干的原因）。

114. "理想气体的量子理论"（Quantentheorie des idealen Gases）。《普鲁士科学院（柏林）会议报道》，1925年，第18—25页。爱因斯坦注意到印度物理学家萨特延德拉·玻色的想法是基于光子气的概念，也就是说基于光子与理想气体中原子的统计行为的类比，然后反其意而用之。他将玻色对光子的深刻理解（它们是不可分辨的粒子）应用在了单原子理想气体上。由此，爱因斯坦做出了著名的"玻色-爱因斯坦凝聚效应"的预言以及关于物质粒子的波动性质的最早的叙述之一。

1926年

115. "河道蜿蜒的成因及所谓的贝尔定律"（Über die Ursache der Mäanderbildung der Flussläufe und des sogenannten Baerschen Gesetzes）。《自然科学》，1926年，第14卷，第223—224页。英译本收录在1954年的《观念与见解》中。这是爱因斯坦于1926年1月7日首次在普鲁士科学院宣读的报告，讨论了北半球的河流更多侵蚀右岸而在南半球则是左岸的原因。他发现没有人能够完全通晓其中涉及的因果关系，因此决定亲自处理这个问题。爱因斯坦解释说地球自转产生的科里奥利力（在南北两半球旋向不同）在河流底部会减小，从而导致河床中形成环流。河床中形成并保持湍急的速度分布并造成侵蚀。伊力著《务实的爱因斯坦》一书的第10—14页讨论了爱因斯坦这篇短文之前及之后的关于河道蜿蜒的研究。

116. "极隧射线所产生的光的干涉特性"（Über die Interferenzeigenschaften des durch Kanalstrahlen emittierten Lichtes）。《普鲁士科学院（柏林）会议报道》，1926年，第334—340页。本文与埃米尔·鲁普基于爱因斯坦在本文中描述的实

验设计而撰写的实验报告同时问世。1935年，鲁普的同事们指出他连自己一些实验报告中提及的实验设备都不具备，他随后被迫撤回自己撰写的五篇最近发表的论文。由此，鲁普基于爱因斯坦提出的想法而进行的实验的真实性也受到了质疑。现在人们普遍认为鲁普的所有实验，包括在与爱因斯坦的多次通信中向后者报告的实验，都是假的。爱因斯坦一反自己通常的习惯做法，从未访问鲁普的实验室现场去观察实验操作，原因在于他当时与鲁普的导师菲利普·莱纳德关系不好。

1927年

117."关于引力和电的关系的卡鲁扎理论"（Zu Kaluzas Theorie des Zusammenhanges von Gravitation und Elektrizität）。《普鲁士科学院（柏林）会议报道》，1927年，第23—35页。卡鲁扎试图在第五个维度中以融合爱因斯坦的引力理论与麦克斯韦的光理论的方式以实现两者的统一。1926年，数学家奥斯卡·克莱因指出看起来不靠谱的第五维度可能是真实存在却无法被观察到的，原因在于它的蜷曲折叠（"紧化"），因此我们不能察觉到在这一方向上的运动，而卡鲁扎的理论也由此重新获得人们的关注。这种形式的理论通常被称为卡鲁扎-克莱因理论。

118."牛顿力学及其对理论物理学发展的影响"（Newtons Mechanik und ihr Einfluß auf die Gestaltung der theoretischen Physik）。《自然科学》，1927年，第15卷，第273—276页。本文英文版收录于《观念与见解》（1954年版）一书中。爱因斯坦在牛顿逝世200周年之际撰写了这篇文章，他在文中追溯了从古希腊人到伽利略再到牛顿和当今的物理学的历史发展过程，着重强调了牛顿的贡献。

119."艾萨克·牛顿"（Isaac Newton）。为纪念牛顿逝世200周年致英国皇家学会的信件。《自然》，1927年，第119卷，第467页。在这封信中爱因斯坦既称赞了英国人的传统，也称赞他们提供了一个允许人类灵魂"翱翔"的氛围。自牛顿时代以降，理论物理学领域产生的所有事物莫不出自他的想法，而他的微分法只是在量子理论中才显示出不足。

120."广义相对论和运动定律"（Allgemeine Relativitätstheorie und Bewegungsgesetze）。《普鲁士科学院（柏林）会议报道》，1927年，第235—245页。

爱因斯坦着手解决从场方程推导出运动定律的问题。他曾多次在后来的工作中继续研究这一问题。

1928年

121. "保持绝对平行概念的黎曼几何学"（Riemanngeometrie mit Aufrechterhaltung des Begriffes des Fern-Parallelismus）。《普鲁士科学院（柏林）会议报道》，1928年，第217—221页。参见下一篇文章。

122. "引力和电的统一场论的新可能性"（Neue Möglichkeiten für eine einheitliche Feldtheorie von Gravitation und Elektrizität）。《普鲁士科学院（柏林）会议报道》，1928年，第224—227页。第121篇和第122篇文章讨论了爱因斯坦以他所谓的绝对平行为基础的统一论概念，这是他在一段因患病而卧床休息的时间中思考所得。爱因斯坦不知道的是，数学家埃利·嘉当此前就已经发展了这个理论的数学形式，如今这一理论被称为爱因斯坦–嘉当理论或"挠率"理论。理论中的"挠率"这一元素在数学方面描述了仿射联络（或远距离平行）的反对称成分，因其解释基本粒子的内禀自旋的可能性而受到人们注意。

123. "H.A. 洛伦兹"（H.A.Lorentz）。《数学自然科学学报》（Mathematisch-naturwissenschaftliche Blätter），1928年，第22卷，第24—25页。本文被冠以"在H.A.洛伦兹墓前的讲话"的题目重刊于《观念与见解》（1954年版），被收录在第73页。在这篇于爱因斯坦所崇敬与爱戴的荷兰理论物理学家的墓前诵读的悼文里，他将洛伦兹称为"我们这个时代最伟大、最高尚的人"。

1929年

124. "关于统一场论"（Zur einheitlichen Feldtheorie）。《普鲁士科学院（柏林）会议报道》，1929年，第2—7页。这篇阐述爱因斯坦关于引力和电磁力的统一场定律的理论（统一场论）的论文，重点是努力应用第121篇和第122篇文章中介绍的绝对平行方法得到一组场方程。这篇论文的发表很快成为新闻。大众媒体中不断有传闻称爱因斯坦已经解决了宇宙之谜，人们对这篇论文抱以很高的期待。首次印刷的论文很快便销售一空，出版商要求增加印数。尽管对自己的理论拥有信心，爱因斯坦却不理解它带来的轰动。但是，批评者们发现了这一理论存在的缺点，在随后两年里数次尝试着纠正理论后，爱因斯坦放弃了远距离平行方法，转而研究卡鲁扎-克莱因理论的一个新变种。

1930年

125. "论开普勒"（Über Kepler）。《法兰克福报》（*Frankfurter Zeitung*），1930年11月9日。本文英文版收录于《观念与见解》（1954年版）。这篇文章撰写于约翰内斯·开普勒（Johannes Kepler）逝世300周年之际，爱因斯坦在文中叙述了开普勒在研究行星运动时必须面对的诸多困难，并赞扬了后者使用的新颖独创的方法。他得出这样的结论："知识不能仅凭经验产生，它只能来自理智的发明与观测事实的比较。"

126. "宗教与科学"（Religion and Science）。《纽约时报》，1930年11月9日。重刊于《观念与见解》（1954年版），第36—40页。爱因斯坦专门为《纽约时报杂志》（*New York Times Magazine*）撰写了这篇文章。在这篇不无刺激性的文章中，他声称自己信仰"宇宙宗教"，对其而言，这比有组织的宗教层级更高。爱因斯坦声称这是"自然界和思维世界显露出奇妙的秩序"，并不存在一位依据人们的行为而对其奖惩的人格化上帝。他断言科学与宗教之间并无冲突，实际上对科学研究而言宇宙宗教是必要的。（亦见第三篇的"宗教"一节。）

127. "关于科学和上帝的对话"（Science and God: A Dialogue）。《论坛与世纪》（*Forum and Century*），1930年，第83卷，第373—379页。这篇文章根据爱因斯坦与詹姆斯·墨菲（James Murphy）和沙利文（J.W.N. Sullivan）的谈话整理而成，涉及科学与生活中其他方面的关系、犹太种族特征的问题以及其他爱因斯坦感兴趣的话题。沙利文是一位数学家和科普工作者，他已展开一次"伟人之旅"，即为一部将要问世的书尽可能拜访大量的科学家，与之进行访谈。墨菲是一位爱尔兰作家、演讲者，也是一位健谈的人。

128. "我的信念"（What I Believe）。《论坛与世纪》，1930年，第84卷，第193—194页。本文被冠以"我的世界观"（The World as I See It）的题目重刊于《观念与见解》（1954年版），第8—11页。爱因斯坦在本文中提出了他的个人信仰和人生哲学。这篇文章里包含了他那著名的隽语："我从未将安逸和享乐视为终极目标（我把这种伦理准则称为猪群的理想）……对真、善、美的追求照亮了我的道路"，以及"我们可以体验到的最美好的事物是难以理解的神秘之物"。

1931年

129."科学与幸福"（Science and Happiness）。本文为爱因斯坦在加州理工学院的演讲。重新发表于《纽约时报》，1931年2月22日，第9版，2：1。也发表于美国《科学》，第73卷，第1893期（1931年4月10日），第375—381页。爱因斯坦精辟地问道：为什么科学给人们带来的幸福如此之少？他给出的答案是：我们还未学会合理地运用它。科学家一定要牢记，在所有技术努力中，占有首要地位的是对人们的幸福的关心。

130."激进的和平主义"（Militant Pacifism）。《明日世界》（*World Tomorrow*），1931年，第14卷，第9页。本文被冠以"积极的和平主义"（Active Pacifism）的题目重刊于《观念与见解》（1954年版）。作为对比利时佛兰德地区发生的和平示威的回应，爱因斯坦撰写了这篇讲稿，号召裁军并希望后代"会将战争看作他们祖先不可理喻的精神失常"。

131."实在的本质"（The Nature of Reality）。《现代评论》（*Modern Review*，加尔各答），1931年，第49卷，第42—43页。在这篇谈话中，爱因斯坦与印度音乐家和诗人罗宾德拉纳特·泰戈尔就非物质世界（nonmaterial world）展开了对话。这是这两位诺贝尔奖得主的第一次对话，时间是1930年7月14日，地点是爱因斯坦位于柏林附近的卡普特的消夏小屋。他们探讨了人类在世界中的地位，以及真理、实在、宗教与美的本质。

132."泰戈尔与爱因斯坦的对话"（Tagore Talks with Einstein）。《亚洲》（*Asia*），1931年，第31卷，第138—142页。这是爱因斯坦与泰戈尔的第二次对话，时间是1931年8月19日，地点是他们共同的朋友门德尔夫妇位于柏林的家中。两人探讨了自由、决定论、心理学以及哲学问题，但中心话题是东西方音乐的差异。 ³¹¹

133."论1932年的裁军会议"（The 1932 Disarmament Conference）。《国家》（*Nation*），1931年，第133卷，第300页。重刊于《观念与见解》（1954年版）。在宣称国家应服务于人民而不是人民服务于国家后，爱因斯坦讨论了国际裁军、废除义务兵役制以及改变向学生传授军事传统的教育制度的必要性。他批评民族主义是有害的，原因在于它会引发好斗情绪和战争。此外，他呼吁保护世界各地的出于道义而拒服兵役者。爱因斯坦乐观地认为尽职的各国领导人"基本上还是怀有真诚的意愿想要取消战争"。

134. "论广义相对论的宇宙学问题"（Zum kosmologischen Problem der allgemeinen Relativitätstheorie）。《普鲁士科学院（柏林）会议报道》，1931年，第235—237页。在本文中，爱因斯坦接受了宇宙的非静态特征，摈弃宇宙学常数，认为后者是不必要的，破坏了自己的场方程的简洁。亦见第69篇文章中的讨论。爱因斯坦撰写本文的目的是对埃德温·哈勃发现宇宙膨胀现象做出回应。我们现在知道爱因斯坦对这项发现的最初的回应是着手在论文中用一个稳定态宇宙（与"第二次世界大战"结束后提出的稳恒态宇宙类似）代替自己原来的静态宇宙。在这个稳定态宇宙模型中，宇宙的确在膨胀（从星系彼此之间的距离将会越来越远这个意义上来看），但是它的样貌永远不会改变，这是因为星系之间的空间内会有新物质产生，尽管发生膨胀，星系的密度还是保持不变的。但是爱因斯坦放弃了这一想法，承认膨胀不仅是真实的，而且宇宙也在膨胀中随时间推移而变化。

135. "引力和电的统一理论"（Einheitliche Theorie von Gravitation und Elektrizität），第一部分（与瓦尔特·迈尔合著）。《普鲁士科学院（柏林）会议报道》，1931年，第541—557页。第二部分见第138篇文章。在本文中，爱因斯坦再次改变了寻求统一场论的思路，重新回到了卡鲁扎-克莱因理论的五维方法，但是将其与自己的绝对平行的工作的一个方面结合起来。在那些关于绝对平行的论文中（参见第121篇和第122篇文章），他向空间中的各点引入了一个四元矢量组，作为自己理论的核心。爱因斯坦现在向这个四元矢量组中添加了一个矢量，使其包含5个矢量。

1932年

136. "给美国黑人的信"（To American Negroes）。《危机》（Crisis）杂志，1932年，第39卷，第45页。本文为"美国全国有色人种协进会"的官方刊物撰写。爱因斯坦于1931年与1932年之交的冬季访问美国，目睹了那里蔓延猖獗的种族偏见，他在这封信中对种族主义进行了批评。

137."存在一种犹太世界观吗？"(Is There a Jewish View of Life？)。《观点》(*Opinion*) 杂志，第2卷，1932年9月26日，第7页。重刊于《观念与见解》(1954年版)。作为对这一问题的回答，爱因斯坦认为并不存在一种犹太世界观。但是他认为犹太传统中包含对生命的崇敬以及对生命的积极态度，此外它还包含了"对这个世界的美丽与庄严感到一种狂喜与惊异之情"。312

138."引力和电的统一理论"(Einheitliche Theorie von Gravitation und Elektrizität)，第二部分（与瓦尔特·迈尔合著)。《普鲁士科学院（柏林）会议报道》，1932年，第130—137页。参见第135篇文章以了解第一部分。虽然就爱因斯坦的统一场论计划的目标之一——推导得出正确形式的引力和电的场方程——而言，这一新版本的卡鲁扎-克莱因理论取得了形式上的成功，但是就他的其他两个目标而言，这个理论是失败的。它看起来没有与观测到的电子、质子等基本粒子对应的方程的解（也不能解释这些粒子的存在），并且它也没有带来对量子问题的任何深入见解。尝试在本文中解决这两个问题之后，爱因斯坦再次放弃了这个方法，转向一个新的方法。

139."半矢量和旋量"(Semi-Vektoren und Spinoren)（与瓦尔特·迈尔合著)。《美国科学院院报》(*Proceedings of the National Academy of Sciences*［USA］)，1932年，第522—550页。在本文中，爱因斯坦与他的助理迈尔探讨了由保罗·狄拉克及其他人将旋量的概念引入物理学这一问题。("旋量"这一术语由爱因斯坦的朋友保罗·埃伦费斯特提出，正是他让爱因斯坦将注意力投向了这个问题。）爱因斯坦试图展示出由他自己构想出的名为"半矢量"的概念将会以他认为在数学上更自然的方法发挥旋量所起到的作用。

140."论宇宙的膨胀与平均密度之间的关系"(On the Relation between the Expansion and the Mean Density of the Universe)（与威廉·德西特合著)。《美国科学院院报》，1932年，第18卷，第213—214页。爱因斯坦与德西特介绍了一个经过修改的宇宙学模型，这一模型既解出了弗里德曼方程组，又考虑到了埃德温·哈勃的宇宙膨胀证据。两人试图纳入新近得到的平均密度的估计值和星系系统的膨胀速率，进而表明它们符合宇宙在几何学上是平坦的的假说。根据这些设想，爱因斯坦与德西特发现宇宙学常数不再是必不可少的。爱因斯坦没有继续探讨这一类型的宇宙学的隐含意义，它实际上为大爆炸理论做出了铺垫。

141."对加州大学洛杉矶分校学生的演讲"（Introduction and Address to Students of UCLA），1932年2月。收录于《宇宙建设者》（Builders of the Universe）一书，由洛杉矶的美国图书馆协会于1932年出版。在这篇鲜为人知的、以英德双语宣读的文稿中，爱因斯坦讨论了他的创造性科学工作的源头。演讲的主题是科学就是协调解释观察到的诸多事实，从狭义相对论到统一场论的进程就是一个表现。

1933年

142.《为什么会有战争？》（Why War？）。英文版由斯图尔特·吉尔伯特（Stuart Gilbert）译自德文，1933年由位于巴黎的国际联盟智力合作协会出版。313 这个篇幅较短的小册子里面收录了爱因斯坦与西格蒙德·弗洛伊德关于人类发动战争的倾向，以及如何抵制这一倾向这两个问题的通信。（亦见本书第三篇，"政治背景"，"第一次世界大战——'为什么会有战争？'"）

143."致普鲁士科学院"（Letter to the Prussian Academy of Sciences）。美国《科学》，new ser.1933年，第77卷，第444页。在这封写于1933年4月5日的信中，爱因斯坦讲述了自己从普鲁士科学院辞职的原因（他在日期为3月28日的信中提出了辞职）：他不希望生活在一个"无法做到法律面前人人平等，也没有言论和教学自由的国家"。爱因斯坦表达了这样的观点：普鲁士科学院谴责他在美国与法国进行针对德国的"煽动暴力"活动，是对他的中伤。

144."误解的受害者"（Victim of Misunderstanding）。伦敦《泰晤士报》（The Times），1933年9月16日，第12版。爱因斯坦在这封信中阐明了自己对共产主义的态度。他承认在允许共产主义阵线的组织使用他的名字这一事上存在疏忽，并写道"现在愿意声明我从未支持过共产主义，并且现在也不支持……无论是在法西斯主义还是共产主义的旗帜下，任何通过恐怖手段或武力对人进行奴役的政权必然是全人类的敌人"。

145."文明与科学"（Civilization and Science）。爱因斯坦于1933年10月4日在伦敦皇家阿耳伯特音乐厅发表了这篇演讲。1934年，这篇演讲稿被冠以"欧洲的危险，欧洲的希望"（Europe's Danger，Europe's Hope）的题目出版于"欧洲之友出版物"（Friends of Europe Publications）的第4辑。这次演讲会的组织方为"流亡者援助基金会"（Refugee Assistance Fund）。爱因斯坦讨论了个人自由与集体安全之间的相互关联，并认为"只有危险和动乱才能促使国家向前进步"。

146."论理论物理学的方法"（On the Method of Theoretical Physics）。本文为爱因斯坦于1933年6月10日在牛津大学的"赫伯特·斯宾塞演讲"上所做的演讲。这篇演讲文稿由牛津克拉伦登出版社（Clarendon）于1933年出版。在这个纪念哲学家赫伯特·斯宾塞的系列讲座中，爱因斯坦讨论了理论体系的发展，"关于实在的难以形容的东西，有时被描述为神秘和令人钦佩的东西"，以及纯粹理性在科学中的作用。他认为通过纯粹的思考可以理解实在，并运用数学概念来支持自己的信心。

147."百分之二演讲"（The Two Percent Speech），收录于阿尔弗雷德·利夫（Alfred Lief）编辑的《反对战争》，第34—37页。爱因斯坦在3年前做了这篇演讲，在当时爱因斯坦仍然希望人们能够通过"不妥协地反对战争"来战胜强大的军事体制。而希特勒在1933年初上台掌权则粉碎了这一幻想。（亦见本书第三篇"政治哲学"一节中的"和平主义"小节。）

148."论广义相对论的起源"（Notes on the Origin of the General Theory of Relativity）。这是爱因斯坦于1933年6月20日在格拉斯哥大学的"乔治·吉布森基金会讲座"（George A. Gibson Foundation Lecture）上进行的演讲。讲稿被收录在"格拉斯哥大学出版物"的第20辑中，并在当年由格拉斯哥杰克逊(Jackson)出版社出版发行。之后被冠以这一标题重刊于《观念与见解》（1954年版）。讲座的主办者请求爱因斯坦谈一谈他自己的科学工作经历。他答应了这一请求，理由是"阐明自己的工作比谈论其他人的工作容易"，不应该因为谦虚而不为 ³¹⁴ 之。爱因斯坦讨论了影响自己的其他人所做的工作，而这些工作最终帮助他取得了重要的发现。他也概述了自己思考过程中必须要克服的一些困难。

1934年

149.《我的世界观》（Mein Weltbild）。于1934年由纽约科维奇-弗里德出版社（Covici-Friede）出版。这本书收录了爱因斯坦撰写的关于多个主题的文章和摘录文字，之后又有数个版本。后来的版本有删节，未收录最初版本中的一些材料。除了其他文章之外，本版还收录了爱因斯坦于1921年在伦敦国王学院与位于纽约的哥伦比亚大学发表的演讲，以及他撰写的许多关于科学、犹太教与政治的文稿。本书很多篇文章与演讲都重刊于《观念与见解》（1954年版）。

150．"教育与世界和平"（Education and World Peace）。《进步教育》（*Progressive Education*），1934年，第11卷，第440页。在"进步教育协会"于1934年11月23日在纽约举行的一次会议上，爱因斯坦宣读了这篇文章，指出因为美国没有"严重的外来侵略的危险"，不必向学生们灌输军事精神，所以美国幸运地能够让教师在学校教授和平主义。他呼吁采取国际性而非国家性的军事防御手段，并加强国际团结。

1935年

151．"为和平而努力"（Peace Must Be Waged）。巴特利特（R. M. Bartlett）对爱因斯坦的采访。《观察画报》（*Survey Graphic*），1935年，第24卷，第384页。在这次采访中，爱因斯坦给出了他关于战争与和平的看法，主要谈及了第一次世界大战后的德国民族主义。他主张下列措施：通过国际合作的方式，每个国家都应该放弃其部分主权；人们需要从国际的角度进行思考；为了避免发生大规模破坏，各国必须放弃侵略行为。他也声明自己相信人类可以通过教育来消除战争。

152．"量子力学对物理实在的描述是完备的吗？"（Can Quantum-Mechanical Description of Physical Reality Be Considered Complete？）（与鲍里斯·波多尔斯基和内森·罗森合著）。《物理学评论》（*Physical Review*），第2辑，1935年，第47卷，第777—780页。这篇论文的作者们在本文中公开了爱因斯坦对量子理论的批判性态度。他们精妙地展现出了表述有限时间段内相互作用的两个部分组成的体系的状态的量子力学形式主义带来的后果。如果两个粒子处于如今所称的"纠缠"量子态，那么对其中一个粒子的测量将会立即导致另一个粒子的量子态发生变化，这看上去违反了相对论中信息传播速度不能超过光速的要求（有时被称为"幽灵般的超距作用"）。根据本文作者的标准，他们认为量子力学未能完整全面地描述物理实在，这使得爱因斯坦和其他人坚持经典框架或者继续寻找一些能够解释量子现象的新经典理论（例如隐变量理论）。这篇论文在物理学家中引发了争论，也成为了许多哲学讨论的基础。它所提出的问题在后来成为了量子退相干理论研究的主要焦点，并成为现代量子计算技术的核心。虽然这篇文章据说是波多尔斯基（在与爱因斯坦进行频繁探讨之后）执笔，但是它明确表达了爱因斯坦对量子力学的基本观点之一：量子力学不能厘清粒子在某些状态下的未来行为。按他的说法，这就意味着量子力学对世界的描述是不完整的。

153. "质能相当性的初浅推导"（Elementary Derivation of the Equivalence of Mass and Energy）。1934年12月28日，在位于匹兹堡的卡内基理工学院（即现在的卡内基梅隆大学）举行的美国数学学会吉布斯讲座（J. W. Gibbs Lecture）中，爱因斯坦发表了这篇演讲。《美国数学学会通报》（*Bulletin of the American Mathematical Society*），1935年，第41卷，第223—230页。在这次面向数学家与物理学家的高度专业性的演讲中，除了提及其他内容之外，爱因斯坦确立了不依赖电磁理论的相对论动量和相对论能量的定义。

154. "广义相对论中的粒子问题"（The Particle Problem in the General Theory of Relativity）（与内森·罗森合著）。《物理学评论》，第2辑，1935年，第48卷，第73—77页。这篇论文探索了基本粒子在广义相对论之中可能的表现形式，并由此成为了爱因斯坦统一场论计划的一部分。值得注意的是本文引入了"爱因斯坦–罗森桥"，如今被称为"虫洞"，这是一个将时空中两个相距遥远的点连接起来的几何结构。虽然爱因斯坦与罗森本来的意图是将它作为一个粒子模型，但是近来它为人们所知的是作为从一个地点快速到达另一个地点的可能交通方式，甚至成为建造时间机器（术语为"封闭类时曲线"）的可能方法。

1936年

155. "对教育的若干思考"（Some Thoughts concerning Education）。本文英文版由林娜·阿罗内特（Lina Arronet）译自德文。《学校和社会》（*School and Society*），1936年，第44卷，第589—592页。被冠以"论教育"（On Education）的标题重刊于《观念与见解》（1954年版）。亦见第73篇文章。（参见本书第三篇"爱因斯坦关于教育的观点"一节。）在这篇于纽约州立大学奥尔巴尼分校举行的庆祝美国高等教育300周年纪念会议上的演讲中，爱因斯坦主张教育的目标应当是培养独立思考的人。他们的最高人生目标应该是为其所处的共同体服务。学校不应该凭借恐惧、暴力和专制威权来教育学生——这些都是爱因斯坦青年时期所厌恶的德国教育体系的弊病。

156. "物理学与实在"（Physics and Reality）。《富兰克林学会学报》（*Journal of the Franklin Institute*），第221卷，第3期，1936年3月，第313—347页。重刊于《观念与见解》（1954年版）。爱因斯坦在1935年被授予富兰克林奖章，在这篇文章里他认为量子力学描述只能被视为一个解释大量原子体系的平均行为的方法。在他看来，量子力学应该对个别现象给出完备的描述："要相信这一点[即个别基本粒子服从统计学定律，而不是按照决定论的定律]，在逻辑上是可能的，不会有矛盾；但是，它同我的科学直觉非常格格不入，我不能放弃探求更完善的概念。"

157. "广义相对论中的二体问题"（Two-Body Problem in General Relativity Theory）（与内森·罗森合著）。《物理学评论》，第2辑，第49卷，第404—405页。这封信是对物理学界中著名的相对论反对者卢迪维格·席柏斯坦所撰写的一篇文章的回应。不同于其他反相对论者，席柏斯坦了解相对论并且认识爱因斯坦。他抓住爱因斯坦与罗森之前合著的那篇文章（第154篇文章），声称爱因斯坦-罗森桥的两端是两个彼此分开的粒子，它们不能彼此接近，违反了我们所知道的引力知识。在这封回应的信中，爱因斯坦与罗森认为这个体系中存在奇点，因此席柏斯坦不能将其当作动力学物理体系。

158. "引力场中光的偏折引起的星体的透镜般作用"（Lens-like Action of a Star by Deviation of Light in the Gravitational Field）。美国《科学》，第84卷，第506—507页。这篇短文是一个有趣的例子，展现出爱因斯坦能够意识到圈外人，甚至是业余科学家——例如捷克工程师鲁迪·W.曼德尔——的工作的深刻意义。曼德尔在1937年4月前来拜访爱因斯坦并提出了如今我们称为"引力透镜"的概念萌芽。曼德尔之前已经接触了许多科学家，与他们谈论自己的想法——他们显然都讨厌其中的奇想性成分，例如曼德尔认为这种"透镜"可能导致了恐龙灭绝——但是爱因斯坦愿意花时间来与他交流。他们一起意识到一颗前景星（foreground star）的引力会使位于其正后方的另一个星体发出的光发生偏折，由此增大了更遥远的星体的视亮度，从而更容易被人们看到。曼德尔促使爱因斯坦对这一效应的大小进行了估算，得出的结论是，对于恒星来说，因为前景星的亮度，这一效应将永远不会被观测到。在曼德尔坚持不懈的请求下，爱因斯坦最终同意发表这篇短文。加州理工学院的一位专业天文学家弗里茨·兹威基立即就注意到这一想法。他指出如果将两颗恒星替换为两个星系，那么这个效应就有可能被观测到。如今"引力透镜"是星系天文学的一个主要研究题目，并例行地应用于天文学的许多领域，尤其是对系外行星——围绕除太阳之外的恒星转动的行星——的搜寻中。可以经常在星系"透镜"中看到的"爱因斯坦环"（参见图38），其名称就是纪念爱因斯坦在这篇文章中的计算工作。

1937年

159. "论引力波"（On Gravitational Waves）（与内森·罗森合著）。《富兰克林学会学报》，第223卷，第43—54页。这篇论文有着非常不寻常的历史，它起初被冠以"引力波存在吗？"的题目被投稿至《物理学评论》（亦见本书第二篇317"概念"一节中的"引力波"小节）。因为对审稿人的批评性的报告感到愤怒，爱因斯坦撤回了论文并将其转投至《富兰克林学会学报》。在意识到论文确实存在问题后，他最终不得不对其做出了修改。尽管如此，论文原始文稿中表达的对引力波存在问题的怀疑态度影响了其助手内森·罗森与利奥波德·英费尔德的未来事业。在经历这段关于本篇论文的故事后，除了一封短信之外，爱因斯坦再也没有在《物理学评论》上发表过任何作品。

1938年

160. "我们对犹太复国主义欠下的债"（Our Debt to Zionism）。向"巴勒斯坦全国劳工委员会"（National Labor Committee for Palestine）所做的演讲。《新巴勒斯坦》，第28卷，第2期，1938年4月29日，第2—4页。重刊于《观念与见解》（1954年版）。这篇文章是爱因斯坦于1938年4月17日在纽约市所做的演讲的一部分。他着重强调了犹太人当时正经历艰难时光，指出犹太复国主义重新激发了犹太人的社群归属感，使得他们得以逃离反犹主义的祸患，并在巴勒斯坦从事有意义的工作。

　　　　　　　　　　　　　　　　　　　　　　　　　爱因斯坦百科

161."他们为何憎恨犹太人？"（Why Do They Hate the Jews？）英文版由鲁思·诺登（Ruth Norden）译自德文。《科里尔周刊》（Collier's Weekly），第102卷，1938年11月26日，第9—10页、第38页。重刊于《观念与见解》(1954年版)。作为对这个问题的回答，爱因斯坦说犹太人成为歧视的对象的原因是在整个大流散时期犹太人都稀疏地分散在各地，因而难以保护自己免受通常由怀有嫉妒心的敌人发起的攻击。历史上，他们既被指责试图融入当地社会，又被指责自成一体。爱因斯坦认为社会需要多种多样的政治及社会方面的团体，因为它们能给生活的所有方面都带来生气。

162."引力方程和运动问题"（Gravitational Equations and the Problems of Motion）（与利奥波德·英费尔德和巴纳希·霍夫曼合著），第一部分(第二部分参见第168篇文章)。美国《数学年报》（Annals of Mathematics），第2辑，第39卷，1938年，第65—100页。本文作者运用以高斯定理为基础的方法来解决广义相对论中粒子体系的运动问题。虽然大体上爱因斯坦反对使用奇点来描述此类物理体系中的大质量物体，但是在本文中他构思出了将奇点隐藏在一个平面之内并且只在这个平面上进行积分的想法，因而避免了其内部质量的具体细节问题。这篇以三位作者姓氏的首字母组合EIH为代称的重要论文在爱因斯坦去世后在该领域发展方面起到了重要作用，也确证了爱因斯坦的一个早期的声明：广义相对论中运动方程可直接从场方程推导出来，不必单独表述出力学定律。

163."卡鲁扎电学理论的推广"（Generalization of Kaluza's Theory of Electricity）（与彼得·贝格曼合著）。美国《数学年报》，第39卷，第2辑，1938年，第683—701页。在这篇论文里，爱因斯坦与贝格曼探究了这样一个观点：卡鲁扎-克莱因理论的第五个维度是一个实在的物理现象。他们没有忽视在与这个维度相联系的方向上会发生变化的量，而是设想这些量呈现出某种周期性（因为这个维度"蜷曲折叠"或紧致化到小得看不到的尺寸）。在后来的第171篇文章中，爱因斯坦与其助手全力处理了由此产生的数学方面的难题。

164.《物理学的进化：从早期概念到相对性和量子各种观念的成长》（The Evolution of Physics: The Growth of Ideas from Early Concepts to Relativity and Quanta）（与利奥波德·英费尔德合著）。本书由纽约西蒙和舒斯特出版社（Simon & Schuster）于1938年出版。在这部通俗读物里，爱因斯坦与英费尔德介绍了相对论背后的思想，并回溯了伽利略时代以来的物理学发展历程。他们在书中讲述这些内容的过程中并未使用数学公式，因此这本书对物理学家和外行人来说都是一部有用的指南。

1939年

165．"我们的目标"（Our Goal）。这是爱因斯坦于1939年5月19日在普林斯顿神学院（Princeton Theological Seminary）的一次会议上所做的演讲。最初以油印本形式流传。作为《科学与宗教》一文的第一部分重刊于《观念与见解》一书，第41—44页。第二部分参见第170篇文章。亦见和本文拥有相同主题的第126篇和第186篇文章。在爱因斯坦看来，科学与理性方法不能完全地影响一个人的看法与信念——它们具有各自的局限性。所以，宗教在我们的社会生活中最重要的作用是明确一个社会的价值和目标——这个强有力的传统为个人的理想抱负与价值建立了基础。传统无需被证明是正确的，因为其已经在一个健康的社会中发挥了良好的作用。

166．"论由多个有引力的物体组成的球对称的静止体系"（On a Stationary System with Spherical Symmetry Consisting of Many Gravitating Masses）。美国《数学年报》，第2辑，第40卷，1939年，第922—936页。在本文中，爱因斯坦试图表明我们称为黑洞的物体在自然中并不存在。他的论据是随着一个星团收缩，构成这个星团的星体将会被加速得越来越快，直至几乎达到光速。爱因斯坦于是断定这个体系不可能再进一步压缩，因为进一步压缩需要越来越多的能量（这是由于与极端相对论性粒子的相对论效应）。对引力坍缩的现代研究所揭示的结果与爱因斯坦的论断相反：在这一极端缩聚状态下，没有能量能阻止引力坍缩，这样一个密度很高的星团将会坍缩直至形成一个黑洞，这是一个不可阻止的必然过程。

1940年

167．"自由与科学"（Freedom and Science）。由詹姆斯·古特曼（James Gutmann）译自德文。收录于鲁思·安申（Ruth Anshen）所编《自由的意义》（*Freedom: Its Meaning*），第381—383页。这本书由纽约的哈考特—布雷斯出版

社（Harcourt, Brace）出版。在首先指出大多数的人们都同意两个目标——通过尽可能少的工作来满足他们的基本生理需求，以及寻找机会发展他们的智力和艺术天赋以获得精神上的满足——之后，爱因斯坦声称表达自己的思想的自由则是至为重要的。人们应该限制自己的工作时间，才会有时间与力气去创造性地或有独立想法地表达出自己的思想。

168.“引力方程和运动问题”（Gravitational Equations and the Problems of Motion）（与利奥波德·英费尔德合著），第二部分（第一部分参见第162篇文章）。美国《数学年报》，第2辑，第41卷，1940年，第455—464页。在这篇后续论文中，作者对其早先的工作做了推广，使其不受坐标的影响。

169.“关于理论物理学基础的思考”（Considerations concerning the Fundamentals of Theoretical Physics）。1940年5月24日，爱因斯坦在华盛顿特区举办的“第八次美国科学会议”上发表了这篇演讲。刊于美国《科学》，新编第91卷，1940年，第487—492页。本文被冠以“理论物理学的基础”（The Fundaments of Theoretical Physics）的标题重刊于《观念与见解》（1954年版）。爱因斯坦回溯了理论科学思维的发展以及人们为每个科学分支寻找一个统一的理论基础而做出的尝试。

1941年

170.“科学与宗教，第二部分”（Science and Religion, Part 2）。收录于美国“科学、哲学和宗教与民主生活方式的会议”于1941年在纽约出版的会议文集《科学、哲学与宗教研讨会》（Science, Philosophy and Religion, A Symposium）之中。作为《科学与宗教》一文的第二部分重刊于《观念与见解》（1954年版）一书，第44—49页。《科学与宗教》的第一部分见第165篇文章。亦见和本文拥有相同主题的第126篇和第186篇文章。爱因斯坦说自己可以定义科学，却不能定义宗教。因此，如果一个人自称有宗教信仰，那么在爱因斯坦看来，这个人便拥有了超个人的而非物质主义性质的价值准则。他认为科学与宗教的矛盾冲突起源于一些严重的错误，宗教可以借鉴科学来实现自己的目标，而通过科学来寻求真理这一需求就来自宗教领域，就是说，来自这样一个信仰：这个真实存在的世界背后的规则是理性的。爱因斯坦在本文中说出了这句名言：“没有宗教的科学是跛足的，没有科学的宗教是盲目的。”

171. "关于引力和电的五维表征"（On the Five-Dimensional Representation of Gravitation and Electricity）（与瓦伦丁·巴格曼、彼得·贝格曼合著）。收录于《特奥多尔·冯·卡门寿辰纪念集》（*Theodore von Kármán Anniversary Volume*），第212—225页。这本文集由位于帕萨迪纳的加州理工学院于1941年出版。作者在本文中继续进行开始于第163篇论文中的工作。爱因斯坦与其合作者试图解决之前那篇论文中遇到的一些数学难题，结果只是又发现了严重的物理问题，例如预测的引力场与电场一样强（事实上基本粒子之间的引力相互作用比电力弱得多）。爱因斯坦在这篇论文后最终放弃了卡鲁扎-克莱因理论，不过他的这个隐藏的（或紧化的）维度中存在周期性的想法确实预示了后来发现的许多版本的弦理论的特征。

1942年至1943年

172. "科学的共同语言"（The Common Language of Science）。伦敦《科学进展》（*Advancement of Science*），第2卷，第5期，1942年。重刊于《观念与见解》（1954年版）。在这段1941年9月28日向英国科学促进会（British Association for the Advancement of Science）在伦敦举行的一次会议所做的广播录音中，爱因斯坦谈到了语言作为理性思考工具的用途以及语言与思考之间的紧密关系。

173. "论相对论性的场方程不存在正则的定态解"（On the Non-Existence of Regular Stationary Solutions of Relativistic Field Equations）（与沃尔夫冈·泡利合著）。美国《数学年报》，第44卷，1943年，第131—137页。爱因斯坦在与泡利仅有的一次合作中表明，一个没有奇点且趋近于一个质点的史瓦西度规的稳定时空质量必定趋于零。对于卡鲁扎-克莱因五维理论而言，这条定理也被证明是正确的。

1944年

174. "论伯特兰·罗素的认识论"（Remarks on Bertrand Russell's Theory of Knowledge）。收录于保罗·希尔普编辑的《在世哲学家丛书》中的第五卷《伯特兰·罗素的哲学》（*The Philosophy of Bertrand Russell*）一书中，这本书1944

年由位于美国伊利诺伊州拉萨尔（La Salle）的开庭书局出版。在表达对罗素的钦佩之后，爱因斯坦讨论了关于客观世界以及概念与思维世界的哲学思想的发展。

175."甘地的政治家风范"（Gandhi's Statesmanship）。收录于萨瓦帕利·拉达克里希南（Sarvepalli Radhakrishnan）编辑的《圣雄甘地：关于他的生平和工作的文章和回忆》（*Mahatma Gandhi: Essays and Reflections on His Life and Work*）一书，这本书于1944年由伦敦的艾伦和昂温出版社（Allen and Unwin）出版。爱因斯坦表达了对甘地与其领袖品质的由衷钦佩，并写下了这句著名的话："可能后代人很难相信世上真的曾有这样一个有血有肉之人。"

176."献给华沙犹太隔都抵抗战中的英雄"（To the Heroes of the Battle of the Warsaw Ghetto）。《波兰犹太人协会通报》（*Bulletin of the Society of Polish Jews*），纽约，1944年。在这篇只有两个文段的声明中，爱因斯坦认为"德国人作为一个民族整体"，应该为纳粹政权在欧洲犯下的大规模暴行负责。他们从希特勒的书与言论中了解到他的意图，然而还是在选举中把票投给了他，使之以压倒性的优势获胜。

177."巴勒斯坦，犹太民族神圣历史的背景"（Palestine, Setting of Sacred History of the Jewish Race）。《普林斯顿先驱报》（*Princeton Herald*），1944年4月14日。这是爱因斯坦与他的朋友、文学学者与犹太复国主义者埃里希·卡勒（Erich Kahler）合作撰写的两篇文章中的第一篇，目的是回应普林斯顿大学的知名闪米特文学教授菲利普·希提（Philip Hitti）的观点。爱因斯坦与卡勒强调了犹太人拥有道德权利去以自治的方式在圣地生活。希提的两篇文章与爱因斯坦和卡勒合著的两篇回应文章之后都重刊于卡勒所著的《诸民族之中的犹太人》一书，第123—149页，这本书于1967年由纽约的弗雷德里克·翁加尔出版社（Frederick Ungar）出版。

1945年

178."爱因斯坦论原子弹"（Einstein on the Atomic Bomb）。雷蒙德·斯温编辑。《大西洋月刊》，第176卷，1945年11月，第43—45页。文章被冠以相同的标题刊载于《纽约时报》同年10月27日与10月29日这两期的第17版与第4版。

被冠以"原子战争，还是和平？"的标题，且作为文章第一部分重刊于《观念与见解》(1954 年版)，第 118—123 页。第二部分参见第 183 篇文章。(亦见本书第三篇"组织联系"一节中的"原子能科学家紧急委员会"小节以及"政治哲学"一节中的"世界政府"小节。) 爱因斯坦主张建立世界政府以控制未来原子弹和所有军备的使用。他写道：这个世界政府应由美国、苏联和英国这三个军事强国建立。世界政府应拥有所有军事事务的管理权，并有权干涉发生压迫的国家，原因是相较于战争的更大罪恶，世界政府更为可取。苏联科学院之后对爱因斯坦建立这个体系的主张进行了谴责 (见《观念与见解》[1954 年版]，第 134—140 页)。³²¹

179."爱因斯坦教授的证言"(A Testimonial from Prof. Einstein)。收录于雅克·阿达马 (Jacques Hadamard) 所著《论数学领域的发明心理学》(*An Essay on the Psychology of Invention in the Mathematical Mind*)，第 142—143 页。这本书于 1945 年由位于新泽西州普林斯顿市的普林斯顿大学出版社出版。之后它被选入《普林斯顿科学文库》丛书，书名改为《数学家的思维：数学领域的发明心理学》(*The Mathematician's Mind: The Psychology of Invention in the Mathematical Field*)，于 1996 年由普林斯顿大学出版社再版，而这封爱因斯坦的回信则是作为附录收录于这一版中。法国数学家阿达马曾向数学家们发送过调查问卷，以探求他们的思维过程的运行方式，爱因斯坦的这封信便是对这份调查问卷的回复。

1946 年

180."科学家的社会责任"(Social Obligation of the Scientist)。收录于本·雷伯恩 (Ben Raeburn) 编辑的《自由世界宝典》(*Treasury for the Free World*)，由纽约的阿尔科出版社 (Arco) 于 1946 年出版。这本书的内容来源于《自由世界》中的资料，后者是一部传播国际领导人和政府官员对于当时急迫问题的观点的出版物。当这本书正处于筹备阶段的时候，日本遭受了原子弹袭击。包括夏尔·戴高乐 (Charles de Gaulle)、菲奥雷洛·拉瓜迪亚 (Fiorello La Guardia)、铁托元帅 (Marshal Tito)、朱利安·赫胥黎 (Julian Huxley) 以及爱因斯坦在内的共计 61 位名人在书中给出了对当时世界局势的看法。其中爱因斯坦的文章采取一组问答的形式。他被问及 (1) 科学家们可以怎样在世界合作这一目标上发挥其影响力（通过建立一个管理军事事务的国际机构的方式）；（2）科学家是否应该关心政治事务（每一个公民都应该表达其意见）；（3）物理学和数学的发展进步与社会的发展进步之间是否存在关联（是的，因为物理学和数学可以为人们带来新的技术，也因为它们能够有效地平衡物质主义态度）；（4）人们能够采取哪些行动来消除纳粹主义的影响（"德国人可以被杀死或被约束，但是近期内看不到他们被重新教育以民主的方式思考和行动的可能"）。

181. "$E=mc^2$：我们时代最迫切的问题"（$E=mc^2$: The Most Urgent Problem of Our Time）。美国《科学画刊》（Science Illustrated），第1卷，1946年4月，第16—17页。重刊于《观念与见解》（1954年版）。爱因斯坦用自己的语言为普通读者解释了世界上最著名的方程式——质量与能量等效方程。

1947年

182. "军事心态"（The Military Mentality）。《美国学者》（American Scholar），第16卷，1947年，第353—354页。重刊于《观念与见解》（1954年版），第132—134页。爱因斯坦谴责美国将攻击性的力量置于所有其他影响国家间关系的因素之上，导致政府中的军事心态。他警告说肇始于俾斯麦（Bismarck）和威廉二世（Kaiser Wilhelm Ⅱ）的类似心态造成了德国在不到100年的时间内走向衰落。如今军事心态更为危险，因为武器的威力更加强大。

183. "原子战争，还是和平？"（Atomic War or Peace）。与雷蒙德·斯温的谈话。《大西洋月刊》，第180卷，1947年11月，第29—33页。被冠以"原子战争，还是和平？第二部分"的标题重刊于《观念与见解》（1954年版）。第一部分参见第178篇文章。爱因斯坦支持将原子弹列为非法的武器，并再次主张建立世界政府以避免战争发生。"原子能科学家紧急委员会"曾分发这篇文章的重印本以寻求资金支持。

184. "就沃尔特·怀特的文章'我为什么仍然是黑人'答复编者的电报"（Response to the editor on Walter White's article, "Why I Remain a Negro."）《星期六文学评论》（Saturday Review of Literature），第30卷，1947年11月1日，第21页。沃尔特·怀特是美国全国有色人种协进会的一位秘书，他在1947年的10月为《星期六文学评论》撰写了一篇关于自己生平的文章。怀特在文章中描述自己

322

作为一个有着蓝色眼睛和白皙皮肤的黑人，本可以冒充成白人，却为何选择作为一个黑人倡导民权。爱因斯坦在电报中说道："通往人类真正的伟大的道路只有一条——经历苦难。"

1948年

185."对苏联科学家的答复"（A Reply to the Soviet Scientists）。《原子科学家公报》，第4卷，第2期，1948年2月，第35—37页。这篇写于1947年12月的答复旨在回应由四位杰出的苏联物理学家做出的指控，即爱因斯坦呼吁建立世界政府不过是为了掩饰美国的霸权野心。爱因斯坦申辩说自己倡议世界政府的唯一目的，就是消除可能会毁灭人类——无论是社会主义还是资本主义者——的核军备竞赛。（亦见本书第三篇"政治哲学"一节中的"世界政府"小节。）

186."宗教与科学势不两立吗？"（Religion and Science: Irreconcilable？）美国《基督徒记录周报》（*Christian Register*），第127卷，1948年6月，第19—20页。重刊于《观念与见解》（1954年版）。（亦见本书第三篇中的"宗教"一节。）在这篇回复"纽约市自由派牧师俱乐部"（The Liberal Ministers Club of New York City）对自己的问候的信件中，爱因斯坦说这个问题的答案是复杂的，原因在于尽管人们能够在何为科学这一问题上达成一致，然而他们在对宗教的定义问题上有着不同的观点。宗教的神话方面——这只是宗教的一个方面——是最有可能引起冲突的部分，而神话对于宗教追求来说并不是必须的。

187."在接受'一个世界奖'颁奖会上的演讲"（On Receiving the One World Award）。于1948年4月27日在卡内基音乐厅发表的演讲。重刊于《观念与见解》（1954年版）。忧心于第二次世界大战造成的诸多影响和国家持续重整军备的可能性，爱因斯坦再次指出实现和平和安全的方式只有一个：建立超国家组织。

188."量子力学与实在"（Quantenmechanik und Wirklichkeit）。《辩证法》（*Dialectica*）期刊，第2卷，1948年，第320—324页。爱因斯坦重申了自己的看法，即单个粒子的波函数代表的只是与其真正的物理位置和动量有关的不完整的信息。他认为最终人们会发现一个包含量子力学的更完整的理论，就像几何光学被包括进更为完整的波动光学理论一样。

189."原子科学阅读清单"（Atomic Science Reading List）。《年鉴》（*Magazine*

of the Year），1948年1月，第60—61页。认为要理解原子能与其能力而"去了解关于同位素、沥青铀矿和钍的一切知识还是不够的"，爱因斯坦选出并描述了六部涉及科学和历史资料，以及"和平、安全和人与人之间持续生存的问题"的期刊和图书。这些期刊和图书是：《原子科学家公报》月刊，他称之为最新原子能信息的最有价值的一个来源；泽利希·赫克特（Selig Hecht）的著作《原子与原子能浅释》（*Explaining the Atom*）（1947年版）[1]，该书叙述了人类获得核裂变认知的科学历程；约翰·赫西（John Hersey）的著作《广岛》（*Hiroshima*）（1946年版），这本小说描述了原子弹对平民百姓的影响；小科德·迈耶（Cord Meyer，Jr.）的著作《和平还是混乱》（*Peace or Anarchy*）（1947年版），作者回顾了与和平和安全相关的复杂问题；埃默里·里夫斯的著作《和平的解剖》（*The Anatomy of Peace*）（1945年版）[2]，该书探讨和平以及为保卫和平而建立世界政府的必要性等问题；雷蒙德·斯温的著作《以理智的名义》（*In the Name of Sanity*），该书包含对原子能被发现的消息传开之后发生的事件的讨论。

1949年

190. "为什么要社会主义？"（Why Socialism？）。《每月评论：一份独立的社会主义期刊》（*Monthly Review: An Independent Socialist Magazine*）创刊号，1949年5月，第9—15页。重刊于《观念与见解》（1954年版）。（亦见本书第三篇"政治哲学"一节中的"社会主义"小节。）虽然爱因斯坦主张为了社会正义而实行社会主义经济制度，但是他在这篇文章中也警告说，面对一个高度集中、永久不变的官僚制度，个人的权利需要得到保护。

191. "自述"（Autobiographical Notes）与对"汇集在这本书中各篇论文的意见"（Remarks to the Essays Appearing in this collective Volume）。收录于保罗·希尔普编辑的《阿耳伯特·爱因斯坦：哲学家-科学家》一书，前者在第3—94页（德、英文对照），后者在第665—688页。该书为《在世哲学家丛书》的第七卷，于1949年由伊利诺伊州拉萨尔的开庭书局出版。爱因斯坦将自己在1946年撰

---

1 有中译本，《原子与原子能浅释》，陈忠杰译，商务印书馆，1949年。——译者注

2 有中译本，《国际危机的分析和出路》，张子美译，商务印书馆，1948年。——译者注

写的这部短篇科学自传诙谐地称作自己的"讣告"。

192. "论广义相对论中的粒子运动"（On the Motion of Particles in General Relativity Theory）（与利奥波德·英费尔德合著）。《加拿大数学期刊》（*Canadian Journal of Mathematics*），1949年，第1卷，第3期，第209—241页。本文作者表明场方程本身便足以作为解决广义相对论中的运动问题的基础，原因在于爱因斯坦方程不仅决定了粒子对引力的反应，而且还包含了描述这些力的必要信息。（与之相反，牛顿理论中运动定律与引力定律彼此是完全分开的。）

1950年

193. "关于广义引力论"（On the Generalized Theory of Gravitation）。《科学美国人》，第182卷，第4期，1950年4月，第13—17页。重刊于《观念与见解》（1954年版）。应这份期刊的编辑请求，爱因斯坦讨论了他对物理学中场论的基础的数学研究。

194. "序言"（Introduction）。为菲利普·弗兰克所著《相对论——一个丰富多彩的真理》（*Relativity: A Richer Truth*）所作的序言，这本书于1951年由伦敦的乔纳森·凯普出版社（Jonathan Cape）出版。在为这部关于相对论的伦理内涵的小册子所撰写的序言中，爱因斯坦写道，虽然逻辑思维与伦理学看上去没有关系，但是，实际上"逻辑思考和经验知识可以将伦理准则变得合理与连贯"。他声称和科学公理一样，伦理公理在建立之后会受到检验；如果它们适合于社会和个人，那么就会被接受。 ³²⁴

1951年至1952年

195. "序言"（Introduction）。为卡萝拉·鲍姆加特（Carola Baumgardt）编辑的《约翰内斯·开普勒的生平与书信》（*Johannes Kepler: Life and Letters*）一书所作的序言，这本书于1951年由纽约哲学图书公司(Philosophical Library)出版。书中收录了开普勒给包含伽利略在内的其同时代人的信件，并添加了注释，而爱因斯坦为这本书写的序言则追溯了开普勒确定地球在行星空间中的运动情况的过程。因为地球"自身在任何时刻都可以用来作为一个三角计算的点，开普勒得以从自己的观测中确定其他行星的真实运动"。爱因斯坦说这些信件显示了开普勒是在个人处境非常艰苦的情况下完成其工作的。

196."序言"（Foreword）。为达戈贝特·鲁内斯（Dagobert D. Runes）编辑的《斯宾诺莎词典》（*Spinoza: Dictionary*）所作的序言，这本书于1951年由纽约的哲学图书公司出版。这部词典用斯宾诺莎自己的话来表达他所用的术语，爱因斯坦称赞其对读者而言是关于这位哲学家的著作的一个可靠的向导，不然的话这些书会非常难懂。

197."序言"（Foreword）。为霍默·史密斯（Homer Smith）所著《人和他的众神》（*Man and His Gods*）一书所作的序言，这本书于1952年由波士顿的利特尔和布朗出版社（Little, Brown）出版。该书是由一位卓越的生物学家撰写的宗教和哲学思想史著作，爱因斯坦赞扬作者在介绍这一主题时表现出的在"纯粹的历史学家"中罕见的客观性。

198."那些只读报纸的人看事情就像没戴眼镜的近视者"（Wer nur Zeitungen liest, sieht die Dinge wie ein Kurzsichtiger ohne Augengläser）。苏黎世《青年商人》（*Der Jungkaufmann*）月刊，第27卷，第4期，1952年，第73页。英文版见《观念与见解》（1954年版）的第64—65页。爱因斯坦认为对年轻人而言，阅读古典文学是非常重要的。因为在任意一个特定的世纪内，卓越的作家和文人都是屈指可数的，所以他们的作品是"人类最宝贵的财产"。

199."科学家的道义责任"（On the Moral Obligation of the Scientist）。由艾拉·弗里曼（Ira Freeman）译自德文。《原子科学家公报》，1952年2月，第34—35页。这篇文章最初是爱因斯坦于1950年寄给"意大利科学促进会"（The Italian Society for the Advancement of Science）的一封信件。爱因斯坦探究了科学家能否将自己从事的研究作为独立的智力活动或者科学是否应该追求实际应用的问题。他担忧科学家们遭受到了悲剧性的命运，因为他们在促进科学发展的时候，正在失去曾经享有的自由和独立，并在使自己从属于实用目标。爱因斯坦认为这一处境是一个需要仔细考察的道德困境。

200."文化衰落的症状"（Symptoms of Cultural Decay）。《原子科学家公报》，第8卷，第7期，1952年10月。重刊于《观念与见解》（1954年版）。爱因斯坦写道，从政者们不应该控制科学以及阻碍与其他国家的自由的科学交流。现在的不信任态度已经到了这种程度：即使在和平时期，我们的生活与工作也必须按照备战来规划。

1953年

201."评对统一场论的批评"（A Comment on a Criticism of Unified Field Theory）。《物理学评论》，第89卷，1953年，第321页。本文是爱因斯坦关于统一场论的最后一篇文章。他对统一场论的数学概念确信无疑，但是对物理学方面却没有把握。

202."给威廉·弗劳恩格拉斯的回信"（Letter in Reply to William Frauenglass）。《原子科学家公报》，第9卷，1953年，第230页。重刊于《观念与见解》（1954年版）。该信写于1953年5月16日，正值麦卡锡主义的政治迫害猖獗时期，爱因斯坦建议一位纽约布鲁克林的教师威廉·弗劳恩格拉斯拒绝屈从"美国参议院内部安全小组委员会"（The U.S. Senate's Internal Security Subcommittee）提出的质询。所有的知识分子都应该拒绝作证，这样做的原因并非是基于《宪法第五修正案》，而是在于强迫一位无辜的公民屈服于这样的调查实属可耻。在爱因斯坦看来，这种调查违背了美国《宪法》的精神。

1954年

203.《观念与见解》（Ideas and Opinions）。英译者索尼娅·巴格曼。该书于1954年由纽约的皇冠出版社（Crown）出版。该书是最为流行的一部英文版爱因斯坦作品选集，至今仍然在印行，不过书中一些译文并不忠实于已出版的原文。

204."非对称场的相对论中场的代数性质"（Algebraic Properties of the Field in the Relativistic Theory of the Asymmetric Field）（与布鲁莉娅·考夫曼合著）。《数学年报》，第59卷，1954年，第230—244页。亦见第206篇文章。本文是爱因斯坦第一篇与女性合作者——他当时的助手——共同撰写的论文。在文中，他们试图修改广义相对论场方程来允许场中包含非对称性。尤其是经常被描述为一个挠率张量的仿射联络就是非对称的。爱因斯坦希望通过这个方法可以自然地表述基本粒子的内禀自旋。和他在晚年所做的许多关于相对论的工作一样，这篇论文所展示的理论也最终成为了爱因斯坦庞大的统一场论计划中的一部分。

205.《相对论的意义》（The Meaning of Relativity）。第五版，于1954年由

普林斯顿大学出版社出版。该书是爱因斯坦的这部名著的最后一版。在书中，他彻底地修改了第四版中的附录2，"引力理论的推广"（Generalization of Gravitation Theory），并将其重新命名为"非对称场的相对论"（Relativistic Theory of the Non-Symmetric Field）——这是他最后一次尝试对他的理论进行扩展或推广，以期至少完成引力和电磁场的统一理论。

1955年

206. "广义相对论性场方程的新形式"（A New Form of the General Relativistic Field Equations）（与布鲁莉娅·考夫曼合著）。《数学年报》，第62卷，1955年，第128—138页。亦见第204篇文章。本文是爱因斯坦一生中最后一篇发表的科学作品，在文中，他在生前最后数年致力于的非对称仿射联络法的基础上，给出了广义相对论场方程的最终形式。尽管爱因斯坦对其抱以很高的希望，这个理论却没有在广义相对论领域里产生任何影响，在物理学其他领域也是如此。爱因斯坦去世几个月后，在同一年于伯尔尼召开的纪念相对论发表50周年的会议上，爱因斯坦的合作者布鲁莉娅·考夫曼发表了一份关于他的工作进展的最终报告。这次会议使得许多对广义相对论感兴趣的人相聚于此，并再次激发了人们对这一主题的兴趣，进而让广义相对论成为物理学的一个重要领域。如今这次会议有时会被人们称为"GR0"，即后来一系列以广义相对论（GR, general relativity）为主题的会议的先声。

207. 《罗素-爱因斯坦宣言》（*The Russell-Einstein Manifesto*）。这篇宣言于1955年7月9日在伦敦公开发表，并在世界范围内发行。参见本书第三篇"政治背景"一节中的"战后与冷战"小节。如欲阅读宣言全文，可查看网站www.nuclearfiles.org。

208. "回忆录"（Remembrances ［Erinnerungen-Souvenirs]）。《瑞士大学报》（*Schweizerische Hochschulzeitung*），第28卷（特别卷），第145—153页。在这篇回忆瑞士的求学时光的文章中，除了其他事情之外，爱因斯坦回想了自己还是一个学生的时候，便着手研究"理论物理学大师们"的著作和人生。

209. "80岁的阿耳伯特·施韦泽[1]"（Albert Schweitzer at Eighty）。由霍默·杰克（Homer A. Jack）私人印刷，收录于《献给阿耳伯特·施韦泽：80岁生日纪念文集》（*To Albert Schweitzer: A Festschrift Commemorating His Eightieth Birthday*）；重刊于《基督教世纪》（*Christian Century*），第72卷，第2期，1955年。爱因斯坦向这位因其在兰巴雷内（Lambaréné，如今位于西非国家加蓬）的医疗传教活动而知名的年迈的神学家、风琴家、哲学家与医生表达了欣赏之情。他钦佩施韦泽依然强健的身体状况以及后者对仁慈与美的向往之心的"完美融合"。

---

1 阿耳伯特·施韦泽（Albert Schweitzer, 1875—1965，中国台湾、香港译为"史怀哲"），法国医生、哲学家、新教神学家、风琴家、音乐学家和和平主义者。1953年获得1952年度的诺贝尔和平奖。被认为是20世纪最重要的思想家之一。——译者注

参考文献

American Council of Learned Societies. *The Concise Dictionary of Scientific Biography*. New York: Scribner, 2000. An abridged version of *The Complete Dictionary of Scientific Biography*, available online through the Gale Virtual Reference Library.

Barkan, Diana Kormos. *Walther Nernst and the Transition to Modern Physical Science*. New York: Cambridge University Press, reissued 2011.

Bernstein, Aaron. *Naturwissenschaftliche Volksbücher* (Natural Science Books for a General Readership). 20 vols. Berlin: Franz Duncker, 1867—1869.

Blumenfeld, Kurt. *Erlebte Judenfrage. Ein Vierteljahrhundert deutscher Zionismus* (The Jewish Question Experienced: A Quarter—Century of German Zionism). Munich: DVA, 1962.

——. "Einsteins Beziehungen zum Zionismus und zu Israel" (Einstein's Relationships to Zionism and to Israel). InSeelig, *Helle Zeit—Dunkle Zeit*, pp. 74—85.

Boni, Nell, et al. *A Bibliographical Checklist and Index to the Collected Writings of Albert Einstein*. New York: Readex Microprint, 1960.

Born, Gustav, ed. *The Born—Einstein Letters: Friendship, Politics and Physics in Uncertain Times*. New York: Macmillan, 2004.

Born, Max. *My Life and My Views*. New York: Scribner, 1968.

Brush, Stephen. *Statistical Physics and the Atomic Theory of Matter*. Princeton, NJ: Princeton University Press, 1983.

Büchner, Ludwig. *Kraft und Stoff. Empirisch—naturphilosophische Studien* (Force and Matter. Empirical—Natural Philosophical Studies). Frankfurt a. M.: Meidinger Sohn & Cie., 1855.

Cahn, William. *Einstein: A Pictorial Biography*. New York: Citadel Press, 1960.

Calaprice, Alice. *Dear Professor Einstein: Letters to and from Children. Amherst, NY: Prometheus Books*, 2002. Includes a foreword by Einstein's granddaughter, Evelyn Einstein, and an essay on education by Robert Schulmann.

——. *The Einstein Almanac*. Baltimore, MD: Johns Hopkins University Press, 2005.

——. *The Ultimate Quotable Einstein*. Princeton, NJ: Princeton University Press, 2011. The fourth and final editionof quotations.

Cassidy, David. *Einstein and Our World*. 2d ed. Amherst, NY: Humanity Books, 2004.

Corry, Leo, Jürgen Renn, and John Stachel. "Belated Decision in the Hilbert—Einstein Priority Dispute." *Science* 278 (1997): 1270—1273.

CPAE (*Collected Papers of Albert Einstein*). Vols. 1—14, various editors. Princeton, NJ: Princeton University Press, 1986—2015.

Crelinsten, Jeffrey. *Einstein's Jury: The Race to Test Relativity*. Princeton, NJ: Princeton University Press, 2006.

Dannen, Gene. "The Einstein—Szilard Refrigerators." *Scientific American*, January 1997, pp. 90—95.

Debever, Robert, ed. *Élie Cartan—Albert Einstein: Letters on Absolute Parallelism*, 1929—1932. Princeton, NJ: Princeton University Press, 1979.

Earman, John, and Clark Glymour. "The Gravitational Redshift as a Test of General Relativity: History and Analysis" *Studies in History and Philosophy of Science* 11 (1980): 175—214.

——. "Relativity and Eclipses: The British Eclipse Expeditions of 1919 and Their Predecessors." *Historical Studies in the Physical Sciences* 11 (1980): 49—85.

Einstein, Albert. "The Two Percent Speech" In Lief, ed., *The Fight Against War*.

——. *Testimony before the Anglo—American Committee of Inquiry on Jewish Problems in Palestine and Europe.* Washington, D.C. State Department Building, 11 January 1946. Vol. 5, pp. 118—135. Washington, DC: Ward and Paul (Electreporter, Inc.), 1946.

——. "Autobiographical Notes" In Schilpp, ed. *Albert Einstein: Philosopher—Scientist*, pp. 1—95.

——. *Ideas and Opinions*. New York: Crown, 1954.

——. "Remembrances" (Erinnerungen—Souvenirs). *Schweizerische Hochschulzeitung* 28 (1955). Special volume, pp.145—153, and reprinted without two introductory paragraphs as "Autobiographische Skizze" (Sketch) in Seelig, ed., Helle Zeit—Dunkle Zeit, pp. 9—17.

——. *Out of My Later Years.* Secaucus, NJ: Citadel Press, 1956.

——. *Letters to Solovine, 1906—1955.* Pbk. New York: Citadel Press, 1993.

——. *Relativity: The Special and General Theory.* Reprint. N.p.: Emporum Books, 2013.

Einstein, Albert, and Sigmund Freud. *Why War?* Trans. Stuart Gilbert. [Geneva] : International Institute of Intellectual Cooperation, League of Nations, 1933.

Einstein, Albert, and Leopold Infeld. *The Evolution of Physics.* 18th ed. New York: Simon & Schuster/ Touchstone, 1967.

Eisenstaedt, Jean. *The Curious History of Relativity.* Princeton, NJ: Princeton University Press, 2006.

Eisinger, Josef. *Einstein on the Road.* Amherst, NY: Prometheus, 2011.

Elzinga, Aant. *Einstein's Nobel Prize, A Glimpse behind Closed Doors: The Archival Evidence.* Archive of the Nobel Museum series, book 6. Sagamore Beach, MA: Science History Publications/USA, 2006.

Fadiman, Clifton, ed. *I Believe: The Personal Philosophies of Certain Eminent Men and Women of Our Time.* New York: Simon & Schuster, 1939.

Fölsing, Albrecht. *Albert Einstein: A Biography.* New York: Viking, 1997.

Galison, Peter. *How Experiments End.* Chicago: University of Chicago Press, 1987.

——. *Einstein's Clocks and Poincaré's Maps. New York: Norton,* 2004.

Gamow, George. "The Evolutionary Universe" *Scientific American,* September 1956, pp. 136—154. Also see his autobiography, My World Line. New York: Viking, 1970.

Glick, Thomas. *Einstein in Spain: Relativity and the Recovery of Science. Princeton,* NJ: Princeton University

Press, 1988.

Grundmann, Siegfried. *The Einstein Dossiers*: *Science and Politics*. Trans. Ann Hentschel. New York: Springer, 2005.

Grüning, Michael. *Ein Haus für Albert Einstein*. Berlin: Verlag der Nation, 1990.

Hager, Thomas. *The Alchemy of Air*. New York: Crown Publishing/Broadway Books, 2009.

Halpern, Paul. *Einstein's Dice and Schrödinger's Cat.* New York: Basic Books, 2015.

Heilbron, J. L. *Dilemmas of an Upright Man*: *Max Planck and the Fortunes of German Science*. Cambridge, MA: Harvard University Press, 2000.

Hentschel, Klaus. "Einstein's Attitude toward Experiments: Testing Relativity Theory, 1907—1927." *Studies in the History and Philosophy of Science* 23 (1992): 593—624.

——. *The Einstein Tower*. Trans. Ann Hentschel. Stanford, CA: Stanford University Press, 1997.

Hoffmann, Banesh, and Helen Dukas. *Albert Einstein*: *Creator and Rebel*. eBook. N.p: Plunkett Lake Press, 2014.

Howard, Don, and John Stachel, eds. *Einstein Studies series*. Vols. 1—12, various volume editors and titles. Boston: Birkhäuser, 1989—2012.

Hu, Danian. *China and Albert Einstein*: *The Reception of the Physicist and His Theory in China*, 1917—1979. Cambridge, MA: Harvard University Press, 2005.

Hume, David. *Ein Traktat über die menschliche Natur* (A Treatise of Human Nature). Vol. 1, *Über den Verstand* (Of the Understanding). Trans. E. Köttgen, ed. Theodor Lipps. Hamburg: Voss, 1895.

Illy, Jozsef. *Albert Meets America*: *How Journalists Treated Genius during Einsteins 1921 Travels*. Baltimore, MD: Johns Hopkins University Press, 2006.

——. *The Practical Einstein*: *Experiments*, *Patents*, *Inventions*. Baltimore, MD: Johns Hopkins University Press,2012.

Infeld, Leopold. *Quest*: *An Autobiography*. Providence, RI: AMS Chelsea, 1980.

Isaacson, Walter. *Einstein*: *His Life and Universe*. New York: Simon & Schuster, 2007. Pbk. 2008.

Jammer, Max. *The Conceptual Development of Quantum Mechanics*. New York: McGraw—Hill, 1966.

——. *Einstein and Religion*. Princeton, NJ: Princeton University Press, 1999. Pbk. 2002.

Janssen, Michel, and Christoph Lehner, eds. *The Cambridge Companion to Einstein*. New York: Cambridge University Press, 2014.

Janssen, Michel, and Jürgen Renn. "Untying the Knot: How Einstein Found His Way Back to Field Equations Discarded in the Zurich Notebook" In Renn, ed., The Genesis of General Relativity. Vol. 2, *Einsteins Zurich Notebook*, pp. 839—925. Dordrecht, Holland: Springer, 2007.

Jantzen, Robert T., Kjell Rosquist, and Remo Ruffini, eds. *Proceedings of the Thirteenth Marcel Grossmann Meeting on General Relativity*, p456—503. Singapore: World Scientific, 2015.

Jerome, Fred. *The Einstein File*: *J. Edgar Hoover's Secret War against the World's Most Famous Scientist*. New York: St. Martin's, 2002.

Jerome, Fred, and Rodger Taylor. *Einstein on Race and Racism*. New Brunswick, NJ: Rutgers University Press, 2005.

Kantha, S. S. "An Appraisal of Albert Einstein's Chronic Illness" *Medical Hypotheses* 42 (1994): 340—346.

Kennefick, Daniel. *Traveling at the Speed of Thought*: *Einstein and the Quest for Gravitational Waves*. Princeton, NJ: Princeton University Press, 2007.

Kessler, Harry von. *Berlin in Lights*: *The Diaries of Count Harry Kessler*, *1918—1937*. Trans. and ed. Charles Kessler. New York: Grove Press, 1999.

Klein, Martin. *Paul Ehrenfest*. Vol. 1, The Making of a Theoretical Physicist. New York: Elsevier, 1970.

Kox, A. J., ed. *The Scientific Correspondence of H. A. Lorentz*. Vol. 1. New York: Springer, 2008.

Kuhn, Thomas. *Black Body Theory and the Quantum Discontinuity*, 1894—1912. Chicago: University of Chicago Press, 1987.

Lanouette, William, with Bela Silard. *Genius in the Shadows*: *A Biography of Leo Szilard*, *the Man Behind the Bomb*. Chicago: University of Chicago Press, 1994.

Lief, Alfred, ed. *The Fight against War*. New York: John Day, 1933.

Martinez, Alberto. "Handling Evidence in History: The Case of Einstein's Wife" *School Science Review* 86, no. 316 (March 2005): 49—56.

———. *Kinematics*: *The Lost Origins of Einsteins Relativity*. Baltimore, MD: Johns Hopkins University Press, 2009.

———. *Science Secrets*: *The Truth about Darwin's Finches*, *Einsteins Wife*, *and Other Myths*. Pittsburgh, PA: University of Pittsburgh Press, 2011.

Misner, Marshall. "Why Einstein Became Famous in America." *Social Studies of Science* 15 (1985): 267—291.

Neffe, Jürgen. *Einstein*.Trans. Shelley Frisch. New York: Farrar, Straus and Giroux, 2005.

Norton, John. "How Einstein Found His Field Equations: 1912—1915." *Historical Studies in the Physical Sciences* 14 (1984): 253—315. Reprinted in Howard and Stachel, eds., *Einstein and the History of General Relativity*, vol. 1, pp. 101—159.

Overbye, Dennis. *Einstein in Love*: *A Scientific Romance*. New York: Viking, 2000.

Pais, Abraham. *Subtle Is the Lord . . . The Science and the Life of Albert Einstein*. New York: Oxford University Press, 1982.

———. *Niels Bohr's Times*, *in Physics*, *Philosophy*, *and Polity*. New York: Oxford University Press, 1991.

———. *Einstein Lived Here*. New York: Oxford University Press, 1995.

Popovic, Milan. *In Albert's Shadow*: *The Life and Letters of Mileva Marie*, *Einsteins First Wife*. Baltimore, MD: Johns Hopkins University Press, 2003.

Renn, Jürgen, ed. *Albert Einstein*, *Chief Engineer of the Universe*: *One Hundred Authors for Einstein*. Symposium essays on the centennial of special relativity, first published in Germany. Weinheim, Germany: Wiley—VCH, 2005.

———. *Boston Studies in the History and Philosophy of Science series*. Vols. 1—4, various volume editors and titles.Dordrecht, Holland: Springer, 2007.

Renn, Jürgen, and Robert Schulmann, eds. *Albert Einstein*, *Mileva Marie*: *The Love Letters*. Trans. Shawn Smith. Princeton, NJ: Princeton University Press, 1992.

Reves, Emery. *The Anatomy of Peace*. New York: Harper, 1945.

Rogger, Franziska. *Einsteins Schwester* (Einstein's Sister). Zurich: Verlag Neue Zürcher Zeitung, 2005.

Rosenkranz, Zeev. *Einstein before Israel*: *Zionist Icon or Iconoclast*? Princeton, NJ: Princeton University Press, 2011.

Rosenkranz, Zeev, and Barbara Wolff, eds. *Albert Einstein*: *The Persistent Illusion of Transience*. Jerusalem: Magnes Press of Hebrew University, 2007.

Rosenthal—Schneider, Ilse. *Reality and Scientific Truth*: *Discussions with Einstein*, *Von Laue*, *and Planck*.

Detroit, MI: Wayne State University Press, 1980.

Rowe, David E. "Einstein's Allies and Enemies: Debating Relativity in Germany, 1916—1920." *Boston Studies in the Philosophy of Science* 251 (2006): 231—280.

Rowe, David E., and Robert Schulmann. *Einstein on Politics.* Princeton, NJ: Princeton University Press, 2007.

Sauer, Tilman. "Marcel Grossmann and His Contribution to the General Theory of Relativity." In Jantzen et al., eds., *Proceedings of the Thirteenth Marcel Grossmann Meeting on General Relativity*, pp. 456—503.

——. "Einstein's Unified Field Theory Program" In Janssen and Lehner, eds., *The Cambridge Companion to Einstein*, pp. 282—305.

Sayen, Jamie. *Einstein in America.* New York: Crown, 1985.

Schilpp, Paul, ed. *Albert Einstein: Philosopher—Scientist.* Evanston, IL: Library of Living Philosophers, 1949. Contains Einstein's "Autobiographical Notes."

Schulmann, Robert. "Einstein at the Patent Office: Exile, Salvation, or Tactical Retreat？" Science in Context 6 (1993): 18—25.

——.ed. *Seelenverwandte: Der Briefwechsel zwischen Albert Einstein und Heinrich Zangger*, 1910—1947 (Soulmates:The Correspondence between Albert Einstein and Heinrich Zangger, 1910—1947). Zurich: Verlag Neue Zürcher Zeitung, 2012.

Schweber, Silvan S. *Einstein and Oppenheimer*: *The Meaning of Genius. Cambridge*, MA: Harvard University Press, 2008.

Seelig, Carl, ed. *Helle Zeit—Dunkle Zeit* (Bright Times—Dark Times): In Memoriam Albert Einstein. Zurich: EuropaVerlag, 1956. Contains Einstein's "Autobiographical Sketch."

Stachel, John. *Einstein from* B to Z. Boston: Birkhäuser, 2002.

——, ed., with Trevor Lipscombe, Alice Calaprice, and Sam *Elworthy. Einsteins Miraculous Year.* Princeton, NJ:Princeton University Press, 1998.

Trbuhović-Gjurić, Desanka. *Im Schatten Albert Einsteins. Das tragische Leben der Mileva Einstein—Marić* (In the Shadow of Albert Einstein. The Tragic Life of Mileva Einstein—Marić). Bern: Haupt, 1983.

Van Dongen, Jeroen. "Emil Rupp, Albert Einstein, and the Canal Ray Experiments on Wave—Particle Duality: Scientific Fraud and Theoretical Bias." *Historical Studies in the Physical and Biological Sciences* 37 (suppl.) (2007): 73—120.

——. *Einstein's Unification.* New York: Cambridge University Press, 2010.

Wali, Kameshwar. Chandra: *A Biography of S. Chandrasekhar.* Chicago: University of Chicago Press, 1991.

Wazeck, Milena, and Geoffrey S. Koby. *Einstein's Opponents*: *The Public Controversy about the Theory of Relativity in the 1920s.* New York: Cambridge University Press, 2014.

Whitaker, Andrew. *Einstein, Bohr, and the Quantum Dilemma*: *From Quantum Theory to Quantum Information.* New York: Cambridge University Press, 2006.

Will, Clifford. *Theory and Experiment in Gravitational Physics.* Rev. ed. New York: Cambridge University Press, 1993.

——. *Was Einstein Right？ Putting General Relativity to the Test.* 2d ed. New York: Basic Books, 1993.

Zuelzer, Wolf. *The Nicolai Case.* Detroit, MI: Wayne State University Press, 1982.

网页

aip.org/history/einstein/index.html (Website of the American Institute of Physics, with a section devoted to Einstein). A link to essays written by historians, some of whose work is mentioned in this book, is http://www.aip .org/history/einstein/ein—info.htm#essays.

alberteinstein.info (Website of the Einstein Papers Project, California Institute of Technology, Pasadena, including an archival database)

albert—einstein.org (Website of the Einstein Archives, Hebrew University of Jerusalem)

amnh.org/exhibitions/past—exhibitions/einstein (Website of the American Museum of Natural History's online exhibit of an Einstein exhibit held at the museum in 2002—2003)

einsteinpapers.press.princeton.edu (Website of *The Collected Papers of Albert Einstein*)

en.wikipedia.org/wiki/List_of_things_named_after_Albert_Einstein (Wikipedia)

Facebook.com/Quotable Einstein (Website initiated by Princeton University Press and managed by Alice Calaprice, featuring quotations by Einstein)

pitt.edu/~jdnorton/jdnorton.html (Website of John Norton, a historian and philosopher of science). The site provides many of his articles for download, in addition to other material for those interested in Einstein, written at an accessible level.

索引

索引中的页码为原版书页码，即本书的边码。

1919 eclipse 149 (figure)1919 年日食 149（图）;and verification of Einstein's theory of general relativity（the 1919 eclipse test）与爱因斯坦广义相对论的验证(1919年日食检验), 37, 148—149, 214, 215

A

Aargau Cantonal School 阿劳州立中学, 28—29, 29（图）, 30; Einstein's teachers at 爱因斯坦在~的老师, 107—108; grading system of ~评分系统, 81

Abraham, Max 亚伯拉罕, 马克斯, 178, 210, 217, 224; as Einstein's only career rival ~作为爱因斯坦唯一的职业竞争对手, 217; theory of the electron ~电子理论, 217

Abrams, Henry 艾布拉姆斯, 亨利, 126

Acheson-Lilienthal Report 艾奇逊－利连塔尔报告, 155

action-at-a-distance 超距作用, 159—160, 207, 314; "spooky" action-at-a distance "幽灵般的"超距作用, 159, 314

Adler, Friedrich（Fritz）（son of VA）阿德勒, 弗里德里希（弗里茨）（维克多·阿德勒之子）, 146, 218; assassination of Count Karl von Stürgkh 刺杀卡尔·冯·施图尔克伯爵, 146; opposition to Einstein's relativity theory 反对爱因斯坦相对论, 146

Adler, Minna（Mrs. Hans Mühsam）阿德勒, 明娜（汉斯·米萨姆夫人）72, 101

Adler, Victor 阿德勒, 维克多, 146

Adventures of Tintin, The（Hergé）《丁丁历险记》（埃尔热）, 142

Advisory Committee on Uranium 铀顾问委员会, 254

A. Einstein: How I See the World（1991）《爱因斯坦：我的世界观》（1991）, 279

Aharonov, Yakir 阿哈罗诺夫, 亚基尔, 175

Albert（king of the Belgians）阿耳伯特（比利时国王）, 70

Albert Einstein（Fölsing）《阿耳伯特·爱因斯坦》（弗尔辛）, 263, 272

Albert Einstein: A Biographical Portrait（Anton Reiser [R. Kayser]）《爱因斯坦传》（安东·赖泽尔[R.凯泽]）, 274; Einstein's introduction to 爱因斯坦的序言274; Einstein's opinion of（as "the best biography that has been written about me"）爱因斯坦关于~的观点（认为是"我的传记中最好的一部"）, 274

Albert Einstein: A Biography（Calaprice and Lipscombe）《阿耳伯特·爱因斯坦传》（卡拉普赖斯, 利普斯科姆）, 279

Albert Einstein: Creator and Rebel（Hoffmann with Dukas）《阿耳伯特·爱因斯坦：创造者与叛逆者》（霍夫曼,

of ~被爱因斯坦抛弃, 168, 170, 298, 311, 312; recent reintroduction of with the discovery of the acceleration of the expansion of the universe 随着发现了宇宙加速膨胀~最近被重新引入, 168, 298; role of in Einstein's field equations for general relativity ~在爱因斯坦广义相对论场方程中的作用, 167

D

斯坦文献遗产的档案管理员，10，12，31，34；as co-trustee of Einstein's literary estate~作为爱因斯坦文献遗产的共同受托人，10，12，31；disapproval of PUP's choice of Stachel as editor of the CPAE ~不同意普林斯顿大学出版社挑选施塔切尔担任《爱因斯坦全集》的编辑，33；as Einsteins secretary ~作为爱因斯坦的秘书，11—12，107；J. Edgar Hoover's request for an investigation of J. 埃德加·胡佛要求调查~，260；preparation of an incomplete list of awards and honors for the Einstein Archives ~为爱因斯坦档案馆准备一份不完整的奖项和荣誉清单，13；protection of Einstein's privacy (as Einstein's "Cerberus") ~保护爱因斯坦的隐私（作为爱因斯坦的"刻耳柏洛斯"），11，34；protection of the image of Einstein she and Nathan helped to create ~保护她和内森帮助创造的爱因斯坦形象，31；references to Einstein as "Herr Professor" and "the professor" ~称爱因斯坦"教授先生"和"教授"，12；U.S. citizenship of ~的美国公民身份，11，24

Dulong，Pierre 杜隆，皮埃尔，192

Dulong–Petit law 杜隆–珀蒂定律，192

Duttenhoefer，T. 杜滕合费，T.，41

Dyson, Frank: and the 1919 eclipse expedition (the 1919 eclipse test) 戴森，弗兰克：~与1919年的日食考察(1919年的日食检验)，37，148—149，214，215；as England's Astronomer Royal~作为英格兰皇家天文学家，148

Dyson，Freeman 戴森，弗里曼，32，278

E

$E = mc^2$，172—173，210，223，224，254，286，288，321；and Einstein's thought experiment ~ 与爱因斯坦思想实验，223；Hasenöhrl's derivation of 哈泽内尔对~的推导，218；how the equation appeared in Einstein's early papers 爱因斯坦早期论文中该方程如何出现，173

Earth 地球：magnetic field of ~磁场，141—142；220；motion of ~运动，187，207，233，318，324；rotation in the inner core and crust of ~地心旋转和地壳转动，220

Eban，Abba 埃班，阿巴，114

Ebert，Friedrich 艾伯特，弗里德里希，66

Eckert，Pauline（Mrs. Jost Winteler）埃克特，保利娜（约斯特·温特勒夫人），51，76—77；Einstein's close relationship with 爱因斯坦和~的亲密关系，77，100；Einstein's reference to as Mamerl (Mommy) No. 2 爱因斯坦视~为二妈（妈咪），76；murder of by her son Jost Jr. ~被她的儿子约斯特杀害，77

Eddington，Arthur Stanley 爱丁顿，亚瑟·斯坦利，86，168，213，225，226，306；and the 1919 eclipse expedition（the 1919 eclipse test）~与1919年日食探险（1919年日食检验），37，148—149，214，215；on the structure of stars~论恒星结构，148

Ehrat，Jakob 埃拉特，雅各布，67，77

Ehrat，Margrit 埃拉特，玛格丽特；See Schmidt，Margrit 参见施密特，玛格丽特

Ehrenberg，Hedwig（Mrs. Max Born）埃伦伯格，海德薇希（马克斯·玻恩女士），67，273

Ehrenfest，Paul 埃伦费斯特，保罗，21，69—70，140，142，152，157，174，189，217，312；suicide of~的自杀，69—70

Ehrenfest，Tatyana 埃伦费斯特，塔季扬娜；See Pavlovna，Tatyana 参见帕夫洛芙娜，塔季扬娜

Ehrenfest，Vassily（son of PE and TP）埃伦费斯特，瓦西里（保罗和塔季扬娜的儿子），70

Ehrenfest's paradox 埃伦费斯特悖论，152，173—174，182，212

Ehrhardt，Paul 埃尔哈特，保罗，297

EIH paper EIH 论文（爱因斯坦—英费尔德—霍夫曼论文），137，317

Einstein，Abraham（grandfather of AE）爱因斯坦，亚伯拉罕（阿耳伯特·爱因斯坦的祖父），48，49

Einstein，Albert 爱因斯坦，阿耳伯特，61（图），68（图），264（图）；affairs of ~的风流韵事，48，

爱因斯坦百科

magazines "Person of the Century" 作为《时代》杂志"世纪之人"，87；unpublished lectures of ~未出版的演讲，201；use of thought experiments（*Gedankenexperimente*）使用思想实验，88，173，174，187，207，222，222—224，286；views on education 对教育的看法，232—234；views on politics 对政治的看法，66；views on religion 对宗教的看法，268；on visits to Caltech as "a banishment to paradise" 访问加州理工学院是"一次到天堂的放逐"，36；work on the Anschütz company's gyroscope ~从事安许茨公司的陀螺仪研制，141；*See also* 亦见 Einstein，Albert，addresses of 阿耳伯特·爱因斯坦的演讲；Einstein，Albert，career of 阿耳伯特·爱因斯坦的事业；Einstein，Albert，certificates of in facsimile 阿耳伯特·爱因斯坦证件复印件；Einstein，Albert，citizenships of 阿耳伯特·爱因斯坦的国籍；Einstein，Albert，and concepts 爱因斯坦，阿耳伯特与概念；Einstein，Albert，family of 阿耳伯特·爱因斯坦的家庭；Einstein，Albert，Jewish identity and ties of 阿耳伯特·爱因斯坦的犹太人身份和纽带；Einstein，Albert，myths and misconceptions about 关于阿耳伯特·爱因斯坦的错误看法与误解；Einstein，Albert，organizational ties of 阿耳伯特·爱因斯坦的组织联系；Einstein，Albert，pastimes of 阿耳伯特·爱因斯坦的消遣；Einstein，Albert，political contexts of 阿耳伯特·爱因斯坦的政治背景；Einstein，Albert，political philosophy of 阿耳伯特·爱因斯坦的政治哲学；Einstein，Albert，publications of 阿耳伯特·爱因斯坦的出版物；Einstein，Albert，travels and travel diaries of 阿耳伯特·爱因斯坦的旅行和旅行日记

Einstein，Albert，addresses of 阿耳伯特·爱因斯坦的演讲；"Address to the French-German Peace Meeting"（June 11，1922）"在法德和平会议上的演讲"（1922年6月11日），243；"Considerations concerning the Fundamentals of Theoretical Physics"（May 24，1940）"对理论物理基础的思考"（1940年5月24日），319；"Human Rights"（February 20，1954）"人权"（1954年2月20日），232；"Need for a National Assembly"（November 13，1918）"论召集国民议会的紧迫性"（1918年11月13日），243；"On the Limit of the Validity of Classical Thermodynamics"（February 27，1907）"关于经典热力学有效性的局限"（1907年2月27日），19—20；"On Receiving the One World Award"（April 27，1948）"在接受'一个世界奖'颁奖会上的演讲"（1948年4月27日），322；"Our Debt to Zionism"（April 17，1938）"我们对犹太复国主义欠下的债"（1938年4月17日），317；"Our Goal"（May 19，1939）"我们的目标"（1939年5月19日），318；"The Two-Percent Speech"（December 14，1930）"百分之二演讲"（1930年12月14日），264

Einstein，Albert career of：阿耳伯特·爱因斯坦的职业生涯；employment history 就业史，18；list of years，job titles，and employers 受雇年月、职称头衔和雇主一览表，17；*See also* Einstein，Albert，places of employment of 亦见阿耳伯特·爱因斯坦的就业地点

Einstein，Albert，certificates of in facsimile 阿耳伯特·爱因斯坦证件复印件；birth certificate 出生证明，2，3；death certificate 死亡证明，9；Declaration of Intention（U.S. citizenship application）归化声明（申请美国国籍），25；doctoral certificate 博士学位证书，5；Nobel Prize certificate 诺贝尔奖证书，6，7；school report card 学校成绩单，4；U.S. Naturalization certificate 美国入籍证明，8

Einstein，Albert，citizenships of 阿耳伯特·爱因斯坦的国籍，22—24，26（图）；German citizenship 德国国籍，22—23；release of from German citizenship ~放弃德国国籍，23—24；Swiss citizenship 瑞士国籍，22—23；U.S. citizenship 美国国籍，24

Einstein，Albert，and concepts 阿耳伯特·爱因斯坦与概念；action-at-a-distance 超距作用，159—160，207，314；arrow of time 时间之矢，139，160，189；asymmetric metric，unified field theory of 非对称度规，~的统一场理论，160—161；atoms 原子，161—162，165—166，199，285；bivector 二重矢量，226；blackbody（thermal）radiation 黑体（热）辐射，162—164，176，193，205，207，221；Bose-Einstein（B-E）condensate 玻色-爱因斯坦凝聚，142，164，165，171，207；Bose-Einstein statistics 玻色-爱因斯坦统计，142，164—165，189，194，200，207；Brownian motion 布朗运动，165—166，177，199，285，286，288；canal rays 极隧射线，142，166—167，207，219；capillarity 毛细现象，283；cosmological constant（lambdaterm）宇宙常数（Λ项），167—168，170，213，298；cosmology 宇宙学，169—171，213，220，298；determinism 决定论，171；distant parallelism 绝对平行性，171—172，226，309；$E = mc^2$ 172—173，210，223，224，254，286，

爱因斯坦百科

Relativity Theory"（with Infeld）"论广义相对论中的粒子运动"（与英费尔德合著），323；"On the Movement of Small Particles Suspended in Stationary Liquids Required by the MolecularKinetic Theory of Heat""热的分子运动论所要求的静液体中悬浮粒子的运动"，135，285；"On the NonExistence of Regular Stationary Solutions of Relativistic Field Equations"（with Pauli）"论相对论性场方程不存在正则的定态解"（与泡利合著），319—310；"On the One—Hundredth Anniversary of Lord Kelvin's Birth""纪念开尔文爵士诞辰一百周年"，306；"On the Ponderomotive Forces Acting on Ferromagnetic Conductors Carrying a Current in a Magnetic Field""论作用在磁场中铁磁性载流导体上的有质动力"，290；"On the Ponderomotive Forces Exerted on Bodies at Rest in the Electromagnetic Field""关于施加于静止在电磁场中的物体上的有质动力"，288—289；"On the Possibility of a New Test of the Relativity Principle""论相对性原理的一种新的检验的可能性"，287；"On the Present Crisis of Theoretical Physics""论理论物理学的当下危机"，304；"On the Present State of the Problem of Gravitation""关于引力问题的现状"，293；"On the Present State of the Problem of Specific Heats""论比热问题的现状"，293—294；"On the Present Status of the Radiation Problem""论辐射问题的现状"，289；"On Receiving the One World Award""在接受'一个世界奖'颁奖会上的演讲"，322；"On the Relation between the Expansion and the Mean Density of the Universe""论宇宙膨胀与平均密度之间的关系"，312；"On the Quantum Theorem of Sommerfeld and Epstein""论索末菲和爱泼斯坦的量子定理"，299；"On the Quantum Theory of Radiation""关于辐射的量子理论"，297，298—299；"On the Relativity Principle and the Conclusions Drawn from It""关于相对性原理和由此得出的结论"，288；"On the Relativity Problem""论相对性问题"，294；*On the Special and General Theory of Relativity: A Popular Account*《狭义和广义相对论浅说》，72，298；"On a Stationary System with Spherical Symmetry Consisting of Many Gravitating Masses""论由多个有引力的物体组成的球对称的静止体系"，318；"On a Theorem of the Probability Calculus and Its Application in the Theory of Radiation""论概率计算的一个定理及其在辐射理论中的应用"，290；"On the Theory of Brownian Motion""关于布朗运动的理论"，286；"On the Theory of Light Production and Light Absorption""关于光产生和光吸收的理论"，286；"On the Theory of Light Propagation in Dispersive Media""论光在色散介质中的传播的理论"，304；"On the Theory of Light Quanta and the Question of the Localization of Electromagnetic Energy""论光量子理论和电磁能的定域化问题"，290；"On the Theory of the Static Gravitational Field""论静引力场理论"，292；"On the Thermodynamic Theory of the Difference in Potentials between Metals and Fully Dissociated Solutions of Their Salts and on an Electrical Method for Investigating Molecular Forces""关于金属同完全离解的金属盐溶液之间电势差的热力学理论，以及研究分子力的一个电学方法"，283；"On the Unified Field Theory""关于统一场理论"，309；"Open Letter to the General Assembly of the United Nations""致联合国大会的公开信"，267；"Open Letter to William Frauenglass""致威廉·弗劳恩格拉斯的公开信"，232，258；"Our Debt to Zionism""我们对犹太复国主义欠下的债"，239，317；"Our Goal""我们的目标"，318；*Out of My Later Years*《爱因斯坦晚年文集》，275；*Outline of a Generalized Theory of Relativity and of a Theory of Gravitation*（with Grossmann）《广义相对论和引力理论提纲》（与格罗斯曼合著），293；"Palestine, Setting of Sacred History of the Jewish Race"（with Kahler）"犹太民族圣史中巴勒斯坦的没落"（与卡勒合著），320；papers on unified field theories 关于统一场理论的论文（UFTs），283；"The Particle Problem in the General Theory of Relativity"（with Rosen）"广义相对论中的粒子问题"（与罗森合著），315；"Peace Must Be Waged""和平必须实行"，314；"The Peril to German Civilisation""德国文化的危险"，305；"Physical Foundations of a Theory of Gravitation""引力理论的物理基础"，293；"Physics and Reality""物理学与实在"，203，315—316；"Planck's Theory of Radiation and the Theory of Specific Heat""普朗克的辐射理论和比热理论"，287；"The Plight of German Science: A Danger for the Nation""德国科学的困难处境：国家的危险"，303；"The Principle of Conservation of Motion of the Center of Gravity and the Inertia of Energy""重心运动的守恒原理及能量的惯性"，286；"The Principle of Relativity and Its Consequences in Modern Physics""相对论原理及其在现代物理学中的影响"，289—290；"Production and Work""生产与工作"，266；"Propagation of Sound in Partly Dissociated Gases""部分离解气体中声波的传播"，301；"Quantum Mechanics and Reality""量

H

Haber, Fritz 哈伯，弗里茨74，150—151；as head of the German army's chemical warfare efforts ~作为德军化学战的领导人，150；Nitrogen-"fixing" method of ~固"氮"法，150；as a Nobel Prize winner ~作为诺贝尔奖获得者，150；as a supporter of German and Prussian nationalism 作为德国和普鲁士民族主义的支持者，150

Haber-Bosch process 哈伯-博施法，150

Habicht, Anna 哈比希特，安娜；*See* Kehlstadt, Anna 参见克尔施塔特，安娜

Habicht, Conrad 哈比希特，康拉德，71—72，139；as a member of the Olympia Academy 作为奥林匹亚科学院成员，241—242，242（图）；recipient of the famous May 1905 letter in which Einstein promised him four papers in differing stages of completion 1905年5月收到著名来信，爱因斯坦在信中向他承诺了四篇不同完成阶段的论文，72

Habicht, Paul 哈比希特，保罗，139

Habilitation《教授资格论文》，30

Hadamard, Jacques 哈达玛，雅克，321

Haller, Friedrich 哈勒，弗里德里希，19

Halsmann (also Halsman), Philip 哈尔斯曼，菲利普，40；and the "Austrian Dreyfus Affair" ~与"奥地利德雷福斯事件"，40—41

Hans Albert Einstein（E. R. Einstein）《汉斯·阿耳伯特·爱因斯坦》（E.R.爱因斯坦），278

Hans Albert Einstein : His Life as a Pioneering Engineer（Ettema and Mutel）《汉斯·阿耳伯特·爱因斯坦：一位先驱工程师的一生》（艾特玛，米泰尔），278

Harding, Warren 哈丁，沃伦，109

Harms, Adolf 哈姆斯，阿道夫，92

Harvey, Thomas 哈维，托马斯，126；firing of by Princeton Hospital for the removal of Einstein's brain 因摘除爱因斯坦大脑被普林斯顿医院解雇，126

Hasenöhrl, Friedrich 哈泽内尔，弗里德里希，218；derivation of the $E = mc^2$ formula by ~推导出 $E = mc^2$ 公式，218

Havas, Peter 哈瓦斯，彼得，34

Hawking, Stephen 霍金，斯蒂芬，274

Hebrew University of Jerusalem（HUJI）耶路撒冷希伯来大学；as copyright holder of Einstein's writings until 2025 2025年以前~作为爱因斯坦作品的版权所有者，281；Einstein's relationship with 爱因斯坦与~的关系，237—238；and Einstein's literary estate ~与爱因斯坦的文献遗产，10，31，35，38，55；and photographs of Einstein ~与爱因斯坦的照片，281，282

Hecht, Selig 赫克特，泽利希，323

Heisenberg, Werner 海森伯，维尔纳，66，189，196，222；as a Nobel Prize winner ~作为诺贝尔奖获得者，158

Heisenberg uncertainty principle 海森伯不确定性原理，174，224

Helmholtz, Hermann von 亥姆霍兹，赫尔曼·冯，197，204

Hentschel, Ann M. 亨切尔，安 M.，34

Hentschel, Klaus 亨切尔，克劳斯，34

Hergé 埃尔热，142

Hersey, John 赫西，约翰，323

Hertz, Heinrich 赫兹，海因里希，153，197，204，205

Herzog, Albin 赫尔佐克，阿尔宾，29

Hidden-variables theories 隐变量理论，174，184，315

Highfield, Roger 海菲尔德，罗杰，272

National Defense Research Committee 国防研究委员会, 254

National Science Foundation（NSF）美国国家科学基金会；funding of the English edition of the *CPAE* 资助《爱因斯坦全集》英文版, 32；provision of a regular grant through its History of Science（later Science, Technology, and Society）program 通过~的科学史(后来是科学、技术和社会)项目定期提供资金, 34

Naturwissenschaftlich Volksbücher（A. Bernstein）《自然科学大众读本》（A. 伯恩施坦）, 28, 197

Navon, Yitzak 纳文, 伊查克, 114

nebular hypothesis 星云假说, 169

Neffe, Jürgen 奈佛, 于尔根, 273—274

Nernst, Walther 能斯特, 瓦尔特, 21, 154—155, 192, 193, 194, 221, 222；formulation of the third law of thermodynamics ~系统阐述热力学第三定律, 154；as a Nobel Prize winner ~作为诺贝尔奖获得者, 154；as a pioneer of gas warfare ~作为毒气战的先驱, 154

Nernst lamp 能斯特灯, 154

Neumann, Betty 诺伊曼, 贝蒂, 72, 100—102, 107；affair with Einstein ~与爱因斯坦的绯闻, 100；Einstein's help in her immigration to the United States 爱因斯坦帮助她移民美国, 101

"Neuromythology of Einstein's Brain"（Hines）"爱因斯坦大脑的神经神话学"（海因斯）, 127

Neutra, Richard 诺伊特拉, 理查德, 38

"New Piece"（T. Smith）"新作"（T. 史密斯）, 41

Newton, Isaac 牛顿, 艾萨克, 188, 196, 197, 206, 216, 286

Newton's bucket 牛顿的水桶, 188

Nicolai, Georg 尼柯莱, 格奥尔格, 73—74, 243；composition of the first draft of the "Manifesto to the Europeans" 起草 "告欧洲人书"的第一稿, 248, 299；Einstein's resentment of his frequent importuning 爱因斯坦讨厌~的纠缠不休, 73—74；exchange of with Ilse Einstein ~与伊尔莎·爱因斯坦交换意见, 62—63, 74；as a mentor for Einstein's first steps in politics ~作为爱因斯坦刚踏入政治的导师, 73；protestation of over the murders of Liebknecht and Luxemburg ~抗议李卜克内西和卢森堡谋杀案, 73

Nobel, Alfred 诺贝尔, 阿尔弗雷德, 201

Nobel Prize 诺贝尔奖, 23, 201；first prizes awarded（December 1901）首次颁奖(1901年12月), 201；and the Nobel Committee of the Swedish Academy of Sciences ~与瑞典科学院诺贝尔委员会, 201；and the required Nobel lecture ~及所需的诺贝尔奖演讲, 202

Nohel, Emil 诺赫尔, 埃米尔, 136

Norden, Heinz 诺登, 海因茨, 12, 31, 275

Nordström, Gunnar 诺德斯特伦, 贡纳尔, 138, 139, 223, 224, 293, 295

Norton, John 诺顿, 约翰, 294

O

Okamoto, Ippei 冈本一平, 40, 41；cartoon of Einstein by ~绘制的爱因斯坦卡通, 40（图）, 41

Olympia Academy 奥林匹亚科学院, 71, 76, 139, 198, 241—242；dinners at 在~的晚餐, 242；dissolving of ~的解散, 242；Einstein as honorary president of 爱因斯坦作为~名誉院长, 241；Einstein's signing of "official" letters as "A. Ritter v. Steissbein" 爱因斯坦以 "A,尾骨骑士"之名签署~的"官方"信件, 241；founding of ~的创立, 241；works read at 在~读过的著作, 242

Oppenheim, Paul 奥本海姆, 保罗, 122

Oppenheimer, J. Robert 奥本海默, J. 罗伯特, 31, 122, 155；as director of the Los Alamos National Laboratory 作为洛斯阿拉莫斯国家实验室领导人, 155, 254；revocation of his security clearance by the Personnel

Security Board of the Atomic Energy Commission 原子能委员会人事安全委员会撤销~安全许可，155；work on gravitational collapse ~研究引力坍缩，155

W

译后记

　　爱因斯坦是现代科学和科学家的象征。尽管他去世至今已经67年，但人们对他的兴趣没有丝毫减弱。恰恰相反，每年都会有许多关于爱因斯坦的新作问世。不过，在本书问世前，尚没有一本以词条为单位，分门别类进行编排，全面而系统地介绍爱因斯坦的书出现。2015年，为纪念爱因斯坦广义相对论诞生100周年，普林斯顿大学出版社推出了这本《爱因斯坦百科》，目的是让对爱因斯坦感兴趣的读者能够方便地查阅自己感兴趣的内容。本书的三位编者都是知名的爱因斯坦研究专家，各有所长，相互补充。

　　爱丽丝·卡拉普里斯，1941年生于德国柏林，年少时移民美国。1963年在加州大学伯克利分校毕业，获社会学学士学位。后因工作关系，进入爱因斯坦文稿计划（Einstein Papers Project），为爱因斯坦档案编辑了第一份电子索引。在将近30年的时间里，参与编辑了《爱因斯坦全集》（*Collected Papers of Albert Einstein*）前15卷的所有文献版和英译版。先后出版了三个版本的《爱因斯坦语录》，且都成为畅销书，被译为中文、德文、法文、希腊文、希伯来文、印度尼西亚文、日文、意大利文、韩文、荷兰文、立陶宛文、波兰文、葡萄牙文、西班牙文、捷克文和匈牙利文等25种语言。在本书中，爱丽丝主要负责第一篇：个人与家庭关系圈。

　　丹尼尔·肯尼菲克，1965年出生于爱尔兰，1987年毕业于爱尔兰科克大学学院（University College Cork），获物理学学士学位，之后在美国加州理工学院获得物理学博士学位。曾在威尔士的卡迪夫大学担任研究助理，在加州理工学院担任高级研究员，现为美国阿肯色大学的物理学副教授，《爱因斯坦全集》的特约编辑。除了研究天体物理学中的引力波和盘状星系的螺旋结构外，他还从社会学和历史学的角度来研究现代物理学。他的《传播，以思想的速度》已有中译本。在本书中，丹尼尔主要负责第二篇：科学生涯。

罗伯特·舒尔曼(Robert J. Schulmann)，1942年出生于菲律宾，父母来自德国慕尼黑。第二次世界大战后移民美国，1973年在芝加哥大学获得历史学博士学位。早在1981年，他就参与爱因斯坦文稿计划的筹备工作，曾参与《爱因斯坦全集》第一、第二卷的编辑工作，担任第三卷至第九卷的共同主编。通过他的努力，一些以前认为找不到或遗失的爱因斯坦手稿和信件得以发现。在本书中，罗伯特主要负责第三篇：身份与原则。

本书的构想最初来自于爱丽丝·卡拉普里斯。她在编辑《爱因斯坦全集》的过程时，常常感到缺少一本简明的有关爱因斯坦的参考指南，因此向普林斯顿大学出版社提交了一份非正式的建议，即撰写《爱因斯坦百科》。提议很快就得到出版商的积极响应。由于她在有关爱因斯坦的专业课题上的知识有限，所以又邀请了两位有广泛经验的爱因斯坦研究专家参与，即历史学家罗伯特·舒尔曼和物理学家丹尼尔·肯尼菲克。本书就是他们三人富有成效的远程合作的结晶。

像爱因斯坦一样，三位编者也是从国外移居到美国的。其中，爱丽丝·卡拉普里斯和罗伯特·舒尔曼的母语是德语，丹尼尔·肯尼菲克是位对科学史感兴趣的物理学家。我猜想，这种跨越国界和研究领域的相似经历形成了某种必要的张力，使得他们能密切合作。

当然，本书也存在一些明显是由于时间匆促而留下的遗憾。比如，本书246页(中译本第295页)中，有一个"德国科学与学术应急协会"的组织。这其实从"德国科学紧急协会"(Notgemeinschaft der Deutschen Wissenschaft，通常英译为Emergency Association of German Science)的另一英文译法(Emergency Society for German Science and Scholarship)而来。也就是说，这个误会是由不同的英译造成的。按理说，在索引中，"德国科学紧急协会"与"德国科学与学术应急协会"这两个词条应该归并在一起。另外一些小的错误，在与编者沟通后，我们在译文中径直改过来，不再做特别说明。

中译稿分工如下：第一篇，雷煜、方在庆、何钧译（其中"诗歌及格言"部分由何钧译）；第二篇，孙贺、黄尚永译（其中"概念"部分由黄尚永译）；第三篇，何钧译；附录，雷煜译；索引，孙贺译；其他部分由方在庆译。全书由方在庆统校。

在我们的翻译和校对过程中，得到了许多朋友的无私帮助。凡遇到不明之处，我总是首先向编者之一的罗伯特·舒尔曼博士请教，他总是在第一时间回答我的问题。四年来，邮件往复上百封。需要回查德文的问题，总能得到殷歌丽女士的热忱相助。她的母语是德语，精通英语、法语和中文，有大量的翻译实践，几乎成了我的"在线词典"。

与舒尔曼博士相识已20多年，他总是非常乐观，但在最近的一封电邮中表达出了罕见的忧郁。他的一个女儿一家住在靠近乌克兰的斯洛伐克，蜂拥而来的难民让人们忧心忡忡。人类无法摆脱战争所带来的恐惧，爱因斯坦在与弗洛伊德的通信中探讨过其中的缘由，值得人们深思。

本书的三位编者对中译本都非常关心，三易其稿，写来了中文版序，令人感动。希望这本书的出版，能让更多的读者便捷、清晰、全面地了解爱因斯坦。

尽管我们尽了最大努力，但限于水平和见识，译文肯定还有值得推敲之处，恳请读者不吝指正。

方在庆

2022年3月14日 于北京

图书在版编目（CIP）数据

爱因斯坦百科 / （美）爱丽丝·卡拉普里斯，（美）丹尼尔·肯尼菲克，（美）罗伯特·舒尔曼著；方
在庆等译. 一长沙：湖南科学技术出版社，2022.9
书名原文：An Einstein Encyclopedia
ISBN 978-7-5710-1521-3

Ⅰ. ①爱⋯ Ⅱ. ①爱⋯ ②丹⋯ ③罗⋯ ④方⋯ Ⅲ. ①爱因斯坦 (Einstein, Albert 1879-1955)—生平
事迹 Ⅳ. ① K837.126.11

中国版本图书馆 CIP 数据核字〔2022〕第 064208 号

An Einstein Encyclopedia
Copyright © 2015 by Princeton University Press
All Rights Reserved

AIYINSITAN BAIKE
爱因斯坦百科

著者
[美] 爱丽丝·卡拉普里斯
[美] 丹尼尔·肯尼菲克
[美] 罗伯特·舒尔曼
译者
方在庆等
出版人
潘晓山
策划编辑
吴炜　孙桂均　李蓓
责任编辑
吴炜　李蓓
营销编辑
周洋
出版发行
湖南科学技术出版社
社址
长沙市芙蓉中路 416 号泊富国际金融中心 40 楼
网址
http://www.hnstp.com
湖南科学技术出版社
天猫旗舰店网址
http://hnkjcbs.tmall.com
版权所有，侵权必究。

印刷
湖南省众鑫印务有限公司
厂址
湖南省长沙县榔梨街道梨江大道20号
邮编
410100
版次
2022 年 9 月第 1 版
印次
2022 年 9 月第 1 次印刷
开本
710mm×1000mm　1/16
印张
30
字数
460 千字
书号
ISBN 978-7-5710-1521-3
定价
148.00 元